María Lara

Juana I, la reina cuerda

LIBROS
EN EL
BOLSILLO

© María Lara, 2023
© Editorial Almuzara, S.L., 2023
Edición en Libros en el Bolsillo, abril de 2024
www.sekotia.com
info@almuzaralibros.com
Síguenos en redes sociales: @AlmuzaraLibros

Director editorial: Antonio E. Cuesta López
Libros en el bolsillo: Óscar Córdoba
Edición: Humberto Pérez Tomé Román
Impreso por LIBERDÚPLEX

I.S.B.N: 978-84-19979-24-7
Depósito Legal: CO-468-2024

Código IBIC: HBJD; HRAX
Código THEMA: QRAX; NHD
Código BISAC: HIS045000

Editorial Sekotia
Parque Logístico de Córdoba. Ctra. Palma del Río, km 4
C/8, Nave L2, n° 3. 14005 - Córdoba

Impreso en España - *Printed in Spain*

Para mi sobrina Pilar Elizabeth,
que le da cuerda al reloj de mi vida.

Para mi sobrino Ángel Eduardo,
que carga las pilas de esta escritora,
a la que ha bautizado como Mamatía.

Para mi abuela Pilar,
emblema de sensatez y alegría.

La cuerda de tres hilos no se rompe fácilmente.
(Biblia, *Eclesiastés*, 4: 12).

En un amante no hay risa
que no se altere con llanto.
(Juana Inés de la Cruz, siglo XVII).

Un corazón desorientado es una fábrica de
fantasmas.
(San Agustín, siglos IV-V:
Comentario a los salmos, 80, 14).

PRÓLOGO: *BUSCANDO A JUANA*

En el siglo XXI, cuando todos debemos estar muy atentos y denunciar cualquier tipo de violencia o discriminación, sin embargo, se sigue perpetrando un ataque constante, a veces a conciencia, y en otros momentos de forma involuntaria, hacia una de las personas más incomprendidas de todos los tiempos. Hablamos de Juana «La Loca».

Las placas de las calles y plazas siguen recordando su demencia, clavando en el cemento del tercer milenio el rumor de su época, el Renacimiento, cuando a la par que se estaba recuperando el saber de los antiguos, a ella se la arrinconaba del trono esgrimiendo su debilidad de carácter. Nadie de su ámbito familiar le dio la oportunidad de desarrollar su sensibilidad y de mostrar su recorrido como soberana. Su madre, Isabel, murió temiendo que a su hija la iban a gobernar, aunque dejó estipulado que para ella era el trono y, en lo sucesivo, solo un puñado de parientes la visitarían en el cautiverio.

Retrato de Juana I, por Johann
Georg Schedler y Carl Gottfried Eichler, c. 1818.
BDH IH/4650/23

Juana fue víctima de su esposo, Felipe el Hermoso, que utilizó el arma de la seducción con otras damas delante de su propio rostro, de su padre, Fernando el Católico, que intentó dominarla y la mandó confinar, y de su hijo, Carlos V, que prefirió ser rey antes de tiempo (causando estupefacción en los concejos) y emperador a costa de las arcas de Castilla (suscitando el movimiento de las Comunidades).

Estando Juana viva, su papel político se limitó a aparecer en las monedas con su hijo y en recibir, casi a escondidas, a los Comuneros en su reclusión en Tordesillas (Valladolid).

A lo largo de la Historia, ha habido diversos reyes que han recibido el «epíteto» o despectivo de «locos». Nos referimos a Carlos VI, monarca de Francia cuya amante, Odette, introdujo los juegos de cartas en el país galo, o a Luis II de Baviera, constructor de castillos. Carlos VI coincidió en vida con Christine de Pizan (1364-1430), la primera escritora profesional de la Historia, defensora de la dignidad de la mujer y mentora de princesas a través de sus libros; cuyo padre, Tommaso da Pizzano fue el astrólogo de Carlos V «El Sabio», padre de aquel. A Christine de Pizan, María Lara le ha seguido la pista entre Venecia y París, para escribir su novela *Sin el estigma de Eva*. Y juntas hemos podido reconstruir los diálogos de Luis y Sissi en el libro *Princesas en Jeans*.

Carlos VI «El Loco» tenía terribles ideas, como organizar bailes de fuego para ver sufrir a sus cortesanos. Por su parte, Luis II era primo y amigo de la emperatriz de Austria-Hungría, Sissi, pues ambos amaban la naturaleza y la poesía. No en vano, Luis se refería a Sissi como «Cisne» y ella a él como «Águila».

Luis II pasó sus últimos días bajo atención psiquiátrica. Su muerte tuvo lugar en el lago de Starnberg el 13 de junio de 1886. Al atardecer, pidió pasear con su psiquiatra, Gudden, que le había diagnosticado una esquizofrenia paranoide. Los dos hombres nunca regresaron, fueron encontrados ahogados en el lago a las 23:30 horas, y quedó en el aire la pregunta de qué habría pasado, pues Luis era un gran nadador.

La diferencia entre esas dos cabezas coronadas, la de Carlos y la de Luis, con respecto a la de Juana es que en aquellos la agresividad del primero para con sus súbditos y el halo romántico del segundo pueden de algún modo justificar el título de dementes.

Aunque nos mantenemos firmes en defender que en ningún caso, ni ante una enfermedad mental, ni ante una dolencia física, hay que echar la culpa al paciente que enferma y menos estigmatizarlo de por vida, pues lo importante es conllevar los problemas de salud con ánimo y reponerse lo antes posible.

En el caso de Juana no hay justificación real ni metafórica alguna, hubo ensañamiento. Por ser mujer, la mentalidad patriarcal la presentó como proclive a los cambios de humor. Su abuela, Isabel de Portugal, la madre de Isabel la Católica, ya había estado aquejada de depresión a la muerte de su marido, Juan II, por lo que fue confinada junto a sus dos hijos, Isabel y Alfonso, y un pequeño número de sirvientes, en las Casas Reales de la villa de Arévalo, bajo la supervisión de la abuela de los chicos, Isabel de Barcelos. Isabel de Portugal fue, antes de ser retirada de la esfera pública, una mujer intrigante, pero al quedarse viuda no encontró rumbo a su vida. En cierto modo, eso es lo que se quiso proyectar en su nieta, ante el óbito de Felipe El Hermoso.

La Historia de Juana está llena de mentiras infundadas por los poderosos de su tiempo pues ella, siendo reina, no tenía voz ni voto. Y todo lo que hiciera estaba en el punto de mira. Con todo derecho pudo ser Juana I de España o Juana La Sabia (porque su conocimiento rebasaba en mucho a los monarcas de su tiempo), pero se quedó en Juana La Loca, tal vez para no reconocer que una mujer podía saber más que un hombre, que los estudios abren la puerta del conocimiento, y que una dama no necesita consorte para poder ser reina, cuando el título le pertenece.

¿Hubo una Juana o varias? La joven inteligente, estudiosa y vitalista, que mostraba apego a su progenitora en Laredo, derivó en una mujer con un enamoramiento ferviente, que quería a su marido pero tenía un pique con él, o ambos desarrollaban esa competitividad, por sobresalir o que les hicieran más caso. De ser una madre que dirigía su hogar en la itinerancia por Flandes, pero donde de algún modo ella tenía opinión, al ser nombrada princesa de Asturias y luego reina, progresivamente trató de autoafirmar su carácter, aunque no lo consiguió porque a todos interesó   invalidarla mentalmente, especialmente a su padre, si bien ni siquiera en eso se ponían de acuerdo.

Juana escuchó las críticas constantes de su marido a sus progenitores, y viceversa. El ser un muro de contención pudo hacer mella en su temperamento. Y, como toda persona, tenía derecho a protestar, pero sus lamentos fueran presentados como una desviación de su conducta.

De su espectro de reacciones ante las medidas que la agobiaban o las situaciones que no podía cambiar forman parte la ira por las amantes de su marido, el enojo cuando su madre no le dejaba volver a Flandes, la cólera porque Felipe quería ser el titular, el disimulo de la tristeza ante su hija Catalina en los primeros 16 años de confinamiento, la sonrisa a los comuneros mientras leía los textos jurídicos sin firmarlos para no hacer daño a Carlos, la soledad cuando su pequeña se convirtió en 1525 en soberana de Portugal y la oración siempre por sus reinos.

¿Qué pensaría Juana al mirarse al espejo? Hubo realmente muchas Juanas, no solo en belleza exterior, sino en entusiasmo o decepción ante la vida. Porque el espejo podía ser el mismo, pero ella no, en 46 años de confinamiento en Tordesillas. La arrinconaron a lo largo de su vida tres hombres, tres varones de los que ella esperaba felicidad y, sin embargo, le escondieron la corona para que no les hiciera sombra porque ella era la depositaria del título de reina. Recorriendo la existencia de Juana, surge la conjetura de cómo, pese a las vicisitudes con su hermanastro Enrique IV y la guerra posterior con su supuesta sobrina Juana «La Beltraneja», a Isabel le dejaron reinar.

En este libro María Lara aborda la psicobiografía de Juana. Como soy la hermana de María, aparte de su compañera en la universidad, en la literatura, en la tele y en las ondas, confieso que siempre le ha llamado poderosamente la atención el estudio del cerebro humano. María ha ejercido como «psiquiatra-historiadora» de personajes, analizando los complejos que llevan nombre de carácter literario o individuo del pasado (de Antígona, de Eróstrato, etc.) o estudiando el trastorno obsesivo-compulsivo de Carlos III.

En esta biografía sobre Juana, María Lara sumerge al lector en el tiempo de la protagonista, planteando la paradoja de que, en su infancia, a Juana la consideraban «muy cuerda». ¿Pudo despertarse en la pubertad un trastorno latente? ¿La abocaron a la demencia las circunstancias? ¿Cómo percibía su propio yo la reina encerrada? ¿Sufrió depresión? ¿Fue consciente de que pasaría a la Historia como «La Loca»?

En esta magistral obra la escritora explica cómo eran la moda, la gastronomía, las mentalidades en un tiempo en que estar cuerdo podía ser lo más peligroso y estar loco lo más constructivo para escapar de las privaciones.

Recordemos a Erasmo de Rotterdam, el pensador europeo autor de un elogio universal a la locura. El humanista coincidió con Carlos cuando este se criaba en la corte de su tía Margarita, cuñada doble de Juana, por ser hermana de Felipe el Hermoso y viuda del príncipe Juan de Trástamara. Enredos familiares que hicieron también que Juana fuera suegra de Juan III de Avis, hijo de su hermana María y esposo de su hija predilecta, Catalina.

DOCTORA LAURA LARA MARTÍNEZ
Profesora universitaria de Historia Contemporánea en UDIMA
Profesora Erasmus Plus
Escritora, Premio Algaba
Académica de la Televisión
Embajadora de la Marca Ejército del Ejército de Tierra
Historiadora del Servicio Histórico y Cultural del Ejército del Aire y del Espacio

1. LA MÁS DICHOSA DE LAS CRIATURAS

Me acerco al papel en blanco con dos confesiones.

Mientras estoy escribiendo una obra (es decir, siempre, pues cada vez tengo una novela o un ensayo en mente), son tantas las horas de diálogo con sus testimonios que se me antoja comparar la vida del personaje histórico con la de un ser que aún existe. Estoy convencida de que las figuras del pasado buscan a la escritora a través de recovecos. De este modo, mediante sofisticadas técnicas que incluyen el espionaje de los movimientos, un día se te presentan metafóricamente por sorpresa, dan unos golpes en la puerta y te piden que cuentes su historia.

En segundo lugar, he de afirmar que siempre he tenido la impresión de que, cuando una persona llora, no lo hace realmente por el motivo que todos piensan, sino porque, en ese proceso de reencuentro con uno mismo que libera el llanto, el sujeto es consciente de sus deseos y de sus limitaciones, de los regalos que la vida le ha hecho y de las frustraciones pese al esfuerzo. Uno de los seres que posiblemente más haya llorado en el tiempo sea Juana, y si no sollozaba tanto como las circunstancias le provocaban es porque una fuerza interior difícil de explicar le frenaba las lágrimas.

¿Por qué lloraba Juana? ¿Por las diferencias con su madre? ¿Por la incomprensión de su padre? ¿Por los celos durante su matrimonio? ¿Por no poder vivir con su descendencia bajo el mismo techo? ¿Por la suerte de Castilla y por Aragón? ¿Por la reclusión consentida por su hijo? Porque la habían hecho sentirse nadie. Y, aquí, repetimos la frase en tono interrogativo: ¿por qué la habían hecho sentirse nadie?

1.1. ¿VÍCTIMA Y HEROÍNA?

Juana estaba llamada a ser la más feliz de las muchachas de su tiempo y se convirtió en protagonista de una tragedia, que habría resultado inimaginable centenares de años antes para los poetas griegos que cantaron las desgracias de Yocasta o de Antígona. Nada tenían que ver estos personajes imaginarios con la corona de Aragón, que, en la Baja Edad Media, había desplegado su poder en el ducado de Atenas y de Neopatria. Estas dos mujeres de la mitología helénica, madre e hija, fueron víctimas y heroínas, y la psicología hallaría un filón en ellas para describir complejos, como el de Edipo, hijo de Yocasta y padre de Antígona por la relación incestuosa con la primera sin saberlo ninguno de los dos porque habían permanecido alejados desde el nacimiento, o el de Antígona, chica que acompaña a su progenitor, Edipo, desde su expulsión de Tebas hasta su muerte.

Por ello, el complejo de Edipo describe la admiración hasta límites inadmisibles del hijo hacia la madre, y el de Antígona alude al sentimiento de culpa que se infligen las hijas que creen que no deben construir una vida personal propia, pues su única obligación es atender a sus padres.

Yocasta, miniatura para la obra de Boccaccio
De claris mulieribus en el siglo xv. BnF

Por ventura, Juana no padeció ninguno de esos dos complejos ni su situación incluye el terrible trago de Yocasta de enamorarse de su vástago, mas sí le tocó ser víctima de los manejos políticos de su marido, de su padre y de su hijo. Este último creció alejado de su madre y, cuando se encontraron teniendo él 17 años y ella 38, no respetó el derecho legítimo de esta a ser la reina sin cotutela. De Juana se ha explorado en todo caso el papel de víctima, aunque siempre se la ha responsabilizado de su propia coyuntura sin atisbo de compasión, no obstante, analizaremos en este libro su rol como heroína que, pese a las muchas barreras con que la acorralaron, dio ejemplo de resistencia.

Las tergiversaciones relacionadas con la vida sentimental de una mujer se han repetido a lo largo de la historia y una de sus dianas sería de lleno Juana. Lo vemos tempranamente en el caso de Dido, la soberana fenicia de Cartago, que según los poetas latinos se suicidó «loca de amor» cuando Eneas la abandonó para seguir su proyecto de fundar Roma. Pero Dido, la reina geómetra, no pudo aspirar al corazón de Eneas, pues ella vivió en el siglo ix a.C. y la guerra de Troya es anterior al año 1000 a. C. Hoy queda en las matemáticas «el problema de Dido», a partir de la historia de la fundación de Cartago delimitando el espacio con una cuerda de tiras de buey.

Lo mismo sucede con Cleopatra (69 a.C.-30 a.C.), que ascendió al trono con 17 años y de ella perdura en el imaginario su vida sentimental, por sus idilios con los romanos César y Marco Antonio. Sin embargo, su trayectoria cultural es más interesante, pues era una erudita, políglota e investigadora de las ciencias, especialmente en lo relativo a la cosmética. Pasaba largas jornadas en la biblioteca y en el museo de Alejandría. Recitaba de memoria partes de la Ilíada y la Odisea del griego Homero. Siendo una adolescente se graduó en el estudio de la retórica. Expresaba su pensamiento con elegancia. Se adentró en la música, en la historia, en las matemáticas, en la medicina. Perviven tópicos como su sensualidad, más que su inteligencia, y sin embargo calculó en su laboratorio ungüentos para distintos aspectos, entre ellos la calvicie.

La figura de María Magdalena ha experimentado una evolución en los últimos años. Tradicionalmente se pensaba que era la mujer de la que sacó Jesús siete demonios, así puede leerse en el Evangelio de san Lucas. Fue la primera persona que presenció la resurrección, como afirma el evangelista san Marcos, pero no se olvidaba su vida de pecado vinculada con la prostitución. Sin embargo, en el presente se tiene otra visión. Estudios recientes, como el de Jennifer Ristine *María Magdalena: revelaciones de la antigua Magdala*, sostienen que María fue en realidad una mujer adinerada que apuntalaba con sus recursos la evangelización y que vivía en un pueblo próspero, dedicado a la pesca y al comercio.

1.2. ¿LA PRIMERA EMPERATRIZ DE LA MONARQUÍA HISPÁNICA?

Por la herencia de sus padres, fue reina de Castilla, de Aragón, de Navarra, de Valencia, de Mallorca, de Nápoles, de Sicilia, de Cerdeña, condesa de Barcelona y señora de Vizcaya y de Molina. Tuvo dominio sobre las Indias, tanto sobre las islas como sobre la tierra firme del mar océano… Fue la primera reina de España propiamente dicha por la unión de las coronas, nunca antes hubo otro tampoco en masculino que abarcara tantos territorios. Se trató de la primera emperatriz si tenemos en cuenta que los territorios americanos se conquistaron bajo su mando, aunque el título lo usó su nuera, Isabel de Portugal, que murió casi 16 años antes que ella.

Vivió entre los actuales países de España, Bélgica y los Países Bajos, viajando además a Francia y a Inglaterra.

Por derecho propio Juana era la mujer más poderosa de su época y, sin embargo, de hecho la condenaron a la amargura. Se la recuerda más que a su madre, Isabel, pero amargamente; a su progenitora se la llama la Católica, y a ella, la Loca. No obstante, todo tiene una explicación. Los monarcas no nacen con el apodo. El sobrenombre de «Católicos» a Isabel y a Fernando les llegó desde la diplomacia pontificia, como detallaremos más adelante, y a Juana el despectivo de «Loca» se le estandarizaría como nefasta «marca» con la literatura, cuando llevaba décadas en el sepulcro, si bien la sospecha surgió en su juventud.

Curiosamente la propagación de su enajenación coincidió con el momento en que, por la muerte de sus hermanos mayores y de su sobrino, le llegaba el turno de heredar los reinos. Juana suponía una molestia al patriarcado y, cuando las artes plásticas y escénicas propagaron su pretendida demencia, combinaron la calumnia de la «mujer histérica» con la fama de pasión sexual que se le atribuía en una época en que todas las iniciativas se reservaban al varón.

Su matrimonio con Felipe la llevó a sumar los títulos de duquesa consorte de Borgoña y de archiduquesa de Austria, además de presentar los demás títulos que ostentaba su esposo, por lo que fue duquesa de Brabante, Limburgo y Luxemburgo, condesa de Flandes, Habsburgo, Henao, Holanda, Zelanda, Tirol y Artois, y señora de Amberes y Malinas.

Aunque no se lo reconociera su condición en la práctica fue Juana I. Como señalábamos, podría haber sido llamada «reina de España» porque, desde 1504, lo era de Castilla y, desde 1516, de Aragón, en un tiempo en que se estaban gestando las monarquías autoritarias. Fue soberana propietaria hasta su muerte, en 1555. Sin llegar a ser invalidada por las Cortes, a causa de la hipotética enajenación mental, permaneció recluida en un palacio.

Es más, podría haber sido emperatriz no solo de las Indias, sino del Sacro Imperio Romano Germánico. La monarquía hispánica se desplegaba por el norte de África y por Italia. Durante su vida tuvo lugar el descubrimiento de América por Colón y la conquista de los imperios azteca e inca por Hernán Cortés y Pizarro.

Al unísono, estaba cambiando la concepción del ser humano, de la Tierra y del cosmos con la teoría del estudioso polaco Nicolás Copérnico. El sol era el centro y, de la astronomía, el concepto de «revolución» pasaría al análisis social. Entre 1519 y 1522 el portugués Fernando de Magallanes y, a su muerte en 1521, el guipuzcoano Juan Sebastián Elcano circunnavegaron el globo. Pensándolo bien, podría haber dado en la Victoria la vuelta al mundo; en los barcos las fatigas eran incontables, mas no eran menos en una celda…

Castilla parecía impulsar el lema «Con la espada y el compás, y más, y más, y más…». El orbe se ensanchaba, pero la mujer seguía aplastada en la sociedad patriarcal. Aunque Jesús de Nazaret fue el principal defensor de la mujer de su tiempo, los libros de instrucción para damas en la Contrarreforma se basaban en una interpretación de las Sagradas Escrituras que coincidía con el modelo de Aristóteles, filósofo que, en sus obras políticas, subordinaba a la mujer al hombre.

A menudo la mujer ha dado miedo por su afecto, por su inteligencia, por su intuición… La concepción de dama virtuosa de la religión católica tampoco permitía a las casadas tener su propio espacio y su desempeño profesional en la sociedad; del mismo modo, aparte de en el cristianismo, en las otras religiones del Libro (judaísmo e islam), la esposa estaba condicionada al varón. La mujer ideal de la Contrarreforma sería *La perfecta casada* de fray Luis de León, o *La dama boba* de Lope de Vega.

En la época de Juana brillaron los humanistas Antonio de Nebrija, Luis Vives y Juan de Valdés, Fernando de Rojas escribió *La Celestina*, y realizaron sus obras pictóricas Fernando Yáñez de la Almedina, Hernando de los Llanos, Pedro Berruguete, Juan de Borgoña y Juan de Juanes. En la escultura despuntaron Alonso Berruguete y Juan de Juni. El Renacimiento llamaba a las puertas de España y los oficiales de los nacientes tercios empezaban a dialogar en la trinchera con la musa.

Edificios como el Palacio del Infantado de Guadalajara, del gótico isabelino, daban paso al plateresco de la fachada de la Universidad de Alcalá o al clasicismo del Palacio de Carlos V en Granada. Juana estaba al corriente, en la medida que el confinamiento se lo permitía, de los nuevos movimientos, de hecho, se le imputa el recogimiento, que fue la práctica religiosa intimista habitual de los alumbrados, secta mística considerada herética en los años 20 del siglo XVI. Estaba sumergida en la caverna de Platón, veía sombras, aunque antes había conocido el mundo. A pesar de hallarse en la gruta, con su perspicacia natural cazaba las noticias al vuelo y se enteraba.

1.3. POCOS ELOGIOS PERO ALGUNA CARTA

¿Qué nos cuenta Juana sobre sí misma? Son escasos los pensamientos de la reina que se conservan, pero los detallaremos, así como comentaremos la declaración que hizo a los comuneros, una de las pocas confesiones que se poseen sobre ella. Los demás textos son documentos jurídicos donde se la menciona, aunque los secretarios no la avisaran de las medidas que ella sancionaba, mas también hay cartas con sus antiguas sirvientas, las cuales sí llegaron a ser amigas suyas. No pasó lo mismo con las criadas que le pusieron en el confinamiento; estas últimas la avasallaron aupadas por el marqués de Denia.

Del problema de las fuentes hablaremos en el capítulo 17 de este libro pues, aunque es de suponer que de una reina a la que no se la dejó gobernar no quedaran papeles, por referencias indirectas o copias simples su nombre aparece con mayor asiduidad de lo que podría creerse.

En la historiografía hay poco lugar para la loa a su silueta, más allá de los años iniciales de su biografía, laguna que no deja de sorprender habida cuenta del carácter áulico de las crónicas en todas las épocas hacia los gobernantes y las princesas. Además, aparte de la escasa conciencia de conservación documental, hubo destrucción premeditada de papeles.

Por otra parte, quedan testimonios de algunos de sus carceleros, si bien, a la vista de estos documentos, tenemos que reconocer que las fuentes que han quedado de Juana son parciales. ¿Quién pagaba a los cronistas? ¿Cómo no iba Juana a escribir cartas, aunque fueran para sí misma, o un diario si era una mujer culta, como hacía en su juventud? ¿No sería lo más normal que gastara el tiempo en que no podía salir de su habitación reflexionando por escrito? A buen seguro que algo escribió, pero se ha perdido.

Tres siglos después, se produciría una ebullición de textos, con el Romanticismo, cuando se enfatizaba el trastorno que los celos habían ocasionado en su serenidad. No obstante, sin documentos nuevos a su alcance, ¿no estaban repitiendo una idea mil veces dicha, que además se hallaba en consonancia con los tópicos románticos?

Por todas estas razones, en la biografía de Juana no aceptaremos a pies juntillas lo que los cronistas afirmaban, sino que pondremos las citas en su contexto y trataremos de mirar el mundo desde los límites que se le pusieron para comprender qué haría cualquier persona en un marco de constricción similar. Y aquí vuelvo a la primera persona del singular. Durante el proceso de escritura de este libro me he hecho numerosas preguntas. Me he puesto en la piel de Juana. Le he querido dejar hablar.

Investigando en las bibliotecas y en los archivos, he intentado reconstruir su vida. No obstante, los avances me han conducido a replantearme mi propio discurso, reescribiendo en el teclado los capítulos a medida que hallaba nuevas fuentes y me percataba de que los libros publicados desde inicios del siglo XVI hasta hoy, en buena parte, contribuyen a fijar y a sellar el estereotipo de Juana como demente, repitiendo tópicos que perpetúan y no esclarecen los fundamentos de su actuación.

1.4. ASERTIVIDAD Y RESILIENCIA

Solo extrapolando su figura al presente, tanto su ambiente familiar como su misión política, podemos encontrar luz para comprender realmente a Juana. Se suele afirmar que no hay que sacar a los personajes de contexto. Pero, habida cuenta de que a Juana se le pusieron metas tan adelantadas a los criterios de su etapa, pues hubo de conciliar la vida familiar y laboral entre dos territorios muy distantes como eran entonces Flandes y España y tenía que defender su posición como mujer, como madre y como reina, es plausible que la tildaran de loca porque se negó a pedir permiso por sobresalir sobre los demás. Es el coste de generar sombra...

Juana pagó con el precio de su libertad la osadía de protestar ante causas justas; la principal fue reivindicar que tenía voz y voto para viajar no cuando sus padres la dejaran, sino cuando ella quisiera, y para guiar su vida a pesar de que su marido quisiera tener mejor reputación. ¿Quiere decir esto que los progenitores de Juana eran malos? No. Pero, por ejemplo, a Isabel, se le permitió tener una vida que a Juana no, a Isabel se le toleró la asertividad, el afirmar sin excusarse, el argumentar sin que la existencia se le convirtiera en un juicio continuo. En cambio, para Juana la vida fue una carrera de obstáculos y, pese a su resignación, siguió sin acertar después de haber claudicado a la fuerza.

Es cierto que para llegar al trono Isabel tuvo que vencer en una guerra civil y, antes, tuvo que soportar la presión de su hermanastro Enrique IV, casándose incluso de manera clandestina con Fernando. No obstante, en lo sucesivo fue dueña y señora de sus actos y, pese a que experimentó muchas crisis por los deslices del aragonés y a que sintió el ánimo apagado en la última etapa de su vida, Isabel pasó a la historia como lo que fue, una dama con coraje que contribuyó a que se pusieran los cimientos del Estado moderno. En el tiempo del bisnieto de Juana, Felipe III, los refranes, que don Quijote le reprochaba a Sancho que no debía utilizar en abuso, pueden poner luz en esta disyuntiva. ¿Por qué a Isabel la dejaron reinar y a Juana no? Cría buena fama y échate a dormir. Difama, que algo queda.

¿Sufrió Juana? Seguramente sí, debió de padecer mucho. Ni siquiera la pretendida enajenación que se le achacó puede inmunizar ante el dolor. Pero durante 18 años tuvo un bálsamo de incalculable valor, su hija Catalina, con la que jugaba, con la que cantaba y con la que se evadía del mundo entre libros. También por ser la más inteligente de la corte y por pensar que nunca se ha aprendido lo suficiente se ganó el despectivo con el que pasó a la posteridad. Hoy, después de un maltrato psicológico y físico como sufrió, la sociedad la habría arropado, pero qué triste es que, mediante la palabra, se siga clavando el cartel de su condena.

¿Cómo comprender que se volviera demente una joven a la que sus contemporáneos presentaban como «muy cuerda»? ¿En qué grado la pena pudo modificar su personalidad? ¿Es posible vivir 46 años encerrada y sonriente? ¿Qué enfermedad se corresponde con los delirios de grandeza y de ruina? ¿Por qué se pregonó su locura si estaba en su sano juicio?

Asertividad y resiliencia son dos conceptos psicológicos puestos en circulación para el gran público hace unas décadas, especialmente en los libros de autoayuda, género inexistente en la época de Juana, aunque, desde el nacimiento de la filosofía, su objetivo era enseñar a vivir con mayor felicidad, buscando la virtud y la paz interior.

De lo que no cabe duda es de que Juana fue resiliente, tuvo la capacidad de los metales de doblarse sin quebrarse. No se suicidó y estuvo al límite de sus posibilidades. ¿Qué la frenó para desear conservar íntegra la vida? En su época la depresión, como sucede hoy en el Tercer Mundo (tristemente llamado así), no era habitual o no estaba reconocida porque había una lucha continua por la supervivencia. Mas el maltrato hacia su persona lo inició su marido y se materializó en violencia física y secuestro. Él se arrogó el derecho de administrar el dinero. Juana pasó carencias logísticas (aparte de emocionales) y humillaciones, como no poder practicar la generosidad y la caridad porque él le controlaba el bolsillo.

La guerra contra la causa de Juana la continuaron su padre y su hijo. No obstante, la fecundidad de Juana y su inteligencia triunfarían sobre las estrategias de estos tres hombres de su familia pese a la alienación a la que fue sometida. En diciembre de 1502, Felipe se fue de España. Juana tuvo en Alcalá a su cuarto hijo, Fernando, el 10 de marzo de 1503. Juana protestaba porque quería volver a Flandes con su marido.

Después de mucha polémica, Isabel le permitió viajar al norte. Pero Felipe, cuando tuvo delante a su esposa, la aisló. Aunque no se llevaban bien, cada uno por su lado, el marido y el padre, Felipe y Fernando, iniciaron una campaña de desprestigio. No formaron nunca un frente común, tampoco con Carlos, el hijo de Juana, pero igualmente los tres le hicieron daño.

Y, en el tema espiritual, como anticipábamos, quizás se sentía atraída por esa religiosidad que su madre y el cardenal Cisneros habían intentado impulsar en Castilla, mediante la lectura y la depuración del estamento eclesiástico. A punto estuvo de morir sin la presencia de un sacerdote en la corte precisamente porque sus «cuidadoras» esparcieron otra mentira, la de que estaba endemoniada. Sin haber cometido delito alguno, fue una prisionera a la que no se le contempló alivio. Contra Juana se ha cometido un delito colectivo.

1.5. LOCOS REGISTROS, ENTRE LA FILOLOGÍA Y LA PSICOLOGÍA

En *Juana I, la reina cuerda* cuestionaremos los prejuicios y los tópicos que se han popularizado con las centurias, desmentiremos bulos y lo haremos contrastando las fuentes documentales. Así, mostraremos que el dar la vuelta a la historia no es una cuestión de fantasía, sino una necesidad científica. Juana no deja de ser la portavoz de tantos seres arrinconados del discurso oficial, individuos presentados como «perdedores» que, no obstante, vencieron a la maldad, llamada hoy en contextos escolares y laborales *bullying* o *mobbing*.

La fisonomía de histeria que le colgaron por sambenito se ha mantenido sin cuestionar qué pasaba sinceramente por su cabeza. El sambenito era la prenda que se ponía para identificar a los condenados por el Santo Oficio. Esta ropa discriminatoria desapareció con la extinción de la Inquisición en los años 30 del siglo XIX. Sin embargo, el Romanticismo de aquella década alentó el misterio de la soberana y las corrientes posteriores no han hecho más que agrandar una mentira. En el vocabulario quedó el término «sambenito» como sinónimo de argumento falaz que da pie al descrédito y se cosió el insulto de «loca» a la biografía de esta reina porque a ella nunca se le ha dicho el adjetivo en plan simpático, como sinónimo de ser libre que tiene muchas ideas, sino como insulto.

Es difícil de dilucidar la etimología de los términos «loco» o «loca». En su *Diccionario crítico*, el filólogo barcelonés Joan Coromines (1905-1997) desestima las hipótesis de procedencia italiana o árabe, baraja el origen catalán (*lloca*) o vasco (*loka*), comparando con las gallinas cluecas y «dislocarse» o «cambiar de lugar», y se queda con una base prerromana (*laucus*).

Maestro de la Vida de San José (atribución), *Retrato de doña Juana I de Castilla*, 1501-1510. Museo Nacional de Escultura, Valladolid. Fotografía de Javier Muñoz y Paz Pastor. CE2684

Por otra parte, en el Corpus Diacrónico del Español (CORDE) que proporciona la RAE aparece numerosas veces el vocablo «loco» desde el siglo X y XI, aunque en esas centurias temprana alude a ubicación, como sugiere el tópico literario *locus amoenus*, «lugar ameno», entorno pastoril que servía de marco creativo especialmente en los poemas del Renacimiento, aunque también en la Antigüedad romana y en el Medievo.

A partir del XII el vocablo es puesto en los fueros designando demencia, así como se incluye en manuscritos anónimos y en composiciones de autores concretos, como Gonzalo de Berceo o Alfonso X el Sabio, en el XIII. A sabiendas de que la psicología rehúsa el término «loco» por resultar hiriente, choca más que en este siglo XXI, afortunadamente intercultural, respetuoso y diverso, Juana siga siendo la Loca...

Esta no es la biografía de una santa, es la historia de una reina. En las trayectorias de los seres que están en los altares también tienen cabida los pecados y los errores. No hay más que abrir un compendio de hagiografías para toparse con lágrimas de arrepentimiento: el apóstol Pedro por negar a Cristo, Pablo de Tarso tras perseguir a los cristianos, Agustín de Hipona al desenredarse de los vicios, etc.

Juana tuvo aciertos y equivocaciones, como toda la gente, no trataremos de justificar al máximo sus acciones, sino que lo que queremos es arrojar luz leyendo pensando qué hay detrás de tantas falsificaciones que se hicieron de su existencia, hasta el punto de convertirla en la reina más famosa de todos los tiempos, aunque ingratamente por el trato recibido en cuerpo y en fama.

Llegados a este punto, hemos de reconocer que es cierto que muchas personas que se relacionaron con ella sabían que su cabeza estaba perfecta. No todas las instituciones del reino quisieron incapacitarla: las Cortes de Valladolid examinaron este grave asunto, pero decidieron no inhabilitarla. En dicho proceso ella dijo: «Mi madre (Isabel la Católica) tenía peor genio que yo y nadie la llamó loca».

Loca por haber estudiado lo que los demás no sabían, loca de amor, loca en rebeldía contra sus progenitores, loca por no aguantar las burlas de sus vigilantes, loca por decir una y mil veces que no era un títere. Loca, loca, loca, por pedir a gritos que la dejaran vivir como a la más humilde de las vecinas de sus reinos.

2. LOS TRASTÁMARA

Los padres de Juana, Isabel I de Castilla y Fernando II de Aragón, eran primos segundos. Los dos procedían por vía paterna de los Trastámara, de manera que, si a finales del siglo XV el gentilicio español hubiera estado acuñado, se habrían llamado Trastámara Trastámara.

Una centuria antes de que Isabel y Fernando fueran adolescentes, en el espacio peninsular estalló una guerra civil (1366-1369) entre dos hermanastros, Pedro I el Cruel (apodado por sus partidarios el Justiciero) y Enrique de Trastámara (hijo bastardo de Alfonso XI por haber nacido de su idilio con Leonor de Guzmán).

La infancia de Pedro había transcurrido en el Alcázar de Sevilla, con su madre, María de Portugal. A los 35 años se enfrentó a Enrique, con quien iba un mercenario francés, el terrible condestable Beltrán Duguesclín, con sus Compañías Blancas.

La batalla definitiva tuvo lugar cerca del castillo de Montiel (Ciudad Real) en 1369. La leyenda cuenta que Duguesclín pronunció las palabras «Ni quito ni pongo rey, pero ayudo a mi señor», cogió del pie a Pedro I y lo puso debajo, aprovechando entonces Enrique para apuñalarlo. Por ello, sería llamado el Fratricida.

Clavada en el extremo de una lanza, la cabeza de Pedro fue paseada por las ciudades que aún defendían su nombre. De su sepultura solo queda la estatua orante, conservada en el Museo Arqueológico Nacional, en Madrid.

Con Enrique II, se asentaría en Castilla la dinastía Trastámara. Fue la esposa de este monarca, Juana Manuel de Villena (hija del literato don Juan Manuel y de Blanca Núñez de Lara), la que mandó levantar unas habitaciones en Tordesillas. Transcurría el siglo XIV y nadie esperaba que, en ese palacio, sería el contexto del confinamiento de otra reina llamada Juana.

Aparte de afincarse en Castilla, los Trastámara llegaron a Aragón. Lo hicieron un poco después, a principios del siglo XV, y el motivo fue dirimir la crisis sucesoria por la muerte sin descendencia de Martín I el Humano. En virtud del Compromiso de Caspe (1412) fue elegido soberano el castellano Fernando de Antequera, hermano de Enrique III de Castilla y miembro, por tanto, de la familia Trastámara. Además gobernaron en determinados períodos sobre Navarra y Nápoles.

Pero, como de casi todos los sustantivos se da un significado, cabe señalar que Trastámara es un apellido gallego. Se trataba de una rama menor de la casa de Borgoña. Su nombre procede del condado de Trastámara (en latín *Tras Tamaris*, «más allá del río Tambre»), en el noroeste de Galicia. El Tambre, antiguo Tamaris, discurre en su totalidad por la provincia de La Coruña. Este título de conde lo tenía Enrique II antes de llegar al trono castellano; la última reina que llevó este primer apellido fue Juana I, ya que su hijo Carlos inauguró la dinastía de los Austrias, de apellido Habsburgo.

2.1. EL RETRATO DE ISABEL

El número de autores que escribieron sobre la Reina Católica es relativamente alto, una treintena, si comparamos con la atención que merecieron otros soberanos del momento. Los primeros cronistas que glosaron su reinado, como el humanista madrileño Hernando del Pulgar (fallecido en 1492) o el diplomático conquense Diego de Valera (1412-1488), apenas expresaron opiniones sobre ella. Hay que esperar al final de su mandato para hallar análisis plurales sobre su actuación, aunque todos parecen coincidir en un mismo patrón.

En esta vertiente hallamos a Andrés Bernáldez (1450-1513), conocido como «el cura de Los Palacios», por el municipio del que fue párroco, y a dos humanistas italianos afincados en la corte castellana, Pedro Mártir de Anglería (1457-1526) y Lucio Marineo Sículo (1444-1536). Del mismo modo hubo viajeros extranjeros que dejaron testimonio de Isabel; es el caso del noble de Silesia Nicolás de Popielovo (1484) y del cartógrafo alemán Jerónimo Münzer (1494).

Isabel nació de las segundas nupcias de Juan II de Castilla con Isabel de Portugal. ¿Era hermosa la futura Isabel I? De nuestra retina se apodera la imagen más conocida de la soberana, la que nos ofrece el pincel de Juan de Flandes, flamenco afincado en España que contribuyó a la introducción del Renacimiento y que murió en Palencia en 1519, destacando por su sensibilidad por la luz y la plasmación veraz del paisaje. Verdaderamente, en esa instantánea Isabel muestra empaque, aunque no belleza ideal. Los años no habían pasado en balde y habían destruido aquellos rasgos dulces, si bien tampoco favorecía a la figura el atuendo monjil. Este óleo sobre tabla hoy se conserva en el Palacio Real de Madrid, pero antes estuvo ubicado en la Cartuja de Miraflores (Burgos).

Juan de Flandes, *Retrato de Isabel la Católica*, 1500-1504. Palacio Real de Madrid.

Para conocer el retrato de la joven Isabel es preciso echar hacia atrás la máquina del tiempo para escuchar a los escritores y artistas que la describieron. A este respecto el cuadro más significativo es el de la Virgen de la Mosca que posee la Colegiata de Toro, un anónimo de la escuela flamenca.

En dicha obra parece estar Isabel, con una fisonomía pareja a la que poseía cuando, en diciembre de 1474, en la proclamación de Segovia, recorrió las calles precedida por Gutierre de Cárdenas, señor de Maqueda. Como caballero de confianza de Isabel, portaba la espada, simbolizando que era la soberana. De tal modo detalla la escena el cronista Diego de Valera: «Éste llevaba delante de ella —la reina— una espada desnuda de la vaina». ¿Con qué finalidad? «Demostrar a todos cómo a ella correspondía castigar a los malhechores, como reina de estos reinos y señoríos».

La tabla presenta a una joven sentada en una silla baja, con el libro de la sabiduría abierto en su regazo y el arma citada a los pies. Se encuentra en la plenitud de la lozanía, con una amplia cabellera rubia que le cuelga por los hombros y va engalanada mediante un traje de generoso escote. Recordemos la carta de Fernando en la que informaba a la dignataria de la batalla de Toro (1476): «Haced cuenta de que en esta jornada Nuestro Señor os ha dado toda Castilla».

Tenemos en la estampa reflejada a una Isabel que, frisando la treintena, llevaba las riendas de su destino. Ella sufrió por las aventuras amorosas de su esposo, que era un mujeriego. Sin embargo, cuando se casaron, sin desarrollar ningún gesto extraño, Isabel despertaba los celos del galán aragonés. Y es que, al poco de las nupcias, Fernando se lamentaba cuando se veía obligado a dejar a la amada para visitar en solitario alguna parte del reino. «No puedo dormir». Se encolerizaba al recibir correos de la corte sin epístola alguna de la reina: «Sin cartas se vienen». Así, se quejaba desconsolado ante la valija vacía: «No por mengua de papel ni de saber escribir, salvo de mengua de amor». Para, a continuación, exclamar con esperanza: «Algún día tornaremos en el amor primero».

Isabel I en el cuadro *La Virgen de la mosca*.
Sacristía de la Colegiata de Toro (Zamora).

Silueta de un hombre apasionado al que habían querido casar con la hija de Pacheco, marqués de Villena. Aparte de los cinco hijos nacidos del matrimonio con Isabel, Fernando tendría otros cinco: Alonso y Juana, con

Aldonza Ruiz de Ivorra, noble catalana de Cervera; María, con Toda de Larrea; María Esperanza, con la noble portuguesa Juana Pereira, y Juan, que murió a las pocas horas, nacido de Germana de Foix, su segunda esposa legítima. Pero los celos de Isabel no estaban presentes entonces, vendrían mucho después. En esos primeros años, ella era la princesa que no solo dominaba Castilla, sino también el corazón del rey-soldado.

El cronista Pulgar describió a la futura conquistadora de Granada como «bien compuesta. Muy blanca y rubia, los ojos entre verdes y azules, cara hermosa y alegre, mirar gracioso y honesto, las facciones del rostro bien puestas». Y, ahondando en su mente, Bernáldez refiere en contraposición a su hermanastro Enrique IV que «fue mujer muy esforzadísima, muy poderosa, prudentísima, sabia, honestísima, casta, devota, discreta, cristianísima, verdadera, clara, sin engaño».

Una de las facetas más desconocidas de Isabel la Católica es su interés por el coleccionismo. En su biblioteca había volúmenes de antiguos como Tito Livio, Séneca, san Agustín, y de autores más próximos a su tiempo, como el bajomedieval Boccaccio. Atesoraba tapices, pinturas, vajillas y piezas exóticas, como alfombras y cimitarras turcas. Tenía cofres llenos de joyas que empleaba como garantía de préstamos para afrontar las guerras.

En su biblioteca, conservaba libros de la Antigüedad clásica, novelas de caballerías, obras religiosas, jurídicas, compendios sobre la naturaleza, manuales para el buen gobierno, códigos de conducta, o acerca de actividades cortesanas, como el ajedrez, la caza, la música o el baile. Entre ellas, cabe destacar la *Vita Christi* del cartujo alemán del siglo XIV Ludolfo de Sajonia, tomo *romançado* por el franciscano de Huete (Cuenca) Ambrosio de Montesinos, el «villanciquero» de Isabel. El libro fue impreso en Alcalá de Henares en 1502 y en la portada aparecen Isabel y Fernando recibiendo la obra.

Ambrosio de Montesinos, versión de la Vita Christi, 1502.

En la Capilla Real de Granada se guarda el misal que pintó Francisco Flores para Isabel en 1496. La biblioteca de la reina se trasladó a Simancas y al monasterio de El Escorial en 1591, quedando en Granada solo el misal citado.

En la disposición número 35 de su testamento, Isabel ordenó claramente que «todas las otras reliquias mías se den a la iglesia Cathedral de la çibdad de Granada». En la relación que hizo el tesorero, Gonzalo de Baeza, figuraban cálices, custodias, vinajeras y relicarios. La mayoría de estos objetos litúrgicos irían destinados a acompañarla en su tumba de Granada. El número de reliquias de santos era considerable; los había ido acumulando a partir de regalos recibidos por su familia de manos de pontífices y de otras autoridades eclesiásticas.

Pero el *lignum crucis* (no el relicario donde se aloja) se lo había regalado el último rey nazarí de Granada, Boabdil; existe una referencia a que Boabdil dijo a sus conquistadores que esa astilla de la cruz la habían traído a al-Ándalus sus antepasados en tiempos remotos; procedía de la conquista de una ciudad africana a finales del siglo VII, la cual había sido tomada a los cristianos.

Los Reyes Católicos encomendaron, inicialmente, el cuidado de esta reliquia al Convento de Santa Cruz la Real de Segovia. Allí permaneció hasta que estuvo concluida la construcción de la Capilla Real de Granada, adonde pasó a estar. El *lignum crucis* fue llevado a la sacristía de la Capilla Real pero, como fue robado a comienzos del siglo XVII, en 1630 el cabildo real ordenó la construcción de los altares relicarios que vemos en la actualidad. En los orígenes, la astilla estuvo acompañada de clavos de la crucifixión y de espinas de la corona de Jesucristo.

En el libro de la Capilla Real se comprueba que la Reina Católica tuvo reliquias de «leche de los santos pechos de la Virgen Santísima; parte de sus cabellos; parte de sus vestiduras; parte de una piedra donde estuvo sentada en Egipto; tierra donde fue sepultada, etc.».

Además del *lignum crucis* con el árbol de Jesé en plata dorada, en la Capilla Real de Granada se encuentran las insignias de Isabel (la corona, el cetro) y objetos personales de la soberana, como el cofre y el espejo. Asimismo, está la espada de Fernando, de taller italiano.

Los Reyes Católicos escogieron como lugar de enterramiento Granada y, por cédula de 13 de septiembre de 1504, crearon la Capilla Real, edificada en estilo gótico entre 1505 y 1517. Se dedicó a los santos Juanes, Bautista y Evangelista. El traslado de los Reyes Católicos a la Capilla Real se produjo en 1521, pues antes reposaron en el palacio nazarí, reconvertido por decisión de Isabel al tomar la ciudad en Convento de San Francisco (actualmente es parador nacional de turismo).

La fama de Isabel no se erosionó con los siglos, ni siquiera en momentos díscolos con la religión, como la Segunda República. En el lustro republicano se celebraba la toma de Granada mientras sonaba el himno de Riego.

En el franquismo la figura de Isabel I quedó impregnada de un tono hiperbólico, lo cual le provocaría menoscabo *a posteriori*. Los trámites permitieron que en 1958 se abriera la causa en la archidiócesis de Valladolid, por haber fallecido en su circunscripción, y en la Santa Sede se empezó a gestionar en 1972. Dos años después, Isabel fue proclamada sierva de Dios. Se halla en camino de ser venerable, peldaño previo a los escalones de beata y de santa, aunque la causa está paralizada por haber ordenado la expulsión de los judíos en 1492 e instalado en sus territorios la Inquisición.

2.2. ¿CÓMO ERA FERNANDO?

El Rey Católico no ha seguido la ruta de los retablos, pero su figura ha sido vista como inspiradora de *El príncipe* (1513) de Nicolás Maquiavelo, el relato que cambió la teoría política. Se trataba de una guía para orientar a soberanos en las artes del gobierno, aunque decía todo aquello que nadie hasta el momento se había atrevido a afirmar, mostrando que el soberano tenía pasiones y vicios que además era bueno que exhibiera para hacerse temer, porque el fin justificaba los medios.

De Fernando afirmaba el pensador florentino en el capítulo 21 que, «de rey sin importancia, se ha convertido en el primer monarca de la cristiandad» y, en esta línea, presentaba como hitos la toma de Granada, la imposición de una única religión, la expedición al norte de África y las campañas de Italia.

Más allá de dicha disquisición, lo que parece evidente es que el niño nacido en Sos heredó el instinto político de su padre y ya, desde pequeño, destacó por su inteligencia. El historiador siciliano Lucio Marineo Sículo, afincado en Castilla como cronista y capellán de Fernando, lo describe en su camino de aprendizaje: «Ayudándole las grandes fuerzas de su ingenio y la conversación que tuvo de hombres sabios, así salió prudente y sabio, como si fuera enseñado de muy doctos maestros».

De mediana estatura, algo más alto que Isabel, a diferencia de esta no era rubio, sino de pelo muy negro. Destacaba por su faz risueña. Entre Fernando e Isabel se daban muchas similitudes. Los padres y los hermanastros de ambos habían sido rivales, en el caso de Fernando el príncipe de Viana, enamoradizo y sumamente culto, muerto en extrañas circunstancias y luego elevado a emblema de Navarra. Además, los dos eran hijos de una segunda esposa de un rey. Nuevamente, volviendo a Fernando, su madre era Juana Enríquez, que murió en 1468 sin poder ver los esponsales con Isabel que ella tanto deseó, a causa de un terrible cáncer de mama.

Desde su niñez, Fernando fue criado entre guerras, aunque siempre sacó ratos para desarrollar la faceta de jugador de pelota, divertimento que en nada complacía a sus contemporáneos, pues opinaban que se dedicaba a ello más de lo que debía. También le gustaba el ajedrez, que hemos mencionado en la semblanza de Isabel. De hecho, hay una hipótesis que sostiene que Isabel inspiró la figura de la dama, la cual se incorporaría al tablero que trajeron los musulmanes.

No obstante, un pecado capital, la lujuria, parecía más grave que ese afán profano. Y, aunque no parezca compatible, una de sus cualidades señeras era el amor profesado a la familia. Además de que las relaciones con su padre siempre resultaron excelentes, fue un negociador nato y un convincente comunicador por su cordial manera de hablar, aunque se mostraba inflexible en las decisiones y cruel si era preciso.

Durante la batalla de Lucena, en abril de 1483, en el transcurso de la guerra de Granada, Fernando se labró la imagen de hombre de Estado. No obstante, conviene señalar que la victoria no habría sido posible sin el Gran Capitán, doncel y amigo de su cuñado, el infante Alfonso. Pese a no haber sido correspondido en su sana pretensión de romance con Isabel y quedarse el ensueño en un amor platónico, Gonzalo Fernández de Córdoba (1453-1515) se mantuvo leal hasta el final.

J. Laurent, *Capacete de Fernando el Católico*, siglo XIX. BDH.

Realmente Fernández de Córdoba fue un genio militar, pues acabó con la guerra de choque, típica del medievo, al dotar de mayor responsabilidad a la infantería y emplear la táctica de defensa-ataque. Por primera vez manejó de manera combinada la infantería, la caballería y la artillería aprovechándose del apoyo naval y supo mover hábilmente a sus tropas y llevar al enemigo al terreno que había elegido como favorable. Idolatrado por sus soldados y admirado por todos, tuvo en su popularidad su mayor enemigo. Por ello, surgió el dicho de «las cuentas del Gran Capitán» cuando el viudo Fernando, tras la campaña de Italia, le exigió que enumerara los gastos ocasionados a la Hacienda real, resultando el balance más oneroso en los medios puestos individualmente por Gonzalo, junto a su valor heroico, que era indiscutible.

El historiador Henry Kamen (nacido en 1936), en su libro *Fernando el Católico: vida y mito de uno de los fundadores de la España moderna*, con motivo del quinto centenario de su muerte, analizaba qué rasgos había debajo de la imagen sibilina del monarca. No gozó de la simpatía de los castellanos, que lo llamaban «el viejo catalán», pese a que él siempre hablaba en castellano. En Cataluña su vida estuvo en serio peligro, cuando sufrió un atentado el 7 de diciembre de 1492. El payés Joan de Canyamás lo asaltó en la escalinata del Palacio Real de Barcelona. En los interrogatorios resultó ser un perturbado mental que hablaba del demonio y que decía que iba a ocupar el trono de Fernando. Aunque parece que el monarca lo perdonó por su enajenación, el Consejo Real lo condenó a muerte por delito de lesa majestad. Días después el criminal fue ejecutado por desmembración y sus restos los quemaron en la hoguera.

El hecho de que se mostrara clemente no parece corresponderse totalmente con el castigo ejemplar que recomendaba Maquiavelo. Kamen afirma que quizás tampoco cuadre perfectamente la personalidad de Fernando con el príncipe nuevo que los italianos (englobando las ciudades en una nacionalidad aún no existente en el siglo XVI) esperaban en el dirigente que había expulsado a los franceses. Concluye el hispanista sosteniendo que se le atribuyen a Isabel méritos que pertenecerían a Fernando, por lo que habría que equilibrar en la simbiosis conyugal la aportación del aragonés.

En una conversación privada con Fernando, Francesco Guicciardini, embajador florentino en la corte española (1512-1514), le preguntaba: «¿Cómo es posible que un pueblu tan belicoso como el español haya sido siempre conquistado, en todo y en parte, por galos, romanos, cartagineses, vándalos, moros?». A lo que el soberano contestaba: «La nación es bastante apta para las armas, pero desordenada, de suerte que solo puede hacer con ella grandes cosas el que sepa mantenerla unida y en orden». Estaba previendo que las fronteras interiores acabarían disipándose, lo doloroso es que no le dejara ejercer el mandato a quien le correspondía, a su hija Juana.

2.3. LA UNIÓN DE REINOS

Aunque eran primos segundos y precisaban autorización papal, Isabel y Fernando se desposaron en el Palacio de los Vivero, de Valladolid. Debido a sus firmes convicciones religiosas, fue preciso que la princesa superara los escrúpulos iniciales. Todo parecería subsanado con la intervención del legado Rodrigo de Borja, quien mucho después, en el verano de 1492, llegaría al solio pontificio como Alejandro VI.

Con la connivencia de este, se presentaría una bula «supuestamente» emitida en 1464 por el anterior papa, Pío II, a favor de Fernando, en virtud de la cual se le permitía contraer matrimonio con cualquier princesa con la que estuviera unido por lazo de consanguinidad hasta el tercer grado. Sobraron documentos en el balance porque, movido por el afán de ayudar, el obispo de Segovia había «emitido» otra bula, presuntamente firmada por Calixto III, fallecido en 1458.

De esta manera, el 19 de octubre de 1469 se firmaron las capitulaciones matrimoniales. Fueron dos comitivas furtivas: de Ocaña, donde era custodiada por don Juan Pacheco, marqués de Villena y antaño confidente de Enrique IV, Isabel había salido con la excusa de visitar la tumba de su hermano Alfonso, fallecido el 5 de julio de 1468; Fernando alegó que acudía a Urgel por llamamiento de su padre, pero tomó el camino contrario, hacia Pucela, como mozo de mulas para no ser interceptado por su cuñado.

El maestresala Gutierre de Cárdenas se encargó de los trámites nupciales redactando las cláusulas. Por ser una persona de absoluta confianza en el bosque de las intrigas, cuando Isabel alcanzó la Corona, obtendría el cargo de contador mayor. El enlace entre dos adolescentes, sin seguridad alguna de reinar, no sería legalmente canónico hasta que el 1 de diciembre de 1471 Sixto IV expidiera la bula que los dispensaba de sus vínculos sanguíneos.

El gobierno de Isabel y Fernando dio origen a la monarquía hispánica, entidad que englobó a los dos principales reinos peninsulares, aunque no supuso la unificación política. Juntos, los dos Trastámara protagonizaron, en Castilla y en Aragón, el fortalecimiento del poder regio. Esta tarea, iniciada durante la guerra civil castellana, continuó hasta la muerte de Isabel y de Fernando.

El emblema de Isabel fueron las flechas, con la «F» del marido como inicial, según acostumbraba el ideario cortesano de los juegos galantes. El de Fernando, el yugo, con la «Y» del nombre de la amada. El lema «Tanto monta» iniciaba la frase «Tanto monta cortar como desatar», señalando a propósito del nudo gordiano que los medios utilizados para resolver un problema no son importantes frente a la solución de este. Probablemente la divisa le fue sugerida a Fernando II de Aragón por el humanista Antonio de Nebrija; debió de quedar el aragonés asombrado al conocer la astucia de Alejandro Magno y, después, la máxima se aplicó a la capacidad que cada uno tenía en el reino de su consorte.

El matrimonio formado por Isabel y Fernando constituye uno de los símbolos de la historia de España. A su iniciativa se debe que 1492 fuera un año de odisea en el espacio atlántico. Las columnas de Hércules dieron paso al cambio: se abría una edad en la que la aventura y el arraigo de los valores allanarían las bases de un más allá, mientras que los consejos y las chancillerías sentaban las bases políticas del Renacimiento.

La llegada de Colón al Caribe el 12 de octubre no fue producto de la casualidad, sino resultado de la concurrencia de factores sociales, económicos y científicos que impulsaron a los europeos a buscar nuevos espacios. Por ello, el descubrimiento de América es considerado el acontecimiento que marcó el advenimiento de la modernidad. A pesar del desconocimiento de que se desembarcaba en un continente nuevo, este viaje cambió el desarrollo de la historia, al integrar a América en la narración universal.

Y todo aconteció en el año en que Isabel y Fernando, tras vencer en la guerra civil contra la Beltraneja, dieron por finalizados casi ocho siglos de reconquista. En idéntica fecha a aquella en que Antonio de Nebrija publicó la primera *Gramática* de la lengua española. El mismo año en el que, en un afán de uniformidad, los Reyes Católicos decretaron la conversión forzosa, expulsando a los judíos… Esta fue la cara triste del proceso pero, paradójicamente, los sefardíes siguieron amando a España después de 1492 y, desde 2015, estos judíos errantes, parlantes de castellano, pueden recobrar la nacionalidad gracias a aquello que un día los condenó: su genealogía.

En lo que hubo una diferenciación clara de espacios fue en la expansión marítima. Aragón siempre miró hacia el Mediterráneo, a Castilla se le abría un mundo ignoto hacia el Atlántico. Así, podemos hablar de grandes logros de los Reyes Católicos en lo que a política exterior se refiere, tales como la integración del reino de Nápoles en Aragón (1503) o el despliegue castellano en el norte de África, con enclaves como Melilla (1497), conquistada por el jerezano Pedro de Estopiñán. Este oficial se hallaba al frente del ejército aportado por el duque de Medina Sidonia, capitán general de Andalucía, y de las tropas que Isabel agregó de la Santa Hermandad. Con tales hitos, la cristiandad plantaba cara a los piratas berberiscos y detenía el avance turco.

Más adelante, la conquista del Nuevo Mundo significaría el choque entre dos concepciones de tiempo completamente diferentes: la visión cíclica, representada en la forma circular del calendario azteca, en buena medida emulando un nudo, y la interpretación lineal, teleológica, asumida por la civilización judeocristiana, la cual podría identificarse con una flecha.

A partir de 1492, se comprobaría que, de las Canarias a las Indias, «casi» solo había un salto. Isabel y Fernando habían fundamentado el nacimiento del Estado moderno imponiendo la autoridad del rey sobre los bandos nobiliarios. Sin embargo, en tan solo medio siglo, desde el punto de vista técnico, las expediciones marítimas serían iniciativa de personas particulares y, en buena parte, vendrían financiadas por comerciantes y banqueros.

Con Carlos V, los marinos deberían obtener la autorización de los monarcas para reclutar un ejército y someter un territorio determinado pero, además, los soberanos legitimaban jurídicamente y reglamentaban la explotación, al tiempo que ofrecían títulos nobiliarios, como el de marqués de Cajamarca para Pizarro y el del valle de Oaxaca para Cortés, en tiempo de Juana y de Carlos.

2.4. LAS CARAS DE LA DIPLOMACIA

Debido a su tradición pactista, en Aragón resultó más complicado robustecer la autoridad regia. Ante las ausencias prolongadas de Fernando, adquirieron personalidad los lugartenientes generales. Si la guerra de Granada, pilotada por Castilla, vivió sus últimos coletazos en la década de los 80 del siglo x hasta 1492, el siguiente frente fue la invasión de Navarra, espacio en pugna por las apetencias de los franceses. Fernando consiguió su anexión a Castilla en 1512, aunque el reino de las cadenas siguió manteniendo sus instituciones y sus fueros.

Las bodas de sus hijas fueron utilizadas por los Reyes Católicos para tratar de acercar sus posiciones a Inglaterra y Portugal, quitándose enemigos a través de nupcias, aunque con el enlace de Juana meterían al «rival» en su propia casa. Sobre los riesgos de los matrimonios concertados ya avisó a Isabel el teólogo de Salamanca, Bartolomé Márquez, de la Orden de Predicadores; le dijo que no era preciso desvirtuar el sentido del matrimonio cristiano porque entonces sería nulo. Más o menos, la reina le contestó que hablaría con sus hijos para que razonaran y eligieran lo que fuera más conveniente.

Para afianzar su posición ante Francia, los Reyes Católicos casaron a su hija Isabel con el infante Alfonso de Portugal y, al enviudar de este, con Manuel I de Portugal, primo de aquel. Al único varón, Juan de Aragón, lo desposaron con Margarita de Austria, hija del archiduque Maximiliano de Austria y de María de Borgoña, pero él murió prematuramente en 1497. No obstante, los soberanos emparentaron de modo firme con el Sacro Imperio y con el ducado de Borgoña a partir de los esponsales de Juana con Felipe de Austria, hermano de Margarita.

Y, girando sin cesar los anillos, a María de Aragón la enlazaron con Manuel I de Portugal, su cuñado, al fenecer su hermana, y a Catalina de Aragón, con el príncipe heredero de la Corona de Inglaterra, Arturo Tudor, quien fue el hijo mayor de Enrique VII. Pero, a la muerte de Arturo, pronto le buscaron marido a Catalina y lo hallaron en el hermano menor del finado, Enrique VIII, el nuevo rey, quien la repudiaría y rompería con Roma para fundar la Iglesia anglicana. En lo sucesivo, Enrique VIII bañaría de lágrimas y de sangre la vida de sus cinco consecutivas mujeres.

Sin embargo, el acercamiento a las cortes inglesa y lusitana se haría fehaciente a través de Felipe II. El Rey Prudente haría soñar a los súbditos con un monarca de origen español en las islas británicas (1554); este fue un proyecto de corto recorrido. Mas la unión ibérica, con Portugal, se sellaría durante el reinado del nieto de Juana (desde 1580).

Las embajadas no solo llevaban consigo el lado amable de la boda. Hubo piratas que participaron en los servicios secretos. Por ejemplo, Íñigo de Artieta (natural de Lekeitio) fue marino, comerciante y corsario, además de benefactor de la Iglesia de Santa María de su pueblo. Desde 1477 hasta 1498 sus barcos actuaron en el Mediterráneo, uniendo a nivel mercantil la península ibérica con las islas Baleares y estas con la península itálica y con Sicilia; entre las mercancías que transportaba había comestibles, como sardinas, trigo y sal. A partir de 1493, Íñigo de Artieta fue nombrado por los Reyes Católicos capitán general de la Armada de Vizcaya, orientada a defender las posiciones castellanas en el Atlántico ante la competencia con Portugal. Correspondió a Íñigo trasladar al rey Boabdil y su corte de Adra hacia las costas africanas.

También hay que mencionar a Menaldo Guerri, el vizcaíno que asedió el puerto de Ostia en nombre de Carlos VIII de Francia. En febrero-marzo de 1497, Menaldo puso en jaque a Alejandro VI. El Gran Capitán acudió en auxilio del pontífice, lo liberó y, como premio, recibió la Rosa de Oro, aunque antes reprochó su conducta al papa Borgia —por tener hijos estando obligado a ser célibe— y pidió el indulto de Menaldo, quien lo agradeció afirmando: «Sólo un consuelo llevo que alivia de alguna manera mi contraria fortuna: ser vencido por vuestra Excelencia, que merece vencer a todo el mundo». Tenía una moral más íntegra el pirata que el papa.

2.5. EL TÍTULO DE «CATÓLICOS»

Inocencio VIII falleció en Roma el 25 de julio de 1492, entre la toma de Granada y la partida de las naves hacia las Indias. En su tumba, ubicada en la Basílica de San Pedro y realizada por el pintor y escultor florentino Antonio Pollaiuolo, en una inscripción en latín, en mármol, entre otras expresiones, aparece: «REGI HISPANIARUM CATHOLICI NOMINE IMPOSITO».

Se hace alusión a que impuso el nombre de «Católicos» a los reyes de las Hispanias. No obstante, su muerte se produjo en circunstancias extrañas pues, aunque hay autores que manifiestan que se trata de una acusación irreal, otra versión sostiene que el genovés pereció en un intento frustrado de transfusión echando en la boca del pontífice la sangre de tres niños de diez años, que murieron en la operación.

Su sucesor, Rodrigo de Borja, el papa Alejandro VI, valenciano de Játiva y miembro de la familia de los Borja (o Borgia en italiano), fue quien llamó así a los esposos Fernando II de Aragón e Isabel I de Castilla.

La iniciativa para conceder a Fernando e Isabel el título vino en concreto del noble Enrique Enríquez, que era tío de Fernando y consuegro del papa Alejandro VI. ¿Es que un pontífice puede tener consuegro? Alejandro VI sí, saltándose todos los votos de pobreza, castidad y obediencia, porque fue padre de cuatro vástagos: Juan (yerno de Enrique Enríquez), César, Lucrecia y Jofré. En una de las bulas alejandrinas, la *Inter caetera*, datada a 4 de mayo de 1493, Alejandro VI se dirigió a los monarcas como «verdaderos reyes y príncipes católicos». Y, de ahí, su perenne título.

Aunque sus reinados estuvieron marcados por el signo de la guerra, también dieron cabida a la cultura. Paradójicamente se da la circunstancia de que los dos anclaron sus vidas a enclaves con el mismo lexema, «madrigal»: Isabel por su nacimiento en Madrigal de las Altas Torres (Ávila) y Fernando por su muerte en Madrigalejo (Cáceres). Madrigal es el poema breve, generalmente de tema sentimental, en que se combinan versos de siete y de once sílabas. Y, precisamente, a su hija Juana el amor le acabaría pasando factura.

3. LA CUNA Y LA PILA

El 1 de marzo de 1476, en las inmediaciones de la localidad zamorana de Toro, las tropas isabelinas se enfrentaron a las de Alfonso V de Portugal y su hijo, el príncipe Juan (más parejo este último a la edad de la Beltraneja que su progenitor, con quien la habían casado).

La primera parte de la contienda terminó con el triunfo lusitano y la segunda, con el éxito de Fernando. Por ello, el cronista Esteban de Garibay atribuyó al aragonés estas palabras: «Si no viniera el pollo (príncipe Juan), preso fuera el gallo (Alfonso V)».

Para conmemorar esta pendencia, por encargo de Isabel y Fernando, el arquitecto Juan Guas inició la construcción de San Juan de los Reyes, en Toledo, un monasterio orientado para la orden franciscana que pertenece al estilo gótico isabelino. El claustro es majestuoso y la iglesia, terminada en 1495, muestra los símbolos de los Reyes Católicos, como el águila de san Juan Evangelista, el yugo y las flechas. El retablo fue realizado por Francisco de Comontes para el Hospital de Santa Cruz, de ahí que incluya las armas del cardenal Mendoza, apodado «el tercer rey de España». Entre otras escenas, en el retablo, se encuentra la tabla de santa Elena.

El cardenal Mendoza fue no solo pastor espiritual, también fue padre, desobedeciendo como Alejandro VI el celibato que le mandaba la Iglesia. En numerosas obras de arte aparece con santa Elena (250-330), madre del emperador Constantino, que nació tabernera, fue repudiada por Constancio Cloro, murió siendo emperatriz y se convirtió en la primera peregrina a Jerusalén y en la patrona de la arqueología.

Aparte de la devoción que el prelado pudiera tener (es difícil ahondar en las conciencias), está el juego político y es que se tiene constancia de que Pedro González de Mendoza, obispo y arzobispo, hizo trueque de su título cardenalicio de Santa Maria in Dominica por el de Santa Croce in Gerusalemme. Ser cardenal de la Basílica de la Santa Cruz, fundada en Roma por Flavia Iulia Helena a su regreso de Tierra Santa sobre el antiguo palacio de Septimio Severo, venía a poner un pie de conquista sobre Jerusalén[1]. Y además consiguió ser arzobispo de Toledo, la Jerusalén hispánica. Para más coincidencia nació en Guadalajara un 3 de mayo, día en el que hoy se conmemora la Cruz, aunque las celebraciones populares de esta jornada en la Edad Moderna están documentadas a partir del siglo XVII.

Pero en lo privado el cardenal Mendoza no guardó los preceptos de la Iglesia romana, pues tuvo al menos tres hijos: dos nacieron antes que Juana, siendo la madre de ellos Mencía de Lemos, hija del primer señor de Trofa, y

---

1   LARA MARTÍNEZ, Laura y LARA MARTÍNEZ, María: «Santa Elena y el hallazgo de La Cruz de Cristo», *Comunicación y hombre: Revista interdisciplinar de ciencias de la comunicación y humanidades*, n.º 3 (2007), pp. 39-50.

otro posteriormente, fruto de su idilio con Inés de Tovar. Isabel se refería a esta descendencia como «los lindos pecados del cardenal» y a los dos primeros (Rodrigo Díaz de Vivar y Mendoza y Diego Hurtado de Mendoza y Lemos) los legitimó porque él se lo pidió y llegaron a ser respectivamente marqués del Cenete y conde de Mélito. Al tercero, Juan Hurtado de Mendoza y Tovar, sin embargo, no le quedó mayorazgo alguno.

Los Reyes Católicos tuvieron cinco hijos: Isabel, Juan, Juana, María y Catalina. Isabel alumbró a sus hijos en cinco ciudades diferentes: Isabel (en Palencia), Juan (en Sevilla), Juana (en Toledo oficialmente, aunque a continuación expresaremos la duda), María (en Córdoba) y Catalina (en Alcalá de Henares), además del aborto tardío sufrido en Cebreros (Ávila).

Pero ¿cómo era la medicina de finales del siglo xv? Habida cuenta de que fue alumbrando a sus hijos entre 1470 y 1485, en medio de conflictos bélicos —la guerra civil castellana y la toma de Granada—, ¿con qué actitud afrontó Isabel los embarazos? El arraigo del catolicismo hacía que pesara más la fecha del momento en el que el recién nacido pasaba a ser hijo de Dios que el instante en que venía al mundo, si bien en el caso de Juana sabemos su fecha de alumbramiento, aunque no el lugar, ¿por qué no queda constancia fidedigna del espacio donde vio la luz la primera vez la pequeña?

3.1. ISABEL Y LOS HOSPITALES

Aunque no podemos hablar a finales del siglo xv de España como tal, la población del territorio se reducía a unos ocho millones y medio de habitantes. A la guerra y al hambre se sumaba la enfermedad. En esta época fueron muy usuales las epidemias, como la de lepra de 1477, las pestes que asolaron Andalucía y el resto de la península desde 1480, manteniéndose en oleadas en los años siguientes en Castilla y en el reino nazarí de Granada, o la epidemia de viruela y las «pestilencias» de todo tipo que mermaron el ejército de los Reyes Católicos durante las guerras de Granada entre 1482 y 1492.

A su vez, la pugna por la Alhambra llevó consigo el surgimiento de los primeros hospitales de campaña especializados en heridos de guerra, los cuales fueron sufragados por Isabel la Católica, como señala Hernando del Pulgar:

> (…) para curar los heridos y los dolientes, la reina siempre enviaba a los reales seis tiendas grandes y las camas, y ropas necesarias para los heridos y enfermos, y enviaba físicos y cirujanos y medicinas, y hombres que los sirviesen, y mandaban que no llevasen precio alguno porque ella lo mandaba pagar; y estas tiendas, con todo este aparejo, se llamaba en los reales, el Hospital de la Reina.

Uno de estos hospitales es el de Alhama, con la planta superior destinada a salas de cirugía. En la puerta de los «quirófanos» solían estar las letras «A» y «Z», por el principio y el fin, y también la «D» y la «Y», en alusión a Dios e Isabel.

En 1477 se creó el Tribunal del Protomedicato, que regulaba el ejercicio médico profesional, pues no era posible ejercer la profesión si no existía la autorización previa de dicho órgano y un examen de profesionalidad a cargo de funcionarios reales.

Asimismo, el descubrimiento de América llevó enfermedades al Nuevo Mundo como la viruela, y el intercambio de patógenos trajo e intensificó otras dolencias en el Viejo Continente, donde, debido a las carencias alimenticias en los barcos, proliferó el escorbuto, a la vez que la lascivia llevó a la intensificación de la sífilis, si bien no se puede precisar si esta última tuvo su origen en las Indias o en Europa.

En Castilla los enfermos eran atendidos en la ciudad por cirujanos y por físicos y en el ámbito rural por curanderos. Una ordenanza de 1477 cita la variedad de nombres de estos oficios sanitarios, «ensalmadores, boticarios, especieros, etc.», junto a otros relacionados con ellos, como auxiliares, siendo el caso de «la partera, el barbero, el flebotomiano (experto en realizar sangrías), los algebristas o los hernistas». A los remedios científicos se unía la fe, con la invocación a los santos. Y eran numerosos los pacientes que, una vez curados, llevaban exvotos a los santuarios, iglesias y ermitas.

Las escuelas médicas bajomedievales bebían del saber grecolatino, judío y árabe. A partir de 1492, con el establecimiento de una única religión, la católica, los galenos musulmanes y hebreos tuvieron que convertirse o exiliarse. Los médicos personales de Muley Hacén y de su hijo Boabdil, la familia de los Banú Hamon, acabaron desterrados tras ese año en Estambul como médicos de la corte otomana. Uno de los ginecólogos de Isabel era el converso aragonés Lorenzo Badoz; la atendió en los embarazos y partos de Juan, Juana, María y Catalina. La mayoría de los médicos judíos se convirtieron al cristianismo y fundaron sagas familiares como la de los Guadalupe, de raíces gallegas. Uno de ellos, Juan de Guadalupe, atendería a Fernando en el atentado de Barcelona; a él le cauterizaría la profunda herida, y a Isabel le paliaría la ansiedad provocada por el suceso.

La enseñanza de la medicina se realizaba en las universidades, como la de Salamanca (fundada en 1218) y la de Valladolid (en 1241), a las que se sumarían en 1495 la de Santiago de Compostela y en 1499 la de Alcalá, entre otras. Pero también había centros privados, como la escuela médica del Monasterio de Guadalupe (Cáceres), donde incluso se especula con que se hacían disecciones, en una etapa en la que la investigación científica no estaba permitida.

3.2. MÉDICOS Y PARTERAS

La triste realidad de discriminación hacia la mujer impedía en el siglo xv a las chicas formarse en medicina científica, aunque el acceso a la universidad estaba vetado también a la mayor parte de los hombres en la sociedad estamental, donde la posibilidad de ascenso social era básicamente nula. Sin embargo, la mayor parte de las personas que ayudaban a nacer eran mujeres. Esta tónica de preponderancia numérica de comadronas prosigue hoy, aunque las cifras se van equiparando.

Isabel dio a luz con la ayuda de los doctores Juan y Julián Rodríguez de Toledo, Lorenzo Badoz, Nicolás de Soto, Juan de la Parra y Hernán Álvarez de la Reina, de experimentadas parteras como la Herradera de Sevilla o de camareras de la corte como la dama noble María de Guzmán.

Los cronistas refieren que su autodominio llevaba a Isabel a disimular el dolor en los partos. Sobre este particular afirmaba el secretario real Fernando del Pulgar que no expresaba «la pena que en aquella hora sienten y muestran las mujeres». Del mismo modo, Lucio Marineo Sículo añadía: «Y no fue la reina de ánimo menos fuerte para sufrir los dolores corporales... Ni en los dolores que padecía de sus enfermedades, ni en los del parto, que es cosa de grande admiración, nunca la vieron quejarse, antes con increíble y maravillosa fortaleza los sufría y disimulaba».

Hay que tener en cuenta que quizás estos informes se hallen impregnados de adulación, aunque es cierto que estaba tan preocupada por las cuestiones políticas de su reino que pensaba que su salud no se vería aquejada. La primera vez en que Isabel vio el mar fue gracias al embarazo de mellizos que tuvo, pero solo viviría una de las criaturas, María. Los médicos le aconsejaron a la soberana que no se desplazara a caballo para evitar otro aborto. Por ello, tomó la apacible ruta fluvial del Guadalquivir, con desembarco final en Sanlúcar de Barrameda, yendo a Jerez de la Frontera en carroza.

En la nómina de médicos de Isabel estaba Hernán (o Fernán) Álvarez de la Reina (fallecido en 1521), catedrático de prima en la universidad salmantina. Fue «físico principal» de los monarcas, con un sueldo anual de 90 000 maravedíes, en virtud de Célula Real expedida el 15 de noviembre de 1497. En 1502 desde Alcalá, conjuntamente con Nicolás de Soto y Julián Gutiérrez de Toledo, es muy posible que sea él el «doctor de la reina» que informa del lamentable estado de abandono y dejadez en que se encontraba doña Juana ante el comportamiento de su marido. Desde 1507 Hernán fue el médico personal de doña Juana.

3.3. NUDOS DE AMOR Y MUERTE

La templanza exterior de su cuerpo e interior de su espíritu llevaba a Isabel a no beber vino. Más adelante, su confesor, Cisneros, alababa su «pureza de corazón». No obstante, nunca unos padres están preparados para perder a sus hijos, y a Isabel y Fernando se les murieron dos.

Y, mientras gobernaba, estaba pendiente de la educación de sus hijos. El que fue preparado para asumir el trono fue Juan, que nació el 30 de junio de 1478 en Sevilla. Su venida al mundo fue celebrada con la lidia de ocho toros, una justa en la que participó el mismo Fernando.

Hay estudios que indican que Juan nació con labio leporino y que tenía un delicado estado de salud. Su madre le encomendó la dirección académica del joven a fray Diego de Deza, maestro en Teología de la Universidad de Salamanca. Este dominico lo instruía en moral mientras que otros maestros le enseñaban el manejo de las armas. Conscientes de que se iban a fusionar los reinos, establecieron para su hijo una casa propia, es decir, una nómina de sirvientes, y la fijaron de modo permanente en el Palacio de los Mendoza de Almazán (Soria), concediéndole al príncipe el señorío de la villa en 1496, cuando Juana zarpaba para casarse. Posteriormente, cuando Carlos V tuvo que planificar la casa del príncipe Felipe, copió la estructura de la organización pensada para su tío.

Al morir Juan en 1497, fue nombrada princesa de Asturias y de Gerona la hermana mayor, Isabel. Al parecer, Isabel era la favorita tanto para Isabel como para Fernando porque era similar en carácter a la madre y colaboraba con ellos, ideando estrategias de batallas. Además, físicamente se parecía a su abuela paterna, Juana Enríquez. No obstante, después de quedarse viuda de Alfonso de Portugal, sintiéndose muy apenada, quiso profesar como monja y sus padres se lo prohibieron, casándola con el nuevo rey de Portugal, Manuel I el Afortunado. Ella seguía con la idea de echar a los herejes de la península, se había convertido en fanática religiosa y puso como requisito para las segundas nupcias la expulsión de los judíos de Portugal, decisión que a Manuel le costó tomar, pues admiraba a los hebreos. Posteriormente, Manuel se quedaría viudo y se casaría con María, hermana de su difunta esposa. Como hemos advertido, María había sido melliza de otro hermano que nació muerto. Dentro de lo que cabe el de María y Manuel fue un matrimonio feliz. Resultaba raro casarse con su cuñado, pero María se convirtió en una fervorosa partidaria del proyecto imperial de aquel, empeñado en destruir las ciudades principales del islam (La Meca y Medina) y en conquistar los Santos Lugares de la cristiandad, sobre todo Jerusalén. Después de tener nueve hijos, a raíz de su décimo y último parto, acontecido el 9 de septiembre de 1516, María se había quedado muy débil. El niño, Antonio, vivió pocos días. María murió en Lisboa el 7 de marzo de 1517. Fue enterrada en el Monasterio de los Jerónimos de Belém, en Lisboa, del que había sido una de las fundadoras.

Pero a veces los matrimonios no les salían a los Reyes Católicos como ellos querían. Catalina vivió sus últimos años como prisionera de Estado, lo mismo que su hermana Juana. Una en el Castillo de Kimbolton, y otra en el de Tordesillas. La mujer que pedía a Luis Vives consejos para educar a su hija, María Tudor, y a cuyo favor se posicionó el papa ante el repudio de Enrique VIII, sería conocida como Catherine y ella misma firmaba como Katherine, Katherina, Katharine y a veces Katharina, adaptando su nombre a las tierras donde habitaba. Los nudos de amor que Enrique VIII grabó en varios palacios suyos antes de repudiarla muestran las iniciales «H & K». Su tumba en la Catedral de Peterborough lleva la leyenda «Katharine, reina de Inglaterra».

A dos de sus hijos, Isabel y Fernando, les pusieron el nombre de Juan o Juana por el santo protector de su familia, san Juan Evangelista. A este discípulo de Cristo, Isabel lo reconoce en el testamento como su abogado, junto a san Francisco de Asís y a María Magdalena; toda una valentía por su parte mencionar a esta mujer. Su día en el calendario es el 22 de julio pero, hasta 2016, con el papa Francisco, la Iglesia no ha celebrado la fiesta litúrgica de la santa con esta categoría, y el cambio ha venido gracias a un decreto de la Congregación para el Culto Divino y la Disciplina de los Sacramentos, que la iguala con los apóstoles masculinos.

Juana no estaba destinada por la línea sucesoria a heredar Castilla. Tampoco les salió bien a los Reyes Católicos la boda de Juana; se convirtió en un juguete de su esposo, no congeniaron nunca yerno y suegros, en definitiva, los Reyes Católicos no triunfaron en el hogar borgoñón que nunca visitarían, pero sí a medio plazo al lograr instaurar una nueva dinastía en la península ibérica, la estirpe del águila con dos cabezas.

3.4. ¿TOLEDO O CIFUENTES?

Se ha dicho que Juana nació en Toledo el 6 de noviembre de 1479. Su venida al mundo tuvo lugar dos meses después de que se firmara el 4 de septiembre el Tratado de Alcazobas con Portugal, acuerdo que puso fin a la guerra civil castellana librada entre Isabel y su sobrina, otra Juana (la Beltraneja), de la que hablaremos más adelante. El 19 de enero de 1479 había fallecido en Barcelona su abuelo paterno, Juan II, el rey de Aragón, a la avanzada edad, para aquel tiempo, de 81 años.

Toledo es el lugar que se repite en todos los libros como lugar de nacimiento de Juana. En un inmueble situado en la actual calle Trinidad. Sin embargo, existe una hipótesis que apunta a que nació en el Castillo de Cifuentes, en Guadalajara. De ser así en términos etnográficos actuales Juana sería alcarreña. De Toledo ciudad no consta el inmueble donde pudo dar a luz Isabel, de Cifuentes sí.

De acuerdo con esta nueva idea que puede verse recogida en la página institucional de Turismo de Castilla-La Mancha y del Museo del Ejército, ubicado en Toledo, si se asoció su cuna con Toledo es porque Cifuentes, como buena parte de Castilla, pertenecía a la diócesis de Sigüenza y al arzobispado toledano.

La fortaleza cifontina había sido erigida sobre un enclave árabe en el siglo xiv por don Juan Manuel, el mayordomo mayor de los reyes Fernando IV y Alfonso XI y autor de los cuentos de *El conde Lucanor*. Este infante, prototipo del caballero instruido hasta el punto de ser uno de los nombres clave en los inicios de la prosa en castellano, reunía los títulos simultáneos de señor, duque y príncipe de Villena, además de ser señor de su Escalona natal, de Peñafiel, de Cuéllar, de Elche, de Cartagena, de Lorca, de Alcocer, de Salmerón, de Valdeolivas, de Almenara y de Cifuentes, donde parece que fue alumbrada Juana.

El título de conde de Cifuentes fue creado en abril de 1456 por Enrique IV a favor del toledano Juan de Silva y Meneses. Lo sucedió su hijo, Alfonso de Silva y Acuña, que juró lealtad a la princesa Isabel el 30 de noviembre de 1468. Murió al año siguiente y lo relevó en el condado su hijo Juan de Silva y Castañeda, tercer conde de Cifuentes, alférez mayor de Castilla, como sus dos predecesores. Cuando nació Juana fue en época de este tercer conde, que se había casado con Catalina de Toledo, hija de Fernán Álvarez de Toledo, IV señor de Oropesa y de Jarandilla entre otras heredades. El vasallaje y la amistad de los condes con Isabel, junto con la emergencia con la que se presenta cualquier parto, de reyes o de plebeyos, pudo hacer que Isabel tuviera que dar a luz en su castillo.

No obstante, otra vía apunta a que el Castillo de Cifuentes se encontraría ya en situación casi de abandono y, por eso, en 1524 se inició la construcción de la Casa-Palacio de los Condes de Cifuentes, ya desaparecida, en la plaza Mayor de la villa. En esta línea el nacimiento de Juana pudo producirse en la residencia de los condes de Cifuentes en Toledo, y de ahí la confusión. No obstante, no es posible localizar en el plano de la ciudad imperial dicho inmueble, lo cual alimenta el enigma.

Para añadir más ingredientes de duda está la biografía de Ana de Mendoza y de la Cerda, perteneciente a una de las familias más poderosas del momento (sus padres eran el duque de Francavilla y la hija de los condes de Cifuentes). Fue princesa de Éboli por su matrimonio. La consejera de Felipe II y víctima de Antonio Pérez, célebre por su inteligencia más que por el parche en el ojo, nació en el Castillo de Cifuentes en 1540 y vivió en el palacio de la plaza Mayor, lo cual indica que sí estaba el edificio de don Juan Manuel en condiciones de que alguien viniera al mundo en 1479. El 29 de junio Ana fue bautizada en la iglesia del Salvador, en Cifuentes. ¿Y si Juana nació y fue bautizada en Cifuentes?

Como no se conserva el acta de nacimiento de Juana I, podemos esgrimir las tres versiones y ahondar en los archivos tratando de encontrar algún documento que pueda afianzar alguna de las teorías. Aparte de innumerables libros y artículos donde se la presenta como natural de Toledo, sin alusión a inmueble donde nació, en los archivos históricos españoles hay algunas referencias a Cifuentes en relación con Juana; no son directas a su procedencia geográfica, sino de documentos que ella ratificó en favor de los condes de Cifuentes.

De 1509, justo cuando entraba al cautiverio en Tordesillas, consta la escritura de confirmación de Juana de la concesión de las villas de Benahavís y Daidín (Málaga), la cual había sido otorgada en primer término por Isabel y Fernando el 25 de junio de 1492 al conde de Cifuentes[2]. También en 1518 (el 18 de marzo) Juana concedió a Fernando de Silva, conde de Atienza, la fortaleza de Atienza[3]. Así se podrían referir otros nueve documentos más, si bien ninguno de ellos incluye referencia emocional a la vinculación con Cifuentes. Sobre este particular cabe mencionar dos circunstancias atenuantes: no se estaba hablando de la villa, sino de la familia nobiliaria, y los escritos no eran redactados por la reina, ni siquiera bajo su supervisión, pues ya estaba recluida en Tordesillas.

A falta de una partida de bautismo, lejos de las proclamas de un nacionalismo exacerbado de los otros lugares, en Cifuentes las voces autorizadas piensan que el lugar de nacimiento fue Toledo.

3.5. EL SECRETO DE IBRAHIM

Juana recibió las aguas bautismales en la Iglesia del Salvador de Toledo. En concreto le administraron el sacramento en la Capilla de Santa Catalina, la cual ha permanecido casi inalterable desde sus inicios. La construyó en la recta final del

---

2   AHNOB, LUQUE, C. 817, D. 19.
3   AHNOB, CIFUENTES, CP. 417, D. 15.

siglo xv Fernán Álvarez de Toledo, secretario de los Reyes Católicos. Coinciden los nombres de los dos hombres que están detrás de la cuna de Cifuentes y de la pila de Toledo, pero son personas distintas. También en torno a Juana hubo dos Catalinas de menor edad a ella: su hermana y su hija.

Este Fernán Álvarez de Toledo del que hablamos ahora se casó con Aldonza de Alcaraz y fueron padres de diez hijos. Formó parte de la corte en constante itinerancia de Isabel y Fernando, intervino en las capitulaciones de la toma de Granada y del Tratado de Tordesillas, otorgó su testamento en Toledo el 16 de julio de 1499 y dictó un codicilo el 26 de septiembre de 1504 en Medina del Campo, falleciendo allí el 16 de octubre, un mes y diez días antes que la reina. Fernán compró la villa de Cedillo en 1487 y se convirtió en señor de Cedillo.

Pila bautismal. Museo de Santa Cruz de Toledo. N.º inventario: DO1172. Arzobispado de Toledo. Depósito de la Parroquia de Santo Tomé. En esta pila pudo ser bautizada Juana.

La proximidad a Isabel hace plausible que este señor se hallara en la misma localidad que ella cuando nació Juana, aunque también puede que el hecho de que el conde de Cifuentes y el impulsor de la capilla bautismal se llamaran igual haya dado lugar a la confusión.

La capilla está adosada a la Iglesia del Salvador, en cuyo exterior se ven las armas de esta familia, junto a las de los Reyes Católicos. Presenta techo decorado de mocárabes, un friso de yeserías con motivos florales de cardo y cartelas con inscripciones ornadas con motivos renacentistas. Entre sus joyas está un retablo realizado por Pedro Berruguete, dedicado a santa Catalina. Ya del siglo XVI es otro retablo, obra de Correa de Vivar, procedente del Convento de San Miguel de los Reyes o de los Ángeles, propiedad del conde de Cedillo (el título condal fue creado en 1624). En el siglo XIX, los condes decidieron su traslado a la Capilla de Santa Catalina.

Si Juana nació en Toledo pudo hacerlo en el alcázar (empleado como morada regia por los Trastámara) o en alguno de los muchos castillos, palacios y residencias nobiliarias repartidas por su plano, pues es sabida la predilección de Isabel por la antigua capital. En la sede primada Isabel contó con un balcón para contemplar las celebraciones. Es más, en 1497 mandó construirse unos aposentos dentro de la catedral, un palacio donde viviría con su corte, igual que anteriormente había dirigido las obras de las casas edificadas en el Monasterio de Guadalupe o en Santo Tomás de Ávila. Y lo hizo con fusión de estilos, pues consta el solado de azulejería y las decoraciones en yeso que realizó el moro Ibrahim.

La pila bautismal mudéjar en la que pudo ser bautizada en el otoño de 1479 perteneció a la Iglesia del Salvador y hoy se encuentra en el Museo de Santa Cruz. Data del siglo XV, tiene forma ochavada y está hecha de barro vidriado.

Réplicas de hojas y motivos vegetales abrazan el contorno del vaso. Predominan los tonos verdes y blancos. En los alfares toledanos era habitual la producción de estas pilas hasta que, en el siglo XVII, la autoridad eclesiástica estipuló que fueran sustituidas por pilas de piedra. En algunos casos el reemplazo fue lento. Por eso, en 1829, durante el reinado de Fernando VII, el visitador parroquial de la diócesis de Toledo propuso cambiarla por una de piedra, al calificarla de «pila bautismal de barro indecente». Se conservan al menos otras cuatro pilas de barro vidriado procedentes de alfares toledanos en Santa Cruz de Retamar, Villamiel, Camarenilla y en la Hispanic Society of America en Nueva York.

En el reborde va tallada en relieve, en letra gótica minúscula, la inscripción del avemaría, en una línea que se conserva algo deteriorada: «Ave maría gra / tia plena dominus : / tecu bendita t / mulieribus / frutu : vent / is tui : ihs : sant / ta maría ma / te : dei : ora».

La mezcla de culturas que caracterizó a la sociedad toledana medieval se aprecia en El Salvador pues, antes y después de ser iglesia, fue mezquita. Esta superposición es perceptible en que reúne elementos visigodos del culto anterior, de manera que hay arcos de herradura islámicos que se sustentan sobre columnas romanas y visigodas.

El templo de El Salvador se conserva con un aspecto casi idéntico a como lo vieron los asistentes al bautizo de la hija de Isabel. En esta iglesia culminan las aventuras de *La vida de Lazarillo de Tormes y de sus fortunas y adversidades*. La versión más antigua de dicha novela picaresca es de 1554, el año previo a la muerte de Juana. ¡Cuánto le habría gustado tenerla en sus manos!

4. LAS *PUELLAE DOCTAE*

Es una locura amar, a menos que se ame con locura. Este proverbio latino parece que viene al caso de la leyenda romántica de Juana, tergiversación de los hechos que ha presentado a la reina como trastornada por los celos. Sin embargo, si vamos a la procedencia del refrán, a la cultura latina, podemos ahondar en la personalidad de la infanta, pues se crio en un ambiente culto, en el que las letras dialogaban con ella mediante las declinaciones y conjugaciones del habla de los romanos.

Basándose en el modelo romano de la *puella docta*, la niña sabia, Isabel la Católica impulsó el talento femenino. Así, en la corte castellana se fue fraguando el grupo de las *puellae doctae*, las chicas doctas, un grupo de mujeres brillantes que alcanzaron una posición vedada a la mayoría de las damas y que llegaron a reunir bibliotecas particulares. Como generalmente los reyes titulares eran hombres, Isabel tuvo que innovar y construir un espacio femenino que apoyara su acción política.

4.1. NIÑERAS Y DOMINICOS

Juana tuvo como niñera hasta los seis años a María de Santisteban, mujer de la que no queda rastro en la red de archivos públicos españoles, a pesar de haber realizado la difícil misión de atenderla desde que nació. Fue su nodriza y este concepto, literalmente, designa a la mujer que amamanta a un niño ajeno, por lo que es de suponer que tuviera algún hijo de edad cercana a Juana y le proporcionara a esta alimento. Siguió cuidándola en los momentos en que empezaba a andar, a hablar y a tener iniciativa. Fue su madrina. Las responsabilidades del gobierno hacían viajar a Isabel de una ciudad a otra, de manera que Isabel no daba el pecho a sus hijos, por lo que recurría a amas de cría.

A los seis años le pusieron a Juana como tutora a otra noble, Teresa Manrique. Aunque no consta su apellido, solo el nombre, Teresa, hay una carta del Archivo General de Simancas en la que posiblemente sea esta señora quien le pedía a Juana desde Burgos, en diciembre de 1496, que les enviara noticias desde Flandes, pues los reyes y ella estaban tristes al no saber nada de cómo se encontraba. Sobre este particular volveremos más adelante al analizar el desembarco de Juana en la vida de casada.

Isabel y Fernando confiaron en la Orden de Predicadores la instrucción de sus hijos, lo veíamos con Deza como tutor del príncipe Juan. Desde los siete años, Juana tuvo como tutor personal al fraile dominico Andrés de Miranda, doctor que la formó en doctrina cristiana y la entrenaba en latín. Miranda fue el autor de la *Declaración de la herejía y otras cosas pertenecientes a esta materia*.

A pesar de su corta edad, los niños de las casas reales estaban llamados a ser titulares de patrimonio y en los bienes entraban las personas, que nunca debieron de ser vistas como objeto, pero sucedía así en Castilla y en toda Europa.

Retrato de Juana I, conservado en el Convento de Santa María de Gracia de Madres Agustinas, en Madrigal de las Altas Torres (Ávila). El inmueble donde está la tabla fue el palacio de Juan II, abuelo materno de Juana; se trata del enclave donde nació Isabel la Católica.

Desde los seis años tenía también Juana a su servicio «esclavas de Canarias»; puede resultar sangrante, sin embargo, era la norma del momento. La esclavitud permaneció reconocida en España hasta los años 80 del siglo XIX. De acuerdo con las actas notariales de Génova, en la segunda mitad del siglo XV las esclavas por las que se pagaba un precio más alto eran las orientales, después las canarias y luego las de raza negra. Posiblemente fueran guanches. Juana manumitió a cuatro de las esclavas, recibiendo los nombres de Juana, Inés, Anastasia y Catalina. Las trataba muy bien y ellas respondieron con mucha más lealtad que otros criados.

Isabel le dio la posibilidad en 1496, con 17 años, ya casada, de tener una casa oficial propia; recordemos que no era princesa, sino infanta. Del presupuesto de la casa (no domicilio, sino institución) de Juana sabemos que gastaba en ropa y que su color preferido era el carmesí. Formaban parte de la casa un confesor, un limosnero y varios oficiales y capellanes, dirigidos por un mayordomo mayor, una camarera mayor, un caballerizo mayor, un contador y un secretario.

4.2. LAS HORAS DEL DÍA

La educación que se daba a los hijos en los palacios estaba basada en la lectura, la escritura, el latín, la oratoria, el canto y el baile. En el caso de los chicos se los formaba en natación, esgrima, arco, ballesta, ajedrez y juego de pelota. A las chicas en costura. Crecían entre mujeres, aprendiendo el concepto de virtud viendo a los hombres en la lejana distancia.

Desde su infancia, Juana pareció estar lúcida, sobre todo con la afición hacia la danza y la música. La formaron en lo que se consideraba la enseñanza básica de toda doncella, en las buenas maneras, aunque también su madre le inculcó el interés por las humanidades y fue la princesa más instruida del Renacimiento hasta que la sustituyó en dicho escalafón su hija Catalina.

Fue educada con menos disciplina que si hubiera sido la primogénita porque en esos momentos no se intuía que tuviera que ser preparada para el trono. Aunque Isabel en su corte guardaba un equilibrio entre la oración, el estudio y la melodía. De hecho, mantuvo un nutrido grupo de músicos de manera estable y de bailarines; estos últimos eran portugueses. Siguiendo lo que había visto en su familia, Juana fue coleccionando obras, creando una biblioteca propia, de más de un centenar de volúmenes.

La chica se convirtió en una buena amazona, ya lo era con diez años, y aprendió lenguas antiguas, como el latín, y romances, como el francés. Se decía que tenía tal manejo del latín que, estando ya casada con Felipe, en las visitas oficiales los congregados se quedaban fascinados de cómo podía responder y mantener conversaciones en tantos idiomas.

Sus profesores fueron humanistas como Pedro Mártir de Anglería (que fue cronista de Indias), Lucio Marineo Sículo (cronista y confesor de Fernando el Católico) y los hermanos Antonio y Alejandro Geraldini (de Amelia, Italia), docentes de los hijos legítimos e ilegítimos de Fernando.

Algunos de estos instructores le depararían sorpresas nefastas, como la traición de Pedro Mártir de Anglería, que arremete contra ella estando pagado desde el poder. La lectura de sus relatos sobre la Juana adulta revela la imagen de persona trastornada que ha permanecido en el imaginario. Las relaciones de Mártir de Anglería, donde se habla del amor excesivo de Juana por su marido, han sido consideradas una fuente indispensable para reconstruir su mente, pero parece que fueron revisadas después de la fecha que lleva, por lo que lo que en ellas se expone hay que ponerlo en entredicho.

4.3. LA QUERELLA DE LAS MUJERES

Con el nombre de «querella de las mujeres» se conoce al movimiento de protesta de las damas desarrollado desde el siglo XIV frente a la misoginia imperante. Isabel la Católica no permaneció ajena a este.

La reina consultó obras de Christine de Pizan, la primera escritora profesional de la historia que pudo vivir de sus libros. Esta veneciana nacida en una familia de alcurnia en 1364, afincada en París y fallecida en Poissy en 1430, tuvo que desafiar los límites de la sociedad patriarcal cuando, al quedarse viuda, se vio privada de todos sus bienes. De morar con todas las comodidades cerca del Louvre, bajo el amparo del rey de Francia, tuvo que trasladarse a un arrabal donde conoció la miseria.

Gracias a sus poemas y a sus crónicas logró sacar adelante a su madre y a sus hijos. Y, de este modo, dio forma a *La ciudad de las damas*, donde abogaba por la igualdad entre los dos sexos en derechos, oportunidades y deberes. Su idea es que esta urbe estuviera presidida por la Virgen María y albergara a todas las mujeres virtuosas de la historia, del pasado, de su presente y del futuro. Mientras que algunas tradiciones de influencia hispánica refieren que hubo ciudadelas levantadas con mortero preparado con sangre de toro, en vez de agua, Christine propuso que la argamasa fuera de tinta.

Se piensa que Isabel tenía la segunda parte del libro *La ciudad de las damas* (1405), de Christine de Pizan; en concreto estaba en posesión del *Livre des Trois Vertus* (*Libro de las tres virtudes*), manual de educación dedicado a la princesa Margarita de Borgoña. Cuando Christine lo compuso no había imprenta y, al fallecer, quedaban tan solo 21 años para que naciera Isabel. De Christine pudo tomar datos Isabel la Católica para no arredrarse en la defensa de la dignidad de la mujer.

Y, de algún modo, materializó el objetivo de la escritora de crear una urbe donde vivieran las mujeres que quisieran conquistar su libertad, como muestra el hecho de que estuviera rodeada de eruditas como Beatriz de Bobadilla (marquesa de Moya), su íntima amiga, Beatriz Galindo (profesora suya y de sus hijas) y Beatriz de Silva (fundadora de las concepcionistas, orden de la que Isabel fue mecenas en su gestación). En ese proyecto de empoderamiento cuando no existía el término, Isabel quiso que estuviera también Juana; lo reiteró en su testamento, que la princesa era la heredera y nadie más hasta que ella no quisiera gobernar, o falleciera, pero los hombres de su familia decidieron excluirla por completo.

En Castilla uno de los escritores que se inmiscuyó en la querella de las mujeres fue Alfonso o Alonso de Cartagena (1384-1456), segundo hijo del rabino de Burgos. Estudió Leyes en la Universidad de Salamanca, fue embajador en Portugal para conseguir la paz entre ambos reinos y obispo de Burgos. Entre sus alumnos estuvo el padre de Isabel, Juan II de Castilla, tradujo obras de Cicerón y Séneca y viajó por Europa. Murió al regresar de la peregrinación a Santiago de Compostela, con 72 años.

Se suele incluir en el elenco de obras favorables a las damas el *Libro de las mujeres ilustres* de Alonso de Cartagena, que realmente es una atribución falsa. Pero pasa desapercibida la respuesta que Alonso dio a su amigo Fernán Pérez de Guzmán en la cuarta cuestión del *Duodenarium*. Esta sección presenta 26 capítulos. Alonso no toma partido ni por la mujer ni por el hombre, aunque escoge tres parejas contraponiendo un hombre y una mujer de la Biblia (José y Susana), un hombre y una mujer romanos (Catón el Joven y Lucrecia) y un hombre y una mujer de la Plena Edad Media (Fernando III y Berenguela de Castilla).

¿Fue misógino Alonso? Hubo ambivalencia en algunos de estos autores bajomedievales, ya que, a la vez que defendían a las mujeres, recurrían a argumentos patriarcales. Giovanni Boccaccio atacó a las damas en *Il Corbaccio* (c. 1355) y las defendió en *De mulieribus claris* (1361-c. 1375). El mismo Alonso reconoce que hay «mujeres viriles», las cuales asumen virtudes de hombres. Esta expresión fue utilizada por Boccaccio y la retomó Diego de Valera, doncel de Juan II a cuyas órdenes luchó contra los nazaríes en 1431 para después enrolarse en las embajadas castellanas, y por Álvaro de Luna, el desdichado valido del mismo monarca. Tanto Valera como Luna reaccionaron frente al machismo imperante y lo hicieron componiendo sus respectivos tratados: *Defensa de las virtuosas mujeres* y *Virtuosas e claras mujeres en defensa de las mujeres*. Nos quedamos con la rotunda frase de Alonso de Cartagena en la cuarta cuestión del *Duodenarium*: «No hay que tolerar a aquellos que con boca de perro intentan hablar mal de las mujeres».

Cuando Alonso de Cartagena murió, Isabel tenía cinco años. Su propia sobrina, la religiosa Teresa de Cartagena, monja franciscana y después cisterciense, fue escritora. Aparte de Egeria, la viajera del siglo IV hacia Tierra Santa es la primera autora de la península ibérica cuya obra se conserva. Compuso los tratados *Arboleda de los enfermos* y *Admiración de las obras de Dios*. En edad adulta Teresa perdió la audición, situación que ella describió como una «niebla de tristeza temporal e humana». En *Admiración de las obras de Dios*, Teresa expresaba: «Muchas veces me es hecho entender, virtuosa señora, que algunos de los prudentes varones y así mismo hembras discretas se maravillan o han maravillado de un tratado que, la gracia divina administrando mi flaco mujeril entendimiento, mi mano escribió».

La creación cultural se convirtió para Teresa en un vehículo de comunicación y a la vez de consuelo, no en vano en la *Arboleda* presenta la enfermedad física como un sufrimiento que acaba siendo beneficioso para la salud espiritual. La *Arboleda* partía del comentario del Salmo 45:10: «Oye, hija, y mira, e inclina tu oído; olvida tu pueblo, y la casa de tu padre».

4.4. ENTRE DIANA Y LA VIRGEN MARÍA

Es injusto que una mujer tenga que aparentar ser un hombre para que sus argumentos tengan más peso. A Isabel se la encumbró por encima de las demás señoras de su tiempo y se la llegó a describir, con tono enfático, como un varón de espíritu. Numerosos humanistas dejaron testimonios que permiten completar la visión de Isabel como «virago», mujer-hombre.

«¡Oh alta fama viril / de dueña maravillosa / que el estado feminil / hizo fuerza varonil / con cautela virtuosa!», exaltaba fray Íñigo de Mendoza, el franciscano poeta, autor de poemas políticos y cartas de consuelo a Isabel por la muerte de sus hijos Juan e Isabel. Fray Íñigo subrayaba que las virtudes cardinales eran la pauta de la reina.

«¡Oh corazón de varón vestido de hembra, ejemplo de todas las reinas, de todas las mujeres dechado y de todos los hombres materia de letras!», glosaba Juan de Lucena, protonotario apostólico y embajador de los Reyes Católicos.

La compararon con Diana, diosa romana de la caza, de la naturaleza salvaje y de la luna, equivalente a la Artemisa griega, y a ella no le disgustaba aquel símil, aunque al menos en la recta final de su vida Isabel quedó imbuida de la *devotio moderna*, corriente espiritual que proponía potenciar prácticas piadosas como la humildad, la sencillez y la obediencia, actitudes difíciles de compatibilizar con su autoridad, aunque sí fue dada a entregar limosnas en secreto. El tratado fundamental de este movimiento fue la *Imitación de Cristo*, del canónigo agustino Tomás de Kempis (1380-1471).

Isabel aborrecía los asuntos relacionados con la brujería, legisló contra el juego de los dados y, en lo concerniente a los toros, se propuso no verlos «y no digo prohibirlos porque esto no era para mí sola», como exponía a su confesor, el monje jerónimo fray Hernando de Talavera, en 1493, por lo cual resulta evidente que marcaba una diferencia entre su persona individual y su faceta como soberana.

También hay que tener en cuenta las altas dosis de idealización que conoció la silueta literaria de Isabel, pues llegó a ser comparada con la Virgen María, como puede comprobarse en este pasaje del *Cancionero* de Antón de Montoro, poeta del siglo XV: «A la reina soberana / si fuérades ante vos / que la hija de Santa Ana, / de vos el hijo de Dios / recibiera carne humana».

Siguiendo los esquemas patriarcales, Isabel era una reina descrita con corazón de hombre, pero vestida de mujer. Sin embargo, Juana, sin disimulos, era un corazón de mujer vestido de mujer.

Aparte de la distinción entre sus dos dimensiones, Isabel diferenció siempre entre su responsabilidad para tomar decisiones y la necesidad de dejarse asesorar. Andrés Bernáldez, en su *Historia de los Reyes Católicos*, enuncia que actuaba «siempre proveída de muy alto consejo, sin el cual nunca se movía». Jerónimo Münzer, en el relato de su visita, remarcaba que la soberana era: «de alto consejo en la guerra y en la paz». Por su parte, Pulgar indicaba que «por la mayor parte seguía las cosas por su arbitrio».

Juana también buscó consejo en los escasos momentos en los que pudo manifestar su parecer, bien cuando las ciudades y los nobles enviaron a sus representantes, estando ya viuda, mientras su padre se hallaba enfrascado en las campañas de Italia, o en la audiencia que mantuvo con los comuneros. La diferencia es que siempre estuvo tutelada, en régimen de vigilancia administrativa o de encierro a pesar de que su cara apareciera en las monedas.

4.5. LAS MAESTRAS

Volviendo a sus años de escolar, Juana no solo tuvo maestros, también contó con maestras, pues fue pupila de la escritora salmantina Beatriz Galindo (c. 1465-1535), la Latina, docente también de su madre. Beatriz era hija de una familia hidalga venida a menos. Nació en Salamanca y sus padres la quisieron destinar al claustro. A los quince años no solo leía y escribía en latín con soltura, sino que además lo hablaba.

En 1486, cuando se preparaba para entrar en un convento como monja, fue llamada por Isabel para que le enseñara la lengua latina. También sabía griego. Escribió poesías en latín y unos *Comentarios* a Aristóteles. En diciembre de 1491, a unos días de la toma de Granada, se casó. Tanta era la confianza entre la docente y la regia alumna que a Beatriz el matrimonio se lo concertó la soberana. El marido fue Francisco Ramírez de Madrid, apodado el Artillero, por ser capitán general en la guerra de Granada. Para este enlace, Isabel y Fernando le dieron una dote de 500 000 maravedíes. Tuvieron dos hijos: Fernán y Nuflo. Al enviudar en 1501, se retiró de la corte y fijó su residencia en Madrid, fundando el llamado Hospital de La Latina y monasterios.

Luisa de Medrano, natural de Atienza (1484-1527), fue la primera profesora de universidad del mundo. Impartió clase en la universidad de Salamanca y destacó como poetisa del Renacimiento. Su padre, Diego López de Medrano, había muerto en agosto de 1487 en la reconquista de Málaga, sirviendo a Fernando el Católico frente a Boabdil el Chico. Su madre, Magdalena Bravo de Lagunas, era tataranieta de Guzmán el Bueno. El apoyo de la reina posibilitó que Luisa impartiera clase en las Cátedras de Leyes y Gramática de la Universidad de Salamanca desde los 24 de años de edad a partir del curso académico 1508-1509. Luisa era además pariente de Juan Bravo, el capitán comunero, también oriundo de Atienza. Medrano dictó lecciones durante las ausencias de Elio Antonio de Nebrija, catedrático de Gramática que fue trasladado a la Universidad de Alcalá por el cardenal Cisneros. También suplió a Jerónimo Álvarez de la Carrera, catedrático de Cánones. Su hermano Luis fue rector de la Universidad de Salamanca en 1511 y 1512. Lucio Marineo Sículo, que la conoció, aunque en sus obras la llamaba Lucía por error, en 1514 alabó su elocuencia:

> Ahora por fin sé que la naturaleza no ha negado a las mujeres el talento, lo que se comprueba en nuestra época, sobre todo, gracias a ti, que en letras y elocuencia sacas tu cabeza por encima de los hombres, tú, la única muchacha y tierna joven que en España atiende con diligencia y afán no a la lana sino a los libros, no al huso sino al cálamo, no a la aguja sino a la pluma.

Sin embargo, no han quedado escritos suyos, solo testimonios de quienes la trataron. Parece que por orden de Carlos I se borraron las referencias a Luisa. El propio Sículo la citó en su obra *De rebus Hispaniae memorabilibus*, publicada en castellano como *De las cosas memorables de España*. Sículo informaba en la edición de 1533 de que se quitó del volumen, por prohibición de Carlos I, «la mención de ilustres varones y no pocas mujeres dignas de ser recordadas». Contrasta este borrado de datos con la devoción que el emperador tuvo a santa Úrsula y las once mil vírgenes, donando una treintena de relicarios, realizados en talleres posiblemente de Bruselas, a sus colaboradores en los años 20 y 30 del siglo XVI. Las reliquias proceden de

Colonia, donde fue martirizada la venerable en el año 451 a manos de los hunos. El conjunto de bustos más amplio se conserva en el Museo Diocesano de Arte Sacro de Álava y procede de la capilla funeraria de D. Ortuño Ibáñez de Aguirre, albacea de Isabel y consejero de su hija Juana.

Asimismo, Isabel la Católica quiso atraer a su círculo a Cassandra Fedele (1465-1558), joven erudita italiana que, con 22 años, pronunció un discurso en la Universidad de Padua, con motivo del doctorado en Filosofía y Teología de su primo. Si no viajó a Castilla fue porque el Senado veneciano la retuvo, deseoso de conservar a esta cima de la erudición en su territorio.

Bustos relicarios de santa Úrsula y cuatro compañeras mártires (siglo XVI). Museo Diocesano de Arte Sacro de Álava.

Aunque, posteriores en el tiempo, fueron también *puellae doctae*, o *puellae* doctas si castellanizamos el adjetivo, las hermanas taranconeras Luisa Sigea (c. 1522-1560) y Ángela Sigea. La primera fue humanista y políglota, la segunda, música. Las dos formaron parte del séquito de la infanta María de Portugal, nieta de nuestra Juana. Fueron «mozas de cámara».

A Beatriz Galindo la vía de acceso a la corte fue gracias a su conocimiento pero, en la práctica, las presentaciones las hizo su hermano, Gaspar de Gricio, del que hablaremos a propósito del testamento de Isabel. De Gaspar se tiene la primera noticia el 2 de marzo de 1476, en un documento sobre la victoria de Zamora. Después formó parte de la casa del príncipe Juan y, al morir este, quedó al servicio de la reina.

La naturalidad era también máxima con Gonzalo Chacón, al que Isabel llamaba «mi padre», por su protección hacia su hermano Alfonso y hacia ella. Fue marido de Clara Álvarez de Alvarnáez, dama de origen portugués, camarera mayor de la joven.

A través de las *puellae doctae* muchos hombres de sus entornos consiguieron ascensos en la Administración, como el tesorero Andrés Cabrera, esposo de Beatriz de Bobadilla, amiga de Isabel. La pareja ostentó el primer marquesado de Moya.

4.6. ESPEJO DE PRINCESAS

Juana I recibió una vasta cultura de los libros y de la experiencia adquirida en las ciudades que recorría. Aprendía a la vez que viajaba, pues la corte de sus padres era itinerante. Tuvo la oportunidad de seguir de cerca acontecimientos que cambiaron la historia universal: el 2 de enero de 1492, la toma de Granada, y un año después, en abril de 1493, la comparecencia en Barcelona de Cristóbal Colón con la noticia del descubrimiento de América.

Los cinco hermanos no participaron del mismo proceso educativo. Isabel, la hija mayor de los Reyes Católicos, les llevaba varios años: ocho a Juan, nueve a Juana, doce a María y quince a Catalina. Con quien Juana jugaba era con sus dos hermanas pequeñas, María y Catalina.

En el plano de lectura para adultos, uno de los géneros que más títulos ha dado es la vertiente dedicada a la instrucción de los herederos. Del siglo ix data el *Liber manualis*, que Dhuoda —dama de estirpe carolingia— escribió en latín para su hijo Guillermo de Septimania. Estos tratados son conocidos como espejos porque en ellos se mostraban ejemplos de virtud, a fin de que los hijos de los reyes en el futuro aplicaran esos consejos.

Sin embargo, la fama de cultas de Isabel y las infantas fue tal que, en su *De institutione feminae christianae* (*Educación de la mujer cristiana*), el humanista y pedagogo valenciano Juan Luis Vives propuso a la soberana y a sus hijas en 1523 como modelo de mujeres:

> La reina Isabel, esposa de Fernando, quiso que sus cuatro hijas aprendieran a hilar, coser y bordar con soltura, dos de las cuales fueron reinas en Portugal, la tercera, que es la madre del rey Carlos, vemos que lo es de España, y la cuarta, esposa honorabilísima del rey Enrique VIII, lo es de Inglaterra...».

Vives daba pautas, pero en su vida personal había soportado la amargura de perder a sus progenitores condenados por la Inquisición. Fue su padre quien lo envió al extranjero a estudiar para esquivar el control del Santo Oficio sobre el joven: se formó en la Sorbona desde 1509 y, una vez alcanzado el grado de doctor, se marchó a Brujas (Bélgica), donde vivían algunas familias de mercaderes valencianos, entre ellas la de su futura mujer, Margarita Valldaura.

Recibió la noticia de que su padre, el comerciante Luis Vives Valeriola, había sido quemado por la Inquisición por judaizante en 1524, y que su madre, Blanca March, muerta en una oleada de peste en 1508, había sido desenterrada y sus restos serían pasto del fuego en 1530 por los cargos de herejía. Blanca se había convertido al catolicismo en 1491, en los meses previos al decreto de expulsión, y al año siguiente nació su famoso hijo. Aquejado de una depresión ante la saña sobre vivos y sobre muertos, Juan Luis se marchó a Inglaterra, rechazando una oferta para enseñar en la Universidad de Alcalá de Henares, por el temor a que la Inquisición lo persiguiera.

En el verano de 1523 fue elegido lector del Colegio del Corpus Christi por el cardenal Wolsey, puesto que implicaba ser nombrado canciller de Enrique VIII de Inglaterra. Vives veía cumplido así su anhelo de residir en una corte, único lugar en el que un humanista podía realizar dignamente su trabajo investigador y difundir los descubrimientos mediante las publicaciones. Ahí trabó amistad con Tomás Moro y con la reina Catalina de Aragón, hermana de Juana, pero después llegarían los sinsabores ante el repudio de la reina y la condena a muerte de Moro.

Vives se enteró de todo ello estando en Brujas y, más tarde, cuando Catalina quiso que volviera a Inglaterra para que enseñara a su hija, María Tudor, las cartas eran interceptadas por el cardenal Wolsey, que primero quiso servir a Enrique VIII y después lo pagó caro, pues sus rivales dijeron que no estaba haciendo las gestiones rápido y el monarca les quitó las prebendas. Wolsey cayó en desgracia, quedó perturbado y murió a los 57 años.

En 1523, cuando salió a la luz su manual educativo para las damas, Vives presumía de la alta educación recibida por la descendencia de Isabel la Católica: «Nuestra época ha visto a las cuatro hijas de la reina Isabel, instruidas todas ellas y a las que he nombrado un poco antes».

La admiración a Juana de Castilla resulta unánime en la obra, tanto por su ciencia como por su empatía:

> Por todos los rincones de estas tierras me cuentan, no sin elogios y muestras de admiración, que Juana, esposa del rey Felipe, madre de nuestro don Carlos, respondía en latín al instante a quienes le hacían preguntas en esa misma lengua, según costumbre entre los nuevos príncipes cuando van de pueblo en pueblo. Lo mismo comentan los británicos de su reina Catalina, hermana de Juana. Todo el mundo traslada los mismos elogios a las otras dos hermanas que murieron en Portugal.
>
> En la memoria de los hombres no ha habido mujeres con un pudor más sincero que estas cuatro hermanas, ni con una fama más pura y más intachable; ni han existido jamás otras reinas más complacientes y amables con sus propios pueblos, ni otras esposas que amaren más a sus maridos, ni otras que les obedecieran con mayor sumisión; ningunas otras que, con mayor cuidado, se conservaran a sí mismas y a los suyos más libres de mancha; ningunas a quien disgustara más la torpeza y la lascivia; ningunas que, con mayor precisión y exactitud, reunieran todas las cualidades de una mujer honrada.

Es natural que, al redactar estas líneas, se acordara de su maltratada familia, mas tenía que seguir viviendo y el asesoramiento principesco era una vía de escape. Aunque no cabe duda de que eran fingidas, sino reales y sentidas las palabras del humanista, habida cuenta de los conocimientos de expertas en diversas ramas que alcanzaron las infantas.

Margarita y Juan Luis no tendrían hijos; él murió en 1540 y ella en 1552. Margarita pasó su fase de viuda recopilando y corrigiendo textos que enviaba a los amigos de su difunto para publicarlos. La defensa de la voz de mujer quedó grabada en la inscripción que se puso en su tumba, en la Iglesia de San Donaciano, en Brujas: «Margarita Valldaura, dama de rara[4] honestidad y en grado extremo semblante a su marido en todas dotes del espíritu, voz del sexo femenino, y a ambos unidos como siempre vivieron en alma y cuerpo y aquí entregados en la tierra, a la par los dos».

En Brujas un busto de Vives guarda su memoria, así como en Valencia tiene un instituto con su nombre, una escultura de cuerpo entero en el patio de la universidad y otro busto que fue reubicado en la plaza Margarita Valldaura. Todas las efigies son con boina, siguiendo la moda. También en la mayor parte de los retratos Felipe el Hermoso lleva la cabeza cubierta.

---

4   El vocablo latino «rara» hace referencia a «excepcional».

5. UNA BODA EN FLANDES

Al llegar a la edad adulta, Juana era una muchacha atractiva, además de inteligente. Tenía el rostro ovalado, la nariz fina, la piel clara y el cabello rubio, a pesar de que hay fuentes que hablan de su prognatismo y de que tenía la cabeza alargada y transversalmente aplanada. No obstante, estos últimos rasgos no se corresponden con su imagen en los retratos primarios y sí son características de los Habsburgo, su parentela política.

Un anónimo flamenco coetáneo la describe como «buena, guapa, joven señora, digna de ser amada». El cronista francés Jean Molinet (1435-1507) la presentó como dama «de bello porte y graciosa manera». Nació siendo infanta, nadie esperaba que se convirtiera en princesa de Asturias y en reina; en todo caso se pensaba que sería esposa de algún monarca, pero no titular de Castilla, de Aragón, de Navarra, etc.

Pero, como dice otro proverbio latino, *fata volentem ducunt, nolentem trahunt*, «el destino conduce al que se entrega, y arrastra al que se resiste». Juana no impuso obstáculos, y los hados la guiaron hacia el norte para convertirse, por sus desposorios, en duquesa de Borgoña, aunque al final la acabaron arrastrando hacia el aislamiento.

5.1. UNA CIUDAD FLOTANDO SOBRE LAS AGUAS

Isabel organizó la expedición naval más pomposa de la historia porque, aunque las embarcaciones a las Indias debían seguir un trayecto más largo y más desconocido, por la desigualdad entre estamentos el boato era ahora mucho mayor. Isabel quería que al otro lado de los Pirineos se enteraran del potencial de Castilla.

La soberana dispuso una ciudad flotante para acompañar a su hija a casarse, incluso pidió asesoramiento a Cristóbal Colón a fin de que diera pautas para la travesía. Quedaban cinco años para que la vida al explorador se le convirtiera en un pleito interminable por las acusaciones de tiranía, comportamientos despóticos que lo habían llevado a mandar amputar miembros a personas si detectaba robo o cualquier movimiento de rebelión. Incluso los que lo admiraban tuvieron que reconocer que Colón en ocasiones se pasaba y mucho.

No se iba a celebrar una boda, sino dos: la de Juana con Felipe y la de Juan con Margarita. Se acordó que ninguna de las dos novias, ni Juana ni Margarita, llevara dote, y que las singladuras corrieran a cargo de los padres.[5]

Isabel se tomó muy en serio la organización del viaje. En primer lugar, dispuso el traslado de la corte desde Cataluña a tierras sorianas, a Almazán, donde se establecería la casa

---

5   AGS, Patronato Real (PR), leg. 56, fol. 2.

del príncipe Juan. Llama la atención el contraste de las cifras. El primer viaje de Colón solo lo integraban 89 pasajeros. Sin embargo, Juana iba con 120 barcos y 15 000 hombres. Los buques eran dos carracas genovesas (en una iba ella), más de quince naos vizcaínas y cinco carabelas, naves a las que se sumaron todas las que se dedicaban al comercio de la lana.

La idea de agregar al convoy todos los barcos laneros que hacían la ruta a Flandes la tuvo el armador bilbaíno Juan de Arbolancha, que urdió este ingenioso apunte para que Castilla causara mayor impresión. El comandante de la flota sería el almirante de Castilla, Fadrique Enríquez, primo de Fernando.

Laredo era la capital de las Cuatro Villas de la Costa de la Mar y era el puerto más importante de Castilla. Hasta el embajador del papa se desplazó a Laredo. Y le dijeron adiós sus hermanas Juana, María y Catalina, pues Isabel ya se encontraba en Portugal. Como personal de servicio de Juana iban 4160 individuos. Para defenderse, si llegaba el caso, llevaban 400 cañones. Pero, para andar el camino, también de agua, hacen falta víveres: 552 000 kilos de bizcocho, 320 000 litros de vino y 10 000 huevos eran sus provisiones de despensa.

El 18 de agosto de 1496, cuatro días antes de la partida, Isabel agradeció mediante carta a Colón su asesoramiento. La redactó en Laredo. Colón había regresado desde las Indias a Cádiz, después de su segundo viaje, el 11 de junio. La epístola se perdió, pero queda copia en un estudio decimonónico: «Don Cristóbal Colón, mi Almirante del mar Océano e mi visorrey e gobernador de las islas de las Indias. Vi vuestra letra e la escritura e parescer vuestro para el viage de la archiduquesa, mi muy cara e amada hija».[6]

El 20 de agosto de 1496 Isabel y Juana se subieron en la carraca de Juan Pérez. Iban ilusionadas porque habían conseguido su objetivo de emparentar, pero a la vez se notaban melancólicas porque la futura duquesa de Borgoña no se esperaba que retornara a Castilla. Quizás nunca más se volverían a ver. No se trataba de un pensamiento tremendista, es que las leguas y las millas en el siglo XVI muchas veces resultaban insalvables. Además, los compromisos de Estado, junto con la guerra, no ponían fácil que madre e hija volvieran a tener momentos para estar juntas.

Mural de Juana en Laredo.

Por eso Juana cenó y durmió con su progenitora en las dos noches previas a zarpar, demora que se produjo a causa de la marejada. Los cortesanos afirmaban que Juana no era

6   FERNÁNDEZ DE NAVARRETE, Manuel: *Colección de los viajes y descubrimientos que hicieron por mar los españoles desde fines del siglo XV*, III, Madrid, 1829, pp. 507-508.

su hija favorita, sin embargo, debía de sentir divididos sus sentimientos: las reglas de la diplomacia marcaban enlazar dinastías, pero por supuesto que creía que de algún modo la perdía. En esas veladas debieron hablar del amor y de la guerra, de los recuerdos familiares, de la transición a la vida adulta y también de la boda a escondidas que Isabel había tenido que organizar para sí misma, tratando de esquivar Fernando a los espías de su cuñado Enrique.

En la noche del 21 al 22 de agosto se levantó viento favorable y Sancho de Bazán dio orden de levar anclas. La armada multicolor, sembrada de banderolas, parecía un dragón que se desperezaba al amanecer. En el centro iba la carraca de la princesa, protegida de todo peligro. El nombre de la nave genovesa era La Lomelina. Juana salía de Laredo el 22 de agosto de 1496 para ser duquesa de Borgoña.

Mas la singladura también tuvo sustos. En el noveno día, un viento austral despertó una tormenta que obligó al convoy a recalar en el puerto inglés de Portsmouth el 31 de agosto. Los labradores y los pescadores ingleses se quedaron estupefactos. Decía el cronista inglés Edmond Blot que, a los lobos de mar y a los sirvientes de Juana, se les notaba el impacto de tres días de borrascas. Sin embargo, la princesa iba llena de tranquilidad y frescura, luciendo un toque sonrosado en las mejillas que debía contrastar en demasía con las ojeras de aquellos.

También llamó la atención de los vecinos que Juana no quisiera recibir homenaje alguno antes de rendir ella tributo a Dios, dando gracias por haber salido ilesos del enfado de las aguas. Por decisión propia se dirigió caminando, y no en carruaje, a la iglesia principal de Portsmouth. En Inglaterra estuvo solo dos jornadas y a Flandes llegó el 9 de septiembre.

No obstante, la expedición solo había cumplido la mitad del objetivo, pues debía regresar con la princesa Margarita para que se casara con el primogénito de los Reyes Católicos. La boda entre Margarita y Juan tendría lugar el 21 de marzo de 1497. En la ceremonia, que albergó la Catedral de Burgos, estuvo presente Cristóbal Colón.

Pero volvamos a Flandes y al desembarco emocional de Juana. La fama de galán de Felipe había llegado hasta Castilla. En ese sentido, aunque se trataba de un matrimonio de conveniencia, Juana iba animada. En su última conversación como soltera, su madre le pidió que diera gracias a Dios por haber encontrado tan buen partido, pues aquel muchacho le resultaría atractivo a la vez que conveniente para su condición de hija de reyes.

5.2. EL PRÍNCIPE NATURAL QUE LLEGÓ TARDE

Felipe había nacido en Brujas el 22 de julio de 1478, 16 meses antes que Juana. Era el primogénito de Maximiliano I. Los territorios de sus estados patrimoniales festejaron el nacimiento porque, por primera vez, tenían un «príncipe natural». Al año y medio, el 10 de enero de 1480, nacería su hermana Margarita. Pero, lamentablemente, con tres años de edad Felipe y con un año y tres meses Margarita se quedaron sin madre, al fenecer María de Borgoña. Felipe debió de ser consciente de la pérdida a pesar de ser un párvulo.

A los seis años, Felipe fue proclamado soberano de la Orden del Toisón de Oro, distinción que le venía por su familia materna. En 1491, presidió el capítulo de Malinas, en 1501, el de Bruselas, y en 1505, el de Midelburgo.

En el marco de la Liga Santa, su padre concertó el matrimonio de Felipe con Juana para contrarrestar a Francia. Las relaciones de Flandes con la península ibérica se habían enfatizado en el siglo XIV, cuando la lana castellana sustituyó a la inglesa en las manufacturas textiles de sus núcleos de producción.

No obstante, su futuro marido no pudo ir a recibirla por estar presidiendo la dieta en nombre de su padre en Lindau, a orillas del lago Constanza. Cualquier muchacha se habría sentido frustrada: había hecho un largo viaje para conocer al príncipe y, al llegar, él no estaba. La respuesta de Juana fue de paciencia, no se le notó en ningún momento que estuviera triste por la ausencia, quizás es que no se sintiera nostálgica, pues estaba expectante y la ilusión era más poderosa que el vacío. Aprovechó el tiempo en el intervalo y siguió estudiando.

Se había acordado que el idioma en el que se comunicarían los novios sería el latín pero, pronto, se enteró Juana de que a Felipe no le gustaba demasiado hincar los codos y apenas chapurreaba algo de la lengua de Cicerón. Por ello, Juana se esforzó en aprender francés, idioma en el que no había recibido formación, pues no se enseñaba en Castilla, al ser rival del reino galo. Los flamencos daban fe de que Juana se tomaba los proyectos con tesón y de que mejoraba en pronunciación cada día. Por ello, cuando a los seis años regresó a Castilla, hablaba francés a la perfección.

Juana cayó bien a la población de Flandes. En los caminos la gente se agolpaba para contemplar su belleza. Siempre iba con su consejero, el almirante Enríquez. Fernando no había perdido la ocasión de tratar de acercar las posesiones a través de las bodas entre miembros de los séquitos; ordenó que las damas de honor deberían ir casándose con nobles locales para potenciar los lazos entre las Coronas, pero esta tarea en la práctica se presentó harto complicada. No era todo fiesta en la espera de Felipe, había muchos compromisos y largos trechos que recorrer. El aguante de Juana no tenía límites. En la ruta a Amberes (Bélgica) los caballeros tenían que turnarse, mientras que ella no parecía sentir fatiga. Iba decidida y sonriente.

Entretanto, Felipe no llegaba. Los asuntos políticos lo retenían, pues en la dieta era decisivo reunir el acuerdo para llenar las arcas. El preceptor de Felipe, Francisco de Busleyden (1455-1502), arzobispo de Besanzon, le sugirió que le empezara a escribir cartas. Y, al leer las misivas, Juana cada vez enardecía más. Lo que no sabía es que las epístolas eran de puño y letra de Felipe, pero los versos habían sido compuestos por el juglar De Very, de manera que su enamorado a ciegas lo único que hacía era copiar dictados como en la escuela.

En Flandes el catolicismo presentaba una doble moral, en el sentido de que los confesores incluso ponían penitencias diferentes; lo que en Castilla causaba escándalo, en Bélgica parecía algo de lo más normal. Los maridos estaban horas y horas en las tabernas, las esposas tenían que ir a exigirles que salieran, a veces había alguna voz más alta que otra y el retorno al hogar no resultaba fácil para los asiduos al juego.

Por la noche había tantos hombres y mujeres borrachos que la municipalidad de Amberes organizaba un carromato para recogerlos. Desde los nobles al pueblo llano, todos bebían cerveza, a veces caliente. A las mancebías entraban muchachas decentes a trabajar para luego pagar la dote cuando se casaran, mientras que en la península ibérica se sacralizaba la virginidad. La fidelidad conyugal no era habitual y la legitimación de los bastardos se hacía bajo el parentesco de «sobrinos», por lo que circulaba el dicho de que era extraño que, habiendo tan pocos padres, hubiera tantos sobrinos. Y todo esto se veía como usual en las aldeas, en los pueblos y en las ciudades que pertenecían a Felipe.

La moda era muy diferente en Castilla y en Flandes, más recatada y sencilla en las tierras peninsulares en cuanto a los talles y escotes. Pero Juana deslumbró a todos. A pesar de las estrecheces del momento en cuanto a peculio, también para los monarcas, a los Trastámara les gustaba ir bien vestidos, sobre todo a Isabel y a Juana, por la majestad que implicaba su cargo y porque tenían algo de presumidos. Sobre «los trapos» hablaremos en el sexto capítulo.

De los años flamencos de Juana queda huella en las crónicas neerlandesas (publicadas en la época), desde la más antigua, que es la de 1512, así como en los relatos franceses (inéditos en el momento, pero impresos después) de Jean Molinet y de Robert Macquéreau.

La amistad de la familia Berghes llevó a Juana hasta Bergen-op-Zoom, en la actual provincia de Brabante Septentrional, donde también están Breda y Helmond. Los Berghes cooperaron en el buen resultado de la estancia. Y en su finca dejó numerosos cofres del equipaje para recogerlos después del enlace.

El 19 de septiembre de 1496 Juana entraba en la ciudad de Amberes. Un nutrido grupo de trompetistas amenizaba el desfile. Molinet diría que era «la más ricamente adornada que jamás se haya visto en tierras del señor archiduque, cabalgaba sobre una mula a la moda de España con la cabeza descubierta». Sus padres habían echado la casa por la ventana para revestir sus trajes de seda y oro. Iba acompañada de seis damas ricamente ataviadas. Posiblemente llevaba una cofia de tranzado, típica de la moda española. No obstante, tuvo que permanecer unos días a orillas del río Escalda aquejada de fiebre.

La peor parte la padecía la armada anclada en la costa glacial de Zelanda. Para realizar el intercambio de princesas, la flota aguardaba el momento de la partida hacia el Cantábrico. Solo se podría emprender la vuelta si antes llegaba Felipe, pues tenía que acompañar a su hermana Margarita al barco. El frío causó estragos en la tripulación. De los 15 000 hombres que acompañaron a Juana hasta Midelburgo, unos 9000 murieron por la baja temperatura ese invierno. Juana intentó acelerar cuanto pudo el viaje de Margarita. A principios de octubre la recibió en Amberes y, a continuación, la acompañó a Lier.

Se trata de una pequeña ciudad al norte de Flandes fundada, según la leyenda, por san Gumaro, patrón de los leñadores. Actualmente, Lier forma parte de la provincia de Amberes y tiene casi 40 000 habitantes. ¿Por qué se eligió Lier en vez de un enclave de mayores dimensiones como Gante, Bruselas, Malinas o Brujas? Parece que este desplazamiento estuvo también influido por el obispo de Jaén, Luis de Osorio, que recomendó que Juana fuera allí para evitar que se contagiara de la ética relajada. Quizás para evitar demasiado revuelo, aunque también se apunta a otras dos hipótesis: la devoción de Margarita de York a san Gumaro, no en vano esta abuelastra de Felipe fue clave en la primera atención al retoño Carlos.

A Juana la habían entretenido como pudieron y realmente fue feliz en ese compás de espera; en ningún momento perdió la calma, ni siquiera cuando sintió calenturas o temía por la integridad de los buques. Cuando se aburría, miraba sus trajes, seguía aprendiendo idiomas y sobre todo soñaba con su príncipe.

5.3. LOS SUEGROS

Juana solo conoció al padre de Felipe, a su madre no. Su suegro fue el emperador Maximiliano I (1459-1519), que estaba viudo desde 1482, desde antes de ser archiduque de Austria, pues este título lo ostentó desde 1493, y el de emperador del Sacro Imperio Romano Germánico desde 1508.

Maximiliano era hijo del emperador Federico III y de Leonor de Avis, un desgraciado matrimonio por las discusiones continuas entre ambos por la crianza de los hijos. Y era nieto por parte de padre del duque Ernesto I el Férreo y de Cimburgia de Masovia; a esta última se le atribuye la introducción del prognatismo en la casa de Austria. Esta extensión del maxilar inferior es de hecho conocida como «el maxilar de los Habsburgo».

De Cimburgia, la bisabuela de Felipe el Hermoso, se reseñaba su fuerza física, ya que esta señora era capaz de romper nueces con las manos y de sacar clavos de la pared, aunque tampoco debía quedar atrás su marido, a quien en cuadros del siglo XIX se lo puede ver defendiéndola con una lanza del ataque de un oso.

Maximiliano se casaría con María de Borgoña, que a su vez era la hija única de Carlos el Temerario. A este dignatario francés, perteneciente a una rama menor de los Valois, el sobrenombre no se le adjudicó hasta el Romanticismo. Para sus coetáneos fue Carlos el Audaz y el Gran León, para sus rivales era el Terrible. La madre de María fue Isabel de Borbón, la segunda de las tres esposas de Carlos. Isabel murió de tuberculosis con 29 años, en 1465, cuando su hija tenía ocho. Su tumba es un rectángulo de mármol negro, con su figura en bronce en la parte superior, recostada con su larga cabellera. Alrededor de la tumba, acompañaban 24 efigies también de bronce, llamados *les pleurens*, debido a su actitud de llorar. Solo diez de ellas han sido recuperadas y se encuentran en el Rijksmuseum, de Ámsterdam.

Tras la muerte de Isabel, Carlos se fue volviendo más tiránico y anhelaba formar el reino de Lotaringia, desde el mar del Norte al Mediterráneo. Para conseguirlo, entró en guerra con todos sus vecinos, y eso, unido a las maniobras del rey francés Luis XI para arruinar Borgoña, lo hizo muy impopular entre sus súbditos.

El 5 de enero de 1477 Carlos el Temerario fue derrotado en la batalla de Nancy frente al duque de Lorena, René II. La hija de Carlos, María, de 19 años, pasó a ser la heredera de un vasto territorio que incluía el ducado de Borgoña, el Franco Condado, Picardía y Artois. Luis XI de Francia intentó hacerse con aquellas posesiones proponiendo el matrimonio con su débil hijo, Carlos VIII, a la duquesa, a pesar de que fuera trece años más joven que María. Sin embargo, María tenía las cosas claras. La duquesa, aconsejada por su madrasta Margarita de York, declinó la amable oferta del monarca francés. Y es que María ya tenía en mente a Maximiliano.

Los jóvenes se habían visto en Tréveris en 1473. El futuro Maximiliano I, dos años más joven que María, era un príncipe alto, con una gran nariz aguileña y muy buenos modales. Sin embargo, había sido pobre toda su vida, mientras que su novia era rica. Lo era tanto que no podía ir en busca de su futura esposa. Para que fuera a visitarla a Gante, la duquesa le envió rápidamente dinero para equiparse y presentarse con pompa y esplendor ante su corte. Y así, fue el joven príncipe a su encuentro.

Maximiliano besó a su novia por primera vez delante del obispo de Tréveris. Era costumbre, en las bodas reales entre extranjeros, que la joven escondiera una flor en su pecho, símbolo que tenía que localizar el novio. Maximiliano buscó en vano los pétalos, hasta que el obispo suplicó a la princesa que aflojara su corpiño. Encontró la flor Maximiliano y la mañana siguiente se casaron.

La boda se celebró en Gante el 19 de agosto de 1477; previamente se habían desposado por poderes. Tenían 18 y 20 años. Fue un matrimonio feliz, engendraron dos hijos: Felipe y Margarita, pero la alegría apenas duró cuatro años. María murió embarazada en 1482, al caerse de un caballo. Y se fue del mundo, con la columna vertebral fracturada, en Brujas el 27 de marzo.

En la ciudad belga de Brujas se relata que los cisnes que moran en sus canales tienen su origen en la subida de los impuestos llevada a cabo por Maximiliano I, al perecer su esposa. Como protesta por no poder apenas comer, parte del pueblo capturó a Maximiliano y decapitó ante sus ojos a su amigo Pieter Lanchals. Cuando el soberano volvió a recuperar el mando, ordenó ajusticiar a los cabecillas y, como castigo, obligó a los habitantes a mantener bien alimentados a los cisnes.

Eligió este animal porque en neerlandés, *lanchals* venía a significar «cuello largo» y, de esta manera, al ver los cisnes, los vecinos rememorarían el cruel asesinato que habían cometido y recapacitarían en la pena que recibirían de no cumplir esta disposición.

Carlos V no conoció a su abuela paterna, pero sí tuvo bisabuela. Hoy no llama tanto la atención pero, teniendo en cuenta la reducida esperanza de vida en el siglo XVI, en aquella época sí. También es cierto que en el Renacimiento las bodas tenían lugar en una juventud más temprana. La dama a la que ya nos hemos referido se llamaba Margarita de York; realmente era su bisabuelastra, por ser la tercera esposa de su bisabuelo Carlos el Temerario.

Margarita de York era hermana de los reyes de Inglaterra Eduardo IV y Ricardo III. Aunque el matrimonio no tuvo hijos, Margarita se hizo querer en Borgoña. Fue mecenas de las artes e, inmediatamente después de su boda, inició un viaje con su hijastra, María de Borgoña, por Flandes, Brabante y Henao, en el que visitó las ciudades más importantes: Knesselare, Gante, Dendermonde, Asse, Bruselas, Oudenaarde y Cortrique, donde dejó una grata impresión por su inteligencia y su buen hacer.

Con su bisabuela Margarita, Carlos V pudo estar hasta los tres años de edad. Es más, sus madrinas fueron dos Margaritas, la de York y la de Austria, su bisabuelastra y su tía, las cuales resultarían claves en su educación. Las dos murieron muy jóvenes, Margarita de York con 57 años, Margarita de Austria, con 50.

5.3. FELIPE NO ERA TAN BUENO

Hay personas que tienen una doble imagen, en el hogar y en el exterior. Felipe fue titular del ducado de Borgoña, como Felipe IV, así como de Brabante, Limburgo y Luxemburgo, conde de Flandes, Habsburgo, Henao, Holanda y Zelanda, Tirol y Artois, y señor de Amberes y Malinas, entre otras ciudades.

Desde su infancia quedó involucrado en acontecimientos políticos, fue testigo de las hostilidades entre las grandes ciudades, sobre todo entre Gante y Brujas, y del enfrentamiento de algunas de estas con su padre, pues de niño fue incluso secuestrado en Brujas, experiencia que luego tendría en Tordesillas su hija póstuma, Catalina, aunque en un complot orquestado por otro hijo suyo, Carlos V.

Estaba rodeado de personas que buscaban medrar y los halagos eran la mejor llave para mantenerse en el puesto, de ahí que Felipe supiera que para gobernar en Castilla sería más fácil si contaba con un sólido séquito de flamencos que le dieran la razón siempre, o si compraba voluntades entre los letrados del reino. Pero ese proceder no solo resulta inmoral por el daño a terceros, sino porque al final resulta tóxico para la misma persona que así actúa.

El cronista Lorenzo de Padilla, natural de Antequera (Málaga), en la semblanza que trazó del soberano unas décadas después de su muerte, transmite una buena imagen de Felipe. Lorenzo era arcediano de Ronda y, entre 1538 y 1569, redactó una *Crónica de España* en cuatro partes, de cinco libros cada una, aunque solo se conocen las dos primeras. En esta colección narraba los hechos acontecidos en la península ibérica hasta los tiempos de los Reyes Católicos. Pero su producción fue mucho más amplia, ya que redactó también unas *Crónicas desde Carlomagno hasta Carlos V* y una *Crónica de Felipe I, llamado el Hermoso*, entre otros volúmenes.

En 1538 Carlos V lo había nombrado su cronista y, como sirviente agradecido a través de la pluma, no iba a hablar mal de su padre. Otra cosa era su madre, pues hablar bien de ella podría ser considerado pecado o delito, al haber triunfado la campaña de desprestigio de su imagen diseñada por Fernando, Felipe y el propio Carlos, los cuales podrían haberse ganado la vida de publicistas sensacionalistas en la prensa más amarilla, de haber morado en alguna época posterior.

Padilla destacaba en primer lugar su gallardía. Felipe era «de alta estatura y abultado. Tenía muy gentil rostro, hermosos ojos y tiernos, la dentadura algo estragada, muy blanco y rojo. Las manos por excelencia largas y albas y las uñas más lindas que se vieron a persona».

En su *Crónica de Felipe I, llamado el Hermoso*, Padilla indica que era «muy diestro en todos los ejercicios de las armas, así con ballesta como con escopeta. Cabalgaba muy bien a caballo a todas sillas. Era muy buen justador, jugaba a todos juegos de pasatiempos y era más aficionado a la pelota que a otro ninguno».

Pero el príncipe flamenco sobresalía aún más, a juicio de Padilla, por su delicadeza de carácter. «Era muy amigo de sus criados y muy afable a todos. Era templado en su comer y beber». Y, aunque reconocía su afición al cortejo, el cronista afirma que el rey Felipe sintió amor por su esposa: «Quiso mucho a la reina; sufríale mucho y encubría todo lo que podía las faltas que de ella sentía acerca del gobernar».

¿Son reales estas descripciones? ¿Se trata de retratos con hipérboles y silencios? ¿Fue un príncipe ambicioso que complacía a los que lo adulaban pero que se portaba mal con su esposa, aunque nadie en el exterior diría que le diera esos disgustos?

Felipe era alto y robusto, con la piel clara, las mejillas sonrosadas, el cabello rubio y los ojos azules. Un aspecto chocante es que tenía muchas caries en la dentadura y mandó colocarse piezas de oro. No obstante, esta sonrisa extravagante marcó tendencia y muchos aristócratas siguieron esta moda. Era un juerguista y caía bien. Nadie pensaría que en la intimidad fuera tan posesivo, arrogándose el derecho de administrar la hacienda de su esposa.

Es Padilla nuevamente quien nos informa de que Felipe tenía un problema en una pierna: «En su andar mostraba sentimiento algunas veces por causa que se le salía la chueca (rótula) de la rodilla, la cual él mismo con la mano arrimándose a una pared la volvía a meter en su lugar».

5.4. LAS NUPCIAS

Felipe llegó a Lier el 12 de octubre de 1496. Se cumplían cuatro años del desembarco de Colón en las Indias. El heredero del imperio de Carlomagno conocía a su novia, la hermosa Juana. Entre los contrayentes surgió el flechazo en cuanto se vieron el 12 de octubre de 1496. Y hubo que adelantar la boda porque tenían prisa en consumar el matrimonio. Seis días después, el primer capellán de Juana, el conquense Diego Ramírez de Villaescusa, bendijo la unión, que ellos consumaron de inmediato.

Los habitantes de Lier repiten la anécdota de que cuando los novios pasaban su noche de bodas en el edificio de la corte de Malinas fueron tantos los vecinos de Lier y los foráneos que se acercaron al puente de madera sobre el río Nete que se vino abajo, y todos los que se habían aproximado allí para curiosear cayeron al agua.

Esa estructura, entonces de madera y ahora de piedra, se llama Puente de Aragón.

Para contentar a los obispos de Jaén y Malinas, unos días después se celebró una ceremonia religiosa en la que renovaron sus promesas matrimoniales. El 20 de octubre de 1496, el obispo de Cambray, que posteriormente encabezaría la facción españolista, dirigió la ceremonia oficial. Su nombre era Henry de Berghes, era hermano de Jean (cuya lealtad Juana había confirmado en Bergen-op-Zoom).

Durero, *Los esponsales de Felipe el Hermoso con Juana de Castilla.*

La copia de las capitulaciones de la boda de Juana y Felipe y el original de las capitulaciones del enlace de Juan y Margarita se conservan en el Archivo de la Fundación

Casa de Alba, en el Palacio de Liria, en Madrid.[7] Durero realizó un grabado de los esponsales, en el que Juana sostiene el escudo de los reinos de sus padres, mientras que el blasón imperial reposa en el suelo. El centro de la composición no lo conforman Juana ni Maximiliano, sino Felipe, que sujeta la heráldica de su mujer, mirando hacia ninguna parte, mientras ella busca en él respuesta en su mirada. Se trata de una instantánea con profundidad psicológica, en la que se advierte que Juana, a pesar de su juventud, presentaba más madurez personal que Felipe. También se capta la ambición del novio, pues es él quien lleva el cetro y parece ensimismado en su ego.

En el presente, Lier está lleno de rótulos con la palabra «Aragón», pues las ubicaciones por las que pasó Juana fueron denominadas con el nombre del reino. En Lier pudo alojarse en la Posada del Abad (hoy Hotel de Aragón). También está el edificio de la Corte de Aragón, donde celebraron el banquete de la boda oficial.

Pasado el tiempo, en los años 20 del siglo XVI, en Lier se asentó la corte de la tercera de los hijos de Juana, Isabel, reina de Dinamarca, cuando tuvo que abandonar el norte de Europa sin tener apoyo de su hermano, Carlos V, por su vinculación con el catolicismo.

5.5. ENTRADAS TRIUNFALES

Desde que se conocieron Juana se quedó prendada de Felipe. Juana acompañó a Felipe y a Margarita hasta Amberes; la primera vez que se separaron fue un poco al

---

7   ALBA, Vitrina Biblia.

norte de esta ciudad, cuando su marido partió con su hermana hacia Midelburgo.

En Bergen-op-Zoom, donde Juana se había dejado los baúles, Felipe entregó para la madre del almirante de Castilla, María de Velasco, una imagen de la Virgen y del Niño rodeada de 27 perlas. Es posible que el tutor de Juana, Andrés de Miranda, regresara entonces también a España.

Mientras tanto, Juana continuaba desfilando solemnemente por las ciudades de su esposo. En las calles ornadas con tapices recibía las reverencias del pueblo, después se entrevistaba con las autoridades civiles y eclesiásticas y agradecía los regalos que le entregaban, que generalmente eran lotes de vino.

Un volumen de 63 folios recoge la llegada de Juana a Bruselas el 9 de diciembre de 1496. En las escenificaciones estaba llamada a intervenir ella misma, pues era levantada por el gremio de alabarderos, y hacía bien el «teatro», sin ensayo previo. Es más, se llegó a calificar de «milagro» que la multitud quedara callada en el instante en que hizo su presencia, pues había un alboroto enorme.

En la Grande Place uno de los autos representados era el pasaje bíblico de Judith decapitando a Holofernes. Juana pudo leer el siguiente lema: «Judith redimió a los israelitas al matar a Holofernes. De esta manera, nuestra ilustre señora Juana liberará a su pueblo de sus adversarios». Se aludía a la ocupación francesa de Bruselas acaecida en 1489. No podía intuir cómo su cabeza acabaría rodando en vida…

A Juana le debió de sorprender el contraste climático, en el sentido de que, acostumbrada al sol y a la luz durante buena parte del día, en Flandes las nubes y la lluvia estaban presentes incluso en el verano. Pero no le importaba.

Le resultó amable el modo de vida del norte, propio de los cuadros que un poco después haría Brueghel el Viejo: *La boda aldeana*, *La siega del heno*, *Los proverbios flamencos*, etc. Conoció las posadas neerlandesas en las que, según Erasmo de Rotterdam, aparte de comida y bebida, había charlas y chistes.

Vivieron dos años de felicidad viajando por Amberes, Gante, Brujas, La Haya, Haarlem, Leiden, etc. La archiduquesa se expresaba en latín en los recorridos oficiales dejando una imagen muy buena ante la aristocracia, el clero y el pueblo llano, pero a la vez iba practicando el idioma francés y Felipe pensaba que no podía haber elegido a una compañera mejor preparada.

5.6. ESPIONAJE DE CONFESIONARIO

Pero no todo era un cuento de hadas. El séquito que Juana llevó a Flandes para su boda experimentó grandes bajas, entro otros factores porque muchos quisieron regresar a España por no querer competir con los borgoñones, que lo despreciaban por su austeridad, aunque también causaron estragos el hambre, las enfermedades y los quebraderos causados por las puñaladas que se veían venir.

En 1496 le sorprendería la muerte en Flandes al obispo de Jaén, Luis Osorio, capellán del príncipe Juan. En el elenco de dolencias que hicieron su aparición en la nueva corte hispano-borgoñona, como existía la tradición de poner gentilicio a los males, estuvo el impacto de las llamadas «viruelas españolas», de las que nos habla la crónica neerlandesa de 1517 titulada *Divisiekronik*.

V. Manzano, Audiencia de los Reyes Católicos
en Madrid, siglo XIX. BDH

¿No se estaba prevenido en un palacio de los males del común de los mortales? Rotundamente no. El retorno de la armada a la península ibérica con la princesa Margarita fue una buena excusa para los sirvientes que estaban descontentos en Flandes para regresar a España.

Como primera dama de Juana, Felipe puso a Jeanne de Comines, madame de Hallewin, su antigua institutriz. Dos de los escuderos de Felipe, Charles de Lattre y Bonnet Desne, se hicieron cargo de los establos de Juana. Y el anterior clérigo de Felipe, Jehan de la Chappelle, tuvo el mismo puesto al servicio de la archiduquesa, hasta que ascendió a consejero del archiduque.

Felipe era un joven que daba la apariencia de ser muy simpático pero, por dentro, realizaba muchas maquinaciones y no podía ocultar su ambición. En Flandes él era el heredero titular; en esos momentos no podía llegar a elucubrar ser consorte de Castilla. No obstante, barría para su terreno e intentó apartar de su mujer a tantos cortesanos como habían venido con ella pues, siendo ahora la soberana de los flamencos, quería dar primacía a estos.

La decisión de Felipe suponía contradecir a su suegra, la reina Isabel, que quería organizar una corte hispánica en los Países Bajos, con nobles como Rodrigo Manrique, mayordomo mayor, Francisco Luján, caballero mayor, y Martín de Tavera y Hernando de Quesada, maestresalas. Por su parte, Felipe quería que el príncipe de Chimay rigiera el séquito, de manera que muchos de los emisarios de Isabel tuvieron que regresar a Castilla.

Isabel quería tener noticias inmediatas de cómo estaba su hija y, para ello, envió al dominico fray Tomás de Matienzo. Llegó a Bruselas en el verano de 1498. Juana se encontraba en el sexto mes de embarazo de su primogénita. El 1 de agosto se reunieron para hablar, pero no fue posible el diálogo. Juana no ocultó su enojo y lo despidió con brusquedad porque no entendía el motivo de confesarse con él habiendo eclesiásticos flamencos. Como advertíamos, los sacerdotes de los Países Bajos estaban acostumbrados a una moral más laxa, e Isabel envió a este inquisidor, discípulo de Torquemada, no solo para que cuidara del alma de su hija, también como espía en la corte de su consuegro.

En la impresión sobre la infanta que Matienzo transmitió a la reina Isabel no podía ser más claro. Él se había llevado malas contestaciones actuando en nombre de la reina, no por su iniciativa, pues el dominico entendía que Juana debía adaptarse a las costumbres del lugar donde vivía: «No es de pensar que doña Juana vuelva a estar ahormada al parecer de su majestad, como cuando vivía con vuestra majestad, pues ahora se ajusta más a las costumbres de este reino y en no faltando a Dios es de natura que así sea».

Posteriormente, Matienzo fue ganándose a la archiduquesa y fue sincero al afirmar que, estando Juana tan integrada en Flandes, ya no sería fácil que se volviera a amoldar a Castilla. Se fue de la península ibérica siendo una joven soltera que acataba órdenes de sus padres; ahora era una mujer casada que también seguía directrices impuestas, pero que gozaba de mayor libertad y, por el momento, se sentía dueña de sus decisiones.

6. LLEGA LA CIGÜEÑA

En la mitología nórdica, las cigüeñas simbolizaban los valores familiares y la pureza (basada en gran parte en la creencia inexacta de que estas aves eran monógamas). Si una cigüeña se posicionaba sobre el tejado de una casa se pensaba que traía buena suerte y que era probable un nuevo nacimiento. Para los pueblos germánicos, la cigüeña es la emisaria de la diosa Holda, que trae al mundo las almas de aquellos que han fallecido.

No sabemos si Juana se fijó en el vuelo de las cigüeñas, a buen seguro que sí, porque era observadora e imaginativa. Sin embargo, no compartió la suerte que estas tenían en la Grecia clásica, cuando estaba penado hacerles daño, al quedar identificadas con el cuidado que los hijos debían tributar a los padres.

Puede parecer egoísta querer que los descendientes crezcan fuertes para que ayuden después a los mayores, sin embargo, ni por sentimiento natural, ni por interés propio, ni por temor al castigo final siguiendo la retórica providencialista, el hijo de Juana protegió a la «cigüeña» que lo había traído a Castilla. El césar hizo caso omiso a aquella vieja ley, la Pelargonia, que hacía intocables a las cigüeñas (*pelargos*, en griego).

Roger Van der Weyden, *Virgen de la leche*,
c. 1460. Art Institut de Chicago

6.1. UNA *MADONNA* TAN BELLA

El 15 de noviembre de 1498 nacía en Lovaina Leonor. Con esta niña Juana y Felipe se estrenaban como padres. La archiduquesa se empeñó en amamantar a la pequeña, lo cual no era usual en las cortes coronadas, pues recurrían a nodrizas. Sin ir más lejos, su madre había «contratado» a amas de cría. Todas las personas reconocían su vitalidad y a Felipe le gustaba que las damas, e incluso ciertos caballeros, contemplaran la escena de la lactancia. Los que veían a diario a Juana decían que estaba todavía más bella. El embajador de Venecia escribió al dux: «Si tuviéramos en Venecia una Madonna tan bella, al tiempo que candorosa, no necesitarían los pintores otro modelo para representar la armonía del universo. Verla con su hija en brazos, en posición lactante, es lo mismo que imaginar a Nuestra Señora la Virgen con el niño en su regazo».

De esta época es un cuadro de la escuela flamenca de *La Virgen de la Leche*, atribuido a Roger van der Weyden, y conservado en el Art Institut de Chicago. El énfasis expresivo está en las manos de la madre y del hijo, así como en los pies del bebé, cuyos dedos se abren en abanico para mostrar que le gusta el alimento. María va vestida con una túnica, un velo y un ceñidor del pelo parecidos a los que podía usar Juana. Y el cojín de terciopelo con la orla también podría ser similar a los que tuviera en su mobiliario.

De los libros de horas, bellas obras con las que meditar, que le fue dando su madre, no se conserva ninguno. El único que se sabe que perteneció a Juana la Loca se encuentra en la British Library en Londres. El tomo *Las muy ricas horas de Juana I de Castilla* presenta iluminaciones de Roger van der Weyden y de Simon Marmion, con delicadas miniaturas de bestiario, insectos y escenas de la vida privada de la reina, la cual aparece retratada tanto sola como con su marido. La fecha del ejemplar original se estima entre 1496 y 1506, por lo que se piensa que fue uno de los regalos que recibió tras su enlace.

Las muy ricas horas de Juana I de Castilla. Nótese que el atuendo es similar a la corte de la reina. BL, Add. Ms. 35313. https://www. bl.uk/manuscripts/FullDisplay.aspx?ref=Add_MS_35313

6.2. UNA VENUS SIN MAQUILLAJE

Como hemos expuesto, la boda de Juana y Felipe había sido concertada a la vez que el enlace de los dos hermanos de estos, Juan y Margarita. Isabel se refería inicialmente a su futura nuera como «Madama».[8] La intención primera de la

---

8   *Instrucción de los Reyes Católicos a Gutierre Gómez de Fuensalida cuando fue a Alemania a efectuar los casamientos del príncipe de Castilla don Juan con la hija del rey de romanos y de su hijo el archiduque con la infanta de Castilla doña Juana,* en GÓMEZ DE FUENSALIDA, Gutierre: *Correspondencia de Gutierre Gómez de Fuensalida: embajador de Alemania, Flandes e Inglaterra (1496-1509),* edición de Jacobo Fitz-James Stuart y Falcó, duque

Reina Católica fue que llegara antes Margarita y en el tornaviaje saliera hacia Flandes Juana, pero finalmente se hizo al revés.

El 6 de marzo de 1497 la flota del almirante Enríquez retornó a las costas cántabras, exactamente a Santander. De Flesinga Margarita salió el 22 de enero de 1497 siendo archiduquesa y en Castilla se convertiría en princesa. Con Margarita se extendió por la península ibérica una práctica que puede parecernos que existió siempre: el desplazamiento en carros, llamados entonces «carretas de Flandes». No obstante, como le pasaría después a Felipe en los montes vascos, para atravesar la cordillera Cantábrica se hizo más práctico el ir a lomos de mulas.

Juan era dos años mayor que Margarita. La joven tenía 17 años y había recibido con alborozo la noticia de que se había apalabrado su matrimonio con el hijo de Isabel y Fernando, ya que hasta 1493 había vivido en Francia a la espera de cumplir la edad necesaria para casarse con el rey Carlos VIII, que le sacaba casi diez años y era apodado el Cabezudo.

Como hemos visto, los dos ambientes eran muy diferentes: en Borgoña había desenfreno, en Castilla austeridad. Y a ellos les pasó como a la pareja de Flandes, en la península ibérica también los príncipes que se acababan de conocer querían consumar el matrimonio rápido. En octubre de 1496 el padre de Felipe no puso objeción a que las nupcias se adelantaran por la decisión del novio, sin embargo, la madre de Juan no fue tan veloz y mantuvo alejados al chico y a la chica hasta que llegara la fecha pactada. La boda fue en Burgos el 3 de abril de 1497.

---

de Berwick y de Alba, conde de Siruela, Madrid, Imp. Alemana, 1907, pp. 1-2.

El que más detalles ofrece sobre la apariencia física de la princesa es nuevamente Mártir de Anglería, que explicaba que mirar a Margarita era como contemplar a la misma Venus y sobre todo ensalzaba que no se echaba ni aceites ni colorete en el rostro, siendo referido por cuantos la veían que tenía un cutis intacto. Esto nos da pie a pensar que Juana sí se maquillaba, por lo que marcaba el contraste. Si a Juana se la comparaba con la Madonna, a la Madama se la presentaba como Venus.[9]

Margarita iba ataviada con moda francesa. Mártir de Anglería reseña que Isabel esperaba a su nuera en el Palacio de los Condestables (edificio del siglo XV conocido como Casa del Cordón), con su hijo y con un nutrido cortejo de damas, que lucían brillantes como estrellas de oro y piedras preciosas.

La misa matrimonial se celebró el lunes de Cuasimodo a las ocho de la mañana en la Catedral de Burgos. Se corresponde este día con el segundo lunes después del Domingo de Resurrección. La misa la pronunció el cardenal Cisneros, arzobispo de Toledo. El martes se inició la fiesta de tornaboda, que se prolongó hasta el jueves. El epicentro fue el Palacio de los Condestables, hubo juegos de cañas y otros pasatiempos como danzas en las que participaron los reyes.

La relación de las joyas, ropas y muebles dados al príncipe don Juan y a la princesa Margarita con motivo de su boda, conservada en el Archivo General de Simancas, incluye varias mulas con todas sus guarniciones, tapices con historias de la Antigüedad y de las Santas Mujeres, sar-

9   MÁRTIR DE ANGLERÍA, Pedro: *Epistolario*, Madrid, 1953-1957, p. 334.

tas de perlas y joyas diversas, brocados y muebles (mesas, braseros, arcas, etc.).[10]

Ambas nupcias tuvieron a corto plazo efectos nocivos. Como señalaba Juan Antonio Vallejo-Nágera en la psicobiografía de Juana que traza en el libro *Locos egregios*, «es curioso el efecto destructivo que la capacidad amatoria de los hijos del emperador Maximiliano provoca en los de los Reyes Católicos, de llamativa endeblez para el himeneo. A una, dicen, la cuesta la razón, y al otro la vida».[11]

6.3. LOS NARRADORES

La etapa de Juana en los Países Bajos la conocemos a partir de testimonios españoles y neerlandeses. En el primer grupo figuran la crónica de Lorenzo de Padilla y las cartas del embajador Gutierre Gómez de Fuensalida. Los dos conjuntos se publicaron más de 300 años después.

Algunas obras de Lorenzo Padilla se publicaron en el siglo XIX, como le sucedió a la *Crónica de Felipe I, llamado el Hermoso*, que vio la luz en Madrid, en 1846, en la *Colección de documentos inéditos para la historia de España*. Precisamente el tomo fue editado en el año de la boda de Isabel II, cuando se habían invertido los roles en la pareja y pronto se hablaría de los amantes de la reina, aunque nuevamente con un tono despectivo por ser mujer, dando licencia a todo varón a tener infidelidades, pero no al revés.

Con desgana y llanto por parte de la contrayente, la ceremonia se celebró en Madrid el 10 de octubre de 1846,

---

10   AGS, Patronato Real, legajo 56, f. 9.
11   VALLEJO-NÁGERA, Juan Antonio: *Locos egregios*, Barcelona, Planeta, 1989, pp. 149-150.

cuando Isabel cumplía 16 años. La habían unido con doña Paquita, con Paco Natillas, del que en la noche de bodas constatara que llevaba más puntillas que ella... Fue una ceremonia doble como la de Juana y Juan con Felipe y Margarita, en tanto en cuanto a Luisa Fernanda la casaron, con catorce años, con el príncipe Antonio de Orleáns, el referido Montpensier. Por las corralas y patios, los atrios de las parroquias y las tabernas, la compasión se extendía con la expresión de «¡Pobres niñas!».

La correspondencia del diplomático Gómez de Fuensalida, embajador de los Reyes Católicos en Alemania, en Flandes y en Inglaterra, corregidor y justicia mayor de Granada y regidor de Málaga, no se imprimiría hasta 1907, un año después de la boda de Alfonso XIII con Victoria Eugenia de Battenberg, un enlace salpicado de sangre por el atentado que puso el anarquista catalán Mateo Morral lanzando una bomba en un ramo de flores desde el cuarto piso del número 88 de la calle Mayor de Madrid.

También hubo que esperar para que la crónica de Jean Molinet tuviera amplia difusión. En 1828 fue incorporada al amplio compendio en volúmenes de la *Colección de crónicas nacionales francesas*, aunque las reflexiones de este músico y poeta, cuyo estilo se caracterizaba por los juegos de palabras, habían visto la luz en Amberes en 1531.

6.4. LAS AMIGAS ECHABAN DE MENOS A JUANA

Pero, además de los cronistas, estaban los cortesanos que escribían cartas a Juana. Habían convivido largo tiempo con ella como para olvidarse de repente de la infanta. El 20 de diciembre de 1496, desde Burgos, doña Teresa Manrique enviaba un escrito a la archiduquesa pidiéndole que les transmitiera nuevas, pues los Reyes Católicos estaban tristes de no saber nada de ella:

Muy alta y muy poderosa señora (...)

Agora quiero decir a vuestra alteza que estoy maravillada sabiendo la congoja y pena que el rey y la reina, nuestros señores, tienen y el señor príncipe y la señora princesa, cuando de vuestra alteza no saben en no les escribir con todos los mensajeros que acá vienen (...).

De vuestra alteza muy leal servidora que sus reales manos besa. Doña Teresa.

A la muy poderosa señora archiduquesa.[12]

De 1498 es la carta de doña María Manrique Chacón de Acuña Fajardo en la que decide contar a la archiduquesa «sus locuras». Deja entrever que Juana era una chica empática, que transmitía confianza y que generaba círculos de confianza. Entre las confidencias, María Manrique le dice que tiene una perra llamada Zaragocita y que recuerde que le sentaron mal unos «garbanzos tostados», producto que hasta bien entrado el siglo XX era como los aperitivos que venden en bolsa; lo más extravagante es que afirma besar el salvohonor (nalgas) a Juana, ella y todo su círculo, de los que María Manrique habla con mucha ligereza hasta el punto de definirse al final del pliego como «la loca de vuestra alteza». Una paradoja que esta amiga se autopre-

---

12   AGS, Casa y Sitios Reales, leg. 402 bis. RODRÍGUEZ DE DIEGO, José Luis: «La huella documental de una reina sin gobierno», en ZALAMA RODRÍGUEZ, Miguel Ángel (dir.): *Juana I en Tordesillas: su mundo, su entorno,* Valladolid, Ayuntamiento de Tordesillas, 2010, pp. 41-44.

sentara así cuando entonces el despectivo no se asociaba con su soberana:

> Muy alta e muy poderosa señora:
> Beso las manos e pies de Vuestra Alteza. Sabrá vuestra alteza que tengo una perrita, muy buena por agora, y llámase Zaragoçita. No se acuerda vuestra alteza de la muy querida e su amiga doña María, que los garbanzos tostados que me dio me hicieron mal; la amiga que mucho quiere hace mal a muchas personas, y que Mindo? corre allá, que Mojica está acá muy travieso, es menester que le lleve allá, que no podemos comer a la mesa de las muchas locuras que dice, de la que como su alteza está casada allá. Don Pedro y doña Madalena se han casado ya acá. Acá corre muy buen día y que me envíe a decir cómo le va allá. Acá Juana Fernández está buena y besa las manos a su alteza y, si quiere, el salvohonor.
> Mi madre está aquí, la vieja, que le besa también el salvohonor y el que envíe unos ramales el archiduque para Mojica, que podrá salir otra más linda que yo, mas no más linda, y la una está privada de la reina y que de linda es linda más graciosa. Y el rey está bueno y soy su privada en este mundo y en el infierno que corre allá. Y que la cual madre besa las manos de vuestra alteza; el adelantado de la soledad que tiene vuestra alteza ha engordado mucho, que harto tienen que hacer los pajes en su barriga, como Mojica, la tan delgado como un hilo. Mi señora besa las manos de vuestra alteza (…).
> La loca de vuestra alteza que sus pies y salvohonor besa. Doña María Manrique Chacón de Acuña Fajardo.
> A la muy alta y muy poderosa y archiduquesa, mi señora.[13]

---

13   *Ibidem.*

Mojica puede aludir a Martín de Moxica, uno de los embajadores favoritos de Felipe ante los Reyes Católicos. Más formal se expresaba Mencía Manuel, en 1496-1501. Decía sentir un gran deseo de volverla a ver, por lo que rezaba tanto a Dios por su propia salvación como «por la venida de vuestra alteza, ya creo que será santa y en paraíso. (…) Aunque sea así, vea yo una vez a vuestra alteza y sírvala, no quiero más bien en este mundo».[14]

Colyn de Coter, *La Virgen María intercediendo por Juana*. Museo del Louvre, París.

---

14   *Ibidem.*

6.5. LAS PROMESAS

No solo eran sirvientas convertidas en confidentes quienes se comunicaban con Juana; del mismo modo había religiosos que le enviaban cartas. El 1 de septiembre de 1498, fray Andrés de Miranda, que había sido tutor de Juana, preparaba anímicamente a la archiduquesa para el trance del parto, que podría poner en riesgo su vida, habida cuenta de la alta mortalidad en los alumbramientos. Por ello, le recomendaba que se confesara con frecuencia con frailes observantes, aunque se mostraba optimista y no podía ocultar que quería que naciera un niño, discriminando la posibilidad de que fuera niña:

> Pues yo espero en Dios que la alumbrará y la guardará con bien y que ha de parir un hijo, porque así se demandó a Dios que la diese prole y fuese hijo. Y así me escriba luego para que le ofrezca a Dios y a Nuestra Señora y a Santo Domingo y a San Pedro Mártir y después, Dios mediante, que haya parido el hijo me ha de enviar una vestidura o una camisa suya porque está prometido a San Pedro Mártir.[15]

A las franciscanas de Bruselas, retratadas en su convento de Belén detrás de Juana, la archiduquesa las ayudó a obtener una bula de Alejandro VI para adoptar la orden reformada de santa Clara. Y ellas rezaron para que su siguiente hijo fuera niño (resulta decepcionante que se minusvalorara a las niñas), y lo consiguió para ellas en 1501. En la obra aparece Juana orando detrás de la Virgen María, que muestra un seno en alusión al nacimiento de un niño. En la

---

15   AGS, Estado I-ii, n.º 366.

plegaria están presentes monjas y damas. Parece que se trataba de un tríptico y en otra ala estaba Felipe ante Cristo. La composición fue realizada por el artista de Bruselas Colyn de Coter, especialista en retablos.

El 11 de octubre de 1498, desde Zaragoza, doña Teresa de Távora, condesa de Camiña, enviaba unas letras a Juana para desearle un feliz parto y le hablaba con apego, pues la conocía de servirla en España. Le compartía la preocupación «laboral» por sus propios hijos, le pedía que cumpliera la promesa que ella había hecho en nombre de Juana de dar su peso en plata si el bebé que iba a tener era varón y hasta mandaba un caluroso saludo a Felipe:

> Muy alta y muy poderosa y grande princesa:
>
> Suplico a vuestra alteza que dé un gran beso al señor archiduque por amor de mí. Beso las manos a su alteza por las salutaciones que me envió en la carta de Marina Ruiz y por me hacer saber de su preñez, aunque siempre me doleré por no lo saber allá antes que partiese, pues no fue contenta de mi servicio. Perdonará que yo acá en todo lo que la pueda servir hacerlo he, y en mis pocas oraciones no es olvidada y ahora más que nunca porque Nuestro Señor la alumbre. Acuérdese vuestra alteza de Nuestra Señora del Cambrón que, ahora un año, le prometí si diese un hijo a vuestra alteza dejéle pesar a plata como nasciere; hágale pesar y páguelo, si no yo soy sin culpa. Las nuevas de acá ni de mi vida no le escribo por ser el mensajero tal que lo dirá a vuestra alteza, cuyas reales manos beso y don Diego e otros tres que aquí tengo, ellos y yo somos esclavos de vuestra alteza. De Zaragoza, XI de octubre.
>
> Porque sepa vuestra alteza donde se puede servir de mis hijos, en Portugal el uno e en Inglaterra otro e en las islas otro; don Diego queda aquí por trinchante de la reina nuestra

señora. Cuando yo muriere, encomiéndolos a vuestra alteza. Si Mojica no lleva buen recaudo no fue por falta de trabajar, que si él de allá venía gordo, no irá tal.

Desta serva de vosa altesa. Teresa de Tavora.

A la muy alta y muy poderosa y grande princesa la archiduquesa, mi señora.[16]

La advocación de Nuestra Señora del Cambrón se desarrolló en Sádaba, en la comarca zaragozana de las Cinco Villas, en uno de los cinco monasterios cistercienses de Aragón. Tiene su origen en el siglo XIII y era habitado por monjas. Mucho antes de que naciera Juana, en el siglo XII, se instauró este culto en Bélgica, en una casa menor de san Bernardo de Claraval. A la imagen se le atribuían numerosos milagros.

Como hemos explicado, la boda improvisada de Juana y Felipe había sido oficiada por Diego Ramírez de Villaescusa, que sustituyó como confesor oficial de Juana a su tutor, Andrés de Miranda, cuando este regresó con Margarita a España en 1497.

Ramírez de Villaescusa pasó unos años viajando a Flandes desde Castilla como si el trayecto marítimo o terrestre fuera un confortable camino de ida y vuelta. Tras su primer viaje con Juana, pasó por las universidades de Lovaina y Colonia, donde obtuvo el grado en Teología y el doctorado en Derecho Civil y Canónico, respectivamente. Pero nuevamente fue al encuentro de los duques de Borgoña cuando nació Leonor.

---

16   AGS, Casa y Sitios Reales, leg. 402 bis. RODRÍGUEZ DE DIEGO, José Luis: «La huella documental de una reina sin gobierno», en ZALAMA RODRÍGUEZ, Miguel Ángel (dir.): *Juana I en Tordesillas: su mundo, su entorno,* Valladolid, Ayuntamiento de Tordesillas, 2010, pp. 41-44.

Entre un sacramento y otro, Diego seguía estudiando y escribiendo. En Amberes entregó a una imprenta sus *Dialogi*, en memoria del difunto príncipe Juan.[17] Un incunable de la obra (libro impreso por procedimientos mecánicos antes del 1 de enero de 1501) se conserva en la Real Academia de la Historia. La muerte dialoga en sus hojas con Margarita y esta a su vez con los Reyes Católicos.

Luego, Ramírez de Villaescusa bautizó a Carlos y en ese mismo año, en 1500, fundó en Salamanca el Colegio Mayor Santiago el Zebedeo, llamado también Colegio de Cuenca. Estuvo como capellán con Juana al quedarse viuda, envió noticias a su padre sobre las protestas que organizaba y sería consecutivamente obispo de las diócesis de Astorga, de Málaga y de Cuenca, siendo enterrado en la capilla mayor de esta última catedral.

Después del primer viaje de Felipe y Juana a España, fray Francisco Segarra desde «el convento de Bergas» se dirigía «a la muy alta y muy poderosa senyora, la senyora princesa de Castilla y de Aragón, archiduquesa de Austria, duquesa de Borgoña, nuestra senyora». Puede hacer alusión al convento franciscano de Berga, ubicado en el municipio barcelonés.

En la misiva le explicaba que llevaba un mes enfermo, pero que si se mejoraba iría «a besar las manos a su alteza, y si no puedo antes del capítulo, será por mi flaqueza, que estoy muy flaco (…). A la muy ilustrísima y prudentísima señora, la señora archiduquesa».

---

17   RAH, Inc. San Román 32.

6.6. EL ANILLO Y EL BAILE

La música era muy importante para Isabel y para Fernando. En época de los Reyes Católicos se trató de realizar un himno a partir de la canción religiosa *Pange lingua*, escrita por santo Tomás de Aquino para el Corpus Christi.

Más de dos siglos después realizó una versión a cuatro voces el flamenco Johannes Wreede. A este músico de Brujas lo llamaron en las fuentes hispánicas Juan de Urreda (o de Urrede); fue cantor en la capilla real aragonesa y se mantuvo como maestro de capilla hasta comienzos de los años 80 del siglo XV. La adaptación española llegó al Nuevo Mundo y se empleó en los actos públicos hasta avanzada la centuria decimonónica.

Los aires melódicos permanecerían en la tenebrosa vida de Juana, pues dio a luz a su hijo Carlos el 24 de febrero de 1500 durante un baile en Gante, refugiándose en la letrina. Durante el período de gestación, Carlos, siendo un feto, había dado un susto. En septiembre de 1499, Felipe mandó llamar a una comadrona de la ciudad de Lille para que revisara a Juana, embarazada de cuatro meses.

Justo cuatro meses después, el archiduque envió a un emisario para que a toda prisa pidiera al abad de un convento próximo a Lille que le prestara el anillo de la Virgen, la joya que supuestamente José le puso a María en el dedo cuando se casaron, pues existía la tradición de que daba consuelo a las parturientas. El anillo hizo su efecto y Juana parió a Carlos casi sin enterarse. El nacimiento tuvo lugar en el Palacio de Prinsenhof, un suntuoso edificio con más de 300 habitaciones que era el escenario de los dos capítulos anuales de la Orden del Toisón de Oro. En medio de aquel fasto, Juana alumbró a su primer hijo varón en absoluta soledad, en un cuarto frío y oscuro.

De inmediato, Felipe mandó otro mensajero para que avisara lo antes posible a su hermana Margarita, para que fuera su madrina. Margarita se había quedado viuda el 4 de octubre de 1497; a los seis meses de la boda falleció Juan en Salamanca, decían las malas lenguas que por los excesos sexuales, aunque parece que fue por tuberculosis. Sumida en la tristeza, se adelantó el parto de la hija póstuma de Juan y el 8 de diciembre falleció la niña; sería la única hija que gestaría Margarita. La princesa permanecería sumida en la melancolía en Granada. En septiembre de 1499 los Reyes Católicos aceptaron su salida hacia los Países Bajos.

Margarita quería que su sobrino se llamara Juan, como su marido muerto, pero la convencieron pronto. El chico definitivamente recibió el nombre en memoria de su bisabuelo, Carlos el Temerario, y no le desagradó la idea a su abuelo Maximiliano, pues afirmó que siempre le había caído simpático su suegro. El título que el neonato ostentaba era el de duque de Luxemburgo, el cual procedía de los antepasados de Maximiliano. El poeta de la ciudad recordaba que a lo largo de la jornada los vecinos se echaron a la calle para gritar «Austrias» y «Borgoña». Felipe encargó festejos y fuegos artificiales en las principales ciudades.

Cuando Isabel se enteró de que el heredero de Felipe y de Juana había nacido en el día de san Matías se puso muy contenta, por ser este venerable el elegido para sustituir a Judas Iscariote en el apostolado. Por san Matías se celebraba, desde la época de Juan II, una feria muy pregonada, la de Tendilla (Guadalajara), donde se concentraban mercaderías y caballerías traídas desde Flandes y desde Granada, pasando por Segovia, Molina, Cuenca, Valencia, etc. Qué buena fecha para venir al mundo cuando san Matías iguala las noches con los días... No imaginaba Isabel que la traición constante de su yerno contra su hija ya era una campaña en marcha.

6.7. LA MUERTE DE MIGUEL

Cuando Juana se recuperó del nacimiento de Carlos, Felipe le regaló una esmeralda incrustada en una rosa blanca. Felipe tuvo una racha en la que halagaba a Juana por haberle dado al heredero varón. Al poco, Juana cayó enferma, y el marido envió a los mejores médicos, que se quedaron con ella más de 40 días. Al recuperarse, Juana, Felipe y su cuñada Margarita asistieron a un espectáculo de acrobacias. La joven viuda se unía a la pareja en los actos que podía para distraerse, y Juana llevaba con buen agrado la amistad de su cuñada doble.

Pero una serie de fallecimientos desembocó en el retorno de Juana a la península. A la muerte de su hermano mayor, se sumó que un año después, el 23 de agosto de 1498, pereció en Zaragoza la hermana mayor de Juana, Isabel, casada con Manuel I de Portugal; se marchó al poco de dar a luz. Y, antes de su segundo cumpleaños, Miguel, hijo de estos y nieto de Isabel y Fernando, trasponía del mundo en Granada el 20 de julio de 1500, a causa de unas fiebres repentinas.

Las crónicas apuntan a que desde ese momento la salud y el ánimo de la reina Isabel cayeron en picado. Mártir de Anglería explicaba por carta al cardenal de Santa Cruz el 29 de julio de 1500:

La muerte del pequeño infante Miguel ha abatido profundamente a los dos abuelos. Ya se declaran impotentes para soportar con serenidad de ánimo tantos bofetones de la Fortuna. De donde, aturdidos, se maravillan de que esta perturbadora de las cosas humanas, entre tantos aplausos, frunza tanto el entrecejo y en medio de tan alegres sembrados plante tantos abrojos y espinas. No obstante, disimulan estas negruras todo lo que pueden y se muestran en público con semblante sonriente y sereno. No es difícil, sin embargo, adivinar lo que hay en su interior.[18]

Sin esperarlo, Juana se convirtió en la única heredera de las coronas de Castilla y Aragón. El archiduque escribió a los Reyes Católicos una carta de condolencias por la muerte del pequeño príncipe. El pliego está firmado en Bruselas el 11 de agosto de 1500 con la rúbrica: «Yo el Príncipe».

Su madre le imploró a Juana que volviera urgentemente de los Países Bajos, pero esperaron a que la pareja estuviera ya en Castilla para convocar las Cortes. Se abría la sucesión a la casa de los Austrias.[19]

6.8. «MUY CUERDA», ¿TODAVÍA?

En el momento en que le llegó el turno de convertirse en princesa y futura reina, nadie cuestionaba la capacidad de Juana para gobernar. En 1501, el obispo de Córdoba, enviado por los Reyes Católicos como embajador a Flandes, informaba de que era tenida por «muy cuerda y por muy

---

18   MÁRTIR DE ANGLERÍA, Pedro: *Epistolario*, tomo I, carta 216.
19   BNE, Manuscrito reservado 226/135.

asentada». Ese mismo año, otro diplomático, el embajador residente de España, había llegado a decir que «en persona de tan poca edad no creo que se haya visto tanta cordura». Entre otras virtudes, jugando con la polisemia del término, demostraba gran soltura a la hora de tocar instrumentos de cuerda, como el clavicordio, el monocordio y la vihuela.

Los Reyes Católicos seguían intentando intervenir en Flandes a favor de su hija mediante sus embajadores. El 4 de agosto de 1500, el embajador Gutierre Gómez de Fuensalida invitó a Juana a que utilizara el recurso de su maternidad para participar en política. Juana le respondió que no podría involucrarse en esos asuntos sin la aprobación de su esposo. Parecía estar totalmente convencida por su cónyuge; en esos momentos pensaba que él la amaba realmente, aunque pronto se le fue cayendo la venda, al enterarse de que transmitía a su antiguo tutor, François de Busleyden, las cosas que ella le decía.

En una carta, Gómez de Fuensalida dio cuenta de esta dependencia de Felipe con respecto a su maestro: «Este señor no sabe comer si el arzobispo de Bysançon no le dice que coma, y es tan señor del que yo no vi religioso que tanta obediencia tuviese a su mayor».

En el verano de 1501, Isabel y Fernando enviaron al obispo de Córdoba, Juan Rodríguez de Fonseca, miembro del consejo de los Reyes Católicos y prelado de otras sedes, así como artífice de la dimensión evangelizadora de la conquista de las Indias. Él había arreglado las bodas de Juana y Juan con Felipe y con Margarita, y perpetuaría su imagen a través de una pintura, la tabla central del retablo de Nuestra Señora de la Compasión del trascoro de la Catedral de Palencia, obra atribuida a Jan Joest van Calcar. Juan Rodríguez de Fonseca aparece delante de la Virgen como donante.

¿Cómo pudieron cambiar de repente las cosas tanto para que Juana dejara de estar «muy cuerda» y «muy asentada»? Entonces Fernando no veía a su hija como rival, no había llegado la fase en que comenzarían los recelos, por eso la amenaza a Juana le venía de su marido y, sin duda alguna, los borgoñones iban ganando terreno. El obispo de Córdoba manifestó que, aunque Juana quisiera hacer más para favorecer los intereses españoles, a veces «con querer hacer más, se dañara más e hiciera menos». Ahí el prelado dio la voz de alarma de la soledad: «No tiene alma viva que la ayude con una sola palabra».

Juana empleó el adjetivo que da título a este libro, pues la palabra «cuerda» aparece en el escrito que le envió a Isabel el 8 de febrero de 1501, solicitándole que eligiera a una mujer «concertada y cuerda y quita de toda fantasía» para atender a las criaturas en Flandes durante sus ausencias. Quería una mujer con los pies en la tierra, no buscaba alguien que relatara a sus hijos cuentos de brujas.

6.9. LA GUARDERÍA CASI GRATUITA

La archiduquesa se llevó a Carlos, al poco de nacer, y a Leonor, de quince meses de edad, de Gante a Brujas y luego a Bruselas, pero allí ella cayó enferma durante 49 días. Tuvo que ser atendida por Liberal Trevisan, médico personal de Felipe y otros cirujanos. A Carlos en los diarios de la casa se lo llama «Mossior de Lucemburch» y a su hermana «Madama Leonor». Al personal con el que ya contaban sumaron a la niñera de Carlos, Barbe Servels, natural de Gante.

Fue una ilusión fatua que Juana ganaría poder al haber tenido a un varón. Le fueron comiendo el terreno, incluso se le vetó la posibilidad de opinar acerca de las mujeres que le eligieron como cuidadoras de sus vástagos.

La falta de recursos económicos era un obstáculo en la corte de Juana. Las nodrizas incorporadas a la casa de Juana no percibían sueldo, solo compensaciones extraordinarias de parte de Felipe, lo cual viene a mostrar que, mientras la autoridad de la madre sobre las niñeras menguaba, la del padre crecía. Y el dinero se encontraba detrás de aquella casuística pues, aunque se estipuló en 1495 como dote que Margarita y Juana recibirían 20 000 escudos anuales, la primera sí los percibía, pero la segunda veía como controlaban sus haberes desde la Cámara de Cuentas de Lille, es decir, que tenía el monedero bajo la supervisión de Felipe.

Estando Juana exhausta porque su hijo Carlos había padecido escarlatina y ella no se había retirado del lecho, recibió una petición que perturbó su mente. Se hallaba en el octavo mes de embarazo de la princesa Isabel y la ciudad de Bruselas ofreció a Felipe 5000 florines de oro si su esposa daba a luz en la ciudad. Era la mercadotecnia del momento. Felipe, sin consultarlo con su esposa, dijo que sí, pero Juana se enfadó y le reprochó a su marido que parecía importarle más la cuestión económica que el buen curso del alumbramiento. En Bruselas nacería Isabel en julio de 1501.

El 31 de octubre de 1501, Felipe envió a los tres niños para que se reunieran con su tía en Malinas, bajo la supervisión de Charles de Croy, príncipe de Chimay. Contaban con un equipo de guardería de 100 personas. Dejaron a Leonor, con tres años, a Carlos, de 21 meses, y a Isabel, con tres meses. Los pequeños no volverían a ver a su padre hasta octubre de 1503 y a su madre hasta mayo de 1504, sumando en la estancia española un nuevo hermano, Fernando, al que no conocieron de retoño.

6.10. A POR EL PRINCIPADO

Siguiendo el consejo de Busleyden, el arzobispo de Besanzon, Felipe se apresuró a declararse príncipe de Asturias. Ante la toma de decisiones de manera abrupta y unilateral por Felipe, y los cambios vertiginosos experimentados en su rutina familiar en Flandes, Juana empezaría a hacerse valer y ahí comenzaría la campaña de ingeniería ideológica, azuzada desde un lado y el otro de los Pirineos, por su padre y por su esposo, de que estaba trastornada.

Ella, que se había despedido con nostalgia de su madre en Laredo, se había adaptado al noroeste. Había lluvia y el cielo se encapotaba con nubes constantemente, el sol no se prodigaba como en Toledo, pero le gustaba vivir allí. Por otra parte, era consciente de la responsabilidad que se le aproximaba: estaba llamada a ser reina de Castilla y de Aragón, aunque no sabía cómo poder compaginar el viaje, las obligaciones en todos sus reinos, ducados, marquesados, condados y señoríos, y la atención que le gustaba dar a su prole.

Parece ser que Juana mantenía una alta actividad sexual con Felipe el Hermoso, por decisión propia, incluso en los meses de gestación, por lo que retrasaba comunicar la noticia de su estado para evitar la abstención hasta la llegada de los llamados «meses mayores».

También Felipe demoraba las noticias, aunque con doblez de carácter político, pues amantes las había tenido, las tenía y las seguiría teniendo sin esconderse demasiado. Hasta diciembre de 1500, Felipe no informó a sus súbditos de su primer y próximo viaje a España, y si lo comunicó fue para pedir dinero a los neerlandeses. Además, en esos momentos sopesaba la idea de viajar solo, sin Juana, que era la princesa titular. Sin embargo, nuevamente la ponía como excusa, pues argumentaba que estaba embarazada por tercera vez. En el fondo, sabía que si cruzaba los Pirineos él solo con sus consejeros tenía más posibilidades de adquirir protagonismo y desarrollar negocios que si acudía con Juana. Los consejeros de Felipe tampoco manifestaban mucho interés en desplazarse hasta España pues, como indicaba Fuensalida, «no tienen más voluntad de ir a España que de ir al infierno».

En España no existía ceremonia de coronación, si bien cada heredero debía de presentarse en persona ante las Cortes de cada reino, las de Castilla (como asamblea que representaba al territorio homónimo, León y Granada) y Aragón, Valencia y Cataluña de manera separada para recibir su juramento. Por eso era necesario el viaje de Juana y en segundo lugar de Felipe.

Juana y Felipe partieron de Bruselas el 4 de noviembre. Llevaban cinco carrozas y un centenar de carros para el equipaje, despliegue similar al que trasladó a Juana cinco años antes en la ruta inversa. El traslado a lo largo de 1651 kilómetros, entre Bruselas y Toledo, duró seis meses, pues por los lugares por los que pasaban recibían honores, a lo que hubo que sumar la demora ocasionada por una nevada en Chartres. Juana conoció París, visitó Notre Dame y las multitudes los ovacionaron en la calle.

6.11. LO APODARON EL HERMOSO

El rey Luis XII de Francia movilizó a sus súbditos para deshelar rápido la nieve. A la pareja la recibió en el Castillo de Blois, como si Felipe y Juana fueran sus hijos. El galo organizó jornadas consecutivas de fiestas y cacerías en ese mes de diciembre. Fue él quien le puso el sobrenombre a Felipe al presentarlo con esta expresión: «He aquí un hermoso príncipe».

Tal vez en este momento no se acordó Luis XII de que en Francia había reinado otro monarca apodado así, Felipe IV el Hermoso, de ingrata memoria para los templarios pues, a principios del siglo XIV, fue el responsable de que fueran perseguidos, excomulgados y quemados en la hoguera frente a Notre Dame, no porque los Pobres Caballeros de Cristo fueran herejes, sino porque se habían convertido en poderosos económicamente y él no podía devolver la deuda contraída por su abuelo, Luis IX, cuando fue rescatado en las Cruzadas.

El domingo tuvieron tedeum, como himno de acción de gracias y, ahí, se registró un incidente con Juana. Era costumbre que el rey y la reina de Francia entregaran sendas monedas a sus invitados para que hicieran en la misa la ofrenda por ellos. Luis XII dio una moneda a Felipe y no hubo problema alguno, la echó a la bandeja.

No ocurrió lo mismo cuando las damas se transmitieron en susurro el recado. Al recibir Juana la moneda, la miró por el anverso y el reverso, se le hizo poco y se la devolvió a Ana, colocando como ofrenda uno de sus pendientes. La esposa del rey de Francia se tomó a mal el gesto y, en lo sucesivo, evitó tratar a Juana. A Felipe le preocupó recuperar el zarcillo, porque la joya estaba engastada en piedras preciosas y consiguió rescatarla pagando al capellán unos doblones de oro de Castilla.

La soberana, Ana de Bretaña, era una mujer de armas tomar. Tenía solo dos años más que Juana, pero había sido madrastra de Felipe el Hermoso por haberse casado por poderes en 1490 con su padre, el viudo Maximiliano de Austria. Ese enlace la convertía en reina de romanos pero, como había guerra abierta, hubo cambios de alianzas y prometieron a Ana con Carlos VIII de Francia, con el que se casó en segundo matrimonio. Al enviudar de este se casó con su tercer marido, Luis XII, sucesor de aquel en el trono galo, garantizando así la anexión de Bretaña. Por tanto, en un tiempo sin divorcio, por ser ella, logró no estar unida a Maximiliano de Austria.

El 26 de enero de 1502, Juana y Felipe partían de Bayona en dirección a Fuenterrabía. Llegaron a orillas del Bidasoa, donde fueron recibidos por un grupo de nobles que les dieron la bienvenida. En cuanto zarparon, comenzaron los barcos a hacer fuego con sus cañones, siendo respondidos por los cañones de Fuenterrabía y el toque de trompetas y tambores.

Al desembarcar avanzaron hacia la puerta de la villa. Había a los dos lados de 2000 a 3000 hombres vizcaínos, cada uno con una jabalina al puño o una espada corta en la cintura, gritando a la manera de Vizcaya. En la puerta los esperaba el alcaide, don Hernando de Luna, para entregarles las llaves de la villa. Y al pasar por ella sonaron las campanas por las calles con tapices y coberturas de cama puestas por las ventanas de las casas. Pero la sorpresa no era menor en los lugareños que contemplaban el cortejo. En un tiempo en el que las unidades militares no iban uniformadas, llamaron mucho la atención los 150 arqueros de Borgoña que componían la escolta de los archiduques. Todos vestidos iguales, levando sus estandartes blancos con el aspa de san Andrés en color rojo.

En Bayona habían tenido que dejar los carros para cruzar en mulas los pasos de frontera. Y, al ir en caballerías, Felipe sufrió un ataque de hemorroides. Dicen que en Aragón y en Castilla entró con lágrimas en los ojos, no por la emoción, sino por el dolor de posaderas. Tuvieron que parar y estar casi una semana en un pueblo de Guipúzcoa.

Durante la crisis de salud de Felipe, Juana lo curaba pero, como no mejoraba, mandaron llamar a un curandero, Aita Sorgin. Los confesores no querían que el brujo fuera llamado, pero Juana insistió en que sí. Aita Sorgin dio con la clave porque tenía el don de la clarividencia. El archiduque le preguntó qué podía hacer para compensarlo. El brujo contestó que solo pedía que abandonaran la villa cuanto antes pues, si continuaba allí la comitiva, iba a quedar la población totalmente arruinada para el resto del invierno.

6.12. TOROS Y PROCESIONES

En cuanto Juana y Felipe llegaron a la península ibérica, la reina Isabel dispuso los mecanismos para que las Cortes de Castilla reconocieran a su hija como heredera legítima al trono. A mediados de febrero de 1502, Felipe y Juana llegaron a Burgos. Fueron recibidos con ceremonias, corridas de toros y el Hermoso hasta se atrevió a alancear una res, y no hizo más faena porque su mujer le pidió que no pusiera en riesgo su vida.

El 8 de marzo convocaron las Cortes. La relación de Juana con Madrid comenzó en la corte itinerante de sus padres, pero volvió como archiduquesa y princesa en 1502 y 1503. Durante más de un mes, que incluyó la Semana Santa de 1502, Juana se alojó en el Alcázar madrileño, desaparecido a raíz del incendio de la Nochebuena de 1734; sobre el solar se edificó el Palacio Real. La estancia la realizó con su esposo, el archiduque Felipe. El 25 de marzo de 1502, Juana y Felipe entraron en Madrid. Los flamencos contemplaron con sorpresa los desfiles de disciplinantes, realizando penitencia pública el Viernes Santo.

Después de ser jurada heredera de su madre, Juana retornaría a Madrid en octubre y, luego, de diciembre a enero de 1503, la princesa permaneció en Madrid cuando Felipe I partió apresuradamente a Flandes. En Alcalá de Henares se instaló para el nacimiento de su cuarto hijo y segundo varón, el infante Fernando, alumbramiento acaecido el 10 de marzo de 1503. Vivía todavía su madre, Isabel.

El 30 de abril de 1502 estaba pactado el encuentro con los Reyes Católicos en Toledo. Isabel y Fernando aguardaban a la pareja en la ciudad del Tajo, mas nuevamente tardaron en encontrarse porque, de camino, a Felipe le dio un ataque de sarampión y tuvieron que parar en Olías. La leyenda afirma que Juana solicitó que viniera desde Vascongadas Aita Sorgin. Los emisarios no dieron con él porque, en cuanto escuchaba hablar de correos regios, se esfumaba.

La intención de Isabel era que Juana la sucediese en Castilla como reina propietaria, con o sin el apoyo del archiduque. Fernando se saltó el protocolo y acudió a visitar a su yerno. Antonio de Lalaing, señor de Montigny y secretario del Tesoro de los Países Bajos, informó de que «al encuentro del rey, al bajar del caballo, fue la archiduquesa, su hija…, y lo abrazó y lo besó y le hizo la mejor acogida que pudo, y lo llevó de la mano al cuarto del archiduque». Como yerno y suegro no sabían uno el idioma del otro, Juana era la intérprete. Ella que, al salir de España, en 1496 apenas sabía francés, ahora, con su natural tesón, dominaba la lengua del otro lado de los Pirineos.

Finalmente, cuando mayo estaba a punto de culminar, en la Catedral de Toledo fueron reconocidos Juana y Felipe como príncipes de Asturias. Sucedió tras una misa oficiada por Cisneros.

En los sitiales, estaban más nutrido del alto clero y de la alta nobleza (el condestable de Castilla, Bernardino Fernández de Velasco, y los duques de Alba, del Infantado, de Alburquerque y de Béjar, entre otras personalidades) y los representantes de las 18 ciudades con voz y voto en las Cortes de Castilla (Toledo, Madrid, Guadalajara, Cuenca, Jaén, Córdoba, Sevilla, Granada, Burgos, Valladolid, Ávila, Soria, Segovia, León, Salamanca, Zamora, Toro y Murcia).

Juana y Felipe se arrodillaron ante Isabel y Fernando y les besaron las manos, recibiendo su bendición. Al salir de la sede primada, los procuradores de Toledo protestaron por no haber sido citados los primeros y Fernando replicó: «Los de Toledo harán los que Nos les mandaremos y jurarán cuando Nos les mandaremos…».

Isabel se encontraba muy sola, sin ninguno de sus vástagos a su lado, porque Catalina estaba en Inglaterra y María en Portugal. Y más triste se hallaba por la pérdida de sus hijos Juan e Isabel y de su nieto Miguel. No podía creer que Juana estuviera ante sus ojos, se puso feliz al verla. El cronista Lorenzo de Padilla explicaba: «Metió de la mano (la reina) a su cámara a la princesa, su hija».

Por su parte, a Juana le costó volver a habituarse a Castilla; la corte le parecía más protocolaria y distante que la flamenca. Hablaron de sus nietos, que se habían quedado con Margarita en Flandes, y posiblemente así, en una de estas conversaciones, surgió la idea del tríptico de El archiduque Carlos con sus hermanas Leonor e Isabel, óleo sobre tabla que se conserva en el Kunsthistorisches Museum en Viena. Una pieza de 24 cm de ancho por 13 cm de alto, transportable en todos los viajes, con la que enseñar cómo eran sus hijos en un tiempo sin fotografía.

Tríptico de Stoneleigh, 1506. El archiduque Carlos con sus hermanas Leonor e Isabel. Kunsthistorisches Museum, Viena.

Como Felipe no sabía castellano y hablaba mal la lengua latina, en Hispania, donde el francés era casi un tabú, se comunicaba en la lengua de París y se mostraba muy dependiente de Juana, que se convirtió en su traductora. Sin ella no podía decir ni papa.

6.13. LOS REYES CAMPESINOS

A los miembros flamencos del séquito les chocó que los hispanos solo comieran una vez al día, y no todas las jornadas.

Algunos de estos caballeros amenazaron con regresar a su lugar de origen, pero fueron convencidos con la expectativa de rentas altas llegadas de la carrera de Indias.

En el entorno de Felipe se creía que los monarcas españoles iban «vestidos como campesinos, con trajes pesados y sin forma, anticuados y descuidados». También los castellanos poseían prejuicios sobre los flamencos. Fray Andrés de Miranda, tutor de Juana en los Países Bajos, se quejó del mal ambiente moral de la corte borgoñona como causa de su salida. Y fray Tomás de Matienzo sostenía durante su estancia allí que «en esta tierra más honra facen por bien beber que por bien vivir».

El cronista Lalaing, en tanto que miembro de la corte flamenca que los acompañó a la península, captó la diferencia de estilos entre los atuendos hispánicos y la ropa traída del norte: «No hablo de los vestidos del rey y la reina, porque no llevan más que paños de lana. Y el archiduque llevaba un traje de seda violeta brochada, y su esposa un traje de terciopelo violeta, adornado con paño de oro».

Se había ido una infanta vestida a la española y había regresado una princesa ataviada a la flamenca. No obstante, el texto de Lalaing perpetuó un error, la mentira de que a la reina Isabel no le importaba vestir lujosamente. No es cierto, pues siempre le gustó la moda. En 1486 encargó una ropa de terciopelo negro de guarnición de oro que costó 163 687 maravedíes. El cronista Hernando del Pulgar la presentaba como «mujer ceremoniosa en sus vestidos y arreos y en el servicio de su persona».

Isabel la Católica profundizó en la religiosidad interior. En *La imitación de Cristo* de Kempis leemos: «El lujo es un artificio de la vanidad para ocultar la miseria del alma». Sin embargo, su confesor, Hernando de Talavera, le tendría que recriminar la afición por la ropa. Isabel era consciente de que la dignidad de su misión como reina debía ser revestida con estilo. Si hay que refutar a Lalaing en este punto, ¿por qué aceptar la historia de Juana tal y como nos la han contado en vez de reinterpretar las fuentes buscando nuevos indicios?

6.14. CAMBIOS DE BANDO

Juana estaba encinta de su hijo Fernando, pero no se arredraba por nada. Viajó en mula a pesar de la gravidez y presidió las Cortes de Aragón, que se mostraban reticentes a tener un príncipe heredero venido del extranjero. Los asesores eran quienes realmente se ocupaban de la agenda pública de Felipe, pues él tenía ambición, pero en la práctica sentía abulia.

El ya mentado Besanzon, el eclesiástico que nació en la ciudad belga de Arlon y falleció en Toledo, acompañó a Castilla a Felipe, siendo nombrado obispo de Coria. Sin embargo, murió a las puertas sin llegar a tomar posesión de su sede, como Moisés al filo de la Tierra Prometida.

Otro de los principales consejeros de Felipe era el clérigo holandés Enrique de Bergen, obispo de Cambrai, pero se enemistó con su señor a causa de Juana. Este prelado había protegido a Erasmo, que, en 1493, abandonó la vida monástica en Steyn para seguir a Bergen como su secretario. El humanista de Rotterdam pudo estudiar Teología en la Universidad de París gracias al estipendio que le concedió el obispo. Por su carácter erudito, Enrique de Bergen debió de congeniar muy bien con Juana y acompañó a la pareja a la península ibérica para ser jurados príncipes de Asturias. Precisamente, su lealtad a Juana provocó el enojo de Felipe, que acabó expulsándolo de su séquito y ordenándole el regreso a los Países Bajos.

El castellano que mayor confianza despertó en Felipe fue Juan Manuel de Villena y de la Vega, más conocido como don Juan Manuel, igual que su antepasado literato, el autor de la serie de cuentos de *El conde Lucanor*. Fue el octavo señor de Belmonte por herencia y el primer señor de Cevico de la Torre a partir de 1523 por merced de la Corona.

Don Juan Manuel fue el primer caballero español de la orden borgoñona del Toisón de Oro. Se movió con habilidad primero en la corte de Fernando el Católico, al que luego disgustó por cambiarse de bando, con su yerno Felipe. Entró al servicio del Hermoso en Flandes y, en el reinado de Felipe en 1506, acumuló numerosos cargos, como el de contador mayor de Castilla y alcaide de Burgos, Segovia, Plasencia, Jaén y Atienza, acrecentando los recelos de la nobleza. Fue el «informador» por excelencia y, posteriormente, también desarrolló actuaciones para el hijo de Juana y Felipe, Carlos I.

En esta etapa, Juana y Felipe, como príncipes de Asturias, recorrieron numerosos pueblos y ciudades de la península ibérica, en algunas ocasiones juntos y en otras por separado. Especial impresión le causó a Felipe el Palacio de los Duques de Medinaceli en la villa de Cogolludo (Guadalajara). En este suntuoso edificio renacentista, construido en torno a 1492, estuvo la pareja el 12 de octubre de 1502. El Hermoso dijo «que vale siete de los nuestros» y que era «el más rico alojamiento de España». Transmitió el testimonio Antonio de Lalaing.

Esa noche también la pasaron Felipe y Juana en Cogolludo, en el palacio que se distingue por su tendencia a la horizontalidad y la simetría, rasgos arquitectónicos que para su fisonomía no deseaba Felipe, pues su objetivo se resumía en sobresalir.

7. ENTRE LA ESPADA Y LA PARED

Los Reyes Católicos se disgustaron cuando se enteraron de que los herederos no querían quedarse en la península ibérica. El 19 de diciembre de 1502, Felipe cruzó la frontera por Francia, dejando a Juana en España, a dos meses de dar a luz. Le dijo que no podía acompañarlo porque era inminente el nacimiento de su próximo vástago y, ahí, al llegar a ese tema, mantuvieron una plática tensa, pues Juana le reprochó el viaje de Gante a Bruselas en el embarazo anterior para que él ganara unos florines.

Asimismo, Juana empezó a afear en público la conducta a su esposo y muchos cortesanos comenzaron a susurrar que estaba sufriendo cuadros de demencia como su abuela. El archiduque debía de estar descontento por ser relegado al rango de consorte, no comprendía que su mujer era la titular por vía sanguínea, cuando resultaba un hecho evidente. Juana había quedado involucrada en la lucha de poderes. Y, como la ambición de Felipe no tenía límite, además de que todos sus reinos y potestades andaban mal de dinero, las maniobras se sucedían. Mientras, ella adoptaba una posición introvertida y cosía sus vestidos, para no opinar.

El hablar tiene sus efectos, pero también el callar posee consecuencias. Y es que pronto empezó a ponerse en cuestión la idoneidad de Juana para gobernar. ¿Había un diagnóstico clínico preocupante de fondo? ¿O eran los intereses creados de Felipe y de Fernando los que no permitieron a Juana hacerse con el trono? Cuando la reina Isabel redactó un último testamento, sin preverlo, queriendo blindar la corona de las apetencias de su yerno, confió en la cautela de Fernando y, con ese gesto, dejó abierta la puerta para la usurpación.

7.1. EL DESEO DE VOLVER AL NORTE

Tras haber sido reconocido como heredero de Castilla y Aragón, Felipe partió de Barcelona hacia Flandes. Fernando el Católico le encargó que visitara de nuevo al rey Luis XII de Francia a fin de que sellara un tratado de paz que terminara con las tensiones generadas por la guerra de Nápoles. Si lo había agasajado tanto como para darle el sobrenombre del Hermoso, debía tener a buen recaudo sus peticiones. No obstante, Felipe decidió hacer caso omiso de las instrucciones de su suegro: fue a ver al monarca galo, sí, pero para preparar su propio tratado con los franceses.

El 10 de marzo de 1503, Juana dio a luz en Alcalá de Henares a su cuarto hijo, Fernando; era el segundo varón y el primero nacido en España. El parto se produjo en el Palacio Arzobispal de Alcalá. Isabel empezaba a padecer fiebres, no se encontraba bien. Por ello, el cardenal Cisneros les cedió su casa. Fernando fue allí a reunirse con su mujer y con su hija. Nació el niño y desde ese momento apenas se separó de su abuelo. A los nueve días fue bautizado por Cisneros en la Colegiata de los Santos Justo y Pastor, actual Catedral Magistral.

Como había sucedido en los otros alumbramientos, Juana se recuperó rápidamente y se ocupó en primera persona del neonato. Sin embargo, su objetivo era marcharse a Flandes para estar con su marido y tener reunidos a sus hijos. Fernando ponía objeciones, como decir que no quería que dos miembros de la línea sucesoria (Juana y su hijo recién nacido) estuvieran a la vez en suelo francés. Isabel prometió que, cuando llegara el verano, la dejaría embarcar.

Sin embargo, las semanas pasaban y Juana no veía movimiento alguno. ¿Por qué no le preparaban la singladura? Así que en Alcalá de Henares montó en cólera y tuvo una discusión muy grave con su madre. Los criados escuchaban al otro lado de los dinteles, los rumores se propagaban por las plazuelas y, a las acusaciones que venían del séquito de Felipe, se sumaron las increpaciones de «loca» en la corte de sus padres. Isabel seguía con las calenturas, que serían el preludio de su final en un año.

De Alcalá la llevaron a Segovia y luego al Castillo de La Mota, en Medina del Campo, donde su única distracción eran los oficios religiosos. Como aquel mes era noviembre, el de los difuntos, creció su pesadumbre. En el exterior del Castillo de La Mota, para presionar a su madre, Juana permaneció varias horas de la noche descalza y sin ropa de abrigo. Quería que Isabel la dejara irse a Flandes, donde estaba su marido. Juana también comenzó a sufrir temperaturas altas inexplicables y los médicos dijeron que era mejor que vivieran separadas.

Felipe reunía muchas posesiones. Sus tierras eran de gran riqueza agrícola, manufacturera y comercial, estaban repletas de prósperas ciudades y en ellas se concentraba una nobleza que desde hacía decenios marcaba el estilo de la vida cortesana de Europa. Felipe miraba con cierto desapego los reinos de los que provenía su esposa Juana, a sus ojos tan lejanos como poco civilizados. Tenía en sus manos una amplia colección de títulos. De hecho, tan pronto era Felipe I (duque de Güeldres y conde de Zutphen), como Felipe II (conde de Henao), Felipe III (duque de Limburgo), Felipe IV (conde de Flandes), Felipe V (marqués de Namur) o Felipe VI (conde de Artois). En sus ducados, marquesados y condados era el señor, mas no recibía la palabra de «rey» porque no se usaba. En Castilla y Aragón sería Felipe I, sería el rey.

Mientras tanto, como de Juana cada vez corría más la habladuría de que daba muestras de desequilibrio mental, su madre la dejó marchar de nuevo junto a Felipe. Pudo reencontrarse con sus hijos Leonor, Carlos e Isabel en mayo de 1504, pero Fernando se quedó en España.

Felipe y Maximiliano seguían obsesionados por reinar en Castilla, y se aliaron con el rey de Francia para que este atacara a su tradicional competidor, Aragón, por el Rosellón, Navarra y Nápoles. En septiembre de 1504, Felipe y el emperador Maximiliano I, su padre, suscribieron con Luis XII el Tratado de Blois. En este documento, proponían el enlace de Carlos, hijo de Juana, que tenía cuatro años de edad, con Claudia, la hija de Luis XII, de cinco años. Como dote, recibirían el reino de Nápoles. Además, a cambio de una suma de dinero, Maximiliano reconocía a Luis XII como duque de Milán (territorio que teóricamente formaba parte del Sacro Imperio Romano, aunque esto solo tenía importancia ahora que el soberano francés necesitaba legitimar su ocupación).

Gaspare Oselli y Francesco Terzio, 1569-1573.
Retratos de Isabel I y de Juana I. BDH.

7.2. EL TESTAMENTO DE ISABEL

Isabel debió de percibir ciertos comportamientos extraños en su hija; quien no claudica por lo general es visto como incómodo. En el momento agudo de su enfermedad, pareció querer dejar claro que no deseaba que el reino acabara en manos de su yerno.

El 12 de octubre de 1504, Isabel redactó su testamento, firmándolo en Medina del Campo el 23 de noviembre. Las desavenencias entre madre e hija no erosionaron el deseo de la Católica de que Juana, y solo Juana, la sucediera. Declaró a Juana heredera universal. Por ello, estipuló en su testamento, «sólo para el caso en que Juana se halle ausente, o no pueda o no quiera gobernar», que Fernando el Católico actuara como regente hasta la mayoría de edad de su nieto Carlos (cuando cumpliera 20 años).

Pero Isabel no se planteaba un reinado conjunto de Juana y Carlos: «Y quiero y mando que cuando la dicha princesa doña Juana, mi muy cara y amada hija, fallezca, le suceda en estos mis reinos el infante Carlos, mi nieto, su hijo legítimo y de dicho don Felipe, su marido, y que sea rey y señor de mis reinos».

La reina prohibió expresamente que los cargos políticos se entregaran a personas que no fueran castellanas de condición. Y mandó a la «princesa» y al «príncipe», Juana y Felipe, con estos títulos se refiere a ellos y también con la denominación de «mis hijos», que «siempre sean muy obedientes y sujetos al rey, mi señor, y que no le desobedezcan y que lo sirvan, traten y acaten con toda reverencia y obediencia».

A Juana le faltaba autoridad, decir que no más veces. Siempre se anteponían a su voluntad los intereses de otros: Felipe, sus padres, los embajadores de estos y de aquellos, y algunos sirvientes que la manejaban. Los emisarios de Castilla y Aragón también le empezaron a fallar... Los informes de los Países Bajos sugerían que la princesa estaba confinada en su habitación y privada de contacto con los criados españoles. Fernando le reprochó a Felipe que no hubiera transmitido a Juana la carta informando de la enfermedad de su madre, «porque viendo como es ella la heredera, ella es el todo, y de ella habéis de hacer siempre el principal caudal». Durante su último mes de vida, la Reina Católica supo acerca de los problemas conyugales entre Felipe y Juana.

En su testamento, dictado por Isabel únicamente en presencia de su secretario, Gaspar de Gricio, la reina dejaba las cosas bastante claras: «Ordeno e instituyo por mi universal heredera de todos mis reinos y tierras y señoríos y de todos mis bienes raíces a la ilustrísima princesa doña Juana, archiduquesa de Austria, duquesa de Borgoña, mi muy cara y muy amada hija». Gricio gozaba de la plena confianza de Isabel como notario y como persona, no en vano era hermano de Beatriz Galindo, la Latina, maestra de la soberana y de las infantas.

A pesar de ser consciente de la ambición desmedida de su yerno, Isabel llamaba «hijo» a Felipe y animaba a la pareja a llevarse bien como matrimonio, a sabiendas de que existía una tensión latente, más que por los celos (que Isabel también pudo tener de los amantes de su marido), por el deseo del flamenco de arrebatarle la autoridad a Juana: «También, ruego y encargo a los dichos príncipe y princesa, mis hijos, que así como el rey, mi señor, y yo siempre nos tuvimos gran amor, unión y concordia, así ellos tengan tal amor, unión y concordia como yo de ellos espero».

A este testamento se sumó un codicilo (documento en el que se añade o se quita del pliego de últimas voluntades). Pasada semana y media, Isabel se ratificó en lo expuesto y expresó sus postreros deseos en presencia del mismo notario, Gaspar de Gricio, compareciendo cinco de los siete testigos que habían asistido el 12 de octubre al proceso de otorgamiento y firma del testamento.

En el codicilo, además de hablar de las Indias y de pedir un buen trato a los naturales, en lo concerniente a Juana, aunque guarda las formas con el duque de Borgoña, la suegra Isabel no le confía el relevo en el trono en caso de que Juana muriera. Pide que la corona pase a su nieto Carlos, debiendo de enrabietarse Felipe al contemplar que únicamente lo citaba en dicha disposición como padre del niño, ni siquiera como regente: «Y quiero y mando que cuando la dicha princesa doña Juana, mi muy cara y amada hija, fallezca, le suceda en estos mis reinos el infante Carlos, mi nieto, su hijo legítimo y de dicho don Felipe, su marido, y que sea rey y señor de mis reinos».

Isabel I murió el 26 de noviembre de 1504, a los 53 años. Quiso ser amortajada de la manera más pobre posible, con el hábito de san Francisco. Y ser enterrada en el Monasterio de San Francisco, en la Alhambra. Fernando dispuso igual destino para él en su testamento. Granada representaba para ellos un símbolo de unificación religiosa por la toma de la ciudad en 1492.

7.3. QUE NUESTRO SEÑOR PERDONE

Tras la muerte de Isabel la Católica en 1504, el viudo, Fernando, quedó en una situación muy delicada en la corte castellana. Aunque el testamento nombraba a Fernando de Trastámara regente de Castilla hasta que su nieto Carlos (el futuro emperador del Sacro Imperio Germánico) alcanzara la mayoría de edad, la falta de apoyos entre la nobleza local no le puso las cosas fáciles. Precisamente la decisión de Isabel buscaba evitar que un extranjero se hiciera con la Corona y que Juana fuera usada como marioneta. Pero, como adelantábamos, el testamento de Isabel, con las salvedades, no hizo más que acrecentar las conjuras.

Fernando el Católico renunciaba al título de rey de Castilla, si bien adquiría el de gobernador del reino en ausencia de su hija, que se había vuelto a reunir con su marido en la corte de Flandes. Fernando asumió el gobierno de Castilla y, desde el primer momento, trató de que las Cortes reconocieran la incapacidad de su hija para gobernar. El rey contó con el apoyo de las ciudades, aunque una buena parte de la nobleza castellana, reprimida férreamente en vida de la Católica por haberse posicionado antes a favor de la Beltraneja en la guerra civil, vio ahora la posibilidad de recuperar sus antiguas libertades y apoyó a Felipe el Hermoso como legítimo rey de Castilla.

Cuando la noticia de la muerte de Isabel llegó a los Países Bajos, a Felipe se le debieron de abrir los ojos como platos: adquiría un rango superior, ya no era solo el conde de Flandes o el archiduque de Austria, sino que rozaba el título de rey. Era consorte de Castilla y, si cundía la siniestra estela de incapacidad de su señora, él sería el rey.

La crónica neerlandesa de 1517, la cual está basada en el relato de 1512 y sería la base de las crónicas de 1530 y de 1531, informa de que, «a la muerte de la noble y piadosa reyna doña Elisabeth», pasaría el reino de Castilla a Juana porque sus hermanos mayores «Fernant» y «María» habían fallecido. Aquí hay un error, pues a las personas a las que se refiere era a Juan y a Isabel.

Parece que Fernando simuló o falseó el deseo de Juana poniendo en su boca palabras que ella no había dicho, pues en la convocatoria de las Cortes rezaba: «(…) para recibir y jurar por reina y señora de estos dichos mis reinos y señoríos, y jurar al dicho serenísimo rey, mi padre, por su administrador y gobernador de ellos». ¿Pudo escribir Juana esta carta el 26 de noviembre de 1504 si se hallaba a más de 1500 km de distancia? ¿Cómo pudo enterarse tan pronto del óbito? También Felipe jugó con astucia sus cartas y se apresuró a enviar una epístola a su suegro para soslayar recelos:

> Muy Católico… Vimos la carta de V.A. de 26 de noviembre y oímos lo que de su parte nos dijo el reverendo en Cristo padre obispo de Córdoba. E creemos que el fallecimiento de la Reina, nuestra señora, de gloriosa memoria, que Nuestro Señor perdone, dio sentimiento y dolor incomparable no solo a sus súbditos y criados, ni solamente a los que a S.A. habían visto y conocido, mas todos aquellos que tuvieron noticia de la fama. Y, como esta fuese tan extendida, se puede decir con verdad que fue pérdida común en toda la Cristiandad.

En enero de 1505 las Cortes de Toro aprobaron el testamento de la reina. Fernando el Católico fue reconocido como regente en ausencia de Juana, en medio de la hostilidad declarada de la nobleza, que no estaba por la labor de arrinconarla. A Felipe no le hizo gracia que su suegro pasara a ser regente, quería que esa distinción fuera para él. El aragonés justificó como pudo su ambición para blanquear la interposición. En una declaración dirigida a las Cortes el 23 de enero de 1505, Fernando afirmaba: «Una de las causas de haberme encargado esta administración y gobierno de estos reinos era que mucho antes de que falleciese, la reina nuestra señora conoció y supo de una enfermedad y pasión que sobrevino a la reina doña Juana».

Al igual que cuando Juana se convirtió en princesa de Asturias, ahora se produciría un acercamiento amoroso del esposo. Felipe le fue regalando joyas de su madre:

una cruz de san Adrián, una imagen de santa Margarita, medallones, collares de perlas, cuadros y arcas. Algunos de los obsequios tenían como finalidad contentar, más que a la duquesa, a su séquito, comprar lealtades, por ejemplo, cuando invirtió en los establos de su esposa y adquirió sillas a fin de que las damas de Juana montaran a caballo.

No obstante, volvieron las desavenencias. Juana volvía a estar embarazada, mas los meses previos al parto estuvieron plagados de enfrentamientos. Fernando y Felipe sabían que solo controlando a Juana podían disponer libremente en Castilla. Al aragonés le llegaron sospechas de que a Juana se le estaba falsificando la firma. Al flamenco no le gustó que su suegro le exigiera cuentas.

La realidad es que el príncipe de Chimay en la primavera había dado orden de que ningún sirviente castellano entrara a los aposentos de Juana ni aunque ella lo pidiera. Juana se enfadó mucho y se preparó con una barra de hierro para atacar a Chimay cuando accediera a su habitación. A sabiendas de su enojo, Chimay fue acompañado de su sustituto, monsieur de Fresnoy, que se llevó el golpe. La reina empezaba a dar miedo, aunque no lograba concitar obediencia. Juana solo salió del aislamiento cuando su suegro llegó el 24 de agosto de 1505 para limar asperezas. En Bruselas, en el Palacio de Coudenberg, el 15 de septiembre de 1505, nació una niña a la que se puso de nombre María. Maximiliano fue quien sostuvo a María en la pila bautismal. Cuando Juana se recuperó, ayudó a Maximiliano a organizar el viaje a España y, para facilitar las cosas, trasladó su residencia a Midelburgo, cerca del puerto de Vlissingen. Allí llegó en diciembre Felipe, que mientras tanto se había estado distrayendo largos meses con sus amantes y con la caza.

7.4. EL MAYORAZGO

El 7 de marzo de 1505, las Cortes de Toro promulgaron 83 leyes en nombre de Juana. En el inicio de las Leyes de Toro se lee que es ella la reina:

> En 1505 doña Juana, por la gracia de Dios, reina de Castilla, de León... Al príncipe don Carlos, mi muy caro y muy amado hijo y a los infantes, duques, prelados... sepades que al rey, mi señor, y padre y a la reina, mi señora madre que en santa gloria haya, fue hecha relación del gran daño et gasto que recibían mis súbditos y naturales a causa de la gran diferencia y variedad que había en el entendimiento de algunas leyes de estos mis reinos, así del fuero como de las partidas y de los ordenamientos y otros casos...[20]

Este corpus fue esencial, pues vino a actualizar la legislación castellana en multitud de materias, desde el derecho civil, procesal y penal, a los matrimonios, la sucesión y los derechos reales. Además se instituyó el mayorazgo, sistema que procedía de la Plena Edad Media y que beneficiaba en la herencia al hijo mayor. El mayorazgo estuvo vigente hasta principios del siglo XIX, cuando se aprobó la abolición de los señoríos en las Cortes de Cádiz.

Las Leyes de Toro marcaron una revolución jurídica y sirvieron de base para la redacción del Código Civil aprobado en 1889. Aunque, cinco siglos después, estas leyes han quedado casi en el olvido, hay algunas que todavía están vigentes, como la que se refiere a la usurpación de títulos nobiliarios. En momentos posteriores, hasta el Tribunal

---

20   BDH, R/34512.

Supremo ha llegado a reconocer su validez en sentencias referidas a la sucesión de nobles españoles.

Empezaba a resultar demasiado obvio que yerno y suegro solo estaban de acuerdo en una cuestión: apartar a Juana de cualquier negociación. El 24 de noviembre de 1505 se llegó a la Concordia de Salamanca entre Fernando II de Aragón y Filiberto, señor de Veyré, plenipotenciario de Felipe de Habsburgo y de Juana de Trastámara.

Era la primera vez que se reconocía a Felipe como propietario de Castilla junto con su esposa. Asimismo, se repartirían las rentas reales por mitad entre Fernando y el matrimonio y las de los maestrazgos de las órdenes militares enteramente para el Católico. Se pactó la provisión alternativa de las vacantes en los cargos, incluidas las de los maestrazgos, y, arguyendo el trastorno mental de Juana, se incorporó una cláusula para que el gobierno recayera en Felipe y, en ausencia de este, en Fernando.

No obstante, Felipe no cesaba de ansiar poder y, en el transcurso de unas semanas, la Concordia de Salamanca le pareció escasa. Por eso, viajó a España, embarcando en Flandes en pleno invierno, el 10 de enero de 1506. El primer encuentro entre Fernando y Felipe en suelo castellano se dio en la localidad sanabresa de Remesal el 20 de junio, donde Fernando el Católico prometió renunciar al trono castellano.

Felipe quería hablar con los nobles castellanos antes que con Fernando y, maniobrando, consiguió que Fernando tuviera que firmar la Concordia de Villafáfila el 27 de junio de 1506. Al día siguiente Felipe suscribió el pacto en Benavente.

Los representantes de las ciudades recibieron estupefactos la noticia. El almirante de Castilla también se quedó descontento, negándose a aceptar la propuesta sin antes comprobar por sí mismo el estado de la reina. La entrevista se produjo en presencia del cardenal Cisneros y el almirante se ratificó en su negativa. Felipe se encolerizó y, aun así, accedió a asistir a las Cortes convocadas en Valladolid en compañía de la soberana. No obstante, al igual que en su primer viaje, entre los nobles, Felipe se fue ganando adeptos. Y repartió prebendas a los flamencos. Así, Filiberto recibió carta de naturaleza y, en agosto de 1506, se le entregó la fortaleza de Atienza.

Pese a todo el afecto que guardaba a Isabel, retratado en la frase «Su muerte es para mí el mayor trabajo que en esta vida me podría venir...», lo cierto es que el consorte no esperó mucho tiempo antes de volver a casarse. Con el propósito de recuperar la regencia, Fernando desposó, en octubre de 1505, a Germana de Foix, sobrina del rey de Francia, Luis XII, eterno enemigo de Castilla y amigo de Felipe. El tío cedió a la chica, de 18 años, los derechos dinásticos del reino de Nápoles, y al aragonés, de 53, el título simbólico de rey de Jerusalén. Juana tenía una madrastra nueve años más joven que ella que parece ser que fue la madre de Isabel, hija de Carlos V.

7.5. LA JUNTA DE TORO

En paralelo a las desavenencias por el trono, estaba desarrollándose la carrera de Indias. El 14 de mayo de 1493, en carta enviada desde Barcelona por Pedro Mártir de Anglería al conde de Tendilla y arzobispo de Granada, reseñaba la proeza de Cristóbal Colón, al que presentaba como «el de la

Liguria».[21] Transmitía la opinión dominante, especialmente en boga desde la conmemoración del cuarto centenario, de que era genovés, no en vano, la capital de esta región italiana es Génova.

En las últimas décadas han proliferado los estudios que apuestan por otro lugar de nacimiento para Cristóbal (Galicia, Castilla-La Mancha,etc.), y los huesos exhumados en 2003 de la Catedral de Sevilla, atribuidos al descubridor y a su hijo Hernando, se encuentran en estudio genético dentro del proyecto coordinado por el catedrático de Medicina Legal y Forense José Antonio Lorente.

En este enclave histórico zamorano, Fernando reunió la Junta de Toro, en la que participaron Américo Vespucio, Vicente Yáñez Pinzón (codescubridor porque iba en el primer viaje como capitán de La Niña), Bartolomé Colón, hermano del almirante y adelantado de las Indias, y los dos hijos de Cristóbal: Diego y Hernando.

Se la llamó la Junta de Navegantes, Fernando la convocó en febrero de 1505 y las sesiones se extendieron hasta finales de abril. A Vespucio se le daba carta de naturaleza castellana y, una vez fallecido Felipe el Hermoso, la junta sería convocada de nuevo en Toro en 1508. A cargo de ella quedó Vicente Yáñez Pinzón, siendo redactadas las bases por Juan Rodríguez de Fonseca, obispo de Burgos.

Vespucio había combinado los datos obtenidos por él mismo con los de otros exploradores para perfilar un mapa de (la costa de) las llamadas Indias Occidentales. Estaba convencido de que las playas que habían explorado no tenían nada que ver con los datos conocidos sobre el

---

21 MÁRTIR DE ANGLERÍA, Pedro: *Cartas sobre el Nuevo Mundo*, Madrid, Ediciones Polifemo, 1990, p. 25.

Extremo Oriente, tanto a través de los relatos de Marco Polo como de las recientes exploraciones portuguesas.

El florentino argumentaba los datos que Colón se resistía a aceptar: que las Indias Occidentales no eran las Indias, sino un continente nuevo que se interpone entre Europa y Asia por el oeste. Si esto era así, tenía que haber otro océano que separara las Indias Occidentales de las Indias Orientales, y sería posible acceder a estas rodeando aquellas, del mismo modo en que los portugueses habían rodeado África. Así que, reinando Juana, fue cuando el mundo supo que las Indias eran otra tierra diferente a Cipango y surgió el concepto de América. Mas, en lo personal, quedaban muchos interrogantes en el aire, y el silencio durante siglos sería interpretado como respuesta afirmativa a la voz mejor pagada.

7.6. SU PESO EN PLATA

El deseo de Felipe de anular políticamente a Juana (meta que ya había albergado Fernando, pero para favorecer su propia autoridad) se percibió pronto pues, desde los Países Bajos, dio la orden de acuñar moneda castellana. Al emitir moneda ejercía una regalía, un derecho reservado al soberano exclusivamente. La acuñación fue de piezas de oro y de plata y se hizo siguiendo la Pragmática de Medina del Campo de 13 de junio de 1497. El real y el medio real de plata tenían como leyenda (desarrollada): «Philipus et Iohana Dei Gracia Rex et Regina / Castelle Legionis et Archiduces Austrie, etc.», con la fecha de emisión, 1505/1506.[22]

---

22   FRANCISCO OLMOS, José María de: «Estudio documental de la moneda castellana de Juana la Loca fabricada en los Países Bajos

A finales de 1505, Felipe estaba impaciente por llegar a Castilla. Ordenó que zarpara la flota cuanto antes, a pesar del riesgo que suponía navegar en invierno. Salieron el 10 de enero de 1506, con 40 barcos. En el canal de la Mancha una fuerte tormenta hundió varios buques y dispersó al resto. Hubo grandes riesgos, pero la pareja regia acabó recalando en Portland. La armada tuvo que permanecer durante tres meses en Inglaterra.

El viaje desde el noroeste de Europa hasta el noroeste de la península ibérica estuvo plagado de sobresaltos, por los elementos y también por los celos infundados por Felipe. El archiduque quiso incluir mujeres borgoñonas y flamencas en el séquito de Juana sin su supervisión. La esposa se negó, pero él siguió adelante, les dio orden de que en la flota de más de 40 barcos desembarcaran antes de que Juana pusiera un pie en la mejor de las naves, la Julienne. Al levantarse una tormenta y tener que recalar en las costas inglesas, Juana descubrió que las damas que ella no había aceptado iban en el convoy. Y Felipe entró en el Castillo de Windsor solo, hablando en vez de sus flirteos de excusas.

El francés Robert Macquéreau, en su crónica, incluyó muchos hechos tergiversados, como que Felipe, en su primera estancia en España, se había ido a Flandes bastante después del nacimiento de su hijo Fernando en Alcalá, o que en su retorno, para asumir el trono, el rey aragonés los esperaba en Santiago de Compostela. Por eso no podemos creer con exactitud todo lo que cuenta. Durante la travesía, que resultó un desastre, Robert Macquéreau habla de un episodio de histeria de Juana, mientras que las crónicas castellanas afirman que ella se puso a comer tan tranquila viendo

(1505-1506)», *Revista General de Información y Documentación*, vol. 12, n.º 2 (2002), pp. 314-315.

que Felipe y la tripulación desarrollaban comportamientos de gran nerviosismo. Lo describió de otro modo muy diferente a Macquéreau, y creemos que con mayor veracidad por su coincidencia con otros testimonios, el embajador de Venecia ante Felipe el Hermoso, Vicenzo Querini, que iba a bordo. Felipe iba

> descalzo y con la cabeza descubierta, estando sobre cubierta, no se lamentaba de su persona, pero decía llorando tiernamente (...) ¿qué dirá el emperador mi padre, que no tiene más hijos que yo? ¡Ay! ¿Y qué harán, mis hermosos hijos, y lo mismo todos mis buenos súbditos? (...) ¡Qué alegría tendrán mis enemigos con mi muerte!

Como se sentía muy angustiado, rezaba a la Virgen en sus advocaciones hispánicas de «Montserrat y Guadalupe, y allí en cada iglesia y ante tu imagen, ofrecer mi peso en plata». Como si de un salvavidas se tratara, a Felipe le dieron una pieza de cuero hinchada para que flotara si caía a las aguas y pusieron su nombre en el flotador por si alguien lo encontraba.

De la parsimonia de Juana da cuenta un dato de Querini, y es que cuando el castillo de popa se incendió ella pidió que le pusieran la comida. Y, al ver que estaban haciendo una colecta para recaudar fondos a fin de realizar una ofrenda a la Virgen de Guadalupe, ella se lo pensó y solo contribuyó con medio ducado, pues dijo que la situación no era muy grave y que nunca se había escuchado que un monarca pereciera ahogado.

Pasado el trance de pánico, Felipe, como un cobarde, disimuló ante su suegro, que propuso enviar seis navíos para socorrerlos, y le contestó diciendo que no se habían perdido tantos barcos y que ellos no iban en los buques afectados. Pero se apresuró a bajarse y trasladarse a Windsor, mientras que Juana permanecía en el puerto.[23]

En Londres, mientras Felipe hablaba con Enrique VII, Juana pudo visitar durante un día a su hermana pequeña Catalina, a la que no veía desde hacía diez años y extrañaba demasiado. Zarparon de nuevo en abril de 1506 y, en vez de dirigirse a Laredo, donde se los esperaba, pusieron rumbo a La Coruña.

7.7. DE NEGRO Y CON CAPIROTES

Juana regresó por segunda vez a España desde Flandes siendo una tercera mujer, pues ya no se asemejaba ni a la cándida niña ni a la dócil esposa. Ahora, huérfana de madre, iba vestida de negro. Pero el tono oscuro no parecía obedecer al luto, ya que Isabel había muerto dos años antes. Podía constituir un acto de protesta. Había oído que no se daba credibilidad a su palabra y, sin ser consciente del valor subliminal de los gestos, con los comportamientos divergentes, acentuó más la opinión sobre su enajenación.

Juana y Felipe divisaron La Coruña el 26 de abril de 1506. Entonces habían transcurrido justo 17 meses desde la muerte de la Reina Católica. Fue una llegada por sorpresa para los gallegos, que lanzaron barcas para acercarse a la flota integrada por 60 naves y unos 2000 hombres de armas. Esa velada, Juana y Felipe durmieron en el buque, hasta que les prepararon los aposentos en los Conventos

---

23   Anónimo: «Segundo viaje de Felipe el Hermoso a España en 1506», en García Mercadal, José (ed.): *Viajes de extranjeros por España y Portugal*, Madrid, Aguilar, 1952, tomo 1, p. 583.

de San Francisco y Santo Domingo. Desde el castillo de la ciudad (actualmente, Jardín de San Carlos) se lanzaron salvas de pólvora, contestadas por las embarcaciones, como saludo mutuo. Los reyes estuvieron 32 días en La Coruña, aunque la etapa estuvo también salpicada de enfados.

El 27 de abril, Felipe, Juana y su séquito descendieron del buque, pisando tierra. Los vecinos de La Coruña se arrodillaron ante ellos y los reconocieron como sus reyes y señores. Correspondía entonces que los soberanos se acercaran a la Iglesia de San Francisco a confirmar los privilegios de la ciudad según la costumbre. No obstante, Juana no prestó atención a la petición y, cuando los gallegos inquirieron ofendidos la causa, la respuesta fue que ella se sentía relegada a un segundo plano por su marido. Felipe dio buenas palabras a los coruñeses y, finalmente, tres días después tuvo lugar el juramento.

Ajeno a los disgustos de pareja, una persona esperaba encontrarse con ellos. Era el navegante más célebre de su tiempo, Cristóbal Colón. Un año antes, a finales de mayo de 1505, en una mula llegó de Sevilla a Segovia. Escribió a Fernando pidiéndole que se lo ratificara en sus títulos, aunque, como se rumoreaba que quien mandaba ya era Felipe y estaría preparando su llegada, optó por esta vía. Ya se encontraba débil, pero se permitió soñar con un quinto viaje, auspiciado por Juana y por Felipe, o con poder transmitir sus consejos a los nuevos reyes, o con verse gratificado por sus esfuerzos. ¿Quién puede adentrarse en el sopor para descubrir los anhelos de cada ser humano? Durante esas semanas de ilusión de Cristóbal, el Hermoso siguió conspirando y Juana se mostraba ausente.

La puntualidad no era un plato fuerte de Felipe: no se retrasaba horas, sino meses. Las Cortes se habían fijado en

Salamanca el 5 de febrero de 1506 pero, como los soberanos tardaban en llegar, los procuradores fueron trasladados a Valladolid y, como pudo, Colón salió hacia Pucela. El 2 de abril ya se había ubicado allí, en la casa de algún amigo posiblemente. Envió una carta a Juana y Felipe cerrándola con la frase: «(…) quien espera ser vuelto en mi honra y estado como mis escrituras lo prometen».[24]

Colón murió el 20 de mayo, dos meses antes de que llegaran a Valladolid Juana y Felipe. De haberse encontrado y si queda actitud de sorna en un moribundo, tal vez les habría recordado que el periplo de 1496 iniciado en Laredo transcurrió sin sobresaltos, no así el que los llevó a Windsor, ruta en la que no se le permitió intervenir.[25] Falleció sin ver a Juana y a Felipe. El 28 de mayo, con las caras largas, comenzaron el regreso a Castilla desde Galicia, sin intuir que, en menos de cuatro meses, ella se quedaría viuda.

Las únicas Cortes que se celebraron reinando Felipe con Juana fueron las previstas para Salamanca, cuyas sesiones culminaron en Valladolid en 1506. Los procuradores presentaron sus peticiones al rey y a la reina, como se trasluce en el tratamiento de «Vuestras Altezas», pero quien responde es el rey solo, «Su Alteza», no por falta de responsabilidad de Juana, todo lo contrario, sino porque no la dejaba intervenir.[26] Además le prohibió a Juana que viera a su padre, lo cual le causó a ella pesadumbre.

---

24 De la carta se hizo eco Bartolomé de las Casas en su *Historia de las Indias*, libro II, cap. XXXVII, fol. 108r.

25 ZALAMA, Miguel Ángel: «Colón y Juana I, los viajes por mar de la reina entre España y los Países Bajos», *Revista de Estudios Colombinos*, n.º 5 (2009), pp. 41-52.

26 BERNÁLDEZ, Andrés: *Historia de los Reyes Católicos D. Fernando y D.ª Isabel*, Sevilla, imprenta que fue de D. José María Geofrin, edición de 1870, cap. CCIII.

Los procuradores castellanos eran conscientes del «poco amor» que le tenía Felipe a su esposa, así como del deseo de mandar sin compañía. Por eso, tuvo el mal pensamiento de encerrarla poniendo como pretexto la hipotética enfermedad. El almirante de Castilla se opuso, pero los grandes se rindieron con tal de no caer en desgracia. Según explicaba el padre Mariana una centuria después, pues tenía 19 años cuando murió Juana:

> Habló con los procuradores de Cortes; díjoles que no viniesen en cosa tan fea, que era gran deslealtad tratallo. Ellos le ofrecieron que lo harían así y seguirían su consejo, si algún grande les asistiese. Entonces el Almirante les hizo pleito homenaje de estar con ellos a todo lo que sucediese por aquella querella. Con esto lo contradijeron la mayor parte, y sólo juraron lo que en las Cortes de Toro, es a saber: a Doña Juana por Reina propietaria de aquellos reinos: por Rey al Archiduque como a su legítimo marido, y por Príncipe y sucesor en aquella corona después de los días de su madre, a D. Carlos, su hijo.[27]

En el municipio vallisoletano de Mucientes quedan las ruinas del castillo donde Felipe I el Hermoso encerró a Juana mientras se reunía con su suegro en la sacristía de la Iglesia de San Pedro. Transcurrían los primeros días de julio de 1506, Felipe quería que las Cortes declararan la incapacidad mental de su esposa para hacerse con el trono.

Pero de Mucientes salió reforzada emocionalmente Juana I de Castilla, pues el 7 y 8 de julio de 1506 los procuradores castellanos no estuvieron por la labor de inha-

---

27   MARIANA, Juan de: *Historia general de España*, Madrid, D. Joachín de Ibarra, edición de 1780, libro XXVIII, cap. XXII.

bilitar a la reina para las labores de gobierno. Refieren las crónicas que «doña Juana estaba sola, en una sala oscura, sentada en una ventana, vestida de negro y unos capirotes puestos en la cabeza que le cubrían el rostro».

Mucientes volvería a aparecer en la biografía de Juana en 1521, durante la guerra de las Comunidades, ya que las tropas de la Santa Junta (erigida en Cortes y Junta General del Reino), dirigidas por Juan de Padilla, tomaron el lugar el 5 de febrero de 1521 y pusieron a Juan de Mendoza al frente de la defensa del castillo. En contrapartida, la legitimidad imperial ordenó el derribo de la atalaya, pero esta orden no llegaría a aplicarse.

En Valladolid, las Cortes concedieron a Felipe «cien cuentos pagados en dos años» para la guerra de los moros de Berbería. La derrama de esta suma se tuvo por grave a causa del hambre que se padecía en Castilla; los procuradores no sabían cómo la población iba a afrontar esta merma.[28]

Días antes de ser proclamada en Valladolid, las Cortes pidieron que vistiera al estilo castellano, porque la ropa no solo cubría el cuerpo físico individual, sino el cuerpo colectivo e institucional. Quizás de ese modo le querían mostrar que solo la reconocían a ella. No obstante, Juana compareció ataviada de negro con la cara tapada. Juana tenía el ánimo por los suelos, pues Felipe ya le había comunicado que había firmado con su padre la Concordia de Villafáfila, en la que se estipulaba que, si la reina no estaba en condiciones de gobernar, él asumiría toda la autoridad y seguiría siendo el soberano aunque falleciera ella. También la avisó de que Fernando se retiraría a Aragón, si bien conservaba

---

28 *Ibidem.*

la mitad de las rentas que le reportaba el negocio del Nuevo Mundo.

A Juana no le debieron parecer bien estas cláusulas pero, quizás, empezaba a sentirse demasiado harta como para protestar. Estaba entrando en la inercia de la abulia, de la pasividad, del desinterés, de la falta de voluntad...

7.8. ANIMALES EXÓTICOS

Leonor, Carlos e Isabel nunca conocieron a su abuela materna pero, pasado el tiempo, el César recordaría que, con cinco años, participó en las exequias por la soberana católica. La ceremonia tuvo lugar en la Catedral de Santa Gúdula, de Bruselas. Los tres niños iban vestidos con abrigos y capuchas negras ribeteadas con pieles. En la ceremonia se interpretó la *Misa para Felipe el Hermoso*, de Josquin des Prés, compuesta para la ocasión. Llama la atención que esta fuera la denominación, pues sonaba en memoria de la difunta Isabel. Al lado del Hermoso, aclamado como Pulcher, en latín, de rodillas, estaba Juana.

Al terminar el oficio, los heraldos proclamaron a los «nuevos rey y reina de Castilla, León y Granada, y al príncipe y la princesa de Aragón y Sicilia». La pareja desfiló por las calles de Bruselas, precedida por escudos y estandartes «sobre los que estaban escritos todos los títulos del rey, para que nadie pudiera alegar ignorancia». Pero esos títulos Felipe los tenía por su esposa y, sin embargo, ni por guardar el protocolo, se la respetaba; a los ojos de todos se la estaba ya ninguneando.

Al poco, Carlos y sus hermanas se reunieron con su abuelo Maximiliano y asistieron a los numerosos torneos celebrados en Bruselas, en uno de los cuales Felipe participaba junto a tres de sus cortesanos, vestidos de rojo y amarillo, a la manera española. Los niños se lo pasaron muy bien viendo cuatro camellos, dos pelícanos, un avestruz y unas gallinas de Guinea, todos ellos traídos de España, animales que se sumaron a los leones y a los osos que tenían en los jardines de palacio de Bruselas y de Gante. Las distracciones de Carlos eran conducir un carro en el que llevaba a sus hermanas, montar en los caballitos de madera que le habían regalado Maximiliano y el conde palatino Federico de Baviera, provocar a los personajes de los tapices como si fueran de carne y hueso y organizar a sus pajes en ejércitos de cristianos y turcos. El director de estudios de Carlos, Leonor e Isabel era Juan de Anchieta, compositor y sacerdote guipuzcoano de la corte de Juana.[29]

En el futuro, Anchieta acompañaría a Juana en su reclusión en Tordesillas, aunque en 1512 fue nombrado capellán y cantor de la Capilla Real de Fernando el Católico y después pasaría una breve etapa en prisión en Pamplona por pelearse con sus hermanos en su Azpeitia natal. Cuando recobró la libertad pasó los últimos años en Azpeitia como párroco, a pesar de que había hecho y deshecho en la vida a su antojo, pues fue padre de un hijo llamado como él y después declaró heredera universal a su sobrina.

Margarita fue para Leonor, Carlos, Isabel y María una madre y una amiga, de hecho, ellos la llamaban *ma bonne tante*, «mi buena tía». En la corte de Malinas se respiraba cordialidad y cultura. Margarita no había tenido hijos, pero los trataba como si fuera su madre. Por ello, en los

---

29   PARKER, Geoffrey: *Carlos V. Una nueva vida del emperador*, Barcelona, Planeta, 2019, p. 35.

libros de cuentas de la corte figuran gastos como juguetes para Carlos y una muñeca para Leonor.

Las cartas de Fuensalida indican que, cuando estuvo solo en los Países Bajos, sin Juana, Felipe iba muchas veces a ver a sus hijos y que, al retorno de esta, ella apenas pasaba tiempo con los niños. Las depresiones postparto existen, aunque a inicios del siglo XVI no pudieran ser científicamente diagnosticadas porque se afirmaba que la madre tenía que aguantar todo. Las peleas conyugales seguían siendo frecuentes por las infidelidades constantes del marido, si bien quedaba por llegar una hija, póstuma, pero descendiente de Juana y de Felipe.

En julio de 1504, Fuensalida no se sintió con fuerzas para explicar por escrito las disputas y pidió a los Reyes Católicos que enviaran un emisario que lo contara. Al mes siguiente, Felipe visitó Holanda sin Juana, y el embajador describía lamentándose que «ni su Alteza [Juana] escribe al príncipe ni el príncipe a ella».

8. LAS REGENCIAS

El mecanismo de la regencia estaba institucionalizado en la Edad Media. Se trata de una figura jurídica que regula el gobierno de un Estado durante la minoría de edad, ausencia o incapacidad de su legítimo príncipe o princesa. Fueron regentes en Francia Blanca de Castilla, hija de Alfonso VIII, durante la minoridad de su hijo, Luis IX; y en Castilla entre otras María de Molina, ante su hijo Fernando IV y su nieto Alfonso XI, y Catalina de Lancaster, por quedar sin padre su hijo, Juan II, con un año de edad. La muerte es un hecho incontestable, la edad también, pero ¿con qué argumentos objetivos se inhabilita a una persona?, ¿sirve más un informe médico o la calumnia esparcida por pueblos y ciudades?

Pasaron más de once años entre la muerte de Isabel y la de Fernando y, en medio, se desarrollaron las regencias del cardenal Cisneros y de Fernando el Católico. El testamento de Isabel declaraba a Juana reina propietaria de Castilla, pero en caso de ausencia o incapacidad se confiaba la regencia a su padre hasta que el hijo de ella, el príncipe Carlos, cumpliera 20 años, lo cual sucedería en 1520. Isabel quería garantizar que el trono quedara a salvo de las intromisiones de su yerno pero, como hemos advertido, la cláusula de excepcionalidad dio pie a la inacción política de Juana en los siguientes 51 años.

Anónimo español, *Retrato de Juana I y Felipe I (la Loca y el Hermoso)*, siglo XVII. BDH.

8.1. EL AGUA FRÍA Y EL DEPORTE

Los Habsburgo comenzaron a reinar en España a partir de la Concordia de Villafáfila de 1506, por la que Felipe I el Hermoso era reconocido como único rey de Castilla habida cuenta de la demencia de la esposa. Su suegro Fernando, titular de la corona de Aragón, se dejó llevar por el enojo al ver cómo el yerno, nada fiel a su hija Juana, se iba a llevar la parte del león. Que era un oportunista, debió de pensar el aragonés, pues Felipe no solo traicionaba a su hija en la esfera personal, sino que la utilizaba para posicionarse en un reino de grandes dimensiones como era el castellano.

El 12 de julio las Cortes de Valladolid juraron a Juana como reina de Castilla y a Felipe como rey consorte, siendo Carlos el príncipe heredero. El 7 de septiembre, Juana y Felipe entraron en Burgos. Allí Felipe intentó formar un gobierno en Castilla y encerrar a Juana en una fortaleza, propósito que luego haría efectivo su suegro y consentiría su hijo.

Felipe I reinó pocos meses, puesto que el de Brujas falleció en Burgos el 25 de septiembre de 1506 con 28 años, en un suceso que sigue envuelto en el misterio. Venía de jugar a la pelota y bebió agua. ¿Fue un corte de digestión? La peste se extendía por Castilla. A su suegro le caía mal. No había estado en el trono ni dos meses y medio.

¿Cuál fue la causa? La rumorología no tardó en divulgar la sospecha de que Fernando lo había envenenado, si bien dos días antes el doctor De la Parra y todos cuantos lo visitaron en la Casa del Cordón, al comprobar que el estado era de gravedad, pudieron ver las bubas negras, lo que apuntaría más a peste:

> Por la noche empezó a tener gran dolor en los costados, escupiendo sangre al amanecer, mientras empezaban a salirle manchas pequeñas, entre coloradas y negras, que los doctores llaman blatas, y que se extendieron por todo su cuerpo. Una gran infección se extendió por la lengua y paladar, inflamándose la úvula, perdiendo a ratos los sentidos y sobreviniéndole al tiempo terribles calenturas y largos esta-

dos de frío... El miércoles le sobrevino un frío aún más riguroso y después un sudor caliente harto copioso en todo el cuerpo, quedando como alienado y con sueño.

En *Die alder excellenste cronyke*, tratado publicado en Amberes en 1512 para describir las provincias centrales de los Países Bajos (Flandes, Brabante, Holanda y Zelanda), se hablaba de la muerte de Felipe acaecida seis años antes y de lo mal que presuntamente se portaron los españoles del séquito, queriéndose quedar con los objetos de valor:

> Así recibieron al duque Felipe como rey de Castilla, de León y de Granada, pero no vivió mucho tiempo más, porque lo envenenaron, según corrió el rumor y eligió su sepultura en Granada y murió en la flor de su juventud a los 28 años, un viernes 26 de septiembre del año 1506. Su mujer se quedó embarazada de una hija. Los nobles de estos países [los Países Bajos] se quedaron muy avergonzados porque los españoles no los querían de modo que casi todas las joyas valiosas y alhajas que el duque Felipe había traído consigo dejadas a él por sus padres, hubieran sido robadas y perdidas si no hubiera sido por el joven señor y conde de Nasao quien recobró la mayor parte y la devolvió a estos países.[30]

El historiador zaragozano Jerónimo Zurita (1512-1580), cronista del reino de Aragón desde 1548, relató después:

> (...) considerando las cosas que habían precedido y la naturaleza de la dolencia que le acabó la vida tan arrebatadamente, no se dejó de tener alguna sospecha que le hubie-

---

30   *Die alder excellenste cronyke*, 1512, cap. 69.

sen dado ponzoña, pero de esta opinión salieron los mismos flamencos sus servidores en cuyo poder estaba. Porque los físicos [médicos] que él traía (...) descubrieron la causa de su enfermedad, y se entendió haberle sobrevenido de demasiado ejercicio y de una reúma, de donde se encendió la fiebre de que muchos morían en el mismo tiempo en aquella ciudad.

Mientras tanto, los sirvientes de Felipe en buen número volvieron a Flandes. De su retorno se encargó el conde de Nassau pues, aunque no eran rehenes de guerra, como las relaciones entre yerno y suegro habían estado revueltas, el futuro era incierto para ellos.

8.2. GOBERNANDO POR SÍ MISMA

La muerte del Hermoso el 25 de septiembre de 1506 abrió un nuevo vacío de poder. En la víspera, los nobles acordaron formar un consejo de regencia interina para gobernar provisionalmente el reino presidido por Cisneros y formado por Fadrique Enríquez de Velasco, el almirante de Castilla, Pedro Manrique de Lara y Sandoval, duque de Nájera, Diego Hurtado de Mendoza y Luna, duque del Infantado, Andrés del Burgo, embajador del Emperador, y Filiberto de Vere, mayordomo mayor del rey Felipe.

Se ha establecido que, desde la muerte de Felipe, Juana estaba incapacitada. Pero realmente es que ella se negaba a nombrar un regente provisional. ¿Quiénes eran los candidatos? Su padre, su suegro, el arzobispo de Toledo... Juana pudo esperar a que regresara Fernando, pero no lo hizo. Desde Castilla intentó gobernar con un decreto que restauraba el patrimonio que Felipe le había ido regalando en usu-fructo a sus amigos.

El decreto, elaborado por el secretario Juan López de Lecárraga y refrendado por cuatro miembros del Consejo Real, recordaba que Felipe había repartido mercedes y gracias sin el permiso de Juana, causando

> perjuicio y disminución de mi patrimonio real y bien público de estos dichos mis reinos (…) A mí como reina y señora pertenece proveer y remediar en todo ello (…) Quiero que haya fuerza y rigor de ley como si [esta carta] fuese hecha y promulgada en Cortes. Revoco, ceso y anulo y doy por ningunas y de ninguna fuerza y vigor todas las dichas mercedes que el rey don Felipe, mi señor, que haya Santa Gloria, hizo.

Parece que la reina viuda, la esposa amantísima, estaba demasiado cuerda…

La nobleza y las ciudades pugnaron sobre quién debía desempeñar la regencia pues, por un lado, estaban los que querían al emperador Maximiliano durante la minoría del príncipe Carlos, como los Manrique, Pacheco y Pimentel; y, por otro lado, los que querían la regencia de Fernando el Católico tal y como quedó establecida en el testamento de Isabel la Católica y las Cortes de Toro de 1505, como los Velasco, Enríquez, Mendoza y Álvarez de Toledo. Sin embargo, la reina Juana trató de gobernar por sí misma, revocó e invalidó las mercedes otorgadas por su marido, para lo cual intentó restaurar el Consejo Real de la época de su madre.

Una vez muertos Isabel y Felipe, y estando Fernando de viaje en Nápoles, Juana tuvo que tomar decisiones de Estado por sí misma. Entre el 25 de septiembre de 1506 y el 29 de agosto de 1507, en que se encuentra de nuevo con Fernando, Juana no actuó movida por nadie. Tenía 26 años, su madre con 24 había sucedido en el trono a Enrique IV.

8.3. LA GUERRA SUCIA

En el momento de la muerte de Felipe, Robert Macquéreau refiere que nunca una mujer mostró más amor a su marido, besándolo en los labios incluso después de muerto, aunque otras fuentes apuntan a que Fernando el Católico pidió que no se le comunicara la defunción y, al enterarse, ella se encolerizó, además de quedarse deprimida.

En la crónica neerlandesa de 1512, ya referida, *Die alder excellenste cronyke*, Juana desaparece del relato después de la muerte de Felipe. Solo se la cita una vez posteriormente, y es en relación con la regencia de su padre, justificándola con una frase lapidaria y luego manida: «Doña Juana, su hija, era incapaz por ella (de gobernar).[31]

Aunque Pedro Mártir de Anglería hubiera sido su docente y hubiera tenido cercanía con Juana, luego estuvo pagado por Felipe y, después, controlado por Fernando, de manera que, al subrayar la debilidad de su discípula, estaba sirviendo a sus amos de manera cruel. Sobre su temperamento en estas fechas refería Anglería:

> Arrastra una vida desdichada, gozándose en la oscuridad y en el retiro, con la mano en la barbilla y cerrada la boca como si fuera muda. No gusta del trato con nadie y mucho menos con mujeres, a las que odia y aparta de sí como hacía

---

31 *Die alder excellenste cronyke*, 1512, cap. 69.

en vida de su marido, sin que haya manera de convencerla de que ponga una firma o redacte unas líneas para el gobierno del Estado.

El humanista se mostraba poco humano al describirla, la presentaba como «abatida enteramente por Saturno», planeta que fomentaba la genialidad o la locura. Pero Juana no devoró a sus hijos, en todo caso fue su hijo Carlos quien hizo poco o nada por sacarla de la postración, la hundió más. Hay pequeñeces que son tomadas como provocaciones máximas por Anglería, como el no querer Juana cambiar su habitación de Tordesillas, que daba al Duero, por otra más protegida de los vientos del invierno.

Los cronistas parecían afirmar que, en ráfagas, recobraba la lucidez, pero a lo mejor es que nunca la perdió. Cuando la presionaban para designar a unos obispos concretos para las diócesis vacantes y ella ponía objeciones, al volverle a insistir, respondía: «Mucho más grave sería si yo eligiera unos pastores poco idóneos para regir su relevo». Quizás tomaban por demencia el tener criterio propio.

No obstante, la legislación parece apuntar en otra dirección pues, en este intervalo, con el respaldo de la nobleza castellana, Juana puso su firma en medidas que derogaban las decisiones de su marido. Siempre bajo la mirada de Cisneros.

Sin consultar a Juana, Cisneros acudió a Fernando el Católico solicitándole que regresara a Castilla desde Nápoles. Ese gesto no le sentó bien a Juana, que no solo no reclamaba a su padre para gobernar, sino que llegó a prohibir la entrada del prelado en palacio. Para dar legalidad al nombramiento como regente de Fernando el Católico, el Consejo Real y Cisneros buscaron encauzar el vacío de poder con la reunión de las Cortes, pero la reina se negó a convocarlas temiendo la descabalgaran de su puesto, y los procuradores abandonaron Burgos sin haberse constituido en asamblea.

Fernando el Católico se entrevistó con su hija el 28 de agosto de 1507. Recuperó el poder en calidad de regente por segunda vez y no lo soltó hasta su muerte en 1516. Agradecido con Cisneros, el Rey Católico le consiguió el capelo cardenalicio con el título de santa Balbina y también hizo posible su nombramiento como inquisidor general, si bien en la personalidad del franciscano no estaba presente atisbo alguno de codicia, de hecho, cuando fue papable no asistió al sínodo.

¿Por qué Juana claudicó ante su padre? No existe testimonio escrito sobre el encuentro con Fernando en la localidad burgalesa de Tórtoles de Esgueva. Juana le cedió el gobierno del reino, aunque conservó el título de soberana. Capituló sin trabas ante su padre. Se suele repetir que la causa de no agarrarse al trono fue su psicopatología. Sin embargo, la historiadora Bethany Aram apunta a que se trató de un acto de suprema libertad; en lo sucesivo, Juana quería vivir sin estar sujeta a la rigidez del Estado. Lo que tampoco pudo intuir entonces es que iba a estar en régimen de reclusión.

No debía estar tan seguro Fernando de la escasa capacidad de Juana cuando se la quitó de en medio encerrándola. A una persona que está sin aspiraciones no se la priva de la libertad, se le deja estar allí donde quiera porque no va a intrigar. Quizás Juana no quisiera dar un golpe, pero sí las ciudades y los nobles podían organizar algaradas en su defensa, pues estaban con ella.

Para evitar que, una vez más, Juana se convirtiera en un obstáculo y en instrumento en manos de sus adversarios, en el otoño de 1509, Fernando la confinó en Tordesillas, donde permanecerá recluida hasta su muerte en 1555, al ser declarada «loca».

8.4. EL ESCARABAJO

Poco antes de fallecer, al ir viendo cada vez más deteriorada su propia salud, Fernando el Católico dictó un nuevo testamento en el que, si bien reconocía a Juana como su heredera universal, afirmaba que «según todo lo que de ella habemos podido conocer en nuestra vida, está muy apartada de entender en gobernación de reinos, ni tiene la disposición que para ello conviene». Anímicamente la estaba matando. Los hombres de la familia de Juana se iban dando el testigo como en una carrera de relevos para que nunca pudiera pronunciar en público una palabra. En sus últimas voluntades Fernando nombró «gobernador general de todos los reinos al ilustrísimo príncipe don Carlos, nuestro muy caro nieto, para que en nombre de la serenísima reina, su madre, los gobierne, conserve, rija y administre».

A Juana se le achacaban los celos y la locura. Pero a su padre lo acabaría consumiendo el amor y el veneno. Binomios peligrosos en toda época. Porque Fernando feneció en Madrigalejo (Cáceres) el 23 de enero de 1516 por abusar de la cantárida o «mosca española», un afrodisíaco derivado de este coleóptero esmeralda de los bosques de fresnos.

El brebaje hecho con un escarabajo de color verde metálico surgió en la corte aragonesa y fue propagado por el pueblo llano. Cita que recogió el cronista Prudencio de

Sandoval (1552-1620), benedictino que sería obispo de Tuy y de Pamplona, al narrar en su crónica imperial la muerte del Rey Católico:

> Falleció vestido en el hábito de Santo Domingo. Estaba muy deshecho porque le sobrevinieron cámaras, que no sólo le quitaron la hinchazón que tenía de la hidropesía, pero le desfiguraron y consumieron de tal manera que no parecía él. Y a la verdad, su enfermedad fue hidropesía con mal de corazón, aunque algunos quisieron decir que le habían dado yerbas, porque se le cayó cierta parte de una quijada; pero no se pudo saber de cierto más de que muchos creyeron que aquel potaje que la reina Germana le dio para hacerle potente le postró la virtud natural.

El hijo de Germana y Fernando, Juan, nacido en 1509 y fallecido al poco, ya no podía heredar. Como habían inhabilitado a Juana para reinar, hasta la llegada de Carlos de Gante, la corona de Aragón tuvo como regente a su hermano bastardo, Alonso de Aragón, arzobispo de Zaragoza, y la de Castilla, por segunda vez a Cisneros.

A pesar de la voluntad de Fernando, el justicia mayor de Aragón, Juan Lanuza III, impidió que Alfonso asumiera la regencia e insistió en guardar el reino para Carlos. El 4 de marzo de 1516, el Consejo de Castilla remitió una carta a Carlos, pidiéndole que respetara los títulos de su madre, ya que «aquello sería quitar el hijo al padre en vida el honor». Pero diez días más tarde, las honras fúnebres por el rey Fernando terminaron con gritos de «Vivan los católicos reyes doña Juana y don Carlos, su hijo. Vivo es el rey, vivo es el rey, vivo es el rey».

Cabe señalar una peculiaridad y es que el nieto favorito de Fernando el Católico era Fernando de Habsburgo. Fernando se crio con su abuelo, se le parecía en gestos y actitudes, decían en la corte que caminaba como él y puede que el autoritarismo político que vio en él influyera en su absolutismo posterior. Fernando fue el último Trastámara, el continuador natural de su abuelo en el trono, pero el destino le tenía reservado el papel de fundador de la rama vienesa de los Habsburgo.

En 1507, Maximiliano tomó una decisión con consecuencias para el futuro: nombró preceptor del ya conde de Flandes a Adriano de Utrecht, un clérigo seguidor de la filosofía de Erasmo, que a la sazón era deán de San Pedro de Lovaina. Adriano pertenecía al círculo más próximo a Margarita, por lo que colisionaba con los intereses de Chièvres, quien trató de alejarlo. Lo comisionó como embajador ante el rey Fernando. Y ahí chocaría con el cardenal Cisneros, enfrentándose dos eclesiásticos universitarios, de Lovaina y de Alcalá, en el Monasterio de Guadalupe.

Y es que en la espera de que Carlos arribara a la península ibérica, el cardenal Cisneros no estaba solo, pues Adriano fue puesto a su lado para que nominalmente ambos actuaran como gobernadores. Francisco y Adriano enviaron cartas a las ciudades y a las villas del reino justificando que Carlos pasara a ser rey de Castilla por cuestiones de necesidad, con el compromiso de ayudar a la reina, su madre, en las tareas de gobierno y de no anteponerse a ella. El mundo ficticio que Felipe había ideado sobre Juana, aderezado con las calumnias añadidas por Fernando, era una nebulosa negra que ya nunca se disiparía, al contrario, se sumarían nuevas patrañas, lanzadas por Carlos, que estaba convencido de que a su madre había que tenerla bajo estricta vigilancia.

9. EL CADÁVER ERRANTE

Se ha afirmado una y mil veces que Juana cayó en una obsesión paranoica porque temía que los nobles flamencos se llevaran el cuerpo a los Países Bajos. De hecho, si fue así, no andaba desencaminada, pues el corazón fue enviado a su ciudad natal, Brujas: «Lo abrieron de pies a cabeza; las pantorrillas y las piernas y cuanto de carne había en él fue sajado para que, escurriendo la sangre, tardara más en pudrirse. Dicen que le sacaron el corazón para que, encerrado en un vaso de oro, se lo llevaran a su casa», cuenta el humanista italiano Pedro Mártir de Anglería, ejerciendo de corresponsal forense.

En un primer momento, Felipe el Hermoso fue sepultado en la Cartuja de Miraflores, en Burgos. Pero al inicio de las Navidades de 1506, el 20 de diciembre, doña Juana hizo desenterrar a su esposo. Se opuso el arzobispo de Burgos, que alegó que las leyes del reino lo prohibían, si bien Juana se mantuvo firme. Aquel cuerpo era el de Felipe pese a que «no se distinguía bien si tenía rostro de hombre, porque envuelto en vendajes impregnados en ungüentos y embadurnado todo en espesa cal, nos parecía estar viendo una cabeza hecha de yeso».

Después, Felipe emprendió el viaje más terrorífico que se haya registrado en la historia de España, «rodeado de funeral pompa y de una turba de clérigos entonando el Oficio de Difuntos, como en triunfo, en un carruaje tirado por cuatro caballos, en jornadas nocturnas».

El traslado se hacía en un carruaje tirado por cuatro «caballos de Frisia» (denominación que no hay que confundir con los parapetos o armazones para impedir el paso de los equinos o de la gente colocados en los caminos desde la prehistoria). El féretro iba cubierto con ornatos de seda y oro. Daban escolta al difunto soldados armados. Se prohibió la entrada a toda mujer: «La queman los mismos celos que la atormentaban cuando vivía su marido». Estas explicaciones las da Anglería, del que hay que creer más bien poco.

9.1. ¿UNA RUTA EN SOLITARIO?

Lo que resultaba evidente es que existía una dicotomía entre el parecer del pueblo y la actitud de los prohombres que querían gobernar a la soberana. Juana estaba casi prisionera en Burgos, en la casa del condestable, supervisada continuamente por personas que anulaban sus decisiones. Pero, en las dos salidas que hizo para ir a la Cartuja a visitar la tumba de su difunto esposo, la gente se apostaba en los caminos para pedir a la reina justicia; a veces recibía memoriales.

El cardenal Cisneros influyó cuanto pudo en encerrar a Juana; su propósito era la incapacitación de la hija de Isabel, tal vez por el temor que ya expresara aquella. En contraste, los actos de Juana hablaban de cordura.

En el primer viaje llegó a Miraflores de manera previa a la misa, es decir, llegó de día y comenzó el regreso por la noche. La jornada en que realizó la segunda visita a la sepultura, el 20 de diciembre, recibió en audiencia a los procuradores y disolvió las Cortes. Si se demoró la partida fue por las reticencias de los prelados a entregar el cadáver. De no haber sido por eso, habría vuelto de día. Cisneros estaba fracasando en su intento de declarar loca a la reina, los nobles y el pueblo no estimaban que se hallara demente.

Al poco de quedarse viuda, Juana estuvo unos días con Juana de Aragón, su medio hermana, por ser hija de Fernando. Juana de Aragón se casaría con Bernardino Fernández de Velasco y Mendoza, I duque de Frías, el Gran Condestable, virrey y capitán general del reino de Granada. Allí intuimos que pudo desahogar su dolor y compartir confidencias con el silencio si era lo que necesitaba. El Castillo de Castilnovo, ubicado en el municipio segoviano de Condado de Castilnovo, quedó vinculado al ducado de Frías a la muerte de Juana de Aragón en 1510.

La escenografía del traslado del féretro empezó el 20 de diciembre de 1506 en la Cartuja de Miraflores, desenterrando al finado. Fueron semanas muy duras para Juana, estaba a punto de dar a luz, iba a tener a su última hija y, al reflexionar sobre su nombre, quiso que se llamara como su hermana pequeña: Catalina. Curiosamente las dos hijas menores de Isabel y de Juana fueron bautizadas igual y por este orden: María y Catalina.

Pasarían de Burgos a Torquemada, de Torquemada a Hornillos, de Hornillos a Tórtoles, de Tórtoles a Arcos y de Arcos a Tordesillas. Tras deambular, en Nochebuena la comitiva se instaló en Torquemada (Palencia); en la casa del cura se aposentó la reina. Los cortesanos no tenían dónde hospedarse y se marcharon a Palencia. Se afirmaba que era lo que doña Juana prefería: estar sola con su esposo. Aunque no sola del todo, pues obligaba a que hubiera siempre una guardia de nobles velando el cadáver.

Tenía al despojo del Hermoso en la iglesia del pueblo, donde continuamente celebraba solemnes funerales como si acabara de morir, con todos los fastos. Se gastó la friolera de medio millón de maravedíes en cera. La continua combustión de los cirios «nos ha dado un color de etíopes», decía nuevamente el cronista de aquella visión, Mártir de Anglería. Nadie se preocupaba de cómo se encontraba por dentro la reina, que además estaba embarazada. El 14 de enero de 1507 nació la infanta Catalina, futura reina de Portugal.

Francisco Pradilla, *Juana la Loca velando el cadáver de Felipe el Hermoso*, 1877. Museo del Prado.

En abril de 1507, Juana volvió a los caminos con el féretro de su esposo y con su hija pequeña. Cuando la comitiva llegaba a las puertas de un monasterio, no las traspasaba. Los ayudantes pasaban las noches al raso. Ha llegado hasta el presente la leyenda de que la reina no podía soportar que otras mujeres, ni siquiera las monjas, estuvieran cerca del finado. A estas alturas de la «película», creemos que a Juana le interesaba eso poco. Los celos han clavado a Juana en una cruz de mentiras. Pero, para desmontar los bulos, debemos conocer en primer lugar la versión más extendida.

Uno de los testimonios más divulgados sobre la locura de Juana pertenece un cronista anónimo neerlandés:

> No bien supo que el cadáver de su marido había sido trasladado a la Cartuja de Miraflores, quiso ir allí, y se hizo confeccionar ropajes de luto de diversas formas, que cambiaba todos los días, y algunos se los hizo hacer de corte religioso. Llegada a Miraflores, descendió a la fosa sepulcral donde había sido depositado el cuerpo de su buen esposo, y después de haber permanecido allí durante todo el funeral, hizo subir el féretro y abrirlo, primero la caja de plomo, y luego la de madera, y desgarró los sudarios embalsamados que envolvían el cadáver.
>
> Y hecho esto, púsose a besar los pies de su esposo. Y permaneció allí tanto tiempo, que hubo que arrancarla de aquel lugar casi a la fuerza y diciéndole. Señora, podéis volver otra vez, si queréis. Así lo hizo, en efecto, y todas las semanas repetía las mismas acciones, con lo que su aflicción crecía más y más cada día, hasta que poco antes de Navidad volvió a presentarse en la Cartuja, se hizo abrir el féretro después de la misa, y declaró que no hallaría descanso hasta que lo hubiera conducido a la gran iglesia de Granada, donde él había que-

rido ser enterrado. Se puso en camino con el cadáver, acompañada de cuatro obispos, y muchos clérigos y monjes de diferentes órdenes.

Todos los días, cuando la fúnebre comitiva hacía alto, repetía la Reina sus dolorosas maniobras. Abría el féretro, descubría los pies del cadáver y permanecía largo rato abrazada a sus rodillas, besándolas con los mismos extremos de cariño que si estuviera en vida.

Este texto es rotundamente falso. Los únicos ingredientes verídicos del relato son: la muerte de Felipe, su deseo de ser enterrado en Granada, el séquito clerical que llevaba Juana en el itinerario, que vestía atuendos de luto y que si era preciso se quedaba ella también a la intemperie.

Las visitas a la Cartuja de Miraflores que el autor holandés presenta como continuas solo se produjeron en dos momentos, que además se hallan bien documentados: el Día de Todos los Santos y, en diciembre, cuando Juana pasa por el monasterio y da la orden de traslado a Granada.

En primer lugar, ir a ver a su marido difunto el Día de Todos los Santos no parece nada extraño, es una jornada bastante usual para acordarse de los familiares que han fallecido. Después de oír la misa y atender al servicio divino, Juana se quedó allí hasta la hora de comer. Tras el almuerzo, bajó a la cripta y pidió al obispo de Burgos que ordenara abrir el féretro en su presencia. Vio y tocó el cuerpo sin mostrar emoción, no derramó ni una sola lágrima. Al día siguiente volvió a la ciudad.

¿Por qué pidió ver el cadáver? El jesuita Juan de Mariana, un siglo después, afirma:

Como los flamencos exigían sus pagas, y al no obtener satisfacción habían vendido parte de las ropas del difunto, abrigaba la sospecha de que se hubieran llevado el cadáver a Flandes. Añadíase a esto que cuando se embalsamó el cadáver, se entregó a los neerlandeses el corazón de Felipe para que fuera enterrado en su patria, con lo que inmediatamente cundió el rumor de que no sólo se habían llevado el corazón, sino el cuerpo entero.

Parece razonable que Juana pidiera que se levantara la tapa de la sepultura.

En lo referente a la segunda vez que Juana fue a la Cartuja a la tumba de Felipe, Pedro Mártir de Anglería, testigo de los hechos, involuntariamente ofrece una explicación que justifica la conducta de la reina:

> Era el 20 de diciembre. La reina salía de Burgos para huir de la peste y, queriendo dar cumplimiento a la voluntad de Felipe, expresada en su testamento, de ser enterrado en Granada, quiso llevarse consigo el cadáver. Los prelados se negaron a acceder a sus deseos, pues un cuerpo muerto no podía ser trasladado antes de los seis meses. Esta negativa la hizo desconfiar, y dio orden de volver a abrir el sepulcro.

9.2. DESMONTANDO EL BULO

Paso a paso puede desarticularse la mentira. En el séquito del cadáver iban cartujos. La comitiva fúnebre salió de la Cartuja de Miraflores, que regentaban los religiosos de la orden fundada por san Bruno en 1084. La vida de los cartujos está basada en el silencio. Los religiosos viven en un monasterio y llaman «desierto» al espacio que rodea el cenobio. Salvo cuando tienen un permiso especial, los cartujos no pueden salir de los límites del desierto.

Estos frailes de hábito blanco no tenían permitido ni dejar pasar a su recinto a mujeres ni hablar con ellas, aunque fueran monjas. Sin embargo, el cortejo de la momia paraba en conventos femeninos. Juana se quedaba en la puerta no porque no se fiara de las monjas, sino porque se solidarizaba con estos religiosos y por su alto sentido del honor. Resultaba impensable que esos rudos caballeros pasaran la noche en un convento de mujeres. Cuando el fraile Pedro Romero y sus compañeros regresaron a su monasterio de Miraflores, Juana no tuvo inconveniente para depositar los restos mortales de Felipe en el cenobio de las clarisas de Tordesillas.

Por otra parte, era costumbre en Castilla que la viuda no podía casarse hasta que se pasara un año y un día desde la muerte, por si estaba embarazada (como era el caso de Juana), ni tampoco antes de haber enterrado el cadáver del marido. El retiro del mundo de las viudas reales viene desde los visigodos, época en la que según la legislación conciliar las que se habían quedado sin sus maridos entraban en religión después de la muerte de estos.

Por eso, a sabiendas de que era una novia muy cotizada, Juana mantuvo cerca de ella el cadáver insepulto para evitar una guerra si rechazaba al pretendiente. Pensó en sus deseos y aspiraciones: no quería volverse a casar, bien por el afecto que pese a todo le guardaba a Felipe, o porque no quería repetir experiencia conyugal; y pensó en el reino, evitando discordias diplomáticas y derramamientos de sangre.

Un tercer factor que hay que tener en cuenta es que, como hemos apuntado, Felipe quiso ser enterrado en

Granada, no en Burgos, y Juana se dispuso a cumplir la última voluntad. El paseo fúnebre de Felipe venía a evitar que se llevaran el cuerpo a Flandes; no era una sospecha sin sentido pues, como hemos dicho, su corazón se lo habían llevado. A su vez, exhibiendo al padre, se tenía viva la memoria del hijo, futuro heredero, entonces residente en los Países Bajos.

Tampoco es cierto que solo viajara de noche por su pretendida necrofilia y obsesión de salir a la calle cuando los demás dormían como si fuera un vampiro. La causa obedecía a la distancia social recomendada en momentos álgidos de pandemia (no se han inventado con el coronavirus), a la planificación de las actividades del día siguiente o al excesivo calor. Por ejemplo, el trecho de quince millas que va de Hornillos a Tórtoles lo cubrió doña Juana viajando de noche.

Las piezas del puzle parecen bastante claras, pero han permanecido ocultas por el peso de la locura de amor.

9.3. DE NÓMADA A SEDENTARIA

En el otoño de 1507, padre e hija se encontraron en Tórtoles. Se abrazaron, aunque el más emocionado parecía ser Fernando, ya que Juana empezaba a estar impasible tanto en las sonrisas como en las lágrimas. Primero Fernando pensó que se instalaran en Santa María del Campo, cerca de Burgos, permitiendo que su hija siguiera trasladando el cadáver.

Pero Juana no quería acercarse a la ciudad donde había muerto Felipe. Supuestamente por el trágico recuerdo, aunque también hay que sopesar los otros dos factores: Felipe quería estar sepultado en Granada y si por fin lo enterraban a ella la podrían casar.

Finalmente, Fernando consiguió que se quedara en Arcos de la Llana (a diez kilómetros de Burgos) con el cadáver insepulto durante más de un año, exactamente a lo largo de 16 meses. En ese tiempo, Cisneros tomó en 1508 Orán y prosiguió el despliegue en África. Arcos fue, junto con Burgos, sede de la corte de la corona de Castilla, pues en esos momentos era itinerante, hasta que el nieto de Juana, Felipe II, la estableció en Madrid en 1561.

Sobre la instalación de Juana en Arcos, después de llevar diez meses trasladando el cadáver por pueblos de Burgos y Palencia, afirmaba Pedro Mártir de Anglería:

Una vez restablecido el orden en Burgos, el rey [Fernando el Católico] forzó a su hija [Juana] a que buscase una ciudad más amplia, para desde Santa María del Campo trasladar a ella la Corte. Accedió a los mandatos de su padre. Partimos pues, cada uno según su costumbre: durante el día el Rey, la Reina en jornadas nocturnas, acompañada del fúnebre carro y de sus dos hijos Fernando y Catalina, nacidos en España. A quince leguas se encuentra la villa de Arcos, en el camino que conduce recto a Burgos. Por aquí andábamos, cuando la Reina, que en un principio desconocía hacia donde era conducida, rehusó proseguir, diciendo que nunca más en su vida quería visitar de Burgos, donde fue privada de su marido. Allí nos instalamos de pie quieto, ella y nosotros sus acompañantes, Luis Ferrer, embajador del Rey, el obispo de Málaga, el de Mondoñedo y yo, con multitud de franciscanos y de frailes de la Cartuja de Miraflores. El Rey, a su vez, con los demás se encaminó a Burgos, así cada cual vamos por distinto lado. El 9 de octubre nos metió en esta villa.

Mientras Juana estaba en Arcos, diariamente se decían misas por el alma de su marido, cumpliendo el testamento de este, aunque la mayoría de las veces ni siquiera asistía a los oficios religiosos en memoria de Felipe. En Andalucía se seguían levantando voces a favor de Juana y en contra de Fernando.

En 1508, Fernando y Juana volvieron a enfrentarse por el control del cadáver. Fernando consideró la misión por imposible y se marchó a Andalucía a castigar a la nobleza que había apoyado a Juana. El 9 de octubre, el confesor de Juana, Diego Ramírez de Villaescusa, informó de que ella no aceptaba control paterno sobre su casa, que llevaba muy mal el «secuestro» de su hijo Fernando por parte de su abuelo, y que no se lavaba la cara ni dormía en una cama desde que su padre se fue a Andalucía, no porque lo echara de menos, sino porque detestaba el régimen de vida que le había impuesto. Se mostraba como rareza que orinaba demasiadas veces, pudiendo haber detrás de tal manifestación complejas enfermedades a nivel endocrinológico:

Han me dicho que orina muy a menudo, tanto que es cosa no vista en otra persona. De estas cosas unas son señales de corta vida, otras su causa. Vuestra alteza provea en todo. A mí ver, ella está en gran peligro de su salud y no sería razón de dejar la gobernación de su persona a su disposición, pues se ve cuán mal provecho que le cumple. Su poca limpieza en cara y dice que en lo demás es muy grande. Come estando los platos en el suelo sin ningún mantel ni bazalejas. Muchos días queda sin misa porque al tiempo que la ha de oír ocúpase con almorzar y así viene el mediodía y falta tiempo para celebrar.[32]

---

32   RAH, Salazar y Castro, A-12, fol. 262.

10. LA SOMBRA DE CISNEROS

Hemos hablado de Juana y de Felipe, de los padres de ella y de los de él, de los cronistas y cortesanos, pero no podemos pasar por alto una figura esencial en el salto de los Reyes Católicos al Estado moderno. Se trata de fray Francisco Jiménez de Cisneros (1436-1517). Vivió 81 años, que no son los de ahora, casi la existencia de dos personas de su tiempo.

Fue sacerdote diocesano, franciscano, confesor de Isabel la Católica, arzobispo de Toledo, inquisidor general, capitán general de África, impulsor del humanismo, fundador de la Universidad de Alcalá y regente de las Españas. Siguió de cerca los acontecimientos de la corte de Isabel desde 1492, cuando la reina lo nombró su confesor. Juana tenía entonces trece años. Y, desde entonces, va apareciendo en la biografía de Juana, la mayor parte de las veces no directamente; se intuye su presencia y, aunque huimos del maniqueísmo, representó para la viuda de Felipe las dos caras, la de la protección y la del veto.

En su hoja de servicios queda la duda de por qué no dejó gobernar a Juana de Trastámara si, posteriormente, defendió su dignidad como reina, expulsando a los sirvientes que la trataban con crueldad y, de algún modo, dio las directrices a Juan Bravo y otros líderes castellanos de la defensa de Castilla, frente a las intromisiones de los asesores flamencos, proclamas que en 1520-1521 se escucharían en el movimiento de las Comunidades, que acabó contraponiendo dos modelos de Estado: el de Juana, como continuista del de su madre, y el de Carlos, apostando por el imperio.

10.1. DE GONZALO A FRANCISCO

Cuando en 1436 Gonzalo Jiménez de Cisneros venía al mundo en Torrelaguna (Madrid), sus padres, Marina y Alfonso, no podía sospechar que llegaría a una posición tan elevada. En pleno Renacimiento, Álvar Gómez de Castro describía sus orígenes indicando que la casa solariega del linaje se encontraba en Cisneros, municipio palentino adscrito al reino de León. En efecto, el antiguo Gonzalo Jiménez de Cisneros, apodado el Bueno, está enterrado en la Ermita de Santa María de Villafilar, cerca de Cisneros, y de aquel caballero recibió el futuro fraile el nombre.

Un templo físico, luego hilvanado por la genealogía, que permite establecer el paralelismo con la labor misional que desafía los confines. Tras formarse en Roa (Burgos) y en Cuéllar (Segovia), Gonzalo frecuentó las aulas del estudio general franciscano de Alcalá para luego completar su formación jurídica, canónica, filosófica y teológica en el Colegio Mayor de San Bartolomé, de Salamanca. Hacia 1460 pasó a Roma. El camino estuvo plagado de contratiempos, le robaron dos veces y tuvo que quedarse en Aix en Provence hasta que se encontró con uno de sus condiscípulos en Salamanca, Bruneto, quien emprendió con él el periplo.

Junto a los foros de los augustos, en la ciudad eterna Gonzalo fue ordenado sacerdote, ejerciendo con éxito junto al Tíber como abogado consistorial hasta que, en 1465, al recibir la noticia de la muerte de su padre, decidió volver a la península para ayudar a sus hermanos, Juan y Bernardino.

A la reconstrucción y al saneamiento de la maltrecha institución eclesiástica —aquejada de los males del mundo—, Cisneros contribuyó notablemente, primero, en tierras de Guadalajara. De hecho, el primer documento sobre el personaje es una bula papal datada el 22 de enero de 1471. En este pliego, Pablo II le concedía el arciprestazgo de Uceda, enclave guadalajareño del que, por otra parte, procedía la esposa de san Isidro Labrador, santa María de la Cabeza (siglos XI-XII).

Sin embargo, le tocó soportar prisión en Santorcaz, por orden del arzobispo Carrillo, que tenía el puesto reservado para otra persona. Y, gracias al cardenal Pedro González de Mendoza, este tenaz sacerdote volvió a la libertad. El cardenal Mendoza intuyó su valía y lo nombró en 1480 capellán mayor de la Iglesia de Sigüenza.

En Sigüenza el bachiller Gonzalo Jiménez de Cisneros lo tuvo todo: la simpatía de los Mendoza, con los que aprendió a ser mecenas, la comunión espiritual con Juan López de Medina (fundador de la Universidad de San Antonio de Portaceli) y el trato con la comunidad de judíos y de conversos, de donde obtendría ideas para impulsar la traducción de la Biblia. No obstante, en 1484, siendo ya un hombre maduro de 48 años, decidió hacerse franciscano de la

Observancia dando un viraje a su vida. De Gonzalo, pasó a Francisco.

El 2 de enero de 1492, la cruz de plata del cardenal Mendoza brillando sobre la Torre de la Vela fue el símbolo del fin de la Reconquista. En ese mismo año, fue aquel, el guadalajareño Pedro, quien propuso a fray Francisco como confesor de Isabel la Católica cuando el jerónimo Hernando de Talavera era enviado como arzobispo a Granada.

Pedro Mártir de Anglería, testigo de su primera entrevista, describió la admiración que suscitó en su llegada a palacio:

> Era cosa maravillosa ver una compostura tan grande en su persona, una gravedad y serenidad tan extraordinaria en su rostro, y estaba tan flaco, tan macilento, tan quebrado de color, y el hábito tan humilde y remendado, que representaba en su persona un Antonio, Hilario o Paulo, u otro de aquellos padres del yermo.

Cisneros aceptó el cargo poniendo como condición no vivir en la corte y poder seguir llevando vida religiosa en comunidad. Su inteligencia y prudencia suscitaron que en 1494 fuera elegido provincial de los franciscanos de Castilla, puesto clave para el inicio de su tarea como reformador religioso.

El 3 de abril de 1497, el cardenal Cisneros hizo en Burgos el oficio de las velaciones en las bodas del príncipe Juan con Margarita de Austria. Culminados los esponsales, Isabel y Fernando partieron hacia Medina del Campo, donde los esperaba Colón, que iba a emprender su tercer viaje a las Indias.

La conquista de Melilla para la corona de Castilla, acaecida el 17 de septiembre de 1497, se vio empañada cuando el 4 de octubre de 1498 unas calenturas acabaron con la vida del joven príncipe en Salamanca, a la edad de 19 años.

No se encontraba Cisneros en Medina del Campo cuando la reina Isabel falleció, después de «cien días continuos de gran enfermedad», el 26 de noviembre de 1504, pero la actuación marcaría el futuro. La historia de España iba a cambiar de rumbo y, sin saberlo, Cisneros acabaría siendo gobernador.

10.2. EL FUEGO AMIGO

El recogimiento llamaba vivamente a Cisneros, desarrollando sentidas reflexiones en la Alcarria, en el Convento de La Salceda —entre Peñalver y Tendilla— (Guadalajara), en El Castañar (Toledo) y en el recién inaugurado Cenobio de San Juan de los Reyes. Secretos de autosuperación que, después, trasladaría a la arena pública de la forja de las Españas. El recogimiento después sería una de las opciones espirituales que se ha adjudicado a Juana, aunque Cisneros, que tanto pudo guiarla al respecto, no acabó nunca de tomarla en serio. Contrasta con su personalidad que, habiendo remado contracorriente en su deseo de sanear la Iglesia como institución, se dejara llevar por los rumores instigados por Fernando y Felipe sobre la pretendida demencia de Juana.

Como hemos explicado en el capítulo octavo, los nombramientos deseados por sus compañeros de hábitos provocaban en Cisneros más preocupación que júbilo. En 1507, fray Francisco fue creado cardenal, con el título de santa Balbina (mártir romana), y desde esa fecha sería el tercer inquisidor general de la monarquía hispánica, en relevo de Diego de Deza, arzobispo de Sevilla.

Desempeñó el cargo de regente de la monarquía hispánica cuando esta aún se hallaba en ciernes, en 1506-1507, a causa de la muerte de Felipe el Hermoso, y en 1516-1517, tras el óbito de Fernando. Al desaparecer Isabel, su admirada soberana, se posicionó al lado de Fernando frente a Felipe, intervino en todas las negociaciones de la Concordia de Salamanca y, después, trató de asesorar al nuevo rey cuando el suegro se marchó a Nápoles. Por ello, al morir Felipe en 1506, el cardenal conformó una regencia con los nobles más fieles a Isabel, abortando las maniobras de la camarilla que anhelaba entregar el poder a Maximiliano de Austria, padre del Hermoso.

Juana pudo creer al principio que sería leal a ella. Sabía la admiración que le tenía a su madre. Él mismo había dejado su palacio para el nacimiento de su hijo en Alcalá. En la etapa inicial, doña Juana le confirió atribuciones y, mientras Fernando se volcaba en el Mediterráneo, Cisneros miraba hacia el estrecho de Gibraltar. No obstante, también tenía que prevenirse en cierto modo del rey viudo, que ansiaba obtener la permuta de la silla primada por la de Zaragoza para su hijo natural Alfonso de Aragón. Tanto al inicio como al ocaso de su carrera, Cisneros tuvo que reivindicar su puesto en el escalafón. Pero ¿por qué no se convirtió en el valedor de Juana?

Por todas estas razones, resulta incomprensible que traicionara a Juana transmitiendo informaciones a Fernando, filtraciones que condujeron a la explosión de ira de la reina por sentir el ataque del fuego amigo.

10.3. LAS GENTES DE ORDENANZA
Y LOS CABALLEROS PARDOS COMO
ESCUELA DE LAS COMUNIDADES

Ante el cúmulo de cargos religiosos, políticos y militares que, por su agudeza, Jiménez de Cisneros recibía, utilizaba un título u otro de acuerdo con la índole del negocio en cuestión pero, en definitiva, era el gobernador general de Castilla.

Preocupado por el levantamiento antiseñorial que experimentaron diversos núcleos, como Málaga, el regente decidió establecer unas tropas que le ayudaran a hacer cumplir la ley. Con dificultades, se procedió a la creación de las «gentes de ordenanza», de manera que el 16 de mayo de 1516 Cisneros sentó las bases del primer ejército español reclutado por una leva forzosa. Juan Bravo fue uno de los capitanes nombrados por el cardenal Cisneros, a la sazón regente del reino, para reclutar a la llamada «gente de ordenanza».

Entre las iniciativas castrenses de Cisneros, sobresale la institución de los «caballeros pardos», una milicia ciudadana nutrida de hombres buenos y pecheros que cooperarían en las labores de defensa. A cambio, recibirían privilegios que los equipararían a los hidalgos (como estaban en el sur los «caballeros cuantiosos»).

Este regimiento habría conferido a la ciudad castellana una fuerza militar decisiva, en vísperas de las Comunidades, mas, ante la oposición de Valladolid, no cuajó el proyecto y, de hecho, solo estuvo en vigor desde 1516 hasta 1518, cuando Carlos I y su madre (sin ser informada del trámite) revocaron la orden.

10.4. NO ERA DÓCIL

Fue tenaz y no se arredró ante las dificultades, pero ni que decir tiene que tuvo que sobreponerse ante los escollos. El primero le vino en la juventud, cuando, después de haber estudiado Derecho Canónico, fue encarcelado por mandato del arzobispo Carrillo durante seis largos años, que soportó con templanza leyendo las Escrituras.

El segundo problema grave estuvo anejo a su hermano Bernardino, «mozo algo inquieto que en ninguna parte paraba»,[33] demente o perverso (según quiera enfocarse su actuación), que correspondió a los cuidados de Francisco mediante peligrosos ataques a su vida (intentó ahogarlo con una almohada) o a su buen nombre (pidiendo a cambio suculentas sumas económicas). Fray Francisco lo perdonó, mas mandó que fuera recluido en el Convento de Torrijos para el resto de su vida. Juana no atentó contra nadie, no había cometido daño alguno pero, sin embargo, la experiencia con su hermano pudo ir en contra de la reina, ya que procedió con la hija de Isabel como con Bernardino, consintiendo su encierro, aunque castigó a quienes se portaban mal con ella en el Palacio de Tordesillas.

El tercer impedimento, su personalidad sobria y sin aderezos, constituiría su caballo de batalla en una época en que se esperaba de todo obispo o abad que tuviera grandes séquitos. De ahí, los toques de atención llegados de Roma, urgiéndolo a ampliar el personal de servicio y exigiéndole boato en las sobrias alcobas en que moraba. A la luz de los principios evangélicos, resulta contradictorio que el amancebamiento estuviera a la orden del día y que, en contraste,

---

33   DOMÍNGUEZ BERRUETA, Juan: *El cardenal Cisneros*, Madrid, Aguilar, 1929, p. 15.

la rigidez de las costumbres de Cisneros fuera tildada de discordante con las parábolas.

10.5. ADRIANO Y FRANCISCO, DOS PERSONALIDADES CONTRAPUESTAS

Pese a anteponer el amor al odio, de acuerdo con los corolarios de san Francisco de Asís, fue capitán general de África. Espada, manto y hábito son los símbolos de esta personalidad polifacética donde las haya, pues financió la toma de Mazalquivir (1505) y orquestó personalmente la conquista de Orán (1509) con cañones luego convertidos en las campanas de la capilla alcalaína.

En ese ambiente milenarista del que participaba, estaba convencido de que la expedición a Orán sería el prólogo de la conquista de Jerusalén, de manera que el Mediterráneo se transformaría en un mar cristiano. A la par que sentía visiones místicas sobre el desenlace de las batallas, el cardenal ayudó a perfilar el nuevo Estado apoyando los descubrimientos mediante su profunda preocupación por los exóticos escenarios.

Aparte de su dedicación teórica al conocimiento, Cisneros dotó a la Universidad de Alcalá con 46 cátedras y con diez colegios, equiparables a los centenarios de Salamanca o de Oxford. Y designó a esta institución complutense como heredera directa de sus bienes materiales y espirituales.

La voluntad incumplida del cardenal (al igual que la de Isabel) fue su intención de ser inhumado sobriamente en la capilla del Colegio Mayor de San Ildefonso. No obstante, yace en la Catedral de Alcalá, consagrada bajo la advocación de los Santos Niños Justo y Pastor, una sede que, como la Catedral de Lovaina, de la que fue deán Adriano de Utrecht, ostenta el título de «magistral», por ser antaño sus profesores miembros del cabildo.

Con este trámite de unir universidad e Iglesia, Cisneros solucionaba otra de sus preocupaciones: dotar de jubilación a sus docentes eméritos, puesto que, desde que entraran en el cabildo, percibirían una pensión vitalicia de las rentas eclesiásticas. El capricho del destino hizo que Adriano de Utrecht, preceptor del joven emperador, recalara en la península ibérica en 1515. En la primera regencia, a Cisneros no se lo puso fácil Fernando el Católico; en la segunda, las diatribas vinieron del equipo flamenco de Carlos.

Cisneros, medalla de 1508.

En Guadalupe, Adriano y Francisco contrastaron opiniones sobre la forma de gobernar, pues el holandés, en tanto que legado del príncipe, alegaba tener capacidad para tomar posesión de los reinos en cuanto Fernando falleciera, mientras que Cisneros exponía que a él competía la responsabilidad hasta que, informado Carlos de la muerte de su abuelo, «mandase aquello de que fuese servido».

Pero el problema venía de atrás. Antes de que, en cierta aldea de Aragón, la campana de Velilla sonara misteriosamente anunciando la muerte de Fernando —óbito que acontecería al poco, en enero de 1516, en un pueblo de Cáceres—, los flamencos temían que se antepusiera en la línea sucesoria el hermano menor de Carlos, Fernando, totalmente apegado al abuelo. Por su lado, Cisneros estimaba que, de acuerdo con el testamento de Isabel, Adriano se hallaba vetado para ejercer de regente por la mera razón de ser extranjero.

Cisneros fue «papable», candidato al pontificado, en 1510. Sus admiradores esperaban que su causa cuajara. Fernando el Católico le escribía a Jerónimo Vich, embajador en Roma:

> Lo que en caso de que muera el papa, habéis de trabajar es que sea papa el cardenal de España porque es buena persona y de buen ejemplo, y aficionado a mí y a mi estado. Y que para que la elección haga efecto, haréis todo lo que se pueda hacer.

Pero el colegio cardenalicio estaba dividido, las camarillas celebraron sus concilios en Pisa y en San Juan de Letrán y, finalmente, a la muerte de Julio II (el papa de Miguel Ángel), en 1513 resultó elegido León X, miembro de la familia de los Médici. Resulta evidente que Cisneros no persiguió con tesón la cátedra papal, pues ni siquiera se desplazó a Roma.

No obstante, de no haber muerto en 1517, en 1522 habría tenido muchas más posibilidades que Adriano de Utrecht para recibir el solio pontificio; en aquel cónclave la defunción del cardenal de España le allanó el terreno al cardenal de Flandes, que fue proclamado con el nombre de Adriano VI, siendo el profesor de Carlos V el último papa no italiano hasta Juan Pablo II (1978).

Adriano VI, medalla de 1522.

10.6. DESCRIBIR CASTILLA A UN ADOLESCENTE QUE NO HABLABA ESPAÑOL

En 1516, el peso que ostentaba fray Francisco en la política castellana fue tal que incluso Carlos lo consideraba el gobernante en sí mismo. En la pingüe lista de recomendaciones que Cisneros envió al nuevo soberano en los meses previos a su viaje, destacan las siguientes consignas: defender siempre la jurisdicción real, no introducir a grandes de España en los consejos y entregar los oficios «a personas temerosas de Dios y deseosas del servicio del rey y del bien de su reino, y que no tengan miedo de nadie».

En la comunicación epistolar mantenida por ambos, Carlos primero «solicita» cosas a Cisneros, nunca le «ordena». No obstante, pronto se percibe el viraje en la actitud cuando, a tenor de los comunicados, ya no «pide», sino que «nombra» él mismo.

A todo esto, Carlos no sabía castellano. Ya de adulto se le atribuye la frase: «Hablo en español a Dios, en italiano a las mujeres, en francés a los hombres y en alemán a mi caballo». Lo que la historia ha dejado envuelto en una nebulosa es el siguiente interrogante: ¿conoció el anciano cardenal la carta poco diplomática que Carlos le escribió para prescindir de sus servicios?

Tal vez no y, por eso, pese a la enfermedad, se empeñaba en ver al joven antes de morir para proporcionarle un elenco de recetas tomadas de la experiencia. O quizás sí tuviera ante sus ojos el pliego, aunque el deber moral con Castilla lo llevara a olvidar pronto esa epístola escrita en la arena de los intereses efímeros y, en contraste, se sintiera urgido a labrar sobre piedra aquel deseado e inconcluso encuentro fundamentado en la eterna vocación por Castilla.

10.7. LA REFORMA DE LAS INDIAS

Aunque nunca viajó a América, a partir de 1512, Cisneros intervino activamente ante la revuelta de los encomenderos, al llegar a la península ibérica las quejas de los dominicos de La Española. De este modo, facilitó la investigación de los hechos, la autocrítica de los métodos de la conquista y la redacción de las Leyes de Burgos. El punto de partida de la autocrítica de la conquista fue el sermón de la Navidad de 1511, en el que el dominico Antonio de Montesinos denunció la explotación de los indígenas: «¿Con qué derecho y qué justicia tenéis en tan cruel y horrible servidumbre a estos indios? Éstos, ¿no son hombres? ¿No tienen ánimas racionales?».

Al año siguiente, se reunió en Burgos un grupo de teólogos y juristas para discutir el problema. En la junta de 1512 se enfrentaron dos planteamientos jurídico-teológicos: uno que incidía en la supremacía de lo espiritual hasta invalidar el derecho natural (los paganos, en tanto que poseían el pecado original, carecían de derechos y debían ser sometidos por la fuerza), y otro tomista, que sostenía la independencia de lo natural respecto a lo sobrenatural (por lo que el hombre conservaba hasta el final sus atributos naturales).

El dominico Bartolomé de las Casas, protector de los indios, llegó a Sevilla en 1515 dispuesto a librar su batalla en favor de los indios. Muerto Fernando el Católico, en marzo de 1516, entregó un memorial en latín a Adriano de Utrecht y otros dos en castellano a fray Francisco, con quien mantuvo además una detallada conversación.

Cisneros sacó la conclusión de que en las Indias había un grave problema, ya que no solo se había incumplido el mandato papal de la evangelización, sino que, además, la codicia de los colonizadores y el silencio de los funcionarios actuaban como cómplices de la destrucción. «Todo aquello [las Indias] está perdido, así en lo espiritual, como en lo temporal», trasladó al emperador.

A consecuencia de esa entrevista, al mes siguiente, Cisneros inició la «reforma» indiana, convocando una comisión que estudiara el panorama existente y saneando la Casa de Contratación. Planificó una propuesta que ejecutar por los comisarios regios entre 1516 y 1518. Los religiosos que desempeñarían tal papel no podían ser franciscanos, ni dominicos, pues ambas órdenes habían quedado enfrentadas en La Española a raíz del sermón de Montesinos. Por eso, decidió elegir para este fin a los padres jerónimos. De entrada, el general de la orden, que vivía en el monasterio guadalajareño de Lupiana, se resistió a asumir un encargo tan inusual pero, tras la reunión celebrada en San Jerónimo el Real, de Madrid, mostró su aceptación. El 18 de septiembre de 1516 los jerónimos recibieron las *Instrucciones para el gobierno y reforma de las Indias*.[34]

En esas coordenadas temporales, las Indias englobaban las Antillas Mayores y la gobernación de Castilla del Oro o Panamá. El virrey que gobernaba dicho espacio era Diego Colón, hijo del Almirante. El fenómeno más preocupante dimanaba de la caída demográfica indígena motivada por la guerra, por los frenéticos ritmos laborales impuestos, por el impacto psicológico de la conquista y por el contagio de bacterias de los europeos. Ya se habían instalado en el Caribe varios millares de españoles (arribaron 4000, aunque muchos regresaron o murieron por las nuevas enfermedades) y residían en las encomiendas de indios sacando beneficios del trabajo de aquellos y de la extracción de oro de aluvión.

En las *Instrucciones para el gobierno y reforma de las Indias*, las tres medidas que Cisneros contemplaba por orden de materialización eran: 1) la autonomía tutelada de los poblados, con libertad para los indios en las aldeas y administración de los núcleos por los españoles; 2) la concentración en aldeas de autonomía compartida, donde el

---

34   AGI, Indiferente General, 415, libro 2.

cacique sería auxiliado en todo momento por un sacerdote y por un administrador; 3) si no pudiera llevarse a efecto tampoco el segundo mecanismo, se mantendría la encomienda, vigilando el cumplimiento de las Leyes de Burgos en favor del trabajo indígena.

Se trató de una reforma utópica, algo que cuadra con el mismo espíritu que alentó la propuesta, pues en el viaje a América todos soñaban: los conquistadores, que adquirirían un estatus superior a través de las riquezas conseguidas mediante el manejo de las armas; los eclesiásticos, al hacer brillar la fe en el nuevo paraíso; los legisladores, que como Cisneros pensaron que, a través de la filosofía y el derecho, la plena integración resultaba plausible... La mayor quimera fue la de Juana, reina de buena parte de América, legislando sobre el Consejo de Indias, validando el nombramiento de cargos, avalando los permisos de residencia desde una celda que ni siquiera fue jaula de oro.

10.8. JUANA DURANTE LA REGENCIA

La documentación dirigida al cardenal Cisneros desde la corte tiene como objetivo tanto asuntos personales como políticos. En los pliegos aparecen madre e hijo, pero a nivel nominal, no porque se les consultaran los temas acordados.

El 5 de junio de 1516 la reina Juana y Carlos dieron al cardenal Cisneros, arzobispo de Toledo, poder para ejercer el cargo de gobernador de España,[35] aunque ni el joven estaba en la península ibérica ni a la madre se le consultó la medida, pues estaba encerrada en Tordesillas. El 29 de

---

35   AGS, PTR, leg. 26, 9.

agosto, Carlos envió una carta al prelado pidiendo que se pagara a Hugo de Urríes, secretario de la reina Juana, la cifra que se le debía.[36]

Poder de la reina Juana y Carlos I dado al cardenal Cisneros, arzobispo de Toledo, para ejercer el cargo de gobernador de España. España. Ministerio de Cultura y Deporte, Archivo General de Simancas, PTR, leg. 26, 9

Mientras tanto, Juana fue favoreciendo las instituciones fundadas por el cardenal. Del 5 de marzo de 1510 data la copia de una carta de protección y amparo de Juana I y sus sucesores en el trono de Castilla en favor del Colegio Mayor de San Ildefonso de Alcalá de Henares, según se contempla en las constituciones del fundador.

Asimismo, del 4 de junio de 1513 se conserva la copia de la carta de privilegio de la reina, por la que dona al Colegio Mayor de San Ildefonso de Alcalá 200 000 maravedíes de juro de heredad, parte de los que el cardenal Cisneros había

---

36   AGS, Estado, leg. 3, 352.

comprado a la Real Hacienda, para que se gastaran y distribuyeran en limosnas a sacerdotes y estudiantes pobres que fueran a estudiar a dicho centro.[37]

También percibimos la presencia de Juana en los documentos de naturaleza variada vinculados con la reforma de la Iglesia emprendida por Cisneros antes de que en Centroeuropa se iniciara la Reforma con mayúscula. El franciscano José García Oro (1931-2019) realizó en 1965 su tesis doctoral sobre este asunto, dedicando posteriormente numerosos artículos y libros a la biografía de Cisneros.[38]

El nombre de la reina es invocado en pleitos dentro de la orden franciscana. Las primeras palabras de los documentos son «Doña Juana» y, a continuación, aparecen casuísticas varias, como por ejemplo que al nuevo custodio de Extremadura, fray Francisco de Frexenal, no se le reconoció su cargo para visitar la Casa de Santa Margarita, «en la villa de Xerez de Badajoz» (debe aludir a Jerez de los Caballeros), para castigar el comportamiento de varios frailes. Vecinos del lugar no le dejaron pasar y lo echaron «diciéndole muchas palabras feas y deshonestas, e tomando armas para él». El documento está datado en Madrid el 24 de octubre de 1515.[39]

Ese día tocó en la secretaría tratar numerosos temas religiosos. Entre otros, está el relato de la reforma del Convento de Santa Úrsula en Toledo, pues parece que ponía impedimentos el comendador del Convento de Santa Catalina. La autoridad era el provincial de la Orden de San Agustín de la Observancia «destos mis reynos e del reyno de Navarra»

---

37   AHN, Universidades, L. 1095, N. 2.
38   GARCÍA ORO, José: *El cardenal Cisneros. Vida y empresas*, Madrid, BAC, 1992-1993, 2 vols.
39   AGS, RGS, X-1515.

(el pliego comienza también con la mención a Juana). Y trajo respuestas y absoluciones en las semanas siguientes.[40]

Cisneros siempre mantuvo como modelo de gobierno a la reina Isabel y se empeñó en orientar con prudencia al nieto de esta. Se saltó peligrosamente a Juana y, de haber conocido el derrotero de los hechos, a buen seguro que no habría actuado así.

En el capítulo siguiente, relativo al confinamiento, hablaremos de cómo trató de defender a Juana de la crueldad de los carceleros de Tordesillas. Eso marca una diferencia entre el prelado y el césar, pues fray Francisco no consintió los desmanes que sí toleró Carlos I.

10.9. EL DESEO DE UNA ENTREVISTA

El 19 de septiembre de 1517, tras desplazarse desde Flandes, Carlos de Gante desembarcó en Tazones (Asturias). La población no estaba prevenida y pensaron que llegaban los piratas. Al descubrir que se trataba del rey, fue recibido con solemnidad y después se trasladó a la localidad de Villaviciosa, en la que pasó cuatro días. En Valladolid el juramento tendría lugar el 9 de febrero de 1518.

A pesar de su extrema debilidad y movido por la inquietud, Cisneros se puso en ruta por tierras palentinas. Se acordó materializar la cita en Mojados, cerca de Valladolid, sin embargo, fray Francisco murió en Roa el 8 de noviembre de 1517 dejando la ventana abierta al imperio europeo y ultramarino.

---

40   AGS, RGS, XI-1515.

Había dictado su testamento cinco años antes, el 14 de abril de 1512, aunque lo había modificado con dos codicilos, en 1515 y en 1517. Tras la muerte de Cisneros, los condes de Coruña y vizcondes de Torija ejercerían de patronos del Colegio de San Ildefonso de la universidad alcalaína, centro al que designó como heredero universal de sus bienes. Sin embargo, sus iniciativas permanecen hoy, además de en la universidad, declarada Patrimonio de la Humanidad el 2 de diciembre de 1998, en los DNI.

Y es que fue Cisneros quien instauró en 1501 la obligatoriedad de la identificación de las personas con un apellido fijo. Hasta entonces las personas se identificaban con su nombre y un apellido o mote que mostraba el lugar de procedencia, el oficio o algún rasgo de la persona; eso explica que hubiera hermanos de padre y madre con diferente apellido. Para evitar el caos administrativo, desde la ordenanza de Cisneros, el apellido del padre quedaba fijado y pasaba a todos sus descendientes.

En ese mismo contexto, a Juana le tocaría legislar sobre bodas. Existía la costumbre de fijar un máximo de invitados a los banquetes de las nupcias: la cifra era 40, pero luego se presentaban 200, bien a iniciativa propia o porque los novios transgredían la regla. Cuando los merinos y justicias eran avisados, o se presentaban a hacer «una redada», la pena caía sobre los convidados. En el escrito dado en Trujillo el 5 de enero de 1516, víspera de la Epifanía, el aragonés Lope de Conchillos, secretario real, junto con el arzobispo de Granada, el doctor Carvajal y los licenciados Moxica, Polanco y Aguirre dejaban plasmada caligráficamente la voz de la reina Juana: «E mando a las personas que hicieren las dichas bodas que no den de comer ni reciban cosa alguna demás de las personas de las que según la dicha pragmática pueden convidar para las dichas bodas, so las penas en ellas contenidas».[41]

Se reiteraba la pragmática de las bodas y se estipulaba que a los contrayentes no se les debía ir mucho la cabeza llamando a amigos pues, de lo contrario, deberían asumir ellos mismos las multas.

10.10. LA RISA Y EL BUEY QUE VUELA

A modo de vaticinio, más que de deseo, puede ser tomada la respuesta que el cardenal dio a Fernando el Católico cuando pareció burlarse de los pobres materiales con que había construido el Colegio Mayor de San Ildefonso, epicentro de la Universidad de Alcalá. «Otros harán en mármol y piedra lo que yo construyo en barro», lema que hoy ostenta el patio de Santo Tomás de Villanueva,[42] en uno de cuyos relieves está Cisneros con el enigmático sol de Orán.

Juana I no pudo encontrar en el prelado a un tipo sonriente porque no lo era. Se cuenta como anécdota que verlo sonreír era más difícil casi que contemplar «a un buey volar», al menos eso se dijo cuando esbozó el gesto en la boda de su sobrina Juana con Pedro, sobrino del duque del Infantado, en enero de 1510. Así lo recogió en su *Memorial de la vida de fray Francisco Jiménez de Cisneros* Juan de Vallejo, paje y camarero del regente. De todos los biógrafos, Vallejo fue el único que lo conoció personalmente, pues los demás pertenecen a generaciones posteriores.

Poco después, como el duque murió y su sucesor quiso darle una dote menor al novio, Cisneros se echó atrás y,

---

41   AGS, RGS, I-1516.
42   Primer estudiante de la Universidad de Alcalá que fue canonizado.

alegando que los contrayentes eran unos niños por tener solo catorce años, deshizo el matrimonio. Posteriormente, la sobrina Juana se casó con el primogénito de los condes de Coruña, Alonso Suárez de Figueroa y Mendoza, siendo ambos padres de Alonso de Mendoza. Este resobrino del cardenal Cisneros, Alonso de Mendoza, magistral de Alcalá y canónigo de Toledo, moriría en 1603 recluido en una celda del convento toledano de Santa María de la Sisla por ejercer de capellán de Lucrecia de León, la vidente que mantuvo en alerta a todos los consejeros de Felipe II por sus sueños apocalípticos.

Entre el sol y el crucifijo, con la muceta cardenalicia.
Cisneros en el patio de Santo Tomás de
Villanueva, de la Universidad de Alcalá.

Retrato del cardenal Cisneros editado por
la Imprenta Real (1791). BDH.

Como señaló Joseph Pérez en su biografía de Cisneros,
una vez muerto, solo la Universidad de Alcalá y los franciscanos reivindicarían su legado. Estos últimos pedirían
la canonización y marcharía sobre ruedas hasta el siglo

XVIII. En el Siglo de las Luces, cuando la razón empezaba a ser tenida por el prisma desde el que contemplar el orbe, el proceso de beatificación sufrió un parón. Para la Santa Sede, el reconocimiento cisneriano suponía reabrir el choque de intereses entre la orden franciscana observante y la conventual, que precisamente por las gestiones de Cisneros se habían visto separadas desde 1517. Con un papa franciscano conventual, Clemente XIV, finalizó el intento; un pontífice antipático para los jesuitas, pues fue el firmante de la supresión de la Compañía en 1773.

Antes de que el camino a los altares quedara varado, en Castilla los seguidores de Cisneros fueron perseguidos por comuneros (levantamiento que en la biografía de 1653 de Pedro de Aranda Quintanilla y Mendoza, postulador de la causa, se decía que el primado había presagiado) o por erasmistas (alumbrados y luteranos inclusive).[43]

En ese cerco estaba la nueva reina. Puede ser que Cisneros tuviera un único error en su vida, es humano no acertar en todo, sin embargo, su equivocación fue de grandes dimensiones y largo alcance: no confiar en Juana.

---

43   PÉREZ, Joseph: *Cisneros, el cardenal de España*, Madrid, Taurus, 2014, p. 267.

11. EL CONFINAMIENTO

En vísperas de emprender un viaje a Andalucía, Fernando estuvo hablando con Juana en Arcos y decidió enviarla a Tordesillas. Le permitió ir con su hija Catalina, y con el féretro, por lo que ella accedió. Por aquel entonces, Juana dudaba sobre si Fernando era buen rey, pero de lo que estaba segura es de que con ella era mal padre, al menos con ella.

En la madrugada del 14 febrero de 1509, Juana es obligada a irse a Tordesillas con su escolta. En este enclave vallisoletano vivían 928 pecheros, 36 hidalgos y 40 clérigos. En total había 1000 habitantes. Con Juana viajaba el difunto. El cadáver no fue inhumado, sino depositado en la Iglesia del Real Monasterio de Santa Clara.

A finales del invierno, en las fechas aledañas al carnaval, Juana entraba en Tordesillas; tenía 29 años. Iba acompañada de su padre y de su hija Catalina, de 2 años. Los escoltaban los monteros de Espinosa, su guardia personal, así como numerosos frailes rezando al lado del cadáver de su esposo. Si sorprendente fue su entrada, carente del alborozo de sus llegadas a Amberes o a Bruselas, cuando aspiraba a ser archiduquesa, más llamativa fue la duración de su estancia: 46 años, sin haber cometido delito alguno. Solo, ser la reina propietaria de Castilla.

11.1. SEÑORÍO DE SOBERANAS Y AMANTES

La «muy ilustre, antigua, coronada, leal y nobilísima villa» de Tordesillas está a 28 kilómetros de Valladolid. La villa y su puente eran paso obligado de caminos que unían el noroeste de la península con el centro, facilitando el cruce por el ancho y caudaloso río. La muralla rodeaba todo el núcleo y tenía cuatro puertas orientadas a los puntos cardinales, aunque en la actualidad solo se conserva en la parte occidental una atalaya llamada Torre de Sila.

Tordesillas fue señorío de varias reinas y amantes reales. La primera fue Leonor de Guzmán, amante del rey Alfonso XI. Después Pedro I el Cruel entregó la villa a su madre, la reina María de Portugal, y en 1354 a su amante, María de Padilla. A la muerte de Pedro I, la villa pasó a la esposa de su hermanastro, Enrique II, Juana Manuel, posteriormente a la reina Leonor de Aragón, la primera mujer de Juan I, y más tarde a su segunda mujer, la infanta portuguesa, Beatriz de Portugal, que controló la villa hasta 1385, cuando su marido la reincorporó a la corona y donó Béjar a su esposa en contrapartida.

Tordesillas había sido escenario del pacto histórico entre Castilla y Portugal en 1494. El 7 de junio, en las llamadas hoy Casas del Tratado, se firmaron las cláusulas que repartían el orbe entre Isabel y Fernando, por un lado, y Juan II de Portugal, por otro. El acuerdo estableció una distribución de las zonas de navegación mediante una línea situada a 370 leguas al oeste de las islas de Cabo Verde. En principio, se garantizaba al reino portugués que los castellanos no interfirieran en su ruta del cabo de Buena Esperanza, y los lusitanos no lo harían en el Caribe. El mundo se manifestaba grande en Tordesillas, aunque a la reina se le vetaba la posibilidad de explorarlo.

11.2. EL PALACIO, EL CONVENTO Y EL REALEJO

Para Juana la estancia en Tordesillas al principio no se previó tan prolongada. Sin embargo, los días fueron cayendo como si fueran de plomo, y pasó encerrada allí casi medio siglo. El lugar donde vivió Juana en Tordesillas fue el Palacio Real (ya desaparecido), que ejercía de sede temporal de las cortes itinerantes de la monarquía castellana. Su perímetro era rectangular, tenía dos pisos y fue levantado con mampostería y tapial.

La residencia contaba con tres puertas: la principal, al sur mirando al Duero, otra al oeste, en la calle San Antolín, y la tercera al norte frente al palacio de los Alderete. Aunque era un palacio, su fisonomía recordaba a la de los castillos, pues presentaba un corredor exterior que discurría por la fachada sur y más de la mitad de la fachada del oeste, continuando como pasadizo elevado sobre la calle para comunicar con la Iglesia de San Antolín. En el centro de la fachada meridional, había una torre de planta cuadrada con tres cuerpos de altura y, en el último, un corredor empleado para la vigilancia.

Las estancias donde moraba Juana estaban cubiertas por artesonados de madera y sus paredes se hallaban decoradas con tapices. Las habitaciones estaban dispuestas en torno a dos patios con una huerta al este. Debido a la mala calidad de los materiales de construcción, el conjunto experimentó continuas reparaciones. A la defunción de la reina Juana, el edificio fue abandonado, y, a pesar de los trabajos para paliar su estado ruinoso, fue derribado en el año 1773 durante el reinado de Carlos III.

Los únicos ratos de esparcimiento que pudo tener Juana en Tordesillas fueron en los instantes en los que se le permitió ir al Real Monasterio de Santa Clara. El cenobio fue fundado en 1363 por la infanta Beatriz, hija de Pedro I el Cruel. El edificio es reflejo de la admiración que los reyes castellanos sentían por el arte andalusí, pues presenta amalgama de románico, gótico y mudéjar. No obstante, el convento no fue edificado desde cero, sino sobre un antiguo palacio mudéjar mandado construir en 1340 por Alfonso XI de Castilla después de su triunfo en la batalla del Salado contra los benimerines (1340). Su hijo Pedro I lo arregló y se lo cedió en 1363 a sus hijas para que lo transformaran en un convento.

Del palacio se conservan la portada, el vestíbulo, la capilla dorada y el patio de entrada. En la fachada están las dos llaves del paraíso en cerámica verde, símbolo árabe que se identificaba con la potestad de abrir y cerrar las puertas del cielo. Junto a las llaves, hay dos lápidas en las que se describe la batalla del Salado. Supuso la derrota del último intento de invasión desde el Magreb. Durante los 46 años de permanencia de Juana en Tordesillas, los despojos de su difunto marido estarían en el convento. En el Real Monasterio de Santa Clara de Tordesillas pervive un realejo, un pequeño órgano pudo pertenecer a la música Juana.

Tiene un teclado de cuarenta y dos notas, tres octavas y cinco notas con octava corta. En el proceso de restauración han surgido preguntas, como su datación (si realmente es de la época de la soberana y pudo tocarlo, o lo aportó posteriormente alguna de las monjas).

11.3. VECINA DE TORDESILLAS

Juana se instaló en el Palacio Real, a orillas del Duero. Las únicas salidas que haría serían para rezar. En gran medida, Juana aceptó establecerse en Tordesillas porque había un convento contiguo a la residencia. Esa circunstancia ya la había tenido en Bruselas cuando desde 1499 visitaba a las franciscanas y ejerció de mecenas en el convento próximo a su palacio. En Tordesillas Juana se dedicó a practicar el recogimiento, esto es, la vida ascética y la contemplación. Cuando la soberana acató la orden de recogerse en un palacio es porque estaba el binomio perfecto: su espíritu propio a la meditación y el templo al lado.

Después de 1509, el confesor de Juana sería fray Tomás de Matienzo pero, como residía con su padre, el tutor de Catalina, fray Juan de Ávila, guiaba espiritualmente a la reina hasta que el marqués de Denia lo despidiera en 1523.

En este sentido fue una «recogida» en la acepción que relaciona el adjetivo con las damas que buscaban una religiosidad interior. La diferencia entre Juana y su círculo es que a ella le parecía interesar más la relación interior con Dios y a quienes la rodeaban la religiosidad a las vistas.

Recogidas, beatas, emparedadas, alumbradas, etc. buscaban refugiarse en el amor de Dios, sin intermediarios. Juana pudo seguir una corriente de religiosidad intimista. Parece que sintió atracción por las prácticas de las beatas o beguinas; el «recogimiento» lo inició cuando era archiduquesa de Austria. En Castilla no paraba de hablarse de los alumbrados. Sin embargo, la proliferación del culto protestante a partir de los años 20 del siglo XVI pondría a Juana en el punto de mira. Mientras su hijo era adalid de la Contrarreforma y podía contratar grandes obras de arte,

Juana rezaba con rosarios que coleccionaba con esmero, practicando la beneficencia en la medida que podía.

El término «recoleto» se puso de moda; refería el deseo de vivir de un modo más profundo la fe. De hecho, una vez muerta Juana, en 1588, surgiría dentro de la Orden de San Agustín la de los Agustinos Recoletos. Uno de sus referentes fue santo Tomás de Villanueva, que murió en 1555, como Juana, pero el 9 de septiembre. Fue el primer estudiante de la Universidad de Alcalá al que canonizaron.

El 23 de junio de 1550, víspera de san Juan Bautista, cuando un relámpago llegó hasta su palacio de Tordesillas, Juana se protegió santiguándose y cantando «Christus vincit, Christus regnat, Christus me defenda». Cambió la tercera de las invocaciones del himno, pues generalmente la tercera proposición era «Christus imperat», lo cual muestra su dominio del latín y su confianza en la comunicación con Dios. La actitud de atreverse a modificar una jaculatoria siendo una mujer muestra, por un lado, sus conocimientos teológicos y, por otro, su certeza absoluta de que podía comunicarse directamente con Dios. A su vez, parece que advirtió al marqués de Denia, que desde 1536 era Luis de Sandoval y Rojas, que no debían tener miedo porque ella poseía un *agnus Dei*, una reliquia con poder ante las tormentas. La reina fue la única persona de toda su casa que no se asustó, aun cuando la morada se iluminaba por los rayos y algunas damas perdieron la razón.[44]

En Salamanca, cuando Ignacio de Loyola decidió pasar de soldado mujeriego a peregrino, antes de fundar la

---

44   Archivos Générales du Royaume à Bruxelles (AGRB), Gachard 615, El licenciado Gámiz a Fernando, 9 de julio de 1550. ARAM, Bethany: *La reina Juana. Gobierno, piedad y dinastía*, Madrid, Ed. Marcial Pons, 2001, pp. 256-257.

Compañía de Jesús en 1540, hizo amistad con las emparedadas, a quienes les envió cuentas de rosario que habían estado en contacto con los Santos Lugares y las reliquias de Roma. El ser mujer jugó en contra de estas filósofas populares pues, a la sospecha de herejía, se sumó el desafío al patriarcado. En el recogimiento sería, como veremos, un acicate más para su fama de loca. Muchas de sus huelgas de hambre pudieron ser protestas ante las órdenes que le daban en contra de su voluntad, pero otras no eran rabietas, sino ayunos elegidos libremente por motivo de fe.

En Semana Santa ordenaba que los tapices fueran llevados desde su morada al monasterio para el Monumento. El Viernes Santo de 1511 donó 30 ducados, 40 en 1512 y de nuevo lo mismo en 1513. Además ayudó a las restauraciones: en 1512, la abadesa y las monjas cambiaron de sitio el altar con una imagen de san Francisco de Asís, y Juana pagó 1506 maravedíes para la reparación. En 1514, cuando las religiosas reemplazaron el mismo altar con una efigie del apóstol Santiago, la reina abonó 408 maravedíes. A veces no les daba la razón a las monjas, pero sí les explicaba su criterio y entre todas compartían opiniones. Con las hermanas, Juana sentía que tenía autoridad, era respetada por ellas, sin embargo, en su propia casa su credibilidad era nula.

En el orden político, en Tordesillas se decidió que Fernando se quedara bajo la tutela de su abuelo y que Catalina permaneciera con Juana. El palacio donde vivían la madre y la niña había sido mandado erigir por Alfonso XI en el siglo XIV, luego con Pedro I se convirtió en convento. Poco después sucedió un hecho importante para el cadáver: el 21 de abril de 1509 murió Enrique VII de Inglaterra, el principal pretendiente al corazón de Juana. Superado el peligro del matrimonio, el difunto estuvo en el convento hasta 1525, en que tuvo lugar el traslado definitivo a Granada.

11.4. LOS BIENES DE JUANA Y DE CATALINA

La mujer y la pequeña no llegaron solas. Con ellas iba un tesoro, formado por los bienes que llevaban consigo y de los que el camarero de Juana, Diego de Ribera, hizo inventario por orden del abuelo Fernando, que quería tener conocimiento de todos los detalles.

A la muerte de Felipe, buena parte de su patrimonio se había dispersado, porque se lo habían repartido sus servidores. No obstante, no se llevaron los cuadros, pues no parecía interesarles el arte. Tampoco Juana debió de ver en los pinceles su afición principal; se decantaba más por los idiomas y otras ramas de las humanidades. Además, en aquella época, la arquitectura, la escultura y la pintura, por extraño que nos parezca, se adscribían en el plano de la artesanía, no de las artes liberales. A medida que fue avanzando el Renacimiento cobró fuerza la idea del «diseño» y, con ello, el artista consiguió que su nombre apareciera en la firma o fuera celebrado por todos.

Para corroborar esa incomprensible desidia general por el arte que había en el paso del siglo xv al xvi, cabe hablar del *Políptico de Isabel la Católica*, un conjunto de 47 tablas, atribuidas a Michel Sittow, pintor estonio al servicio de Isabel la Católica desde 1492, y a Juan de Flandes. Isabel y Fernando aparecen plasmados en *La multiplicación de los panes y los peces*, y el rey en *La entrada de Jesús en Jerusalén*. Estas dos piezas se encuentran en el Palacio Real de Madrid. ¿Cómo se tiene noticia del políptico? Porque, a los tres meses de fallecer Isabel, se hizo inventario en Toro, fue puesto en almoneda y, a pesar de que el precio era casi regalado, 75 000 maravedíes, costó encontrar compradores. 34 de las tablas no encontraron quien las adquiriera hasta que las pagó Felipe el Hermoso con el fin de enviárselas a su hermana Margarita. De las 47 partes que lo componían en el inventario realizado el 25 de febrero de 1505, solo han llegado al presente 27 y están repartidas por colecciones europeas y americanas.

En un tiempo en el que no había fotografías, Juana no tenía tantos retratos en su poder: uno suyo, otro de su madre, cuatro de su hermana menor Catalina y otro de su hermana mayor Isabel. Tal vez, en su prodigiosa memoria, era capaz de transportar las fisonomías de sus seres queridos sin necesidad de verlos en el lienzo o en la tabla.

Díptico familiar portátil de Carlos V y sus hermanos.

Otro de los aspectos de la campaña difamatoria de Juana fue la leyenda de «mala madre». En 1505, Felipe había tratado de frenar uno de sus ataques llevando a sus vástagos en presencia de Juana, a lo que ella replicó: «Os prometo que yo no comeré bocado, que yo me dejaré morir en tanto que los infantes estuvieren en esta villa». Una respuesta movida por el enojo con su marido que pudo ser interpretada erróneamente.

Llama la atención que no se inventariara imagen de sus hijos, aun cuando en 1500, desde Flandes, había mandado uno de Leonor y Carlos a Isabel y Fernando para que conocieran a través del pincel a sus nietos. No obstante, existe un díptico portátil en el que aparecen sus seis hijos: al lado izquierdo, según se mira, están Fernando I y Carlos V, y a la derecha sus hijas Leonor, Isabel, María y Catalina, indicándose debajo de cada uno su fecha de nacimiento. Lo debió de encargar Juana y, como muestra de los errores en la biografía de Juana en las fuentes de internet, se presenta como perteneciente a los fondos del Museo de Santa Cruz, sin embargo, no forma parte del inventario de la institución toledana.

El mayor concepto que se tenía de obra de arte en la etapa de Juana era el del tapiz; conformaba el objeto suntuario más codiciado. Cuando Juana se marchó en 1496 al norte, llevaba consigo ricos tapices, y eso que en la corte de Borgoña estaban acostumbrados a los reposteros de lujos. En Flandes compró más tapices y, en 1502, cuando vino a España, trajo consigo algunos que ella misma había pagado al tapicero de Felipe el Hermoso, Pieter van Aelst. Exactamente eran dos series denominadas *Triunfo de la Madre de Dios* y *Episodios de la vida de la Virgen*. Aparte de su carácter vistoso cuando eran exhibidos en las fiestas, los tapices permitían arropar las frías habitaciones y, en tercer lugar, soñar con las escenas mitológicas o iconográficas.

Todavía tendría que esperar Felipe el Hermoso más de quince años para ser definitivamente enterrado en Granada, como había dispuesto en el testamento. En 1525, su hijo Carlos ordenó el último viaje hasta la Capilla Real. Al sepulcro de Carrara, Juana se sumaría tras casi medio siglo de encierro. ¿De qué le valía la condición de reina titular si estaba en manos de sus sirvientes?

Puede que Juana llegara deprimida a Tordesillas, ya había sufrido numerosas vicisitudes. Pero, si no entró contrita, cualquiera en esa situación de aislamiento externo y de secuestro emocional ordenado desde fuera caería en una enfermedad. Juana pasaba de arrebatos de furia a estados de melancolía. Y, en ese cuadro, es posible que olvidara su higiene personal; carecía de momentos que la devolvieran a la realidad, no le quedaba ilusión, le faltaba la chispa para despertarse. Posteriormente, Jerónimo Zurita recordó que «Juana podía pasar días enteros sin lavarse ni cambiarse de ropa, atentando no solo contra su cuerpo natural, sino contra el decoro y la majestad que, como soberana, debía a su cuerpo político».

Es triste que casi nunca Juana hallara comprensión. Cualquier reacción que tenía era magnificada, no se condenaba a su esposo por la triste vida que le había dado, se la culpaba como hija, como esposa y como madre, y ella era consciente:

> Si en algo usé de pasión y dejé de tener el estado que convenía a mi dignidad, notorio es que no fue otra cosa sino el celo; y no solo se halla en mí esta pasión, mas la reina [Isabel la Católica] (…) fue asimismo celosa, mas el tiempo saneó a su Alteza, como placerá a Dios que hará a mí.

11.5. EL CERERO MAYOR

La presencia de la reina Juana I en el Palacio de Tordesillas sería el motivo de visita a la villa de sus familiares. Como hemos explicado, Fernando iría al menos en 1510 y 1513, su hijo Carlos I en 1517, con su hermana Leonor, y su nieto Felipe II, cuando en 1543 se casó en Valladolid con María de Portugal, o en 1554 al partir hacia Inglaterra para desposar a la reina María Tudor, entre otros momentos.

Juana tuvo cuatro guardianes durante su reclusión. En primer lugar, Fernando el Católico puso a Luis Ferrer al frente de la Casa Real de Juana, mandándole que su hija no tuviese contacto alguno fuera de los muros de aquel palacio. Previamente, cuando Fernando embarcó hacia Nápoles en 1506, había dejado a Luis como su embajador ante la corte del rey Felipe I de Castilla y de su hija, de manera que quedaba claro que reunía toda su confianza. Mediante el empleo de cerero mayor, dejó «a su cuidado» a Juana ya viuda. El oficio de cerero mayor en los palacios suponía que esa persona continuaba la labor del sol mientras la luna se situaba en el horizonte, pues era el responsable de introducir los candelabros en las alcobas.

Era costumbre que los huéspedes de la familia real fueran agasajados por la ciudad o villa donde estaban; los regalos duraban unas jornadas, no años, pues la corte era itinerante. Pero Tordesillas se cansaba de atender a Ferrer y su séquito, no solo por la prolongación de la estancia, sino por el mal carácter de Ferrer. Qué curioso que, para Juana y para el pueblo, los malos fueran los mismos... La gente del tiempo de Juana se ponía de su parte, solían coincidir en sus dictámenes el pueblo llano y la reina. Y ninguno de ellos, tampoco la soberana, tenía voto.

Ferrer dependía directamente del rey Fernando, a cuyos oídos llegaron las quejas de los residentes en Tordesillas, mas no sucedió nada en vida del aragonés. El Consejo Real dio a Tordesillas una merced anual de 100 ducados para ayuda a los gastos de la ropa. Había vecinos que se habían marchado para evitar ser esquilmados. Casado con Lucrecia Soler, hija de los señores de Sellent y Vilarrasa, sus dos hijos, Jaime Francisco y Violante, se criaron bajo la protección de los Reyes Católicos: Fernando fue el padrino de bautismo del primero, e Isabel concertó el matrimonio de la segunda con el caballero valenciano Jerónimo Vich, embajador de Fernando. Ferrer pronto colocó a sus familiares en el palacio, constando como dueñas de Juana doña Francisca, doña Isabel, doña Margarita y doña Violante.

Luis Ferrer se vanagloriaba de haber impuesto el silencio y la disciplina, obligándole a comer a Juana, incluso con el recurso de la violencia. Cuando el vecindario de Tordesillas se enteró de la muerte de Fernando, se produjo el asalto al palacio pidiendo que se marchara el cerero mayor. Durante la permanencia de Ferrer, el estado de ánimo de Juana empeoró. Obviamente. Se sucedieron las huelgas de hambre, las negativas para asearse y asistir a actos litúrgicos, los ataques de ira, etc. Pero ¿no es eso lo normal en alguien que no ha cometido daño alguno y está encerrada *sine die*? La depresión no estaba tipificada como enfermedad en el siglo xvi, sin embargo, Juana fue sumida en ella. Valiéndose de la decrepitud creciente de su hija, Fernando llevó a los nobles a visitarla para que se dieran cuenta de por qué estaba incapacitada, puesto que aquellos no se convencían, sino que se mostraban leales a la reina.

A pesar de contar con un amplio personal de servicio, alrededor de 200 personas, entre nobles, damas de acompañamiento, religiosos, administradores, guardia personal, médicos, cocineros, mujeres de servicio, etc., Juana y Catalina vivían como si estuvieran encarceladas. De hecho, Ferrer decía que había gobernado la casa como «un monasterio y religión de honestísimos frailes».

Los vecinos de Tordesillas tenían mala opinión de Ferrer. Juana temía que le quitaran a su hija, por lo que quería tenerla en el cuarto interior. Allí pasaban las horas a la luz del día o de las candelas.

El mandato de Ferrer duró siete años. Quien encabezó el motín contra él al morir Fernando fue el capitán Pedro Corrales, si bien el carcelero aguantó con las llaves en la mano. Cuando tuvo que rendir cuentas, Ferrer justificó la violencia hacia la soberana y, paradójicamente, empleó el término «cuerda» como sustantivo no como adjetivo, por el tormento: «Porque no muriese dejándose de comer por no cumplir su voluntad, le hubo de mandar dar cuerda por conservar la vida».

El cardenal Cisneros no pudo hacer nada mientras vivió Fernando. Aunque Juana guardaba con el arzobispo las distancias desde que se mostró como confidente de su padre, el franciscano se horrorizó pues, una vez fallecido el aragonés, la camarera María de Ulloa le contó por escrito las penalidades que padecía la soberana. El prelado fue a Tordesillas, destituyó a Ferrer y mandó castigar a muchos sirvientes. Al ser finalmente destituido, no solo pagó él, sino también algunos de sus colaboradores, que fueron azotados por el pésimo trato propinado a Juana.

11.6. LA COMPRENSIÓN DE HERNÁN DUQUE

Desde marzo de 1517 al frente de la casa de Juana se encontraba Hernán Duque de Estrada. Lo buscó el cardenal Cisneros y le costó convencerlo, pues quería profesar como franciscano:

> Dicen que por su gusto está en un aposento interior porque sus ojos no soportan la luz, lo cual no es de extrañar ya que cuando no quería comer disponía el camarero mayor que la encerrasen en un cuarto oscuro hasta que cambiara de parecer. Algún provecho sacó de eso para su cuerpo, que no anda escaso de carnes, aunque más bien flojas por el poco ejercicio, ya que últimamente ni al monasterio de Santa Clara se le consentía ir para que no desvariase delante del túmulo de don Felipe, que Dios tenga en su gloria.

En el primer encuentro con la reina, Hernán Duque presenció una tremenda bronca que le estaba echando Juana a una de sus doncellas por haberle tirado del pelo al peinarla. La discusión no se quedó en palabras, sino que Juana le clavó a la sirvienta una peineta en la mejilla. Estos atropellos conducían a Juana a un castigo mayor, siendo recluida en una oscura celda. Pero, en este caso, el caballero no aplicó esa pena y ella le acarició la cara.

Además del nuevo responsable de Tordesillas, permanecieron al lado de Juana su confesor, Juan de Ávila, y el médico, Juan de Soto. Con Hernán Duque encabezando el espacio doméstico, Juana gozaba de mayor libertad para entrar y salir, dentro de las limitaciones. Fue idea de Hernán Duque abrir un vano en el muro para que Catalina viera a la gente pasar por la ventana y a los muchachos entretenerse con juegos corriendo por la calle. Este señor estuvo al frente de la casa durante dos años. La paciencia era la clave según el segundo gobernador de la casa, que en carta a Cisneros confesaba «lo que no cabe dudar es cuánto conviene razonarla con amor, porque si se quiere torcer su voluntad por fuerza, todo se desbarata».

11.7. EL MUNDO DE CATALINA

En Tordesillas, Catalina residió desde 1509 hasta 1525. Estuvo 16 años sin poder pisar la calle con libertad. Juana conocía el mundo exterior, pero Catalina vivía como en el mito de la caverna de Platón, imaginando cómo sería la vida fuera. Juntas recibieron la visita de los comuneros: del toledano Padilla, del atencino Bravo y del madrileño Zapata. Estos tres cabecillas del pueblo castellano las hicieron creer que eran de nuevo reina e infanta.

¿Fue feliz Catalina? Juana fue su profesora, le enseñó todo cuanto sabía. A Juana los Reyes Católicos le contrataron grandes docentes; a Catalina, su madre le dio clases particulares de manera intensiva y se puede decir que materializó la frase de Leonardo «Pobre es el alumno que no supera a su maestro» pues, a pesar de las circunstancias difíciles en las que transcurrió su primera etapa, aquella niña no paraba de bailar y de cantar y de mayor fue una madre para los portugueses, además de resolutiva, asertiva y pragmática.

Era la candidata mejor preparada para ser reina, y todo gracias a su progenitora, que le enseñaba latín, humanidades, teología…, así como música. ¿De qué faceta no sabía Juana, si era capaz de tocar el clavicordio, el monocordio y la vihuela mientras parlaba variedad de idiomas? ¿Cómo iba a pensar Catalina que su mamá estaba loca? Era la persona que más la quería y, aunque tenían personal de servicio, era prácticamente a la única que veía.

En noviembre de 1517 llegó Carlos, acompañado de su hermana mayor, Leonor, que estaba a punto de cumplir 20 años. Hicieron tres reverencias ante Juana y ella los abrazó durante un largo rato. La entrevista fue breve. Carlos todavía no sabía castellano; nuevamente fue Juana la que tuvo que adaptarse idiomáticamente, así que le habló en francés.

Al salir, Leonor comentó a Carlos que ese no era el lugar para la pequeña Catalina, a la que acababan de conocer. Por ello, ambos hijos decidieron secuestrar a Catalina. Estaban tan seguros de que su madre estaba loca que pensaron que al poco de no ver a Catalina se le olvidaría que no estaba. Recurrieron como esbirro a un tal Bertrand, que sería el responsable del rapto nocturno. El 12 de marzo de 1518 se llevó a Catalina.

El plan diseñado en la corte de Valladolid por los dos hermanos consistía en secuestrar a la benjamina y entregarla al señor de Trazegnies, que estaría esperando con 200 jinetes en el puente de Tordesillas. Como Juana no se conformó, Betrand tuvo que devolver a Catalina. Pero a Leonor y a Carlos se les ocurrió otro atajo para sacar a Catalina de Tordesillas: idear su boda, y en este proyecto triunfaron. En ningún momento se les pasó por la cabeza ni a Leonor ni a Carlos compadecerse de su madre, que además era la única reina que debía ser titular.

Mientras tanto, Carlos era partidario de practicarle a su madre exorcismos si era preciso: «Porque a ninguno pertenece más mirar por la honra, contentamiento y consolación de la reina, mi señora, que a mí, los que en esto quisieren meter la mano no tendrán buena intención». Se le había olvidado por completo a Carlos el cuarto mandamiento de la ley de Dios, que ordena honrar al padre y a la madre.

11.8. LLEGAN LOS MARQUESES DE DENIA

La situación de las cautivas empeoró cuando Carlos I estableció el 5 de marzo de 1518 que el segundo marqués de Denia, Bernardo de Sandoval y Rojas (1480-1536), estuviera al frente de la casa de Juana. Bernardo era además conde de Lerma y empleó su influencia en la casa de la reina madre para incrementar su influencia en el Consejo de Estado y unir su destino al de los Austrias. Además, Carlos lo nombró gobernador de Tordesillas. Tanto Bernardo como su mujer, Francisca Enríquez (prima de Fernando el Católico) y luego sus descendientes trataban a la reina y a la infanta con prepotencia. El marqués tenía muy creído su papel, pues había sido uno de los pocos grandes que apoyaron a Fernando frente a las pretensiones de su yerno, Felipe de Borgoña, en 1506. Muertos ambos, se había hecho plenamente con la confianza del joven monarca.

El marqués tenía contratadas a señoras que actuaban como «loqueras», profesión descrita en el *Diccionario* de la Real Academia Española como orientada a cuidar y guardar «locos». Estas auxiliares entraban en la celda de Juana para quitarle toda iniciativa. En dicha etapa, Juana permanecía horas inmóvil con la mirada fija y se negaba a cambiarse de ropa. El aristócrata no realizaba adaptaciones ni concedía licencias, era inflexible y rígido.

Con el consentimiento de Carlos, el marqués creó un mundo irreal para Juana I. Sostenía que el rey Fernando y el emperador Maximiliano, padre y suegro, sobrevivían y la animaba a escribirles. Intentaba restringir los contactos de la reina con otros servidores y le prohibía salir al Monasterio de Santa Clara.

De aquella etapa de hierro del marqués de Denia, en la que hacía y deshacía a su antojo, se conservan documentos como la cédula de Carlos I a favor de este para que diera aposentamiento en el Palacio de Tordesillas al alcaide Polanco; está datada el 28 de abril de 1520.[45]

El ambiente ficticio que inventó para la reina se vino abajo con la llegada de los comuneros a Tordesillas en agosto de 1520. Los portavoces del sentir de Castilla expulsaron al marqués de Denia, si bien este logró regresar en diciembre.

Bernardo era antes y después de la revuelta comunera un ser impopular. El almirante de Castilla, Fadrique Enríquez, se opuso a su mandato en Tordesillas, y era solo uno de los muchos nobles enojados con la política de Denia. En esta tesitura, el marqués propuso llevar a la reina a Arévalo, donde había estado recluida su abuela. Sin embargo, no se consumaría la salida.

En 1529, Carlos dejó a su mujer, la emperatriz Isabel, como regente y pidió a Denia que le obedeciera como a él mismo. En 1532, Juana recibió en Tordesillas a su nuera y a sus nietos Felipe y María. Estuvieron ocho días en Tordesillas. Los recibió con alegría y los trató de manera ejemplar. Así se lo dijo el marqués de Denia a Carlos, señalando que se había portado como si fuera su madre, la Católica.

---

45   AHNOB, Osuna, C. 2116, D. 3.

Sin embargo, hasta en la adulación, Denia no cesaba de enviar ataques, pues afirmó de Juana que tenía «tan buena disposición» como su progenitora, pero que «no había ningún cuerdo que suplicase a Su Alteza que entendiese en otra cosa más de lo que pertenece a mujer». De nuevo sobrevuela la idea de que Isabel la Católica era una mujer con dotes de mando «de varón», mientras que a Juana no se le reconocía la capacidad de gestión.

Cuando la peste se aproximaba a Tordesillas, el marqués y el rey formularon varias estrategias para poder trasladar a Juana a otro municipio si fuera necesario. Aunque la artimaña consistía en convencerla mediante embustes, Carlos autorizó la coacción física, mas solo como último recurso. Paralelamente, el marqués cerró la villa y expulsó a las familias de las personas infectadas para evitar la propagación de la plaga en Tordesillas. Posteriormente, el marqués y Juana solo abandonaron Tordesillas para escapar de la peste a comienzos de 1534, refugiándose en Tudela de Duero. La epidemia se cobró víctimas entre los servidores de palacio. La trasladaron en la clandestinidad para que no fuera notoria su presencia en los pueblos por los que pasaba.

Juana tenía un presupuesto alto en la Casa de la Reina; en 1544 ascendía a 38 000 ducados anuales. Su nieto Felipe, desposado con María Manuela de Portugal, recibía una renta de 32 000 ducados y otros 22 000 para la princesa. El marqués de Denia obtenía un salario de 925 000 maravedíes anuales más 95 000 en concepto de hachas de cera y velas. Su mujer, Catalina de Zúñiga, ingresaba unos 40 000 maravedíes.

Asimismo, Bernardo consiguió grandes favores del emperador. Colocó en el servicio real a su hermano (Hernando), a sus seis hijos (Luis, Francisco, Enrique, Hernando, Diego y

Cristóbal) y a un sobrino (Hernando de Tovar). En 1534 sus tres hijas (Ana, Magdalena y Margarita) y tres de sus nueras, Isabel de Quiñones, Catalina de Zúñiga e Isabel de Orence, figuraban en la nómina de las cámaras de la reina Juana.

Algunos oficiales de la casa no constan en los pliegos de cobros, como seis franciscanos que rezaban por Felipe, a los que Juana les pagaba no en dinero, sino con ropa. Otros aparecen en nómina y, sin embargo, no vivían en Tordesillas, como el confesor oficial, Matienzo. El que realmente hacía oficiosamente de confesor de Juana era fray Juan de Ávila, guardián de los franciscanos, que se convirtió en tutor de Catalina en 1514. Pero el marqués de Denia lo despidió por las bravas en 1523.[46]

El cuarto y último de los carceleros fue Luis, el hijo del marqués de Denia, que heredó de su padre, en 1536, la custodia de Juana hasta la muerte de esta en abril de 1555. Mantuvo la rutina basada en el castigo y tuvo como auxiliar a su madre, la marquesa viuda, experta en las malas artes de quitar del espíritu de Juana la mínima alegría.

11.9. EL ORO DE LA DOTE

Con la ayuda de su hermana mayor, Leonor, el emperador fue organizando la boda de Catalina con Juan III de Portugal. Pero el tema más espinoso siempre era el de la dote, pues las arcas no estaban sobrantes de monedas. En 1524, un año antes de los esponsales, Carlos estuvo un mes en Tordesillas. Sin embargo, una estancia tan prolongada no era inocente: fue hipotéticamente a «apropiarse» de

---

46   Archivo Ducal de Medinaceli, legajo 246, caja 4, n.º 53. ARAM, Bethany: *op. cit.*, p. 205.

tapices, joyas, libros y vestiduras litúrgicas de la colección de Juana para que sirvieran como parte de la dote de su hermana.

Se llevó la friolera de 25 kilos en objetos de plata y quince kilos en piezas de oro. Pensaba Carlos que el mundo no se enteraría de que esa madre «loca», que estaba encerrada, era la que iba a pagar la boda, de hecho, a Juana se lo ocultó metiendo ladrillos en los cofres vacíos. Así disimulaba que su hijo le había robado y quedaba ante Portugal y las otras cortes como el hermano protector que sufragaba la mejor de las dotes. La aniquilación del ánimo de su progenitora era total, aunque sin embargo había personas a las que Carlos sí les cogió apego.

Hacia 1540, cuando fue padrino de su hijo, el emperador rememoraba que Barbe fue su nodriza principal durante nueve meses. Carlos estuvo muy unido a ella y, cuando murió en 1554, un año antes que Juana, ordenó que la enterraran en la Catedral de Santa Gúdula de Bruselas y mandó poner un destacado epitafio en su honor.

En 1525, Catalina se casó con Juan III, y Juana se quedó sin defensa alguna. Ya no tenía a su lado a su querida contertulia, que además trataba de frenar los atropellos de los marqueses de Denia.

11.10. LOS FLAMENCOS DEL DUERO

En 1507, cuando nació Catalina, había numerosos flamencos al servicio de Juana, como Cornelia, la lavandera, Michel, el panadero, esposo de la anterior, Curol, el cocinero, maestre Juan, el herrador, o Enrique, el barrendero. Seguía conservando sirvientes traídos del norte de Europa:

como repostero de camas a Nicolás Punçon, hijo de un antiguo criado llamado Guillén, y el sastre que tenía en 1537 también se llamaba Guillén, siendo igualmente flamenco.

En las cartas se habla de Beltrán de Flomonte, su mayordomo. Es sin duda el mismo. Se trataba de un criado procedente de Nuestra Señora de Waver, que había iniciado su carrera bajo obediencia de Maximiliano y de Felipe. Primero la lealtad a Carlos le permitió conseguir el cargo de aposentador, pero después protestó ante él, pues no se sentía recompensado económicamente, al haber diferencia de sueldo con su predecesor y no poder acceder a los libros.

El 13 de septiembre de 1518, Flomonte envió informes a Carlos sobre la situación de Juana, y así podemos saber que la soberana quería construir una capilla en los corredores del palacio y que había despedido a varios criados. El 16 de octubre de 1527 se vuelve a citar a este Beltrán en la carta donde se explica que había sido enviado a Toro a ver si localizaba alojamiento para Juana, pues se estudiaba trasladarla desde Tordesillas para que se instalara allí.[47]

En 1527 todavía se lo menciona como mayordomo pero, después de 1529, desaparece su huella y saltan al papel sus herederos. Su esposa, Petronyla de Orto, fue camarera de Juana a la muerte de esta y tuvo un segundo marido, Juan de Villasante, montero de guarda. Beltrán y Petronyla tuvieron dos hijos: Sebastiana de Flomonte, que profesó en el Monasterio de Santa Clara de Tordesillas, y Josepe, que más adelante decidió vender las posesiones de su padre en los Países Bajos. También durante la larga estancia de

---

47 FAGEL, Raymond: «Juana y Cornelia: flamencos en la corte de Juana la Loca en Tordesillas», en RIBOT GARCÍA, Luis Antonio *et alii* (coords.): *El Tratado de Tordesillas y su época*, Madrid, Sociedad V Centenario del Tratado de Tordesillas, vol. 3, 1995, p. 1856.

Juana, hubo un destacamento militar, como puede verse en la descripción «Guardia de alabarderos de la reina Juana en Tordesillas», que detalla movimientos desde 1534 en adelante.

En la crónica de 1530 se describiría la entrada de Juana a las ciudades de Brujas y Gante junto con sus damas, en mulas con albardones, con ricos vestidos y sombreros anchos. Pero, en general, las crónicas flamencas no mostraron alto interés por Juana, la presentaron en oraciones subordinadas con respecto al verbo principal que desarrollaba las acciones de Felipe, de Fernando o de Carlos.

Monumento a Juana en Tordesillas.

En las décadas siguientes la presencia de Juana en las crónicas neerlandesas, como la del ducado de Brabante de 1555, es todavía más subsidiaria. Mientras Juana estuvo en Tordesillas, en Flandes se volvió invisible.

Ya muerta la reina, en la crónica de 1606 a los holandeses se les había olvidado que Juana había existido pues, cuando con motivo del segundo viaje la pareja llega a España, solo se menciona a Felipe, «recibido con gran honor y alegría»[48] por Fernando, sentimientos que el aragonés no pudo esbozar por su yerno por más que disimulara el encono, porque no le caía bien.

En Tordesillas una escultura de cuerpo completo recuerda a Juana, con la corona en la mano y el globo del mundo a sus pies. No en vano, en su reinado el portugués Fernando de Magallanes y el guipuzcoano Juan Sebastián Elcano, al servicio de Castilla, emprendieron y culminaron la primera vuelta al mundo el 8 de septiembre de 1522 en el transcurso del encierro de Juana. Prácticamente el único pago que Elcano recibió fue el lucir en su blasón el orbe con el lema «Me circunnavegaste».

Aunque hasta los confines llegó su nombre pues, en su encuentro con el rajá Humabón y su esposa, Humamay, el navegante lusitano decidió que al bautizarlos sus nombres fueran Carlos y Juana. Sucedió el 14 de abril de 1521, trece días antes de la muerte de Magallanes en Mactán. Y les regaló la estatua de Jesús, conocido como el Santo Niño de Cebú, devoción creciente en Filipinas. En tiempo de Juana el archipiélago era llamado islas de San Lázaro, pero se trocaría la denominación con su nieto, Felipe II, en cuyo mandato se desarrolló una conquista arquetípica, la menos

---

48   *Die cronijke van Brabant int corte*, 1555.

sangrienta y la más pactada. Historias de abuelos, pues la toma pacífica de Filipinas aconteció gracias a otro guipuzcoano, Miguel López de Legazpi, mientras su nieto, Felipe de Salcedo, encontraba junto al piloto Urdaneta la ruta que conectaba el archipiélago con México. En los galeones llegaría a la península el mantón de Manila.

12. CARLOS V O UN REINADO BICÉFALO

El siglo se había iniciado con malas cosechas en 1502, 1503 y 1504, lluvias torrenciales en 1505, extrema sequía en 1506 y peste en 1507. El humanista Pedro Mártir de Anglería confesaba: «Estamos sitiados por la peste. Ya se ha introducido en el zaguán de la reina. Al obispo de Málaga la peste le ha arrebatado ya 8 criados». Así se lo contaba al conde de Tendilla desde la villa de Torquemada el 12 de marzo de 1507.

El 5 de enero de 1515, Carlos fue declarado mayor de edad. En ese momento finalizó la regencia de su tía Margarita y Carlos se hizo con el control de los Países Bajos. La adolescencia lleva consigo cambios de comportamiento abruptos. Después de 1515, Carlos V se rebeló contra la influencia de su tía Margarita, aunque pronto la reconoció de nuevo como una consejera sabia, restituyéndola en su puesto en 1519.

Su abuelo Maximiliano vivió hasta el 12 de enero de 1519, y en su última etapa quería llevar la cruzada al Cercano Oriente, buscando una alianza con el gran duque de Moscú, Basilio III. El papa León X invitó a los príncipes cristianos a sumarse a este proyecto a fin de frenar las apetencias de los turcos. Y vivía con preocupación el momento en el que a su nieto le tocara ser investido emperador, por lo que hizo temporalmente las paces con Francisco I.

En el futuro, Margarita de Austria negociaría con Luisa de Saboya el tratado entre España y Francia. El acuerdo fue suscrito en Cambrai, y fue bautizado como la Paz de las Damas, pues las representantes eran dos mujeres, la tía de Carlos V y la madre de Francisco I. A su vez, Luisa era la hermana del segundo marido de Margarita, Filiberto, ya fallecido, por lo que habían sido cuñadas.

En Castilla, Navarra, Aragón..., las Indias, la reina legítima seguía siendo Juana I de Castilla, pero Carlos deseaba ser coronado monarca. Por ello, se ideó una fórmula legal que no violentara las tradiciones hispánicas, planteándose la expresión: «Doña Juana e don Carlos, su hijo, por la gracia de Dios reyes de Castilla, de León, de Aragón...». Cisneros tuvo incluso que amenazar a los nobles con las armas para que aceptaran el modelo, pues no estaban por la labor. Sin embargo, Carlos logró ser rey de España estando viva su madre y, paradójicamente, solo aguantó unos meses gobernando en solitario, tras la muerte de esta.

Su escudo estaría presidido por un águila bicéfala, blasón del Sacro Imperio, un ave rodeada por el toisón, superpuesta a la cruz de Borgoña y jalonada por las columnas de Hércules. En los cuarteles englobaría una amalgama de emblemas, desde los leones de León, Brabante y Flandes, a la granada, pasando por las bandas de Aragón y Austria, las cadenas de Navarra, el castillo de oro del corazón de la península e innumerables símbolos de la unión de Coronas que llegaban hasta Hungría y Jerusalén.

12.1. LA PLAYA DE TAZONES

Antes de partir hacia España, Carlos de Gante tenía que dejar todos los asuntos de Flandes bien resueltos. En marzo de 1516 fue proclamado rey de Castilla y Aragón en la Iglesia de Santa Gúdula de Bruselas. Zarpó hacia España, sin conocer la lengua castellana, el 8 de septiembre de 1517. Iba acompañado del todopoderoso Guillermo de Croy, señor de Chièvres, un político corrupto que había entrado al servicio de Maximiliano de Austria sustituyendo a su primo, el príncipe de Chimay, como primer chambelán de la corte. Guillermo estaría con Carlos desde 1509 hasta su muerte.

Como su madre ya había realizado dos veces el viaje a España desde Flandes, Carlos trató de organizar la singladura sacando provecho de aquellas experiencias. El 11 de julio de 1517 ordenó a la Cámara de Cuentas de Lille que le diera copia de los gastos de los dos periplos previos. Del mismo modo, indagó en qué personas podrían seguir en activo del grupo que había acompañado a Juana. De Zelanda salió con su hermana Leonor el 8 de septiembre.

La llegada no fue como estaba prevista, ya que una tormenta alteró el rumbo de la flota y, mientras las autoridades españolas esperaban las 40 naves gruesas y doce menores en Cantabria, Carlos se presentó en Asturias, en la playa de Tazones, donde el 19 de septiembre fue recibido con extrañeza por una población asustada que tomó el despliegue por una escuadra pirata.

Tras un largo viaje por el norte peninsular, la comitiva se dirigió a Tordesillas, tanto por motivos políticos, pues él quería que su madre aprobara la idea de compartir el título, como por razones sentimentales ya que, al igual que su hermana Leonor, llevaba once años sin ver a Juana. Ninguno de los dos conocía a su hermana pequeña, Catalina.

El 4 de noviembre, Carlos y Leonor entraron en Tordesillas. El señor de Chièvres organizó una visita de ocho días, que incluía una misa por Felipe y audiencias con su madre, de este modo «cumplía» con la obligación de atender como hijo de algún modo a la reina confinada. Indirectamente se piensa que sus asesores flamencos intentaron esquivar al cardenal Cisneros, que ya había tenido encontronazos con Adriano de Utrecht y, como hemos explicado, quería transmitir, aunque fuera de manera condensada, sus enseñanzas procastellanas al joven. Pero el cardenal Cisneros ansiaba hablar en persona con él y, por ello, a pesar de la debilidad salió a su encuentro, aunque no fue posible conocerlo pues, al llegar a Roa, lo sorprendió la muerte el 8 de noviembre de 1517. Hay una teoría que apunta a una posible causa no natural de la muerte del primado.

La defunción de Cisneros no impidió que se acallara su voz, pues eran muchos los individuos y los organismos que se mostraban contrarios a un gobierno flamenco. Ya en 1516, la ciudad de Valladolid había aconsejado al joven Carlos ejercer la autoridad con el brío de Isabel y Fernando:

> Vuestra alteza debe venir a tomar en la una mano aquel yugo que el católico rey vuestro abuelo os dejó, con el cual tantos bravos y soberbios se domaron, y en la otra, las flechas de aquella reina sin par, vuestra abuela doña Isabel, con que puso a los moros tan lejos.

12.2. LA SOMBRA DE UN HERMANO

Antes de pisar suelo hispánico, Carlos era consciente de que debía enfrentarse a un sector contrario a él que venía de su propia familia. El séquito de su hermano menor Fernando no quería que él heredara Castilla y Aragón, sino que el infante alcalaíno fuera el rey. Su abuelo Fernando lo había designado regente en un testamento de 1512 que luego revocó. Fernando había vivido en España desde que nació.

Grabado de Durero sobre guerreros irlandeses, 1521.

Consciente de que existía un grupo de opinión proclive a Fernando, para asegurarse el trono, Carlos emitió un decreto desde el puerto de Midelburgo separando a su hermano de su corte. El cardenal Cisneros dio cumplimiento a la orden en Aranda de Duero (Burgos) y, aunque Fernando se quejó, no fue posible que sus amigos volvieran. Se dispersó a los leales sirvientes y se introdujo a personas nuevas de origen flamenco. Carlos y Fernando se vieron la primera vez en Mojados (Valladolid) en noviembre de 1517; tenían 17 y 14 años. Fernando reconoció a Carlos como legítimo rey.

Pese a ello, el infante fue mandado a Flandes, con el secretario Juan de la Parra como uno de los pocos miembros de la reducida corte que se le permitió. En la despedida fue nombrado caballero de la orden del Toisón de Oro. Partió desde Santander y, en el trayecto, estuvo cuatro días en Kinsale (Irlanda) debido a que una tormenta desvió la ruta de la flota antes de llegar finalmente a su destino. De su paso por la isla esmeralda queda un grabado de Alberto Durero, pintor en la corte de Maximiliano, donde aparecen guerreros irlandeses con sus trajes tradicionales. La pintura es de 1521 y debió de ser realizada con las descripciones que Fernando y sus acompañantes hicieron de la vestimenta irlandesa.

Estuvo relegado políticamente hasta la defunción de su abuelo Maximiliano en 1519. Tras la muerte de este, Carlos I le concedió en 1520 el título de archiduque de Austria y, en el Tratado de Worms de 1521, le confió la herencia austriaca de los Habsburgo: la Alta y la Baja Austria, Estiria, Carintia y Carniola. Más tarde, en 1522, obtuvo el Tirol, la Alta Alsacia y el ducado de Wurtemberg.

Como en 1521 se casó con Ana Jagellón (hermana de Luis II de Hungría), al morir Luis en la batalla de Mohács frente a los jenízaros turcos en 1526, accedió al trono de Bohemia y de Hungría. La pareja tuvo quince hijos. De talante dialogante sería uno de los artífices de la Paz de Augsburgo (1555), que establecía que así como fuera la religión del príncipe, serían las de los súbditos, es decir, consagraba el modelo de Estado confesional que perduró hasta 1648 cuando la Paz de Westfalia puso fin a la guerra de los Treinta Años y abrió la posibilidad de la libertad de conciencia.

El pintor alemán Bernard Strigel hizo un retrato inmortal o irreal de los personajes que nunca se vieron con esa edad o que ni siquiera se conocieron. Reflejó al emperador Maximiliano, a su mujer María de Borgoña y al primogénito de ambos, Felipe el Hermoso, y delante de ellos colocó a Fernando I, a Carlos I y a Luis II de Hungría (cuñado de Fernando). Es curioso cómo sitúa en brazos de Maximiliano a su nieto Fernando, que tenía mayor apego y parecido con el aragonés. Pero se trataba de un retrato político, el objetivo era mostrar la continuidad de la dinastía y, al final de la vida de Maximiliano, quien estaba en Centroeuropa viviendo permanentemente no era Carlos. La pregunta es: ¿dónde está Juana?

Bernard Strigel, *El emperador Maximiliano y su familia*. Kunsthistorisches Museum de Viena.

12.3. A REY MUERTO, UNA ALGARADA

Los años 1516 y 1517 están marcados de tensiones que mostraron el desasosiego de las ciudades, inestabilidad que se hizo plausible a la muerte de su abuelo Fernando. En Córdoba se pudo frenar a Juan Ortiz de Guzmán, duque de Urueña, y a su hijo, Pedro Girón, que habían congregado gente para tomar el ducado de Medina Sidonia.

El 25 de enero de 1516, dos días después de la muerte de Fernando, el adelantado de Cazorla comunicó al cardenal Cisneros que había riesgo de que el duque de Benavente secuestrara a Juana. Todo rapto es ingrato e injusto, pero no sabemos si el trato que hubiera recibido Juana habría sido tan malo como el que le daba Luis Ferrer en Tordesillas. En Sevilla se mostró adhesión a la reina, no llamando a Carlos ni rey ni señor natural en la correspondencia inicial en esas semanas de intriga. Cádiz y Plasencia, entre otras ciudades, también experimentaron altercados.

En Cuenca, ya unos años antes, cuando falleció Felipe el Hermoso en septiembre de 1506, los Hurtado de Mendoza se hicieron con el poder local. Una década después, en enero de 1516, al fallecer Fernando, «los criados» de los Carrillo, de los Manrique y de los Albornoz hacían ajustes de cuentas en la calles de Cuenca, con acuchillamientos incluidos. Reunidos los regidores, el 26 de enero se leyó una carta de la reina Juana pidiendo sosiego y que se velara por la justicia. Del mismo modo, se acentuó la defensa en la fortaleza de Beteta, en la serranía. En el epicentro del confinamiento, en Tordesillas, las agitaciones que siguieron a la muerte de Fernando se mantuvieron hasta 1521.

Según el medievalista Claudio Sánchez Albornoz, la llegada de Carlos I al trono hispánico supuso dirigir a la monarquía hacia un objetivo grandioso pero anacrónico, en el sentido de que se presentaba la meta espiritual de mantener a Europa unida y defender la cristiandad en un tiempo en el que se había puesto fin a la guerra de Granada. No obstante, cabe replicar que en breve, con el inicio de la Reforma, se materializarían las guerras de religión. En nombre de un mismo Dios, los cristianos se enfrentarían en la Edad Moderna en numerosos conflictos, desde la guerra de los Campesinos Alemanes (1524-1525) hasta la guerra de los Nueve Años (1688-1697), librada en escenarios de Europa y de las colonias americanas.

12.4. LA LUNA DE MIEL Y LOS CLAVELES

En 1516, cuando cumplía 16 años, Erasmo de Rotterdam le había dedicado a Carlos el libro *Educación del príncipe cristiano*. Ocurría este acontecimiento literario justo cuando Tomás Moro publicaba su *Utopía* y tres años después de que Maquiavelo acabara de escribir *El príncipe*.

El 21 de marzo de 1516, Carlos envió una carta a Castilla en la que informaba de su decisión de titularse rey. Tras largas deliberaciones del consejo, el 3 de abril el cardenal Cisneros comunicó al reino la decisión de Carlos. El 13 del mismo mes se informó de la nueva intitulación real:

> Doña Juana y don Carlos su hijo, reina y rey de Castilla, de León, de Aragón, de las Dos Sicilias, de Jerusalén, de Navarra, de Granada, de Toledo, de Valencia, de Galicia, de Mallorca, de Sevilla, de Cerdeña, de Córdoba, de Córcega, de Murcia, de Jaén, de los Algarves, de Algeciras, de Gibraltar, de las islas de Canaria, de las Islas, Indias y Tierra Firme del

mar Océano, condes de Barcelona, señores de Vizcaya y de Molina, duques de Atenas y Neopatria, condes de Ruisellón y de Cerdaña, marqueses de Oristán y de Gociano, archiduques de Austria, duques de Borgoña y de Brabante, condes de Flandes, de Tirol, etc.

A la muerte de Cisneros, Carlos empezó a repartir prebendas entre su séquito flamenco. Desoyó los ruegos del cardenal, que, como legatario de la reina Isabel, quería que los altos cargos permanecieran en manos de los castellanos.

El 5 de septiembre de 1519 con la real pragmática sobre los títulos de emperador y de rey o reina de España, completó su proceso de desposeimiento de Juana I. En lo sucesivo, Carlos ni siquiera contestaría a las peticiones de ayuda de su madre y de su hermana menor Catalina al sentirse indefensas ante las vejaciones de los marqueses de Denia. Su aspecto debía de ser parecido al del retrato que Marco Cardisco hizo sobre él en 1519, poniéndolo como portador de un regalo en el cortejo de los Reyes Magos.

Carlos no contraería matrimonio hasta 1526. Lo haría con Isabel de Portugal, hija de Manuel I y de María de Aragón (hermana de Juana), por lo que eran primos hermanos. Fue otra boda doble, pues ya estaban casados Juan III (hermano de Isabel) y Catalina (hermana de Carlos). Isabel era tres años menor que Carlos y se la consideraba como una de las mujeres más bellas de su época. Se conocieron unas horas antes del enlace, que tuvo lugar en los Reales Alcázares de Sevilla el 11 de marzo de 1526.

La ciudad escogida para la luna de miel fue Granada y en la Alhambra estuvieron cinco meses. En honor a Isabel, Carlos mandó plantar unas flores persas que se convertirían en un símbolo peninsular: los claveles. Y para ella mandó

construir un nuevo palacio junto a las dependencias nazaríes, especialmente, después del susto que pasó la emperatriz
en el terremoto de la noche del 4 al 5 de julio de 1526, cuando
tuvo que refugiarse con sus damas en el Convento de San
Jerónimo. Encargó los trabajos al arquitecto toledano Pedro
Machuca, que inició la obra en 1527 desligándose totalmente
del plateresco, por lo que se corresponde con el manierismo,
estilo que estaba dando sus primeros pasos en Italia.

Parece que Cupido unió a la pareja con amor, a pesar de
ser un matrimonio de conveniencia, pero ella falleció, prematuramente, en Toledo el 1 de mayo de 1539 y en las casi
dos décadas siguientes que vivió Carlos no volvió a casarse.
Del enlace nacieron cinco hijos, de los cuales solo el príncipe
Felipe y las infantas María y Juana llegaron a la edad adulta.

A la muerte de Isabel, Carlos se retiró deprimido al
monasterio toledano de Santa María de la Sisla, encargando
a su hijo Felipe la presidencia de la comitiva que trasladó el
cadáver de la emperatriz desde Toledo a Granada, para ser
sepultada en la Capilla Real. Nadie pensó que estaba loco
por organizar un desplazamiento fúnebre.

Además de estos vástagos y de Isabel, gestada en los amo-
ríos con su abuelastra Germana, Carlos tuvo a Margarita
de Parma, gobernadora de los Países Bajos, de una relación
anterior a su matrimonio con la flamenca Johanna Maria
van der Gheenst, y ya viudo engendró otro hijo con la alemana Bárbara Blomberg, el célebre don Juan de Austria,
enviado a sofocar la revuelta morisca de las Alpujarras
(1568) y vencedor de Lepanto (1571).

A lo largo de su reinado, Carlos se desplazó de un
extremo al otro de sus dominios y combatió en numerosos
frentes: los franceses, los protestantes, los turcos, el mismo
papa... Se pasó la vida en una continua guerra.

Otro hecho insólito fue que este monarca nunca pisó Portugal, la patria de su consorte. A decir verdad, permaneció poco tiempo en un mismo lugar y nunca tuvo una corte estable, si bien supo rodearse de importantes pensadores, artistas y hombres de ciencia, como el humanista Alfonso de Valdés o el escultor Alonso Berruguete.

Uno de los retratos que lo plasma de manera más fidedigna es el de la batalla de Mühlberg, que realizó su pintor predilecto, Tiziano, en 1548, y que se custodia en el Museo del Prado. El artista veneciano solo salió de Italia en dos ocasiones y fue para encontrarse con Carlos V. En Augsburgo desarrolló este retrato ecuestre que lo presentaba como personificación de los emperadores de la Antigüedad y del caballero cristiano, a la vez que retocó un dibujo sobre Isabel de Portugal y elaboró otras pinturas para la familia.

Precisamente, como al morir Isabel se dio cuenta Carlos de que no tenía ninguna imagen de ella, mandó buscar el cuadro que habían enviado a Margarita de Austria. Lo localizó su hermana María. A Carlos no le gustó, pues no se parecía a la emperatriz y dio a Tiziano un retrato de Isabel para que hiciera otro. El artista del Renacimiento preparó un retrato que sí que agradó a Carlos, aunque le pidió en Augsburgo que le modificara la nariz. Ese lienzo se perdió en el incendio del Palacio del Pardo en 1604, pero queda el retrato definitivo que había hecho Tiziano en 1548. Los claveles aparecen en el universo de Juana en la «Elegía» que, en diciembre de 1918, le compuso Federico García Lorca. Hay pocas composiciones con tanta comprensión hacia la reina: «*Princesa enamorada sin ser correspondida. / Clavel rojo en un valle profundo y desolado*».

12.5. LAS COMUNIDADES

A nivel político, los primeros momentos de la dinastía fueron difíciles. Carlos V se mostró altanero con sus nuevos súbditos. Muerto su abuelo Maximiliano en 1519, precisaba cuantiosos recursos para hacerse coronar fuera de la península, en el imperio y, puesto que el territorio más rico y próspero era Castilla, trató de sacar de ahí el dinero suficiente.

Sus exigencias monetarias y la actitud de los consejeros que trajo, en 1520, provocaron la sublevación de los comuneros, quienes ensalzaban el patriotismo castellano. El incidente desembocó en una guerra abierta entre las tropas imperiales y las ciudades.

12.5.1. LA LUCHA ANTISEÑORIAL

¿Qué reivindicaban los comuneros? Carlos V había llegado a la península ibérica desde el norte de Europa sin saber apenas nada de los reinos que iba a gobernar. Desembarcó con 17 años y sus asesores hicieron todo lo posible por dificultar y hacer imposible su encuentro con el cardenal Cisneros.

Por aquellas fechas, Juana ya estaba encerrada en Tordesillas, con su hija Catalina, ante los desprecios de sus guardianes. Desde su llegada a Castilla, los cortesanos flamencos de Carlos, con el señor de Chièvres a la cabeza, aprovecharon su influencia en el joven monarca para hacerse con el control de las rentas y de los cargos del reino.

La corrupción y el nepotismo campaban a sus anchas. Chièvres fue el promotor de que Carlos designara como arzobispo de Toledo a su sobrino, de 20 años de edad, llamado igual que él, Guillermo de Croy. Su nombramiento tuvo lugar en octubre de 1519, mediante un breve del papa León X. El arzobispo murió el 6 de enero de 1521, el día de la Epifanía, por caída de caballo a los 23 años. Y su poderoso tío, Chièvres, pereció, posiblemente envenenado, en la ciudad renana de Worms apenas cuatro meses después, el 28 de mayo.

En el Sacro Imperio Romano Germánico no bastaba con ser hijo o nieto del emperador, era necesario contar con el refrendo de los electores. El conflicto estalló tras preverse la reunión de las Cortes de Castilla en Santiago y La Coruña entre el 31 de marzo y el 25 de abril de 1520. El rey no aceptó las peticiones de los comuneros (cargos, prohibición de las exportaciones de oro, plata y materias primas, educación castellana del heredero...). El movimiento popular estuvo dirigido por la pequeña nobleza, los artesanos y campesinos. El inicio de la guerra y los éxitos militares de Medina y Tordesillas animaron a la generalización de la sublevación.

Las Comunidades vinieron a presentar un doble conflicto. Por un lado, el de los productores (artesanos, principalmente), interesados en una política proteccionista, ante los exportadores de lana (grandes ganaderos y mercaderes), los cuales pretendían mantener su privilegiada situación en el comercio con Flandes. Por otro, el de los campesinos contra el régimen nobiliario de la propiedad. También fue divergente su percepción institucional: mientras que los comuneros vieron en las Cortes su medio de defensa política, Carlos atisbaba en ellas un obstáculo para el desarrollo de su monarquía autoritaria.

Simultáneamente al alzamiento comunero, tenía lugar en la corona de Aragón el movimiento de los *agermanats*. Valencia y Mallorca fueron los principales focos de las germanías entre 1519 y 1523. El componente social hizo que la nobleza —la cual en Castilla había dudado en el refrendo a los comuneros— hiciera frente común contra el emperador.

El nombramiento del almirante Enríquez y del condestable Íñigo de Velasco como responsables de la represión del levantamiento radicalizaron las peticiones, uniéndose al soberano la alta nobleza y el sector más adinerado de la burguesía.

12.5.2. LAS CORTES Y LAS CIUDADES

En la península ibérica, las Cortes de Navarra, Cataluña y Aragón poseían un carácter más representativo, porque tenían tres brazos: nobleza, clero y universidades. No había sufragio, eran oligarquías, pero al menos había tres cuerpos de representación, como si fueran los Estados Generales de Francia. Sin embargo, en Castilla las Cortes estaban formadas por procuradores que eran representantes de un número pequeño de ciudades de Castilla con derecho a enviar a sus representantes, y entre ellas estaban Toledo, Guadalajara y Cuenca.

En Castilla las Cortes se reunían casi únicamente para poner nuevos impuestos y no valía que los representantes dijeran que no. Eran tributos que se iban a poner sí o sí, porque el rey necesitaba ese dinero para ir a la guerra o celebrar una fiesta por su boda, por ejemplo. Las ciudades de Castilla también perdieron interés en designar a sus emisarios porque eran muchos gastos en dietas lo que tenían que pagar para que, al final, el procurador dijera lo que quería el rey en el siglo XVI.

Juana I fue bautizada en Toledo; allí se prendería la mecha del levantamiento de las Comunidades. ¿Por qué se utiliza el término de «comunidades»? Porque desde el siglo XIII vemos que, en los momentos en los que se denominaban como «hombres buenos», tenían que defender algún derecho frente a los caballeros, es decir, el pueblo llano frente a los señores organizaba una junta que se llamaba «comunidad».

Reivindicaban la importancia de la voluntad de la comunidad frente a una decisión arbitraria, lo cual es muy adelantado si tenemos en cuenta que estamos hablando del siglo XIII, porque es invocar de algún modo la voluntad popular de la que en la Ilustración hablaría Rousseau.

Ya desde el mes de abril de 1520, Toledo se negaba a acatar el poder real mientras los predicadores invitaban a sumarse a la protesta contra los asesores flamencos. Toledo y Burgos rivalizaron al principio por el liderazgo del movimiento de las Comunidades.

Los primeros altercados se produjeron en Segovia el 29 y el 30 de mayo de 1520, con la ejecución de dos funcionarios y uno de los diputados de Cortes. El 31 de mayo los toledanos expulsaron del alcázar al corregidor. Al mismo tiempo, en Zamora el conde de Alba de Liste evitó con su intervención hechos más graves. En Burgos el 10 de junio la muchedumbre destituyó al corregidor, se lanzó al asalto de las casas pertenecientes a personalidades impopulares de la política y el francés Jofre de Cottanes fue asesinado.

Ciudades como Ávila, León y Valladolid se mantuvieron más tranquilas al inicio. En la sacristía de la Catedral de Ávila en el verano de 1520 se redactaría la Ley Perpetua. El organismo que fue responsable de su gestación fue la Junta de Procuradores de las Comunidades castellanas, surgida de manera paralela a las Cortes convocadas por el rey. Se trataba de una especie de cortes constituyentes para proteger los derechos del pueblo no solo peninsular, pues también se hablaba del respeto por los naturales de las Indias.

Entre las batallas más significativas de las Comunidades, están las libradas en Valladolid, como la de Torrelobatón, la de Tordesillas o la de Villalar. El 25 de febrero de 1521 la villa de Torrelobatón y su castillo, que eran propiedad del almirante de Castilla, sucumbieron ante las fuerzas comandadas por el capitán toledano Juan de Padilla. La batalla de Tordesillas enfrentó el 5 de diciembre de 1520 a la guarnición comunera de la villa y a las fuerzas realistas encabezadas por el conde de Haro.

12.5.3. EL CHOQUE ENTRE LOS LINAJES

Generalmente se ha asociado más el movimiento de las Comunidades con Castilla y León (siguiendo la denominación del Estado de las autonomías) pues, al iniciarse la democracia en 1975, se fue rescatando paulatinamente su memoria en Villalar. Sin embargo, también en Castilla-La Mancha dejaron su sello los comuneros. Un viaje en la geografía y en el tiempo que Laura Lara y yo hemos podido realizar al ser designadas, por encomienda del Presidente de las Cortes de Castilla-La Mancha, para este cometido de cronistas en el V Centenario de las Comunidades, impartiendo conferencias en las 5 provincias castellano-manchegas y rescatando los hechos que tuvieron lugar también un poco más al norte.

La ciudad de Toledo mandó cartas a la de Cuenca y le propuso que se sumara a sus reivindicaciones. Quería que se organizara una especie de asamblea para hablar de la inestabilidad política que había en Castilla y sobre el vacío de poder creado ante la salida del rey hacia Centroeuropa.

En ese primer momento parece que Cuenca no hizo caso de la petición de Toledo. Pero desde Toledo se siguió pensando que resultaba vital que se sumara Cuenca a su movimiento. Toledo presionaría mediante el envío de cartas y convocó una reunión en Ávila para sumar voluntades frente a las decisiones arbitrarias del emperador. Mientras tanto, Burgos empezó a rivalizar con Toledo por el liderazgo.

En una segunda fase, en Cuenca las Comunidades de Castilla adquieren tintes de *far west* o como si fuera la lucha entre los Montesco y los Capuleto en Verona en el «tiempo» de Romeo y Julieta, porque las oligarquías locales se estaban disputando los puestos de control del concejo. Es decir, había muchos intereses creados, más allá de apoyar lo que era justo y que no se fuera el dinero de Castilla a financiar las coronaciones imperiales de Carlos V.

En Cuenca por encima de la Ley Perpetua y de la Santa Junta estaban los deseos de cada grupo. Hubo muchos cambios de bando. El día de San Mateo de 1520, Cuenca tenía ya unos representantes en la Junta Comunera. No se sabe cómo se eligió dentro de la ciudad de Cuenca a esos procuradores. Influyó bastante que en el mes de agosto las tropas realistas hubieran incendiado Medina del Campo; eso había desprestigiado la causa realista, pero tampoco podemos saber cuál era la opinión verídica de los regidores de Cuenca y si simpatizaban realmente con la causa, porque después se observan muchos titubeos. Había unos anhelos particulares que los llevan a posicionarse primero con unos y luego con otros.

Cuando Carlos fue a ser coronado en Aquisgrán, una parte de los regidores locales, amparados por el peso que tenía la familia de Diego Hurtado de Mendoza, promovieron una conspiración en Cuenca. El golpe tuvo lugar en

San Lucas de 1520, el 18 de octubre, y lo protagonizaron Rodrigo Manrique, que era hermano de Diego Hurtado de Mendoza, y Diego Manrique, primo de los dos. Se hicieron con las varas de justicia para ejercer la dirección del concejo.

En 1520-1521, los cabecillas del bando realista se encontraban exiliados, porque las Comunidades se habían hecho fuertes en Cuenca. No obstante, finalmente, después del revuelo, las cosas quedaron prácticamente igual, despuntando Luis Carrillo de Albornoz, que intentó que no se lo relacionara con la Junta Comunera de Cuenca, aunque todos habían estado informados de las reuniones previas con Toledo.

Cuenca mandó a sus representantes a la Junta de Tordesillas, en plena lucha entre los poderes locales. La ruptura definitiva de Cuenca con los comuneros y su incorporación al bando realista supuso el retorno de los exiliados que habían huido en agosto de 1520. En la primavera de 1521, después de la batalla de Villalar y el ajusticiamiento de Bravo, Padilla y Maldonado el 24 de abril, fueron regresando los antiguos cabecillas.

No queda rastro de que hubiera castigos ejemplares, porque todos se cambiaron muy bien la chaqueta (el jubón, en terminología del Siglo de Oro), se pusieron del lado de los realistas y cayeron en gracia.

Las Comunidades de Castilla fueron una guerra civil con trasfondo internacional, porque se estaba dirimiendo el imperio. Al igual que en la guerra de la Independencia (1808-1814), había lucha, pero se estaba desarrollando en paralelo una nueva legislación.

En ese mar de tempestades, hubo grupos descontentos que aprovecharon esa revolución para mostrar su insatisfacción ante los señores. En Dueñas (Palencia) en la noche del 1 de septiembre de 1520 los vasallos se levantaron ante el conde de Buendía. En la provincia de Cuenca vemos cómo la protesta antiseñorial llegó a Santa María del Campo, El Provencio, los marquesados de Moya y Villena, la encomienda de la orden de Santiago de Villaescusa de Haro... En estos territorios estaban insatisfechos con el señor que los gobernaba y, ante tanto revuelo entre las cuadrillas de las Comunidades y los ejércitos del monarca, los habitantes alegaban que estaban adscritos al rey y que le pedían amparo ante tiránicas decisiones de los señores.

El Albacete comunero se localiza fundamentalmente en la Manchuela, así como en el llamado Partido de Abajo del marquesado de Villena, integrado por núcleos como El Bonillo, Lezuza, Munera, Hellín, Liétor o Letur. También hubo revueltas en la zona de Almansa. Chinchilla y Albacete, que estuvieron un par de meses en rebeldía, aunque pronto volvieron a la obediencia de los gobernadores. La zona realista de Albacete fue la sierra del Segura, protegiendo las cuadrillas ganaderas de Soria-Molina.

En Toledo también hubo cambio de bando, como en Cuenca, entre los caballeros toledanos cuando se aproximaba el final. Es el caso, entre otros, de Antonio Álvarez de Toledo, segundo señor de Cedillo o Pedro López de Ayala y Silva, segundo conde de Fuensalida. Otros jugaron a la ambigüedad, como Francisco Álvarez de Toledo, segundo conde de Oropesa, al que se lo consideraba aliado de Padilla, pero que se mostraba fiel al monarca.

En Orgaz la sublevación tuvo tintes de liberación frente a la opresión de su señor, D. Álvaro Pérez de Guzmán (primer conde de Orgaz). Como estaba la guerra abierta, los vecinos de Orgaz se sumaron a las Comunidades y se rebelaron contra las huestes reales, defendiendo los derechos del pueblo. Sin embargo, el señor de Orgaz se mantuvo al lado del emperador. La ciudad de Toledo se rindió el 25 de octubre de 1521. En Orgaz las tropas entraron capitaneadas por el prior de San Juan. La ciudad de Talavera utilizó el momento para posicionarse a favor del emperador y competir con los gritos comuneros de Toledo.

Ciudad Real, como tierra donde tenían gran arraigo las órdenes militares, fue incondicional del rey. Núcleos como Alcázar, Almagro, Almodóvar del Campo y Montiel catalizaron la ofensiva anticomunera. La nota discordante fue Puertollano, quizás por la influencia de los mercaderes de Toledo y de Jaén que comerciaban con los paños de lana. Una vez apaciguado el levantamiento, se mandó que la guardia vieja supervisara el camino desde Ciudad Real a Córdoba a su paso por Puertollano para evitar que quedaran partidas de antiguos comuneros y soldados que hubieran desertado.

El 28 de octubre de 1521 se emitió en Vitoria la «Real Provisión de Carlos V por la que concede el perdón a los vecinos de Toledo que hubieran participado en la revuelta de las Comunidades, salvo algunos exceptuados».

12.5.4. LAS CLASES SUBALTERNAS

En Guadalajara, el posicionamiento con los vítores comuneros fue más claro. De Atienza era Juan Bravo y, en la capital alcarreña, se vivirían proclamas públicas a las puertas del Palacio del Infantado y en San Gil (templo del que queda el ábside en la plaza del Concejo). Guadalajara decidió seguir la petición de los toledanos de sumarse a sus reivindicaciones e instruyó a sus procuradores, Luis y Diego Guzmán, para que votaran en contra del servicio solicitado por el futuro emperador. Sin embargo, en las Cortes de La Coruña, y sea por la razón que fuere (presiones o sobornos, presumiblemente), acabaron votando a favor de la petición de Carlos V, traicionando así el mandato dado por la ciudad.

El doctor Medina pronunció un discurso a la puerta de San Gil acompañado por el hijo del duque del Infantado, el conde de Saldaña, pidiendo a los vecinos rebelarse contra el rey. Así se inició la insurrección en la ciudad. El duque del Infantado, viendo el cariz que tomaba la situación, decidió ordenar a su hijo, potencial capitán de los comuneros, que abandonara Guadalajara junto a su esposa y sus criados.

Sin embargo, la salida del conde de Saldaña precipitó los acontecimientos: el 5 de junio de 1520 se reunieron de nuevo en San Gil los comuneros, en esta ocasión con representantes de las aldeas dependientes de la ciudad, y se dirigieron al Palacio del Infantado, irrumpiendo en sus estancias y exigiendo hablar con el duque.

No estaba con ellos el doctor Medina, por motivos que se desconocen, siendo los líderes del tumulto el carpintero Pedro de Coca y el albañil Diego de Medina. El duque trató de convencer a los rebeldes de la conveniencia de estar junto al rey, pero sus intentos fueron en vano y acabó echándolos de su palacio, lo que exasperó más a los comuneros. La presencia del albañil y del carpintero es muestra de la incorporación a la sublevación comunera de profesiones del tercer estado.

12.5.5. LA ENTREVISTA DE TORDESILLAS

El levantamiento comunero reconoció a doña Juana como soberana en su protesta contra Carlos I. Los vecinos de

Tordesillas asaltaron la morada de la reina obligando al marqués de Denia a aceptar que una comisión hablara con Juana. Días después, en el mes de agosto de 1520, Padilla se entrevistó con la soberana, explicándole que la Junta de Ávila pretendía poner fin a los abusos cometidos por los flamencos.

El 19 de septiembre llegó la Santa Junta a Tordesillas. Los comuneros querían proteger a la reina de Castilla, devolviéndole el poder que le había sido arrebatado, si es que ella lo deseaba. A esta declaración de intenciones, doña Juana respondió: «Sí, sí, estad aquí a mi servicio y avisadme de todo y castigad a los malos». Pero la junta precisaba algo más que buenas palabras de la reina: necesitaba la firma real en los documentos, algo que habría provocado la caída de su hijo, Carlos I. Sin embargo, en esto los comuneros tropezaron con la férrea negativa de Juana.

A finales de 1520, el ejército imperial entró en Tordesillas, restableciendo en su cargo al marqués de Denia. Juana volvió a ser una reina cautiva, como aseguraba su hija Catalina, cuando comunicaba al emperador que a su madre no la dejaban siquiera pasear por el corredor que daba al río: «Y la encierran en su cámara que no tiene luz ninguna».

Prácticamente el único momento de autoestima alta Juana lo viviría cuando los comuneros (Padilla, Bravo y Zapata, en este caso no Maldonado) comparecieron ante ella para pedirle auxilio en la sublevación. La visitaron en el castillo, pero ahí faltó su firma como reina propietaria y aclamada.

El 24 de septiembre de 1520 Juana pronunció un discurso ante los comuneros que les hizo albergar la esperanza de que el movimiento triunfaría. La declaración no deja indiferente. Es quizás el único testimonio que se conserva sobre su pensamiento, pues los demás escritos en los que aparece o son crónicas que obedecen a un fin, o documentos jurídicos redactados de manera protocolaria por los secretarios.[49]

En este discurso Juana se muestra consciente de que está rodeada de falsedad, de personas que la calumnian, de gente que la maltrata. Se percibe su orgullo como hija de rey y de reina, reclamando ser tratada de acuerdo con su estatus, y muestra también preocupación por su salud, habla de la necesidad de buscar sosiego después de la muerte de su marido y valora que los Comuneros no tengan sed de venganza. Del mismo modo, es muy consciente de sus altas capacidades intelectuales, cuando pide que las Comunidades manden a los más sabios para hablar con ella y se muestra molesta por el hecho de que los extranjeros estén controlando los recursos de sus reinos. El pesar se repite en su confesión como sentimiento dominante, pero la esperanza y la buena disposición colorean el telón de fondo.

Yo tengo mucho amor a todas las gentes y pesaríame mucho de cualquier daño o mal que hayan recibido. Y porque siempre he tenido malas compañías y me han dicho falsedades y mentiras y me han traído en dobladuras, y yo quisiera estar en parte en donde pudiera entender en las cosas que en mí fuesen, pero como el Rey, mi señor, me puso aquí, no sé si a causa de aquella que entró en lugar de la Reina, mi señora, o por otras consideraciones que Su Alteza sabría, no he podido más. Y cuando yo supe de los extranjeros que

---

49   AGS, PR 4:75, «Lo que pasaron con la Reyna Nra. S. los de la Junta quando le fueron a besar la mano», 24 de septiembre de 1520.

entraron y estaban en Castilla, pesóme mucho dello, y pensé que venían a entender en algunas cosas que cumplían a mis hijos, y no fue así.

Y maravillóme mucho de vosotros no haber tomado venganza de los que habían fecho mal, pues quienquiera lo pudiera. Porque de todo lo bueno me place, y de lo malo me pesa (…) Creo que ninguno se atraverá a hacer mal, siendo yo segunda o tercera propietaria y señora, y aun por esto no había de ser tratada así, pues bastaba ser hija de Rey y Reyna (…).

Y si yo no pudiere entender en ello, será porque tengo que hacer algún día en sosegar mi corazón y esforzarme en la muerte del Rey, mi señor, y mientras yo tenga disposición para ello, entenderé en ello. Y porque no vengan aquí todos juntos, nombrad entre vosotros de los que estáis aquí, cuatro de los más sabios para esto que hablen conmigo, para entender en todo lo que conviene, y yo los oiré y hablaré con ellos, y entenderé en ello cada vez que sea necesario, y haré todo lo que pudiere.

Los recibió en una estancia, les dio muy buenas palabras, pero en ningún momento les suscribió un pliego, pues no quería que su vástago perdiera el trono. El ánimo de los comuneros fue decayendo. Fueron cambiando de actitud cuando notaron que Juana anteponía sus obligaciones familiares.

El 26 de septiembre de 1520 los comuneros aludieron a la importancia de que Juana recuperara la salud y organizaron procesiones en las ciudades y los pueblos bajo su control. Trataban de hacer méritos ante la reina, pero no conseguían la firma. A petición de Juana, expulsaron de su casa a los sirvientes más afines a Denia. Sin embargo, ella seguía sin suscribir nada. Es más, la reina cuestionaba a los foráneos, pero no deslegitimó a Adriano de Utrecht, sino que lo describió de modo halagüeño: «Aunque era extranjero, era buen hombre, de muy buenos deseos y vida».

¿Puede ser porque no había tenido conflicto personal con él, y sí se había sentido traicionada por el cardenal Cisneros, rival de Adriano? También disculpó al Consejo Real. A principios de diciembre, dos noches antes de que las tropas reales tomaran de nuevo Tordesillas, los comuneros, desesperados, amenazaron con no dar de comer ni a Juana ni a Catalina hasta que firmara. Los comuneros habían inventado que solo su firma evitaría que el emperador quemara los pueblos y la encerrara en la fortaleza de Benavente.

Juana no se amilanó con los temores infundados. Abrió las puertas del palacio y saludó a los grandes de la nobleza con su hija de la mano. La ceremonia improvisada tuvo lugar en el patio y les habló «con mucho seso».

¿Se puede decir que los comuneros agredieron a Juana? No, pero trataron de conseguir la firma presionando, lo cual tampoco es adecuado. Finalmente se desencantaron unos de otros: Juana de los comuneros y estos de la reina. Ellos la habían liberado de sus malos criados, pero Juana no les allanaba el camino para depurar responsabilidades en Castilla. En ese contexto, Adriano le recordó a Carlos «el singular amor» que la reina «siempre ha mostrado a su persona y sucesión».

12.5.6. MARÍA PACHECO, CENTELLA Y LEONA

Hasta febrero de 1522, otra dama, María Pacheco, la viuda de Juan de Padilla, mantendría la resistencia en la ciudad del Tajo. A pesar de ser hija del conde de Tendilla, la Leona de Castilla no fue acogida en el perdón general y, desprovista de su patrimonio, tuvo que marcharse al exilio a Oporto, donde falleció en marzo de 1531.

María Pacheco fue la séptima hija de Íñigo López de Mendoza, segundo conde de Tendilla y primer marqués de Mondéjar, y de Francisca Pacheco, hermana del segundo marqués de Villena, Diego López Pacheco. Adoptó el apellido materno para diferenciarse de otras dos hermanas suyas llamadas María. Como su padre era el virrey y capitán general de Granada y ella vivía con su madre y sus hermanos en una casa del Albaicín, pues así se había acordado en los pactos, en 1500, con cuatro años de edad, presenció la primera sublevación morisca, ante las conversiones promovidas por el cardenal Cisneros.

Su progenitor, apodado el Gran Tendilla, había nacido en Guadalajara. En 1486 fue nombrado embajador ante el papa Inocencio VIII por los Reyes Católicos y, entre otras misiones, consiguió el reconocimiento de los hijos de su tío, el cardenal Pedro González de Mendoza. En Roma conoció al humanista Pedro Mártir de Anglería (el que sería preceptor de Juana y la traicionaría). Fue Íñigo quien lo trajo como preceptor de sus hijos, inclusive de María, que se interesaba por todas las ramas del saber: estudió historia, matemáticas, literatura, Sagradas Escrituras, etc., y hablaba con soltura latín y griego. Por tanto, Juana y María habían compartido profesor.

El 18 de agosto de 1511, María se casó en Granada con Juan de Padilla, un hidalgo toledano de condición inferior a la suya. Ella tenía 15 años, él 21. En aquella ocasión su padre la obligó a renunciar a cualquier pleito por la herencia de su linaje a cambio de una dote de cuatro millones y medio de maravedíes. La historia ha sido escrita por los vencedores y, en su época, se dijo que si María había intervenido en el movimiento de las Comunidades fue «por querer mandar en lo que no le venía por herencia».

Pero, si uno acude a los protagonistas y lee sus testimonios, la realidad es que el padre de María debió de congeniar con su yerno. En 1513 manifestaba Íñigo López de Mendoza en la Alhambra: «De acá no hay más que decir sino que el señor mi hijo Juan de Padilla está aquí, que le quiero más que a los otros». El nuevo matrimonio debió de vivir en fortalezas granadinas hasta que, en 1518, se trasladaron a Toledo porque Juan sucedía a su padre como capitán de gentes de armas.

El 12 de agosto de 1512, Juana, la reina de Castilla y princesa de Aragón se dirigía a los oficiales para que el conde de Tendilla, Íñigo López de Mendoza, como capitán general, determinara las cabalgadas y pleitos que hubiera.[50]

María Pacheco animó a su marido para que participara en el levantamiento comunero de abril de 1520. Estuvo al frente de la gestión, de las armas, colaboró en la propaganda... En el epílogo de la revuelta, mantuvo rivalidad con el obispo Antonio de Acuña. El 29 de marzo el prelado llegó de incógnito a Toledo, pero los toledanos llevaron a Acuña a la catedral, pidiendo su nombramiento como arzobispo. Al día siguiente, Acuña se entrevistó con María Pacheco, quien liberaba la comunidad toledana. Entonces María ya pensó que don Antonio era un rival pues, aparte de por la divergencia de mando, ella quería la mitra para su propio hermano, Francisco de Mendoza.

Después de la decapitación de Padilla, Bravo y Maldonado el 24 de abril de 1521, María se quedó al frente

---

50   ACA, Cancillería, Cartas Reales, Fernando II, caja 2, 181.

de las Comunidades en Toledo. La noticia de que había enviudado llegó a la ciudad del Tajo el 27 de abril. Varios comuneros fueron a la casa de María a darle el pésame. Las campanas de la catedral y de todas las iglesias doblaron al unísono y la población se declaró en duelo. Dos terceras partes de los vecinos empezaron a desfilar ante la casa de Padilla. Pero, extinguida la revuelta, el corregidor, Juan de Zumel, mandó arrasar la casa y sembrarla de sal, colocando una columna de mármol con un rótulo que recordaba la sentencia de Villalar.

12.5.7. JUANA ES NUESTRA REINA

Este pudo haber sido el lema no solo de la sublevación ante la tiranía de unos ministros extranjeros, sino que también pudo haber sido la consigna de mujeres que como Ana Abarca o María Coronel, las viudas de Maldonado y de Bravo, y tantas otras anónimas pensaron que en la agenda política había llegado ya el momento del empoderamiento. «Juana es nuestra reina»...

Ana Abarca fue la esposa de Francisco Maldonado, regidor de Salamanca, que se unió de manera entusiasta al movimiento castellano junto a su primo Pedro. De hecho, en Villalar iba a ser ajusticiado Pedro, pero le valió la ayuda de su tío, el conde de Benavente, que intervino en su favor «porque era su sobrino y lo tenía por afrenta». El conde esperaba que el emperador mostrara indulgencia hacia su sobrino y consiguió que su proceso quedara aplazado hasta su regreso. Sin embargo, sería degollado en Simancas el 14 de agosto de 1522. Su cuerpo, enterrado primero en la Iglesia de Simancas, fue trasladado discretamente a la

Catedral de Salamanca, en 1526, a petición de su madre, Juana Pimentel, para ser depositado en el panteón familiar.

Ana era hija del conocido «médico de la reina», Fernán Álvarez Abarca. Doctor y eminente profesor de medicina, prestó sus servicios a Isabel la Católica y, tras su muerte, a Juana. Además ocupó la Cátedra de la Facultad de Medicina de la Universidad de Salamanca. Su palacio, la casa de los Álvarez Abarca, es hoy Museo de Salamanca.

Cuando Francisco Maldonado fue ajusticiado en Villalar y quedaron requisados todos sus bienes, la viuda Ana tuvo que refugiarse en la casa de sus padres. Gracias a las influencias y al empeño de su progenitor, pudo recuperar meses después los restos de su esposo para enterrarlos en la cercana iglesia del Convento de San Agustín. También se le restituyó parte de su patrimonio incautado. En sus años de viudedad y retiro, fray Luis de León la visitó con frecuencia, convirtiéndose en su consuelo espiritual.

María Coronel procedía de una importante familia judía asentada en el barrio de la Judería de Segovia de época de los Reyes Católicos, que se convirtió después al cristianismo. Su abuelo, Abraham Senior, cambió su nombre por el de Fernán Pérez Coronel al recibir el bautismo cristiano en 1492 ante la presencia de los Reyes Católicos.

María Coronel fue la esposa de Juan Bravo, regidor y jefe de las milicias de Segovia. Este hidalgo había enviudado unos años atrás. María procedía de la familia Coronel, como hemos visto. El enlace de Juan y María tuvo lugar el 6 de agosto de 1519 en la localidad segoviana de Bernardos, asistiendo muchos miembros de la antigua comunidad judía, convertidos al cristianismo.

La pareja vivirá hasta la muerte de Juan Bravo en el barrio de San Martín, en las casas que había heredado de su primera mujer pero que, tras el ajusticiamiento de este, pasarán a los hijos de su primer matrimonio, por lo que María Coronel tuvo que volver a la casa familiar del barrio de la Judería. La muerte de Juan Bravo supuso para María Coronel un cambio radical de su situación. Con dos hijos muy pequeños, queda huérfana al fallecer tanto su padre como su madre en 1522. Por esa misma época, también murió su hermana, a la vez que vio cómo su patrimonio era incautado por el fisco. Otros miembros próximos de la familia también fueron condenados.

En 1525 María Coronel se casó nuevamente. Su segundo esposo fue Fadrique de Solís, hijo del doctor Dionisio de Solís y de Francisca Solís, miembros de otra familia conversa. Con el apoyo de su nuevo marido recuperó el resto de sus bienes, tanto de su padre como de su primer enlace, y volvió a establecerse entre las residencias en Segovia y Bernardos. En 1548 reapareció casada con Gonzalo de Tordesillas, regidor del ayuntamiento de Segovia y tesorero del alcázar. Este tercer marido es otro personaje directamente relacionado con los acontecimientos de las Comunidades de Castilla. Era hijo del procurador Rodrigo de Tordesillas, asesinado por la multitud segoviana.

Con la Ley Perpetua, los comuneros redactaron la primera protoconstitución de la historia. En este texto programático escrito en Ávila hace más de 500 años, Padilla, Bravo, Maldonado, Zapata (el comunero madrileño, encargado de la propaganda, que no murió en Villalar pero sí desapareció, tal vez para no crear problemas a sus descendientes), etc., pedían con el vocabulario del momento transparencia democrática y anhelaban salvaguardar los derechos humanos no solo de los castellanos, sino que sus reivindicaciones tenían un carácter universal, para que tampoco en las Indias se cometieran ataques hacia los nativos.

Se habla del impacto de la Constitución de 1812, la Pepa, en las repúblicas hispanoamericanas, pero hay que reconocer también el legado de los comuneros pues, durante los debates de la Convención de Filadelfia de 1787, presidida por George Washington, se aludía a la «Constitución de Ávila».

12.5.8. EL TEMOR DE JUAN DE PADILLA

Juan de Padilla escribió antes de ser decapitado una epístola para su esposa (una copia está en la Biblioteca Nacional de Lisboa, pero no figuran ni el nombre del autor ni el del destinatario) y otra para Toledo. En la carta de Juan de Padilla no hay profecía ni venganza, mas la tinta condensa un sentimiento profundo de respeto a «la cosa pública» y de compromiso con sus vecinos.

Y, además del pragmatismo, el texto tiene pasajes cargados de misterio, no porque queramos hablar de una reencarnación de los entes, sino porque el estudio enseña que la historia está salpicada de decisiones injustas y de víctimas que, aun sin buscarlo, dan lecciones de honor a su verdugo hasta en el momento del desenlace.

Hay en Toledo calles estrechas y sinuosas que, en la quietud muda de la noche, con los gatos que se asoman por doquier al oscuro mundo del centinela, hablan con elocuencia a los ojos del artista y revelan el secreto de cada siglo al espíritu que deambula por el reino de las parcas en busca de inspiración.

Las pilastras visigodas con relieves florales se desvanecen junto a las sombras de las empuñaduras de las espadas. La luz macilenta de las lamparillas otorga calor al etéreo Cristo de la Calavera, mientras que los balcones de Zocodover resguardan pláticas sobre tratados de la Antigüedad traducidos al latín o al romance.

El misterio de Toledo atrae a los espíritus, los guía y los arrastra. Desde antiguo, Toledo ha sido siempre un hervidero de gentes intrépidas y sabias. A esa concurrencia de generaciones, del pasado, del presente y del futuro, se dirige Padilla, pionero en muchos campos: liderazgo, gestión de equipos, defensa de la transparencia institucional, etc.

Murió sin llegar a cumplir los 31 años. Y estaba convencido del inmenso poder de la historia porque, en la proclama a su ciudad natal, cuando los minutos de tiempo eran escasos, no se detiene apenas en glosarse a sí mismo, sino que evoca la capital visigoda. Llega a describir la alegoría de Toledo presentándola como una mujer que lo ha alimentado de niño, la llama «madre», y a la par dibuja a Toledo como iglesia y lugar sagrado, en tanto que «patrona de la cristiandad», lo cual se explica por ser sede primada.

Llama poderosamente la atención que Padilla emplee el término «España», como su cuñado Diego Hurtado de Mendoza pondría también en el epitafio de María Pacheco en su tumba de la Catedral de Oporto.

Juan de Padilla utiliza el topónimo «España», mas a principios del siglo xvi lo más habitual era hablar de Castilla, de Aragón, de Navarra…, en definitiva, enumerar el vasto elenco de territorios que conforman la monarquía hispánica: «A ti, corona de España, y luz de todo el mundo, desde los altos godos muy libertada. A ti que por derramamientos de sangres extrañas, como de las tuyas, cobraste libertad para ti e para tus vecinas ciudades».

Recuerda la invocación del regidor de Toledo la *Loa a España* que realizara el prelado godo Isidoro de Sevilla (556-636): «Honra y prez de todo el orbe; tú, la porción más ilustre del globo». Este sabio (luego santo), que nació 900 años antes que Padilla, fue el máximo exponente del saber visigótico. El arzobispo de Sevilla fue autor de las *Etimologías*, obra enciclopédica de gran resonancia durante el medievo, un compendio que evidencia el afán de fijar las categorías en un mundo beligerante en continuo cambio.

El capitán de los comuneros reflexiona sobre la grandeza de los godos y, al unísono, evidencia estar al día de las tertulias renacentistas porque, aunque no hubiera estudiado en la universidad, su forma de expresarse es la de una persona culta que cuida el registro y transmite con precisión el contenido. Innegablemente Juan pensó en el juicio de la historia, «muchas lenguas habrá que mi muerte contarán», y planteó el sempiterno debate sobre la fortuna: la vida es la lucha entre la dicha y la voluntad, conceptos que se suman a la ocasión y a la necesidad como sinónimos de oportunidad y de obligación.

Y si dramática es la carta a su ciudad natal no suscita menos impacto emocional la epístola que Juan de Padilla dirigió a su esposa. La llama «señora», le habla con la admiración del caballero a la dama en el amor cortés, pero también con la confianza de estar tratando con su amiga y con su compañera de armas. Tantas veces tendría que oír Padilla que se trataba de un matrimonio desigual por ser él de una condición inferior...

A diferencia de la boda de Juana con Felipe, el de Juan con María fue un enlace feliz, pese al final, porque Padilla y Pacheco formaron un equipo que dio lugar a la primera revolución de la Edad Moderna, o a la última lucha feudal como epílogo de la Baja Edad Media. Las Comunidades llevaron consigo el despertar de la conciencia ciudadana en un paréntesis de dos años, de 1520 a 1522, y pasó como con la primera vuelta al mundo (1519-1522), que si al inicio la iniciativa la llevó Magallanes, aunque la aventura la consumó Elcano, en la resistencia castellana, una vez muerto Padilla, tomó el relevo Pacheco.

Como hija del virrey y capitán general de Granada desde 1492, a la sazón primer marqués de Mondéjar y segundo conde de Tendilla, María nació en la Alhambra y se crio con una serie de medios que no estaban al alcance de las muchachas de su época. No obstante, también las misiones de su padre al servicio de los monarcas Isabel y Fernando le provocaron la lejanía de Guadalajara, donde estaba afincada parte de su estirpe.

Lo que nadie podía sospechar cuando vino al mundo hacia 1496 es que María llegaría a ser apodada la Leona de Castilla por plantar cara al mismísimo emperador Carlos, asegurando, como su esposo, que la defensa del reino estaba por encima de los intereses particulares del rey.

Es sorprendente que Juan de Padilla utilice el vocablo de «cuerda» para animar a su esposa a no dejarse llevar por la depresión ante su muerte. Indudablemente estaba pensando en la reina Juana; no quería que a María le pasara como a la soberana después de la muerte de Felipe el Hermoso.

En su carta a María Pacheco, Juan de Padilla se acuerda de su padre, Pero López, regidor toledano, del que él heredó la vocación por la administración urbana y el puesto. Hoy chirría que el cargo se heredara, pero entonces sucedía como con los títulos nobiliarios. El 20 de julio de 1513 presentó en el ayuntamiento toledano una provisión real que lo facultaba para ocupar el cargo al que su padre había renunciado en su favor. Alude Padilla a su criado Sosa, que debía de ser su amigo y confidente, y hasta menciona al verdugo: no quiere demorarse en salir al patíbulo «por no dar sospecha que por alargar la vida alargo la carta». Esto indica que Padilla pudo escribir el texto tan solo unos segundos antes de ser ajusticiado junto a Francisco Maldonado y Juan Bravo.

Del mismo modo, conmueve que Juan haga a María depositaria de su espíritu. Le entrega a la persona a la que más ha amado el bien más preciado que posee: su alma. Se presupone que el comunero está convencido de que el ánima es inmortal por la tradición cristiana, pero además sus sentencias parecen reflejar que él es consciente de que el cuerpo es una cárcel del alma, como aseverara Platón, o una carcasa que, en última instancia, sufrirá el deterioro de la descomposición y, mientras, en el camino, correrá la suerte que decida el monarca.

Sin embargo, el alma no, el alma le pertenece y sobrevive a su ocaso. Y ese presente inmaterial y etéreo se lo ofrece a María. Con ello, Juan de Padilla no solo realiza una de las más sublimes declaraciones de amor en el género epistolar, es que además acalla los rumores de desavenencias conyugales, murmullos que, cómo no, partían en buena medida de las filas realistas. Por citar un ejemplo de la tergiversación de la verdad, el 23 de abril de 1521, el mismo día de la batalla de Villalar (Valladolid), en Mora (Toledo) las tropas de Carlos I quemaron la iglesia. Se dijo que pudieron llegar a morir hasta 2000 personas, y sin embargo en las crónicas se llegó a echar la culpa a los comuneros, encabezados por el prelado Antonio de Acuña, proclamado arzobispo de Toledo por los comuneros.

En una Castilla dividida entre las oligarquías locales y el pueblo llano, entre los asesores flamencos de Carlos I y los impulsores del levantamiento, con atomizaciones en los dos bandos, Juan de Padilla feneció temiendo por el porvenir de su viuda y, casi con la pluma en la mano, se extinguió su voz.

Dos conceptos hilvanan con un hilo dorado ambas cartas: Dios y la Corona. Una coronación, la de Carlos en Aquisgrán en 1520 como emperador del Sacro Imperio Romano Germánico, le había supuesto la condena. Pero Padilla no tiene un concepto negativo de la Corona, sino que exalta su significado. En la carta a Toledo aplica el término a la ciudad («corona de España») y, en la epístola a su mujer, la corona es el premio que estima que le será entregado; no lo afirma presumiendo, sino de modo elegante, aferrándose a la creencia en el más allá para soportar la angustia. Padilla habla con un estado de ánimo que no conoce la duda: «Quisiera tener más espacio del que tengo para escribiros algunas cosas para vuestro consuelo; ni a mí me lo dan, ni yo querría más dilación en recibir la corona que espero». Leer estas líneas lleva inmediatamente a pensar en la segunda carta de san Pablo a Timoteo.

Si creemos la leyenda de que, en el cuarto día de la creación, Dios tomó el sol en sus manos y lo puso encima de Toledo, los interrogantes se multiplican porque Juan de Padilla se presenta, a tenor de la filosofía política, como obediente a la voz de lo alto.

También María Pacheco escribió una carta a su marido, en la que lo llama «querido mío». Se aprecia un estilo diferente al de la escritura de Padilla. María emplea un tono más recargado, recurre más al uso de formulismos, pero también su «billete» está lleno de hermosos mensajes para la tierra y para el cielo, pues pide a Juan que solo se fije en Dios, sin tener pena por nada, como si quisiera elogiar de nuevo sus acciones y darle las palabras de ánimo merecidas que no pudo pronunciar en el momento del adiós por no estar en Villalar. Del mismo modo, María no puede ocultar su tristeza, terminando la epístola con la frase: «Me recojo al abismo de mi soledad y amargura». Y declara que vivirá con total obediencia a los deseos de su esposo difunto, al que reconoce como capitán y camarada.

María Pacheco huye a Portugal.

La lucha prosiguió y el 3 de febrero de 1522 se produjo un alzamiento. Gutierre López de Padilla, hermano menor de Juan de Padilla, y María de Mendoza, condesa de Monteagudo y hermana de María Pacheco, consiguieron una tregua al acabar el día. Con la ayuda de su hermana, María Pacheco, disfrazada de aldeana, logró salir. Su tío, el segundo marqués de Villena de Escalona, le proporcionó mulas, alimentos y dinero para que llegara a Portugal con su hijo Pedro, de corta edad.

En el otoño de 1522 María fue exceptuada en el perdón general, conocido como Perdón de Todos los Santos. Dos años después, en 1524, fue condenada a muerte por rebeldía. Se la acusaba no solo de la mayor parte de las acciones de la guerra de las Comunidades, sino también de la entrada de los franceses en Navarra, por lo que fue condenada a «pena de muerte e perdimiento e confiscación de todos sus bienes». Juan III de Portugal (el esposo de la hija pequeña de Juana) no quiso aplicar las peticiones de expulsión que le llegaban desde Castilla. María encontró refugio primero en Braga, con la protección del arzobispo, y después en la casa de Pedro de Acosta, obispo de Oporto.

Conocida por su tenacidad y valentía como la Leona de Castilla o Centella de Fuego, María Pacheco se dedicó en sus últimos años a leer tratados de medicina para dar respuesta a sus problemas de salud, y llegó a comentarse que ponía tanto empeño en formarse que, de haber conversado con facultativos, habría sabido más que ellos.

Nunca solicitó el perdón real. Su hermano menor, el poeta Diego Hurtado de Mendoza, menciona en una carta que la visitó en Oporto antes de morir. La viuda de Padilla expiró de un dolor de costado en marzo de 1531, con alrededor de 35 años. La enterraron allí porque Carlos I se opuso al traslado de sus restos a Olmedo (Valladolid), donde estaba sepultado su marido. Su hermano Diego le escribió este epitafio donde, paradójicamente, como en la carta de Padilla a Toledo, se habla abiertamente y de manera temprana del topónimo «España»:

Si preguntas mi nombre, fue María,
si mi tierra, Granada; mi apellido
de Pacheco y Mendoza, conocido
el uno y el otro más que el claro día,
si mi vida, seguir a mi marido;
mi muerte en la opinión que él sostenía,
España te dirá mi cualidad
que nunca niega España la verdad.

12.5.9. LECCIONES Y FARSAS

El resultado final fue la derrota del ejército comunero en Villalar (23 de abril de 1521) y la decapitación de los líderes, aunque parece que la meteorología influyó bastante, pues la batalla la ganaron los realistas por la lluvia.

Después de las Comunidades, las ciudades castellanas empezaron a tener menos interés en participar en las Cortes; les salía cara a las ciudades la intervención de sus procuradores, por los honorarios y costes de traslado, para luego tener que decir siempre que sí.

Con el aplastamiento de comuneros y agermanados quedaba afianzado el poder real. Pero también Carlos V aprendió la lección. Después de la coronación, a su retorno a Castilla en 1522, estudió con vehemencia la lengua y emprendió un cambio de política, apoyándose en administradores hispanos.

Carlos fue coronado el 23 de octubre de 1520 en la Capilla Palatina de Aquisgrán. Se le colocó la corona de Carlomagno, que lo acreditaba, con el anillo, el cetro y el globo, como «rey de romanos», pero resultaba preceptivo ser coronado después por el papa. En realidad es que eran tres las ceremonias de coronación pues, a la ya descrita, debían seguir la coronación como «rey de los borgoñones» o «rey de Italia» (sin lugar preestablecido) y la de entrega de la corona imperial por parte del papa. Fue coronado gracias a los dineros reunidos en Castilla y con el soporte financiero de los Fugger. Después de aquel acto, no cesaron las aspiraciones de Carlos, que siguió maquinando una futura coronación en Bolonia.

Sello de María Pacheco en 1968.

La coronación de manos del papa había caído en desuso, de hecho su abuelo Maximiliano nunca fue coronado en Roma. Sin embargo, Carlos tenía aspiraciones más altas. En 1525 venció en Pavía y, así, en 1529 pudo cumplir su sueño de viajar a Italia. La nueva coronación de Carlos V tendría lugar el 24 de febrero de 1530 (cumpleaños del césar). Fue el último emperador del Sacro Imperio Romano Germánico en ser coronado por un pontífice, en concreto por Clemente VII, con el que se reconcilió para la ceremonia, pues Carlos había saqueado Roma el 6 de mayo de 1527.

Dos días antes de la coronación imperial, Carlos recibió la corona de hierro de Lombardía. El papa tuvo miedo al emperador desde «el saco» de 1527, se dejó crecer la barba larga como penitencia por las víctimas del asalto y trató de no entrar en litigio con él en el futuro. Se le ha dado el título de Carlos I de España y V de Alemania, pero realmente Alemania no existió como tal hasta 1870.

En la primavera de 1821, el guerrillero Juan Martín, el Empecinado, en calidad de gobernador militar de Zamora, organizó por primera vez el tercer centenario de los comuneros para recuperar su memoria. No obstante, fue víctima de una mentira, puesto que organizó una comisión para celebrar el festejo y, en el pueblo de Villalar (ahora perteneciente a Valladolid, y entonces a Zamora), cuando los emisarios fueron preguntando por los restos de Padilla, Bravo y Maldonado, con colaboración del cura, los paisanos buscaron tres cadáveres y los presentaron como de aquellos. Mas los genuinos estaban sepultados, respectivamente, en Olmedo (no autorizó Carlos V el traslado de Padilla a Toledo), en Segovia y en Salamanca. El 20 de abril de 1825, Fernando VII aprobó la sentencia que condenaba al Empecinado a la horca. Nuevamente, un seguidor de los comuneros acababa muriendo por orden del monarca de su tiempo, aquel que le arrebató la corona en el motín de Aranjuez en 1808 a su propio padre.

Como diría Mark Twain, autor de novelas como *Un yanqui en la corte del rey Arturo* (1889), sátira de los valores del medievo frente a las costumbres del siglo XIX, «la historia no se repite pero rima».

12.6. TRENTO Y YUSTE

Superada la crisis inicial, el reinado de Carlos se caracterizó por la estabilidad y el sistema de consejos se consolidó como forma de gobierno. Los reyes Habsburgo asumieron como primer deber la defensa de la integridad de su imperio y, dentro de él, de la unidad católica. A estos objetivos se subordinarían los hombres y los bienes.

Por ello, Carlos V mantuvo una serie de guerras contra su principal enemigo, Francisco I de Francia, contra los príncipes alemanes y contra los turcos, en Centroeuropa y en el Mediterráneo. El oro y la plata que Castilla recibía de los viajes ultramarinos, así como el esfuerzo de los nacientes tercios, en tanto que cuerpo de élite del ejército, mantuvieron el éxito en un período bélico tan complicado.

Asimismo, Carlos estuvo detrás de la organización de un concilio. Recomendó al papa Clemente VII convocar un concilio general y propuso la ciudad de Trento, situada en el norte de la actual Italia, aunque por la amenaza otomana no pudo celebrarse. Con la llegada de Pablo III en 1534, se trató de organizar de nuevo el cónclave, pero fue rechazado en 1535 por los príncipes alemanes y los gobernantes protestantes apoyados por Francisco I de Francia y Enrique VIII de Inglaterra. Las prórrogas condujeron a que en 1539 se pospusiera *sine die*.

Tres años después, Pablo III convocó un concilio que se reuniría en Trento el 1 de noviembre 1542. Sin embargo, el soberano francés y los protestantes se opusieron a la reunión, el primero por rivalidad con Carlos I y los segundos por rechazo a la Iglesia romana.

El 19 de noviembre de 1544, mediante la bula *Laetare Hierusalem*, quedó fijado el concilio en Trento para el 15 de marzo de 1545. En febrero se nombró a los legados papales que debían presidirlo. Mas se volvió a posponer por la escasa asistencia. Carlos V seguía con la intención de inaugurarlo rápidamente y marcó el 13 de diciembre como fecha límite para la primera sesión formal. El encuentro se celebró en el coro de la Catedral de Trento después de la celebración de la misa del Espíritu Santo. Hubo 25 sesiones hasta 1563. Se definieron las posiciones doctrinales católicas frente a la Reforma, poniéndose énfasis en la veneración a la Virgen María y en la oración a los santos como intercesores, en la supremacía de la autoridad del papa, en el mantenimiento de los siete sacramentos y las indulgencias, y en la justificación por la fe y las obras.

El 25 de octubre de 1555, Carlos V abdicó. Lo hizo en el Palacio de Brabante de Bruselas. «Sé que para gobernar y administrar estos Estados y los demás que Dios me dio ya no tengo fuerzas, y las pocas que han quedado se han de acabar presto». Con estas palabras pronunciadas en francés, justificó su deseo de renunciar al poder. A su hijo Felipe le dejaba las posesiones peninsulares, las islas y el imperio ultramarino. A su hermano Fernando le legaba el imperio centroeuropeo. Eso ya se lo habían aconsejado los comuneros, instándolo a no abarcar demasiado. No obstante, hasta el 12 de marzo de 1558 Fernando no sería ratificado como emperador, siendo coronado dos días después en Fráncfort. Murió en Viena el 25 de julio de 1564 y sería enterrado en la Catedral de San Vito, en Praga. Allí yacen también su esposa y su hijo mayor, Maximiliano II.

El 28 de septiembre de 1556 en Laredo tuvo lugar el último desembarco de Carlos V. Estuvo nueve días allí y después se desplazó a Yuste. Carlos V se retiró al monasterio cacereño de por vida. Atrás dejaba un proyecto imperial que se movió entre los deseos políticos de unidad universal de la cristiandad y los pocos recursos que para tamaña empresa tenía. A corto plazo llegarían las primeras bancarrotas: en época de Felipe II, la primera en abril de 1557, viviendo todavía Carlos, por incumplimiento de pago de la deuda pública. Del mismo modo, los Fugger verían sus finanzas resentidas por no recobrar los préstamos devueltos. De ser Antón Fúcar el hombre más rico, con más de cinco millones de florines a mediados del siglo XVI, la banca Fugger se vino abajo en 1607.

Carlos siempre se había sentido atraído por la mecánica, seguía de cerca el diseño de astrolabios, molinos y autómatas. Por ello, no resultó extraño que pidiera tener cerca al ingeniero italiano Juanelo Turriano. Había aceptado su carta de viajar a España en 1529. Y acertó porque fue designado relojero de corte. Para el emperador construyó el famoso Cristalino, un reloj que se prestaba a la interpretación astrológica. Se ha especulado con que uno de los estanques construido en Yuste por Turriano aceleró la muerte del soberano, a causa de la proliferación de mosquitos causada por el estancamiento de las aguas. Sea como fuere, no sería justo que pasara a la historia por ese accidente, cuando en la hoja de servicios del Leonardo de Toledo figuran un ingenio para subir el caudal del Tajo hasta el Alcázar y diversas máquinas voladoras.

Juanelo también tuvo que superar duras pruebas. El problema de Juanelo, que prácticamente lo llevó a la tumba, fue que nadie quería pagar el primero de los artificios: el ayuntamiento porque no recibía las aguas, y el ejército, puesto que no había firmado ningún contrato. Entre unos y otros, se arruinó y fue enterrado modestamente en el Carmelo en Toledo en 1585.

Uno de sus proyectos más sorprendentes fue el hombre de palo, un modelo antropomórfico con capacidad para mover brazos y piernas. Algunas versiones poco verosímiles de la leyenda dicen que dicho artefacto era capaz de andar buscando la caridad de los viandantes y que, incluso, realizaba una reverencia cuando recibía alguna moneda. No hay muchos documentos históricos acerca de la naturaleza del autómata, ya que fue quemado cuando aún vivía Turriano, pero ha quedado constancia del punto donde se localizaba: la antigua calle de las Asaderías de Toledo, actualmente denominada Hombre de Palo.

El retiro del César se prolongó hasta su muerte, acaecida el 21 de septiembre de 1558. Carlos prohibió a cualquier mujer acercarse al monasterio donde residía; no podían aproximarse las damas «a una distancia de más de dos tiros de ballesta so pena de doscientos azotes».

En Yuste, a Carlos lo visitaría un niño: Jeromín, don Juan de Austria. Los reparos para reconocerlo como vástago por ser el resultado de un desliz fueron superados con el consejo prudente de Francisco de Borja, duque de Gandía, ya jesuita y futuro prepósito general de la Compañía. El pequeño Jeromín lo frecuentaba e intercambiaba con él los tomos ya leídos de *Los comentarios sobre la guerra de las Galias* de Julio César.

Carlos, el hombre que todos pensaban que se comía el mundo, ahora, desdentado, aparentaba 70 años, teniendo 58. Se azotaba el torso como parte de su estrategia para alejar los pecados de la carne. ¿Por qué no esperó el turno para reinar cuando le tocara biológicamente, tras la muerte de su madre? ¿Qué lo llevó a abdicar a los pocos meses de fallecer Juana?.

La reina madre pagó caro el ser rebelde, pero quizás en la personalidad de Carlos haya complejos ocultos.

Marco Cardisco, *Adoración de los Reyes Magos*, 1519. Detalle con el retrato de Carlos I de España. Museo Cívico Castel Nuovo (Nápoles).

13. NI BRUJA NI HEREJE

Juana fue educada en la religión católica. Nació estando abierta todavía la lucha en Granada y se marchó a Flandes cuando ya no era posible ser judío ni musulmán en la península ibérica, pues la Inquisición, establecida por sus padres, vigilaba de cerca las creencias. La *devotio moderna* se iba abriendo paso propugnando una religión más intimista, mientras que al otro lado de los Pirineos la Reforma de Lutero, de Calvino y de Zuinglio cuestionaba dogmas de Roma.

Teniendo en cuenta las calumnias que circulaban sobre Juana, no es de extrañar que en un determinado momento empezara a cundir la idea de que estaba endemoniada. En la última década, al agotamiento mental provocado por el encierro, se sumó la dolencia física, a raíz de una caída. Se quedó inmóvil de cintura a los pies y estaba hinchada. Las mujeres encargadas de su higiene alegaban que no podían atenderla porque les tenía manía.

Del rey al mendigo, toda la población estaba convencida de que la magia tenía efectos. Por ello, hubo quien pensó que estaba embrujada, aunque ella pensaba que realmente las hechiceras eran las personas contratadas para reprimirla en Tordesillas. Mientras tanto, Juana vivía en una cámara interior iluminada con velas (la única posibilidad de resplandor nocturno) y huyendo o despotricando de sus «cuidadoras».

Del mismo modo, se empezó a decir que sentía indiferencia ante la religión, por lo que rayaba la herejía. Aunque a juicio de los teólogos, si había perdido la razón, no se le podía echar la culpa de su desviación. Pero parece que en el punto de inflexión de su religiosidad hubo dos momentos que afectaron a su lejanía de la misa: la moral relajada de Flandes, donde perdió la constancia de la comunicación con Dios, y el mal trato recibido de sus celadoras, que se burlaban de ella y le retiraban los libros de oración para luego criticar que no cumplía los preceptos.

13.1. LOS ALUMBRADOS

Entre 1525 y 1530, Alcalá de Henares fue testigo de grandes movimientos humanistas y teológicos, como la oración mental metódica del amor puro de Alonso de Madrid o el recogimiento de Francisco de Osuna.

El origen de la secta alumbrada hay que situarlo en localidades castellanas en torno a 1511, aunque adquiriría carta de naturaleza a partir del edicto de Toledo de 23 de septiembre de 1525, promulgado por Alonso Manrique de Lara, inquisidor general y padre de tres hijos: Rodrigo, Guiomar y el también inquisidor Jerónimo.

En este documento declaró heréticas 48 proposiciones asociadas al movimiento («No hay infierno, y si dicen que lo hay, es por espantarnos», «Después que uno se hubiese dexado a Dios, sólo esto le bastaba para salvar su ánima y no tenía necesidad de hacer ayunos», etc.). Entre las víctimas, por las envidias que provocaba su vida ejemplarmente sencilla, sobresalió san Juan de Ávila, llamado el Apóstol de Andalucía, que resultaría, sin embargo, absuelto en 1534.

No era un invento de los alumbrados el llamamiento a la religiosidad personal; también los franciscanos abogaban por un método místico llamado «recogimiento» que definía la unión del alma con Dios, levantando recelos.

Antes de que Lutero rompiera con Roma, los alumbrados preconizaban el abandono sin control a la inspiración divina y la libre interpretación de los textos evangélicos. Rechazaban la autoridad de la Iglesia y las formas de piedad tradicional, al tiempo que aseguraban que, como Dios dictaba su conducta, no podían pecar. Por ello, estaban convencidos de que podían comulgar sin confesarse antes. Consideraban que no pensar nada constituía la cima para lograr la unión con Dios.

Este método del «dejamiento», que resaltaba la unión pasiva del alma con Dios, contó con el mecenazgo del duque del Infantado y del marqués de Villena. Los círculos reunidos en Pastrana, en Guadalajara o en Escalona preferían la oración mental a la vocal y buscaban la experiencia mística, de ahí que algunos santos, como Teresa de Ávila, fueran inicialmente sospechosos de iluminismo.

En 1529 fue detenida la beata Francisca Hernández, líder del grupo de alumbrados vallisoletano, y poco después uno de sus principales seguidores, el predicador franciscano Francisco de Ortiz. La beata delató a partidarios suyos acusándolos de «luteranos». Este fue el caso de Bernardino Tovar, hermano del erasmista Juan de Vergara, y de María de Cazalla, que fue torturada. Otro de los delatados por Francisca Hernández por «luteranismo» fue el impresor de la Universidad de Alcalá, Miguel de Eguía, que sin embargo resultó absuelto en 1533 tras pasar más de dos años en la cárcel de Valladolid.

Cuando los hombres de Extremadura se marchaban a las Américas en busca de oro y gloria, también se extendería por la región el pensamiento alumbrado, destacando en esta secta dos clérigos de Llerena, Hernando Álvarez y Cristóbal Chamizo, y numerosas mujeres que pasaban del quietismo místico a derretirse en amor de Dios en brazos de sus predicadores.

Lo que ocurría es que había muchas vocaciones, demasiadas, pues estaban carentes de sinceridad y su espiritualidad resultaba equivocada. Según el censo de Castilla de 1591, de las 2066 unidades familiares presentes en Llerena y sus tres aldeas (Cantalgallo, Higuera y Maguilla), 73 habitantes eran clérigos seculares, 40 franciscanos y 12 dominicos, amén de 168 monjas. En este aluvión de oportunistas al orden clerical, encontramos la razón para explicar el desenfreno en unas actitudes que nunca debieron osar rozar el ámbito divino.

Juana ejerció influencia sobre las monjas del Real Monasterio de Santa Clara. Realizaba donaciones para fiestas y opinaba en las obras de la capilla mayor. Su mecenazgo se extendía en Santa Clara sobre determinados frailes del Monasterio de San Francisco de Ávila. Que estuvieron en Tordesillas para rezar por el alma de Felipe desde 1509 hasta 1523.

Con el guardián del mismo cenobio, fray Juan de Ávila, antes de 1514, de San Francisco de Ávila llegó a haber en Tordesillas 8 frailes, más de una tercera parte del total que componía el claustro abulense. En 1494 los frailes de San

Francisco de Ávila solicitaron el permiso al vicario general y provincial para reformarse bajo la observancia. Antes de que llegara Juan de Ávila a este monasterio ya había sido reformado, por lo que Juana tenía como director espiritual a un fraile recogido, o al menos observante, hasta 1523.

Juana pudo empezar a relacionarse con el convento abulense el 10 de abril de 1503, cuando la reina Isabel entregó una limosna de 15 000 maravedíes al guardián de San Francisco de Ávila para contribuir a sufragar los gastos del capítulo que se iba a celebrar allí. Por tanto, la reina pudo quedar imbuida desde temprano por el recogimiento, lo cual explicaría su forma solitaria de vivir la fe en el futuro. Tanto la marcha de fray Juan de Ávila como la reticencia de Juana a confesarse vinieron a coincidir con el punto álgido de represión del movimiento alumbrado y la pérdida de prestigio del recogimiento.

Al actuar contra los alumbrados, la Inquisición de Llerena alegó que eran «grandes hechiceros y que tenían pacto con el demonio, y que con este artificio rinden a las mujeres y hombres haciéndose señores de sus almas y sus haciendas». Más o menos lo mismo dijeron de Juana las personas que estaban puestas para cuidarla y, sin embargo, la fustigaban. Pero la reina no tenía comunicación alguna con los alumbrados, había llegado a las conclusiones por sí misma y no negaba que hubiera infierno, ella lo estaba pasando en vida.

13.2. LA TERTULIA DE LA ABUELA

Las cuatro personas de su familia que más atención le prestaron a Juana fueron sus nietos Felipe II, María, Juana y Maximiliano. Tanto Felipe II como sus hermanas, María y

Juana, ejercieron autoridad en nombre de su abuela como regentes de España durante las ausencias de su padre. Los tres y también el marido de María, Maximiliano de Habsburgo, iniciaron sus regencias visitando a la abuela Juana en Tordesillas. Carlos los nombraba gobernadores, pero no se le olvidaba que era precisa la aprobación de Juana, pues su firma legitimaba los actos documentados. Desde 1535 hasta la muerte de Juana en 1555, la reina recibió 16 visitas de miembros de la familia real.

En 1543 el príncipe Felipe fue a Tordesillas a solicitar la bendición de su abuela a su próximo matrimonio con María Manuela de Portugal. Encontró a su abuela vestida modestamente, con un velo atado al cuello, un tocado flamenco y unas mangas de vestido al estilo de los frailes benedictinos. Felipe se arrodilló ante Juana y le solicitó la mano para besársela. No se sabe si se la extendió, pues se la negaba a todo el mundo. Pidió que trajeran sillas para que se sentaran los recién llegados: el príncipe, el almirante de Castilla y el cardenal Juan Tavera. Quería que estuvieran cómodos, que no charlaran de pie, tal vez para conseguir compañía durante un rato más prolongado.

No le permitió a su nieto quitarse el sombrero, como él quería para guardar reverencia ante ella, y se rio cuando le dijo que iba a conocer a su prometida en Salamanca. Al apostillar el bufón que era muy guapa, Juana espetó: «Más que burlado os hallaréis, desque la veáis, si no os parece hermosa», queriendo mostrar las ingratas sorpresas que podían guardar los matrimonios de conveniencia. Aún conservaba el sentido del humor. Después de la boda, Felipe y María Manuela recalaron en Tordesillas, le besaron las manos (no sabemos si en esta ocasión sí fue posible) y siguieron la ruta hacia Valladolid.

En 1550, María y Maximiliano estuvieron viendo a Juana y ella postergó la cena para mantener plática con sus nietos. Se mostró muy alegre. La jornada siguiente, María llevó los retratos familiares. Juana preguntó por cada uno de ellos. Pero se quejó de que no los acompañara su hija, Ana, nacida el año anterior, a lo que los padres repusieron que ya la conocería cuando hiciera menos calor. Ana sería madre de Felipe III. De hecho, Maximiliano II y María eran primos además de esposos, pues eran hijos de Fernando I y de Carlos V respectivamente. Ambos eran nietos de Juana.

En la visita, Maximiliano le entregó a Juana un crucifijo de oro que su padre le había enviado. Juana agradeció el regalo y contó que en Flandes su suegro, Maximiliano I, tenía muchas piezas de valor. Cuando Maximiliano le aconsejó que colgara de un lienzo la cruz para poder rezarle, Juana avisó a su nieto de que le desaparecían objetos, es decir, que era víctima de robos en su corte, ante lo que Maximiliano cambió de conversación.

13.3. EL DUQUE DE GANDÍA

Para indagar en la conciencia de la reina, se envió a Tordesillas a Francisco de Borja y Aragón (1510-1572), que fue tercer general de la Compañía de Jesús desde 1565 hasta su muerte, noble valenciano que está canonizado.

Fue introducido en el círculo de la reina madre por su nieta Juana, la menor de los hijos legítimos de Carlos V, pues su hermano Juan había fallecido al venir al mundo, y don Juan de Austria, bastardo, nació en los años 40, de manera próxima a la fecha de Cervantes (1547).

Juana de Austria conocía desde pequeña a Francisco de Borja. Sabía que había renunciado a todos sus títulos a favor de su hijo Carlos a la muerte de su querida esposa, Leonor de Castro Mello Meneses, camarera mayor de palacio y amiga íntima de la emperatriz Isabel. La joven había reconocido en Borja y en Leonor los tutores de la casa de su progenitora, por lo que ejercieron el papel de segundos padres.

El encuentro más decisivo con Francisco de Borja tuvo lugar en abril de 1551, durante la Semana Santa, cuando acudió a Toro para impartir los Ejercicios espirituales a una adolescente de 16 años que estaba a punto de partir a Portugal para unirse en matrimonio con su primo hermano, Juan Manuel. Siguiendo la tradición iniciada por Juana y Juan, quienes se desposaron con Felipe y Margarita, respectivamente, el futuro Felipe II se había unido a María Manuela de Portugal y, posteriormente, Juana debería hacerlo con el hermano de aquella.

El duque de Gandía fue virrey de Cataluña. Gozaba de plena confianza con Carlos V y había jurado no servir a otro amo que se le pudiera morir, a la vista del cadáver de la emperatriz Isabel de Portugal, nuera de Juana la Loca. Fue el encargado de dar fe de que era su cuerpo el que había sido desplazado en cortejo fúnebre desde Toledo hasta Granada. Francisco de Borja había tenido mujer y descendencia, conocía los afanes del mundo, mas decidió ingresar en la recién inaugurada orden de los jesuitas.

Con autorización del príncipe Felipe, Francisco de Borja visitó a la reina cautiva, desde 1552. Guardaba parentesco con los marqueses de Denia por estar vinculados todos con Fernando el Católico por vía sanguínea o por matrimonio con descendientes.

En 1554 Felipe II estuvo hablando con su abuela de nuevo en Tordesillas antes de partir hacia Londres para desposar a su tía, María Tudor. Que una persona fuera simplemente a charlar con ella sin ánimo de insultarla o zarandearla, solo hablar razonadamente, a Juana le debía de parecer un gran regalo.

Ahí consiguió el jesuita un cambio de actitud de Juana, al decirle que, para que quedara en buen lugar su nieto, ella debía contribuir a transmitir una buena impresión de Castilla y conseguir la conversión de Inglaterra: «Qué dirán los que con él vivían sino que, pues S.A. vivía como ellos sin misas y sin imágenes y sin sacramentos, que también podían hacer ellos lo mismo, pues en cosas de la fe católica, lo que es lícito a uno, es lícito a todos».

A Francisco de Borja le confesó que esas amas que ponían para que le ayudaran decían de sí mismas que eran «almas muertas» y se mostraban irreverentes ante la religión, escupiendo sobre las imágenes y haciendo «muchas suciedades» en el agua bendita. En ocasiones se metían en su cámara diciendo que eran el comendador mayor y el conde de Miranda, recitando ensalmos «como si fuesen bruxas».

Paradojas de la existencia, pues su cuadrinieto (parentesco posterior a tataranieto), Carlos II, pasó a la historia como el Hechizado y, realmente, su problema venía de la endogamia, ensalzada dramáticamente, pues se desconocían los estragos de los cruces continuados entre primos hermanos, en el verso: «Hagan otros la guerra; tú feliz Austria, cásate; porque los reinos de Marte da a los otros, a ti te los concede Venus». Se trataba del lema de la casa de Habsburgo, inaugurada en España con la boda de Juana.

13.4. FRAY LUIS DE LA CRUZ Y EL GATO

A diferencia de su padre, Felipe II no consintió que a su abuela le practicaran exorcismos. Fray Luis de la Cruz fue enviado para ayudar a Francisco de Borja en la guía espiritual de la soberana. En conversación con este último, Juana decía elogios de Felipe, sabiendo que tenía su comprensión, y le pedía al fraile que habría que «castigar muy bien a esas deformes y sin vergoña, que lo demás dejadme a mí el cargo, que yo lo haré».

Puede parecer que tenía manía persecutoria con respecto a sus dueñas pero, en realidad, es que debían hacérselo pasar muy mal. Las metas de largo recorrido, como solucionar los problemas de Castilla, se le antojaban fáciles, y los cometidos cotidianos, complicados.

El duque de Gandía trató con dureza a Juana como teólogo, sospechaba que hubiera tenido contactos con Lucifer. Francisco de Borja le manifestaría a Juana la importancia de que renunciara a Satanás con todas sus obras y se santiguara y dijera el nombre de Jesús todos los días si fuera posible. Borja también insistía en que Juana debía confesarse. Le daba libertad en el comer y en el vestir, pues intuía que su fin estaba cerca, pero no en la faceta espiritual. Además, recomendaba que se hicieran oraciones por ella en monasterios e iglesias en todo el reino y propuso misas especiales y peregrinaciones. Ante esta última sugerencia, Felipe no dijo ni sí ni no, solo dejó a su criterio aquella organización.

Si antes Denia había sido el intermediario entre Juana, sus criados y sus parientes, ahora este papel lo desempeñaba el jesuita. Las damas de la reina desaparecieron porque así lo pidió ella. Borja comunicó a Juana que aquellas mujeres que le habían provocado tantos sufrimientos ya no estaban, pues habían sido detenidas o encarceladas (esto era falso). Transmitió a la soberana la preocupación de su nieto por los sinsabores causados por las señoras. Y recordó a Juana su parte del trato: si las dueñas habían sido expulsadas, ella tenía que mostrar en el exterior los sentimientos católicos que tenía en su interior. Sintiéndose libre de las amenazas, Juana escuchó misa y aceptó que se echara agua bendita en sus habitaciones.

Juana retornó a la expresión externa de los Evangelios, mas seguía inquieta por si volvían las criadas. Le preguntó a Borja por este particular, pero este respondió que para dirimir dicho asunto se había nombrado a fray Luis de la Cruz.

Cuando Juana intuyó que las damas habían vuelto dejó de comer. Así sucedió al ver que había unas cortinas nuevas en el altar. Borja describió el lienzo como un paño de oro con el misterio de la adoración de los Reyes Magos. Juana se ponía enferma de captar la proximidad de aquellas mujeres; aunque no las viera, lo sabía por la colocación de los objetos.

El jesuita quitó la tela. Juana volvió a tomar alimentos. Y, cuando la visitó fray Luis, lo animó a que las castigara duramente, pues eran ellas las que la habían alejado de los sacramentos:

> Entré a visitar a la reina, nuestra señora, y preguntóme si tenía a buen recaudo las dueñas y encargóme mucho las castigase con gran rigor. Y para este fin dijo su alteza mil cosas que en deservicio suyo habían cometido, y que le habían impedido el uso de los sacramentos y las devociones de las horas y rosario y misa y agua bendita. Y que la tenían chusmada.[51]

---

51   AGS, Estado 109-253, Luis de la Cruz a Felipe, 15 de mayo de 1554.

Según leemos en la biografía de Bethany Aram, la palabra «chusmada» la repetía con asiduidad. Este participio podría venir de un verbo hoy inexistente, «chusmar», que a nuestro juicio podría aludir a mezclarse con la «chusma». Este sustantivo sí se usa hoy y, aunque procede del tiempo de Juana, de los galeotes que iban en las armadas reales, en el presente designa al «conjunto o multitud de gente grosera o vulgar».[52]

La plática quedó registrada el 15 de mayo de 1554. A Juana le quedaba menos de un año de vida, pero sabía emplear registros y tonos diferentes a la hora de comunicarse pues, con pronunciación santurrona, Juana manifestó su pesar porque no le alejaban a las criadas para siempre: «Confío que no será como hasta aquí que me las quitan [a las sirvientas] y luego a tres días tornan a soltarlas, y así no puede la persona hacer lo que conviene a su alma».[53]

A pesar de los ruegos de la reina, fray Luis de la Cruz parecía continuar aliándose con las mujeres que la habían ofendido, y eso a Juana la disgustaba más. Con la aprobación de Denia y de Borja, fray Luis de la Cruz regresó a su monasterio después del 15 de mayo de 1554.

En su carta a Felipe II, el 25 de mayo de 1554, Luis de la Cruz explicaba:

Me contó una larguísima historia de cómo un gato de algalia había comido a la infantita de Navarra y a la reina doña Isabel, nuestra señora, y había mordido al rey, nuestro señor, y otras muchas cosas de esta calidad. Y este gato tan malo ya lo habían traído las dueñas y estaba muy cerca de su cama para hacerle el mismo mal y daño que a ellas solían. Y

---

52   *Diccionario de la lengua española*, de la Real Academia.
53   AGS, Estado 109-253, Luis de la Cruz a Felipe, 15 de mayo de 1554.

gustaba tanto de contarme estas historias que me mandaba sentar y ponerme a mi placer, diciendo que era muy servida de mi venida, mandándome (pues oía tales cosas de aquellas mujeres) hiciese justicia dellas muy recias.

Ante esta declaración, fray Luis dijo que no era posible administrar los santos sacramentos a la reina Juana, aunque reconocía que carecía de responsabilidad alguna en sus pensamientos: «Su Alteza es tan sincera e inocente de pena y culpa, que verdaderamente es más de haberle envidia que lástima».

Se murmuraba que Juana había quitado de su presencia unas velas bendecidas y que hacía gestos extraños durante la misa, precisamente en el momento de la consagración. Francisco de Borja hizo indagaciones, desmintió que Juana estuviera endemoniada y acabó concluyendo el 17 de mayo de 1554, en correspondencia con Felipe II: «Por lo cual saco que de esta misma manera serán las otras cosas que se han dicho».

A comienzos de marzo de 1555, el marqués de Denia personalmente viajó a Valladolid para informar a la princesa Juana, hermana de Felipe II, de que la salud de su abuela había empeorado.

En la época final, le llegó la gangrena a las piernas, con úlceras y graves complicaciones. Juana estaba en un constante grito. Había corrido hasta la meta y, de nuevo, Francisco de Borja fue reclamado para ayudarle a tener paz y calma en la agonía. Quería que la soberana recibiera los sacramentos y consultó a la Universidad de Salamanca. Un tercer religioso que estuvo en Tordesillas en esta fase terminal fue el reputado dominico Domingo de Soto, que llegó el 11 de abril de 1555. Habló con testigos con ella y después en solitario. Su dictamen fue que podía recibir la extremaunción, aunque no la comunión. ¿Por qué? ¿Por riesgo de atragantamiento debido a su debilidad?, ¿por no haber eucaristía el Viernes Santo, pero están las formas consagradas el Jueves?, ¿por irreverencia? Si fue por esta última causa, resultó injusto que no se le permitiera comulgar a Juana.

Ningún miembro de su familia estuvo dándole la mano en el momento del adiós. Carlos V se encontraba en Bruselas; Fernando, en Viena en tanto que rey de Bohemia y Hungría; Leonor de Austria y María de Hungría estaban junto a su hermano Carlos V, y su querida hija Catalina vivía en Lisboa.

13.5. LA ÚLTIMA ESTACIÓN DEL VÍA CRUCIS

El 12 de abril de 1555, la cristiandad conmemoraba el Viernes Santo. Es habitual en dicha jornada el rezo del vía crucis para acompañar a Cristo en el camino que siguió en Jerusalén desde el pretorio, donde fue condenado a muerte mientras Poncio Pilato se lavaba las manos y el pueblo pedía la muerte de Jesús en vez de la sentencia de Barrabás, hasta el Gólgota, en el que fue crucificado. Francisco de Borja le dio la extremaunción y fue él quien afirmó que Juana pronunció como últimas palabras: «Jesu Christo crucificado sea conmigo».

Cuando comenzaba a amanecer, a las seis de la mañana, Juana culminó su pasión. Tenía 76 años. Cristo murió a la hora nona (tres de la tarde) y Juana a la hora prima (seis de la mañana). Solo la muerte liberó a Juana de la traición constante de sus criadas.

No obstante, el problema se quedó en manos de su nieto Felipe, que pudo contemplar con sus ojos la ambición desmedida de Denia. No en vano, el marqués siguió chantajeando al futuro heredero. Lo hacía responsable de compensar a los sirvientes de Juana para no impedir ante Dios la salvación de esta.

Tres días después del fallecimiento, se procedió a inhumar a la reina en la capilla mayor de la iglesia del Monasterio de Santa Clara. La comitiva partió del palacio hasta el cercano cenobio e iba encabezada por el condestable de Castilla, Pedro Fernández de Velasco, y los prelados Antonio de Fonseca, presidente del Consejo Real, y Antonio del Águila, obispo de Zamora.

Los funerales en su memoria se celebraron no solo en numerosas ciudades de España, como Valladolid, Barcelona, Sevilla, Zaragoza, etc., también en Bruselas y en Londres. En Cerdeña, el arzobispo de Sassari, Martín de Ayala, pronunció un sermón elogiando que Juana se hubiera retirado del mundo tras la muerte de su esposo; según el prelado, igual que su madre se había vestido con el hábito de san Francisco como mortaja, Juana hizo de su existencia un sacrificio constante, con ayunos, plegarias y limosnas.

Fue Ayala uno de los pocos que se desmarcó de la norma de invisibilizar las dotes de Juana. En contraste, estimó que la piedad de Juana era continuación de la vida espiritual de Isabel. Sobre ella afirmaba: «Con gran razón podemos aplicar a esta señora la alabanza que da la santa escritura a la mujer fuerte y varonil diciéndole: muchas hijas han congregado riquezas de toda manera y principalmente las mayores que la posesión de tal prole, pero tú has hecho ventaja a todas».[54]

---

54   *Sermón hecho por el illustrísimo y reverendísimo señor Arçobispo de Saçer en su iglesia metropolitana, en la honras de la Sereníssima y cathólica reyna doña Juana, madre del Emperador y Rey, nuestro*

13.6. EL MISTERIO DEL COFRE

Fue Felipe II el artífice de realizar un nuevo inventario, como aquel que mandó Fernando el Católico ejecutar cuando Juana entró en Tordesillas. En este caso, el responsable fue el camarero de la difunta, Alonso de Ribera, que era pariente del anterior, Diego de Ribera. En el inventario aparecen 28 piezas de altar, 55 rosarios, relicarios, el retrato de su madre y el de su hermana Catalina, 116 libros, joyas regaladas por la reina Isabel, por su marido Felipe y por su cuñada Margarita, cinturones y lazos.

Mención especial merece la biblioteca. De acuerdo con el inventario de bienes de Juana de 1555, tenía en su poder 29 libros de horas, 12 de canciones y 7 misales.. A Portugal, cuando se casó, se llevó Catalina algunos tomos. Juana pudo prestarle a su hija las obras de Ludolfo de Sajonia y de Kempis. Pero hasta el final mantuvo consigo otras obras devocionales como *Lucero de la vida cristiana* de Pedro Jiménez de Prejano, *Flos sanctorum* de Jacobo de la Vorágine, *Vida cristiana* de Hernando de Talavera (confesor de su madre) y *Loor de virtudes* de Alonso de Zamora.[55]

A Juana le gustaba tener todo en orden y, en ocasiones, tuvo peleas con sus sirvientes por no encontrar sus cosas. Cuando algo le desaparecía no les echaba la culpa a sus familiares, sino a los criados. Al estallar la tensión con los miembros del servicio, estos recopilaban testimonios en su contra. Además de con los Ribera, Juana tuvo confianza con otros profesionales, como el zapatero Tomás de

---

señor, Valencia, Casa de Antón Sanahuja, 1556.

55 AGS, CMC, 1.ª época 1213, Inventario de Juana, 1555. ARAM, Bethany: *op. cit.*, p. 257.

Valencia o el camarero Rodrigo de Ratya, que la acompañó al viaje por la costa inglesa en 1506.

Pero lo que no intuían los carceleros de Juana es que ella ganaría su última batalla después de muerta. En un baúl conservaba sus objetos más preciados: alhajas, piedras preciosas, monedas, etc. Catalina Redonda, de oficio lavandera, era la mujer que acompañaba día y noche a la reina en esta última etapa. A menudo Juana le pedía a Catalina que se diera la vuelta para que no mirara. Era en el momento en el que ella iba a introducir la llave para abrir el cofre. Catalina nunca pudo ver lo que había dentro; por las telas que Juana movía para tapar las piezas, intuía que se trataba de diamantes y otras gemas. Catalina dijo haber visto el baúl por última vez hacia san Miguel de 1554 (29 de septiembre).

Juana guardaba la llave, pero cuando estaba próxima su muerte, ocho días antes de marcharse de este mundo, el marqués de Denia ordenó a Catalina que la acompañaran el camarero Alonso de Ribera y otros sirvientes hacia la cámara donde permanecía siempre el cofre. Catalina halló la llave, sin embargo, cuando se dirigió hacia el lugar del arca, el cofre no estaba. Nunca nadie encontró el tesoro. Lo único que consiguieron Denia y Ribera fueron cartas de excomunión para quienes ocultaran información sobre el cofre. ¿Cómo se deshizo Juana del cofre? ¿Lo tiró? ¿A quién pudo dárselo? Su paradero todavía es un misterio.[56]

---

56   AGC, CMC, 1.ª época 1544, don Leonardo Marino a los clérigos de Tordesillas, 4 de julio de 1555. *Ibidem*, p. 249.

13.7. AUSENCIAS Y PRESENCIAS

Hay datos bastante desconocidos de la reina que hablan de su dimensión espiritual. Uno de ellos es la unión que Juana siempre sintió con Toledo. Era la ciudad donde la habían bautizado, pero además es que ella siempre que podía favorecía a la antigua capital visigoda.

Cuando siendo archiduquesa de Austria visitó la abadía benedictina de San Gislen, que contenía las reliquias de santa Leocadia, mártir de Toledo, pidió una parte de los restos para llevarlos al lugar donde ella vio la luz por primera vez. Con la aprobación del obispo de Cambrai, el abad le dio la espinilla derecha. En 1502 Juana hizo la primera entrega. La recepción completa de las reliquias tuvo lugar en 1587, a finales del reinado de Felipe II. Entre arcos de triunfo en los que se representaba a cuatro monarcas: Alfonso VI (conquistador de Toledo en 1085), Fernando III (iniciador de la catedral), Felipe I (a quien se presentaba como el que trajo la primera reliquia de santa Leocadia) y Felipe II (culminador del proceso); se borró a Juana.

Por otro lado, entre los últimos actos del primer capellán de Juana en Flandes, Diego Ramírez de Villaescusa, quien la casó y fue bautizando a sus hijos mayores, está la fundación de una capilla en su pueblo natal, Villaescusa de Haro (Cuenca), en la que reposan sus mayores y donde dejó ordenadas, para cada sábado, dos misas, una para doña Juana y otra para el rey de España.

14. GRANADA, EN FAMILIA

En 1431 Juan II de Castilla, el abuelo de Juana, intentó sin éxito tomar la plaza de Granada. Cuentan las crónicas y los romances que al rey lo acompañaba un príncipe moro, Abenámar, que le había prometido vasallaje. Tras la cruenta batalla, ambos observan entristecidos la ciudad soñada: «Si tú quisieses, Granada, contigo me casaría; daréte en arras y dote a Córdoba y a Sevilla», suspira el monarca dialogando con el pretendiente.

La familia nazarí estaba desunida y el enfrentamiento de Boabdil con su padre, Mulay Hasan, odiado por el pueblo a causa de su temperamento licencioso, allanó el fin de la Reconquista. Una vez resuelta la pendencia con la Beltraneja, en 1482 los Reyes Católicos declararon la guerra a Granada.

Tras la caída de Alhama la suerte del sultán estaba echada. Fernando arengó a las tropas, prometió arrancar uno a uno los granos de la granada y el Chico se rindió desguarnecido. La ocupación de la ciudad se hizo de noche. Una embajada presidida por Alonso de Cárdenas, gran maestre de la Orden de Santiago, subió hasta la Alhambra y el 2 de enero de 1492 finalizó la contienda.

Lejos de recriminarle las lágrimas, en las capitulaciones con Boabdil, Isabel se comprometió a salvaguardar las haciendas árabes, del mismo modo que las querellas de la aljama serían dirimidas por jueces de su credo. Los codicilos nos hablan del deseo expreso de la reina de que los vencidos no sufrieran vejación alguna; otra cosa es que, una vez fallecida, su instrucción no fuera respetada.

Isabel y Fernando. Sevilla, 20 de diciembre de 1484
Carta privilegio de los Reyes Católicos al Colegio de Santa
Cruz. Universidad de Valladolid. Biblioteca Histórica
de Santa Cruz. Papeles CMSC. Caja 01-n.º 09 f. 2v.

Pero la historia del reino que se extendió por las actuales provincias de Almería, Granada, Jaén, Málaga y Cádiz no finalizó con la epopeya de los Reyes Católicos, sino que se engrandeció con nuevas instituciones y singladuras a ultramar. La Alhambra fue definida como casa real con jurisdicción exenta, puesta a cargo del conde de Tendilla. Isabel y Fernando promovieron su conservación y, en el campamento de Santa Fe, firmaron las cláusulas del arriesgado viaje de Cristóbal Colón. La Granada musulmana había dado paso a la cristiana. La fisonomía se transformó y, sobre la mezquita mayor, se elevó la catedral.

14.1. LA CAPILLA REAL

El 13 de septiembre de 1504, Isabel y Fernando crearon por cédula real la Capilla Real de Granada, donde decidieron sepultarse. El templo se construyó desde 1505 hasta 1517 y se dedicó a la memoria de los dos santos Juanes, el Bautista y el Evangelista. Allí reposarían con su nieto Miguel, fallecido en 1500. Y después se sumarían Juana y Felipe.

El príncipe Juan había sido depositado primero en la capilla mayor de la Catedral de Salamanca, pero luego lo llevaron a la Iglesia de Santo Tomás, en Ávila, por decisión de sus padres. Ahí siguió hasta que, en la Guerra de la Independencia, su tumba fue profanada por los franceses y hoy permanece el sepulcro, pero el cuerpo está en paradero desconocido. En 1512 labraría el sepulcro el italiano Domenico Fancelli basándose en un retrato del joven. Llama la atención cómo en los epitafios, a comienzos del Renacimiento, aparece perfectamente formulada la noción de España:

> Juan, príncipe de las Españas, adornado de todas las virtudes e instruido en las buenas artes, amante verdadero de la religión y de la Patria y queridísimo de sus padres, quien en pocos años con su gran prudencia, probidad y piedad, hizo muchos bienes, descansa bajo este sepulcro, el que mandó fabricar Fernando el Católico, rey valeroso, defensor de la Iglesia, su muy bueno y piadoso padre, más Isabel, su madre, purísima Reina cristiana y depósito de todas las virtudes,

mandó por testamento la realización; vivió 19 años, murió en 1497.

No obstante, en cuanto a la tumba de Isabel en parte se incumplió el deseo que ella expresó en su testamento «de ser enterrada bajo una simple losa de una humilde capilla franciscana, 20.000 misas por mi alma y un cirio eternamente encendido». El sepulcro de la Capilla Real fue diseñado en mármol de Carrara por el escultor Domenico Fancelli, natural de Settignano, en la región de Florencia.

El sarcófago de Juana y Felipe en la Capilla Real de Granada fue elaborado por encargo de Carlos I a través del contador mayor de Castilla, Antonio de Fonseca. Con ocasión de la celebración en 1519 del capítulo general de la Orden del Toisón de Oro, en el coro de la Catedral de Barcelona, Carlos debió de ver allí las obras del escultor Bartolomé Ordóñez y creyó que era el artista adecuado para sus padres en la Capilla Real de Granada.

Sepulcro del príncipe Juan en el Real
Monasterio de Santo Tomás en Ávila.

El túmulo mortuorio se realizó en el taller que disponía el escultor en Carrara (Italia). Cuando estaba en su última fase de ejecución, falleció Ordóñez a principios del mes de diciembre de 1520, quedando, según su testamento, «dispuesto para su envío a España la parte principal del sepulcro». Al llegar a Granada y como aún vivía doña Juana, se guardaron las 25 piezas de mármol que constaba el monumento en el Hospital Real. A la muerte de la reina en 1555, todavía no pudo descansar junto a su esposo hasta 1574, ya que el cabildo catedralicio tenía pleitos. A punto estuvieron los cuerpos reales de ser trasladados al panteón de El Escorial. Por fin en el año 1602, se decidió la colocación del cenotafio al lado del sepulcro de los Reyes Católicos.

En pleno Renacimiento, en 1526, Carlos V, el emperador que fusionó herencias legendarias, mandó poner los sillares de su palacio personal, convencido de que por sus celosías la luna derramaría abundantes torrentes de luz tenue. La Chancillería, el Hospital Real y la universidad afianzaron la prosperidad hispánica desde las vertientes de la justicia, la medicina y la filosofía en las que otrora habían destacado Yahya al-Laithi, Maimónides y Averroes.

14.2. EL VIAJE FINAL DE JUANA

De nuevo un cadáver iniciaba un viaje, pero en esta ocasión ya no podían sumar bulos, pues la difunta era Juana, la reina que nunca fue aliada ni de sus padres ni de sus hijos, pero que sí tuvo la comprensión de su hija Catalina y de cuatro de sus nietos.

El esqueleto de Juana permaneció en Tordesillas hasta que Felipe II hizo hueco en la Capilla Real de Granada al ordenar que su madre, su esposa y sus hermanos fueran trasladados a El Escorial. El jesuita Francisco de Borja comparó a Carlos con el rey bíblico David y a Felipe con Salomón, no en vano los dos eran padre e hijo y correspondió a los vástagos levantar templos simbólicos, el de Jerusalén y el Monasterio de San Lorenzo de El Escorial.

Con el tono amargo, no solo de la fulminante despedida, sino con el castigo de que, en todos los lugares del mundo conocido, se supo que había fallecido la reina «loca», su cuerpo descansó en la cripta del convento hasta 1574, momento en el que su nieto, Felipe II, lo trasladó primero a El Escorial y después a Granada.

Fotografía de J. Laurent, Sepulcro de los Reyes Católicos y de Juana y Felipe en la Capilla Real de Granada, c. 1870. BDH.

En la primavera de 1568, Felipe II mandó que llevaran a su abuela difunta desde Tordesillas hasta la Capilla Real de Granada, pero se aplazó el acto debido a las altas temperaturas; cabe recordar que Juana llevaba trece años muerta. Sin embargo, en el otoño de 1573 el soberano ordenó al duque del Infantado y al obispo de Salamanca que condujeran a Juana a El Escorial. Y, desde la sierra de Madrid, el cadáver sería escoltado por oficiales de la corte.

De este modo, en 1574 el cuerpo de Juana entró en la Capilla Real de Granada, aunque no reposó bajo su escultura fúnebre, pues esta efigie se hallaba en el Hospital Real sin que nadie se acordara de su existencia. En 1591 el monarca pidió que fueran buscadas las tallas de Felipe y Juana en el hospital, y una vez halladas tuvieron que ser restauradas para acoger los restos de la famosa pareja.

En Granada, bajo los pies de Felipe y Juana reposan vigilantes un león y una leona que parecen tranquilos, calma que fue ajena al entorno de los soberanos. Los dos cachorros escoltan otra leyenda:

> Privados de vida, supervivientes de la fama, cubre este sepulcro a Felipe, rey de las Españas, el primero tanto en el nombre como en la dinastía austríaca, a quien la muerte, armada con su guadaña, al haberlo encontrado maduro en virtudes, segó joven por creerlo un anciano (murió el año del Señor 1506 a los 28 años de edad), y a Juana, su esposa, a la que todas las reales estirpes de Castilla, León y Aragón dieron esplendor (murió el año 1555 a los 75 años de edad). ¿Para qué más? De la unión de ambos brilló para el mundo el Serenísimo Emperador Carlos V, el cual erigió a sus padres este monumento.

Durante su larga estancia en el palacio, Juana debió de usar pobres túnicas de paño blanco y, en menor medida, negro, que eran las asociadas al luto. En el sepulcro tallado por Bartolomé Ordóñez casi 40 años antes de su muerte física, cuando llevaba unas cuantas décadas falleciendo en vida, Juana recuperaba su imagen como señora de Castilla, vestida al estilo español, no a la flamenca. En el sarcófago son perceptibles la saya, la camisa y los chapines. Ya podían estar tranquilas las Cortes y la nobleza hispánica: en el más allá no vestiría a la flamenca, aunque en la década en que vivió en el norte fue prácticamente en el único intervalo en que fue feliz por poder tener algo de mando y dominio sobre su persona.

14.3. EL MECENAZGO Y EL DUENDE

A Juana su familia se lo dio todo y su familia se lo quitó o permitió que se quedara sin autoridad ante el pueblo. Pero en Granada queda recuerdo en sus actuales vías del gran mecenazgo de Juana. Ofreció medio millón para las obras de la plaza de Bibarrambla, pagaba puntualmente a los músicos y vigilaba la salud de las prostitutas.

El 19 de mayo de 1518 desde Medina del Campo se dio orden de entregar a la ciudad de Granada 500 000 maravedíes para finalizar las obras. Viviendo aún Felipe el Hermoso, en 1505, mediante una provisión real firmada por Juana en Segovia, mandó derribar casas de su patrimonio para el ensanche de la plaza Hatabín, que luego sería plaza Nueva, según una provisión real firmada por la reina Juana en Segovia.

También se preocupó Juana de la higiene de los prostíbulos regulando el trato a las mujeres frente a los abusos de Martín Sánchez, el «padre» de la mancebía en Granada. El 12 de agosto de 1539 se pregonaron en la plaza de Bibarrambla unas ordenanzas municipales para acabar con los abusos: se dieron normas velando por la higiene y la salud de las prostitutas, se les entregaría buena comida diaria (dos libras de pan; una libreta de carne, mitad carnero, mitad vaca o cerdo; medio cuartillo de vino; berzas; nabos; berenjenas y un rábano; ensalada y fruta; todo al precio de 25 maravedíes diarios), se permitiría que las mujeres pudieran llevar de sus casas cabrito o aves y, para los días de vigilia, pescado. Y si no se cumplían estas disposiciones se obligaría a pagar 2000 maravedíes al «padre» de la mancebía.

Y ahí queda la duda de cuál es la procedencia del vocablo «flamenco», aplicado a la manifestación popular andaluza asociada con los gitanos. Hay hipótesis que relacionan el término con un cuchillo, como podemos leer en el sainete *El soldado fanfarrón*, compuesto por el gaditano Juan Ignacio González del Castillo (1763-1800), o con el ave zancuda, por el parecido de los cantaores al ser altos y llevar chaqueta corta. El padre del andalucismo, Blas Infante, en su libro *Orígenes de lo flamenco*, apuntó que la palabra derivaba de los términos árabes *Felah-Mengus*, que juntos significan «campesino errante».

Otros expertos, como Hipólito Rossy o Carlos Almendro, en los años 60 y 70 del siglo xx sostuvieron que la palabra flamenco se debía a que la música polifónica de España en el siglo xvi se acrecentó con el contacto con los Países Bajos. Esta teoría ya fue sugerida, aunque con matices, por el viajero romántico inglés George Borrow, autor de *Los zincali* (1841), una historia de los gitanos, y por el lingüista alemán Hugo Schuchard, en *Die cantes flamencos* (1881). Según estos escritores, tradicionalmente se creía que los gitanos eran de procedencia «germana», lo que explicaría que se les pudiera llamar «flamencos».

Hasta donde llevó Juana, sin preverlo, su pasión por la música…

Vicente Palmaroli, *Doña Juana la Loca*, 1884-1885. Museo del Prado.

15. ECLIPSE DE MUJERES

Se define el «eclipse» como la ocultación parcial o total de un astro por interposición de otro cuerpo celeste. A menudo en las Casas Reales la competitividad ha llevado a guerras sangrientas por el trono, como ocurrió en la lucha entre Isabel la Católica y su supuesta sobrina, la Beltraneja, o el conflicto sucesorio entre Austrias y Borbones a partir de 1700. Sin embargo, hay también otros eclipses que se operan de manera callada: se trata de la invisibilización de un personaje por intereses de diversa índole de sujetos que pululan por su círculo, procesos de arrinconamiento y de borrado del mapa que, en ocasiones, perduran hoy.

El silencio extremo al que se ha sometido el reinado de Juana en materia política llega hasta el punto de que, cuando se realiza un listado de los reyes de España que más han estado en el trono, se habla de Felipe V, el primer Borbón en España, que estuvo 45 años en el trono, distribuyéndose en dos períodos tras la muerte de su hijo Luis I, protagonista del reinado más breve.

Felipe V tenía serios problemas psiquiátricos, se aislaba unos días a causa de los «vapores melancólicos» y otros croaba como una rana, apareciendo en camisón con gestos extraños aunque estuvieran delante sus ministros. Corría ya el siglo XVIII, la Ilustración se abriría tímidamente camino en España y, al parecer, Felipe V padecía de trastorno bipolar, al igual que su madre, María Ana Victoria de Baviera, que pasó buena parte de su existencia recluida en sus aposentos del Palacio de Versalles, a causa de una persistente depresión. A Felipe V, que oscilaba de momentos de euforia a otros de manía, se le puso el apodo del Animoso, no el Loco, y nadie lo inhabilitó para reinar. Su segunda esposa, la intrigante Isabel de Farnesio, ideó trasladar la corte de Madrid a Sevilla en 1729-1733 para ver si de ese modo se le esfumaban los fantasmas con los nuevos aires y el monarca recuperaba la alegría.

Los recuentos olvidan que Juana I fue reina de Castilla durante 51 años y de Aragón a lo largo de 39. A través de los matrimonios de sus vástagos, la península ibérica puso su cetro en buena parte de Europa, de norte a sur, de oeste a este.

Juana y Felipe tuvieron seis hijos y, pese a la alta mortalidad infantil de la época, todos ellos vivieron, y todos ellos fueron reyes. Nacieron en Lovaina, Gante, Malinas, Alcalá de Henares, Bruselas y Torquemada. Los partos sucedieron entre los 19 y los 28 años de Juana.

Los dos hijos varones, Carlos y Fernando, se dieron el relevo como emperadores. Leonor fue reina de Portugal y, al enviudar, de Francia. Se casó consecutivamente con Manuel I de Portugal y con Francisco I de Francia.

Isabel fue soberana de Suecia, Noruega y Dinamarca, María fue consorte del monarca de Bohemia y Hungría, y

Catalina (la más amada, por haber pasado mucho tiempo las dos juntas), de Portugal.

A estos territorios hay que sumar los espacios ultramarinos, de manera que puede decirse que, en manos de los hijos de Juana, reposaría el mundo. Detallaremos un poco más sus biografías.

15.1. LA REINA SUECA

Isabel es conocida como la Luterana. Fue esposa de Cristián II de Dinamarca, Noruega y Suecia. El propio Lutero afirmó su conversión, negada sin embargo por los Habsburgo. No es seguro que se convirtiera al protestantismo, pero así lo consideran en los países nórdicos.

De Suecia fue reina en 1520-1521 y, mientras que de su esposo tienen una imagen cruenta, de Elisabet av Österrike, de Isabel de Austria, todo lo contrario. Se la define como hija de «Johanna den vansinniga» y entre los rasgos que llevaron a su prematura muerte se afirma que siempre había sido delgada, pero que, a los problemas económicos y al exilio, se le sumó la debilidad. No obstante, solo en monografías específicas de otros personajes puede aludirse a ella, como pudimos comprobar como profesoras Erasmus Plus Laura Lara y yo en la Universidad de Gotemburgo.

Isabel nació en Bruselas en julio de 1501 y murió en las inmediaciones de Gante el 19 de enero de 1526. Fue criada básicamente por su tía Margarita y, en 1514, fue entregada en matrimonio a Cristián II que, por la Unión de Kalmar, era el titular de tres reinos, aunque en Suecia tuvo que afianzarse mediante las armas en 1520, derrotando al gobernador del reino Sten Sture el Joven. La boda se celebró primero por poderes el 11 de junio de 1514 en Bruselas y luego el 12 de agosto de 1515 en Dinamarca.

Isabel de Austria, por el Maestro de la
Leyenda de la Magdalena, c. 1515.

Antes de ver a su futuro marido, se enamoró de él a través de un retrato. Isabel tuvo con el monarca danés seis hijos: Juan, Dorotea, Cristina y tres más que murieron en la infancia. Aprendió el danés tanto hablado como escrito. La nueva reina fue popular, pero tuvo que padecer la presencia en palacio de la amante de Cristián, Dyveke, y de la madre de esta, la holandesa Sigbrit Willom. Al perecer en 1517 Dyveke, posiblemente envenenada, Isabel tuvo más autoridad política, como regente de Dinamarca durante los viajes del soberano.

Al trono sueco Cristián llegó mediante la guerra y, aparentemente, trabó un pacto con los nobles, aunque lo violó en cuanto tuvo ocasión. Durante la celebración por su coronación como rey, fue el responsable de la masacre conocida como «el baño de sangre de Estocolmo». Los hechos tuvieron lugar el 7 de noviembre de 1520. Cristián II condenó a muerte a más de 70 personas, entre obispos, aristócratas y comerciantes, por lo que sería conocido como «el tirano». Al año siguiente, el noble sueco Gustavo Vasa, con el apoyo financiero de la ciudad de Lübeck, tomó el poder autoproclamándose gobernador en 1521 y rey de Suecia en 1523 con el nombre de Gustavo I. A partir de entonces Suecia dejaba de depender de Dinamarca. Gustavo Vasa sería el primer monarca de la Suecia moderna. Isabel no estuvo en ese banquete siniestro, no consta que pisara nunca Suecia.

Pero las cosas no iban demasiado bien. Cuando Cristián fue derrocado por su tío Federico, Isabel fue invitada a quedarse en Dinamarca. Ella prefirió acompañarlo en el destierro. Estuvieron en Flandes y en Sajonia. Los Habsburgo no contemplaban con buen ánimo las simpatías luteranas de Cristián, de ahí que a Isabel no la socorriera su hermano Carlos. Los numerosos problemas, entre ellos económicos, afectaron a la salud de la reina. Isabel sabía que el fin estaba cerca. El 14 de enero de 1526, casi sin fuerzas, redactó una carta a su tía Margarita, en la cual le pedía que no abandonara a sus hijos y a su esposo, apoyándolos en la lucha por recuperar el trono de Dinamarca. Cinco días más tarde, el 19 de enero de 1526, falleció en el monasterio-fortaleza de Zwijnaerde, cerca de Gante.

Su muerte fue lamentada por toda Europa. Se celebraron misas en su honor en Dinamarca, los Países Bajos, Hungría y España. Dicha dignidad no fue concedida a ninguna otra reina danesa, ni antes ni después de ella. Tanto las fuentes germánicas como danesas ensalzan su labor como un modelo de virtudes, y la Reforma la presenta como la primera reina luterana de la historia.

Fue sepultada en el altar mayor de San Pedro de Gante, donde se le uniría luego su hijo Juan. En 1883, gracias a gestiones del Gobierno danés, sus restos y los de su hijo fueron repatriados a Dinamarca y sepultados con gran solemnidad en la cripta real de la Iglesia de San Canuto de Odense, junto a su esposo Cristián II.

La historiografía sueca se olvidó de ella hasta el siglo XIX, cuando el movimiento goticista y el escandinavismo (nacionalismo cultural y político) la rescataron, pero no con abundantes referencias, solo con algunas pinceladas. En 1835 el historiador de la Iglesia luterana Jöran Thomaeus la llama «la genial Isabel» y dice que «tuvo que sufrir mucho por su fe evangélica». Por su parte, Anders Fryxell, pastor e historiador, miembro de la Academia Sueca, en *Berättelser ur svenska historien* (*Narraciones selectas de la historia de Suecia*) solamente cita a Isabel en una frase. En esta obra en 23 volúmenes (1823-72), indicaba que era de «gran y muy especial belleza, de sentimientos mansos y nobles»[57].

En el siglo XX la historiografía sueca tampoco se prodigaría en alusiones a Isabel. Aunque sí enfatizaría la idea de que Isabel contrarrestó en parte la maldad del

---

57   PEIX GELDART, Benito: «Isabel La Luterana. Una perspectiva sueca de la hija de Juana I, Isabel de Dinamarca, Noruega y Suecia», en ZALAMA RODRÍGUEZ, Miguel Ángel (dir.): Juana I en Tordesillas: su mundo, su entorno, Valladolid, Ayuntamiento de Tordesillas, 2010, pp. 333-346.

monarca, para Suecia siguieron siendo Cristián e Isabel de Dinamarca. En el plano iconográfico, hay representaciones de Isabel con sus hermanos y con su marido en actitud orante o plasmados como Adán y Eva.

15.2. LA PRIMA Y TOCAYA

Cuando nació Juana (la Loca, para aclararnos, aunque nos cueste decirlo), su prima, la madrileña Juana (la Beltraneja), tenía 17 años. Era hija de Enrique IV de Castilla y de Juana de Portugal. Juan II y su hijo Enrique IV fueron soberanos débiles, incapaces de imponer el orden ante buena parte de la nobleza, como sucedió durante el reinado del primero con Álvaro de Luna, quien pasó de favorito a ser decapitado, y con el segundo, tildado de «impotente» por la aristocracia y por el pueblo llano.

Ante el rumor de que la heredera, Juana, era hija del valido de Enrique IV y no suya, esta fue apodada la Beltraneja. Parte de la nobleza, capitaneada por el intrigante Juan Pacheco, marqués de Villena, depuso simbólicamente al soberano en la farsa de Ávila el 5 de junio de 1465. Utilizando un muñeco como doble de Enrique IV, le quitaron sus atributos, como la corona o el cetro, con lo que quedaba desposeído de su poder ante el pueblo. Después, proclamaron a su hermanastro Alfonso, de doce años, como rey de Castilla, aunque fallecería pronto, el 5 de julio de 1468 en Cardeñosa (Ávila).

En 1468 Enrique IV aceptó el Pacto de los Toros de Guisando, según el cual lo sucedería su hermanastra Isabel, quien a diferencia de sus inmediatos predecesores presentaba un carácter fuerte y una visión clara de la defensa de Castilla.

Sin embargo, al año siguiente, al contraer matrimonio Isabel con Fernando, hijo de Juan II de Aragón, Enrique la desheredó y proclamó sucesora a Juana. A la muerte de Enrique, antes de la Navidad de 1474, estalló una guerra civil con dimensión internacional. La reina, Juana de Avis, sostuvo los derechos sucesorios de su hija, pero falleció pocos meses después, a los 36 años de edad, el 13 de junio de 1475.

El 25 de mayo de 1475, día del Corpus Christi, a Juana la Beltraneja, de 13 años, la desposaron con su tío, el rey Alfonso V de Portugal, que ya tenía 43. La ceremonia tuvo lugar en Plasencia y los casó un obispo sin haber obtenido la preceptiva bula papal, ya que eran tío y sobrina. Portugal se alió con la Beltraneja y Aragón con Isabel.

La guerra civil fue desencadenada a partir de una hipotética mentira que, entonces, era imposible resolver, pues no había pruebas genéticas: ¿de quién era hija Juana? Todavía hay estudiosos que se muestran partidarios de que le correspondía a ella haber reinado y la cuestión es que no podemos tener conclusión al respecto por no localizarse el cuerpo de Juana.

La Beltraneja había visto cómo, en 1477, su marido se retiraba a un monasterio y lo sucedía el hijo de aquel, Juan II (siete años mayor que Juana, apodado por unos «el príncipe tirano» y por otros «el príncipe perfecto»). Al ser derrotada en 1479, sus aspiraciones a ser reina de Castilla quedaron aniquiladas.

Destituida de su rango, tuvo que renunciar a todos sus títulos y señoríos, incluso a su calidad de infanta castellana y de alteza. Fue llamada «a Excelente Senhora» hasta el final de su vida en el exilio de Portugal. De inmediato, ingresó en el Monasterio de Santa Clara de Coímbra, donde pronunció sus votos al año siguiente. Para que fueran testigos de la ceremonia, Fernando e Isabel enviaron a la ciudad portuguesa a Díaz de Madrigal (miembro del Consejo Real de Castilla) y a Hernando de Talavera (confesor de la reina).

No obstante, hubo candidatos a casarse con la religiosa de Coímbra, como Francisco Febo, heredero de Navarra, hijo de Gastón de Foix y de Magdalena de Francia, hermana de Luis XI de Francia, el rey portugués Manuel el Afortunado (viudo de la infanta Isabel, hija de los Reyes Católicos mientras esperaba la dispensa papal para desposar a su cuñada María) y el propio Fernando de Aragón, que quería quitar el reino de Castilla a Felipe el Hermoso durante la incapacidad de Juana (la Loca). Hasta el final de sus días Juana (la Beltraneja) firmó con las palabras «Yo, la reina».

¿Y quién era el padre de la Beltraneja? ¿Quién lo sabe? No se puede reconstruir la filiación. Los restos de la dama se perdieron a raíz del terremoto de Lisboa de 1755. A partir de las crónicas y del examen del cadáver en 1946, el doctor Gregorio Marañón describió a Enrique IV como «displásico eunucoide con reacción acromegálica», terminología científica que puede traducirse por una deficiencia de secreción de las glándulas sexuales. Este cuadro lleva asociada una tendencia hacia la introspección y la falta de voluntad. En los mentideros de mediados del siglo xv se hablaba de la impotencia de Enrique IV.

Por su parte, Beltrán de la Cueva, militar castellano nacido en Úbeda, se casó en tres ocasiones. La primera de sus bodas tuvo lugar en Guadalajara justo en el año en el que nacía la Beltraneja, en 1462. La novia era Mencía de Mendoza y Luna, hija de Brianda de Mendoza y Luna y de

Diego Hurtado de Mendoza y de la Vega, segundo marqués de Santillana, primer duque del Infantado. Tuvo nueve hijos legítimos de sus tres nupcias, más varios ilegítimos, entre los que podría hallarse Juana.

En 1522, cuando Castilla estaba inmersa en una nueva guerra civil, la de las Comunidades, Juana (portuguesa de adopción) testó sus derechos castellanos a favor del rey Juan III de Portugal, que a la sazón era el yerno de Juana mal llamada la Loca. Murió el 12 de abril de 1530.

La madre de Carlos V falleció en Tordesillas el 12 de abril de 1555, el mismo día que su tocaya, pero 25 años después. Parece que, en Flandes, en las pláticas con el dominico Matienzo en algún momento apareció la Beltraneja en la conversación, cuando hablaron de los hijos bastardos y la archiduquesa Juana mencionó a su prima.

Otra mujer que tenía su nombre de pila, Juana de Albret (1528-1572), se convertiría en soberana de Navarra en 1555, al perecer su padre, Enrique II, el 25 de mayo. Cabe aclarar que nos referimos a la Baja Navarra, en el actual departamento francés de los Pirineos atlánticos, pues Navarra había sido anexionada a Castilla en 1512.

La madre de esta Juana era Margarita de Angulema (1492-1549), reina consorte de Navarra, humanista y escritora, que acogió a heterodoxos religiosos en su corte. El poema *Espejo del alma pecadora* de Margarita de Navarra fue atacado por la Sorbona y requirió de la intervención del rey de Francia, Francisco I, hermano menor de Margarita. Aunque hubo rumores de que era calvinista, murió en el seno del catolicismo.

Sin embargo, su hija, Juana III, avanzó en la reforma religiosa hasta convertirse al calvinismo en 1560. Además, potenció la labor educadora del pueblo emprendida por su progenitora. Fue la primera reina en ordenar una traducción de la Biblia al euskera, encargando dicha tarea al sacerdote Joannes Leizarraga.

El ocaso de Juana I de España se produjo cinco meses antes de que su hijo Fernando, en representación de su hermano, Carlos V, firmara la Paz de Augsburgo, que marcó la confesionalidad de los reinos hasta el Tratado de Westfalia (1648), es decir, que así como fuera la religión del príncipe sería el credo de sus súbditos. «Cuius regio, eius religio».

15.3. LA CUÑADA MARGARITA

Margarita nació en Bruselas el 10 de enero de 1480, pero se quedó sin su madre, María de Borgoña, dos años después. Fue criada, al igual que su hermano, por Margarita de York, esposa de su abuelo Carlos el Temerario. Desde los tres años fue situada en las maniobras de su padre, Maximiliano. Pasó la infancia como rehén de la política francesa por la promesa de que un día sería reina de los galos. Como hemos explicado a grandes rasgos en el capítulo sexto, el aspirante a marido suyo era el delfín Carlos (futuro Carlos VIII), hijo de Luis XI de Francia.

Pero, como anticipábamos, en abril de 1483 Margarita emprendió su viaje a Francia, siendo recibida por la hija mayor del rey Luis XI, la princesa Ana, que se encargó de llevarla a la corte de París. La unión matrimonial entre Margarita y Carlos se realizó en la ciudad de Amboise. Repetimos que Margarita tenía solo tres años de edad. En el castillo de Amboise llevó una vida tranquila, con afecto, estudiando el arte del dibujo, la pintura, la danza o la música. Tras el fallecimiento de Luis XI, que supuso el ascenso de su marido al trono, comenzó a cumplir tareas oficiales. A diferencia de Fernando de Aragón, Luis XI declaró a su hija «La mujer menos loca de Francia» y nombró a esta regente de su hermano, Carlos VIII.

Lo que pasa es que la situación se fue complicando. La muerte del duque de Bretaña dejó a su hija Ana como candidata perfecta para ser desposada. Maximiliano I fue el elegido por su capacidad de defender la independencia del ducado. Maximiliano y Ana se casaron por poderes en diciembre de 1490, teniendo ella 13 y él 31. Este matrimonio fue tomado como una provocación por Francia. Tampoco Maximiliano fue en ayuda de su esposa cuando Francia asedió Rennes en la primavera de 1491. Por ello, la duquesa eligió casarse con Carlos VIII. A la vez se disolvían las nupcias apalabradas con Margarita, hija del esposo con el que ahora rompía el vínculo. El enlace de Carlos y Ana tuvo lugar el 6 de diciembre de 1491 y Margarita quedó libre de la corte francesa.

Siendo ya Margarita adolescente, Maximiliano decidió aproximar posiciones con el matrimonio reinante al otro lado de los Pirineos. El viaje a la península ibérica, desde que partiera de Flesinga el 22 de enero de 1497 hasta su desembarco el 6 de marzo, estuvo plagado de sobresaltos. Pueden seguirse los movimientos con todo detalle en las crónicas de Jean de Bourbon, señor de Rochefort, y de Jean Molinet, con fechas y acontecimientos, así como en la poesía de Lemaire, donde la joven señora aparece presentada como una heroína.

La causa inmediata de la formación del imperio de los Habsburgo Trastámara fue la acumulación de patrimonios familiares. Como hemos explicado, con el siglo, en 1500, Carlos nació durante la celebración de un baile en la Casa del Príncipe de Gante. De sus abuelos maternos, Isabel y Fernando, recibió Castilla y sus dominios americanos, Aragón y sus posesiones en el Mediterráneo, Navarra y las plazas del norte de África. De su abuelo paterno, Maximiliano de Austria, obtuvo los territorios austríacos de los Habsburgos y los derechos a la corona imperial y, de María de Borgoña, los Países Bajos y el Franco Condado, así como las pretensiones legítimas sobre el ducado de Borgoña.

Jean Hey, Maestro de Moulins, *Margarita de Austria durante su infancia*, 1490. The Met Fifth Avenue (Nueva York).

De este modo, Carlos concentró en sus manos el legado político de cuatro dinastías y fue el primer Habsburgo que gobernó en tres continentes. Desde Carlomagno, en el siglo IX, la Europa cristiana no había conocido una potestad de tales dimensiones, si exceptuamos el Imperio bizantino. Este vasto conjunto alentó la idea imperial de Carlos, especialmente con el propósito de frenar el avance de los infieles, representados por los turcos.

Carlos recibió una esmerada educación. Como Juana estaba ocupada con Castilla, Aragón y Navarra, la tutora de Carlos y sus hermanos radicados en Flandes fue Margarita de Austria. Esta joven con 17 años se había quedado viuda del príncipe Juan. Como princesa de Castilla permaneció hasta 1499 formando parte del séquito de la reina Isabel.

En 1500 Margarita regresó a su tierra natal para asistir al festejo por el nacimiento de Carlos, sobrino por parte biológica y política, tanto por su hermano como por su marido. En 1501 la volvieron a casar con Filiberto II, duque de Saboya, con el que no tuvo hijos. Intentó ayudarle en el gobierno de Saboya y se adaptó al entorno. Pero, nuevamente, le llegó la tristeza, por la muerte de su segundo marido en 1504. Aunque quisieron desposarla con Enrique VII de Inglaterra y con otros candidatos, ella se negó. Su padre, Maximiliano, la nombró gobernadora de los Países Bajos y le encomendó la educación de sus sobrinos: Carlos, Isabel, Leonor y María.

Al morir Fernando el Católico y viajar Carlos a la península ibérica, cuando tuvo que decidir a quién dejaba como regente no se lo pensó dos veces: designó a su tía. Del mismo modo, Margarita se encargó se enseñar el gobierno de Países Bajos a su sobrino Fernando, educado por su abuelo aragonés. Lo conoció de adulto y lo formaría para que fuera emperador del Sacro Imperio Romano Germánico. A la única hija de su cuñada Juana que Margarita no vio nunca fue a Catalina, que siempre vivió entre España y Portugal.

Margarita falleció en Malinas el 1 de diciembre de 1530. Previamente, a Carlos lo declaró heredero único y universal. Fue enterrada junto a su segundo marido, Filiberto, en el Real Monasterio de Brou, que ella mandó erigir en Bourg-en-Bresse (Francia). El escultor flamenco Conrad Meyt trazó los túmulos, en los que el marido aparece con corona y ella con mayor majestad si cabe, aunque no porta insignias de poder, tan solo su largo pelo rizado deslizándose sobre la capa.

Tumba de Filiberto de Saboya en Brou.

La tía de Carlos V también sacaba el carácter. El propio Fernando hizo comentarios del temperamento de Margarita, pues le alegraba que fuera «la dicha princesa muy cuerda, benigna y discreta y de gran autoridad»,[58]

---

58 *Cédula de Fernando el Católico dirigida al infante don Enrique, lugarteniente general en Valencia con noticias de la llegada*

según le comentaba en carta al infante don Enrique, lugarteniente general en Valencia, aunque también sabía que a veces se enojaba.

Cuando, tras pactarse la doble boda, Francisco de Rojas, hombre de confianza de los Reyes Católicos, acompañó a la princesa desde Bruselas hasta Burgos, algo debió de suceder para que la joven mirara a partir de ese momento siempre al embajador con recelo. Margarita era apenas una adolescente, si bien tenía carácter y hacía valer su opinión.

Al parecer Rojas dio parte a la reina de que Margarita llevaba las seis semanas de peregrinaje sin hablarle. Isabel y Fernando intentaron limar asperezas, aunque nunca desautorizaron al embajador. Pasadas casi dos décadas, cuando murió el Católico y Carlos I había sido proclamado rey, Margarita retomó el pleito contra Rojas, afianzándose en el rol que le daba el ser la querida tía del emperador.

Ahora, en su calidad de gobernadora de los Países Bajos, Margarita argumentaba que Francisco de Rojas había recibido en Flandes, por parte de su hermano, el archiduque Felipe, 4000 florines, para entregárselos a ella a su llegada a Castilla y que, paralelamente, Isabel había remitido 10 000 castellanos al embajador en Flandes, teniendo también como destinataria a la princesa. Margarita aseguraba que nunca había recibido ninguna de las dos partidas y apuntaba con el dedo a Rojas.

El escándalo pecuniario no debió de llegar a mayores, aparte del rencor que la princesa guardó durante décadas hacia Rojas, tanto como para reavivar la protesta cuando la

---

de la princesa y su casamiento con el príncipe don Juan (1497, abril 16. Burgos), editada en PÉREZ BUSTAMANTE, Rogelio y CALDERÓN ORTEGA, José Manuel Calderón: *Colección diplomática del príncipe don Juan. Don Juan, príncipe de las Españas 1478-1479*, Madrid, Dykinson, 2002, p. 262.

monarquía hispánica dependía directamente de su sobrino. La conclusión es que a Margarita se le permitía enojarse sin ser tildada de loca ni sufrir mazmorra. A Juana no.

Tumba de Margarita de Austria en Brou.

15.4. CATALINA, LA COMPAÑERA

La hija menor de Juana de Castilla nació el 14 de enero de 1507. Y, en la víspera del aniversario, cada 13 de enero se conmemora el Día Mundial de la Lucha contra la Depresión, un trastorno emocional que afecta a más de 300 millones de personas en el planeta según la Organización Mundial de la Salud.

Curiosamente, las dos hijas menores de Isabel la Católica y de Juana se llamaron Catalina: una, la de Aragón, fue enviada a Inglaterra, y otra, la de Austria, a tierras lusitanas. Catalina nunca pudo conocer a su padre, pues nació casi cuatro meses después de que el Hermoso falleciera. Fue reina de Portugal por el matrimonio con su primo Juan III de Avis (hijo de María de Aragón y de Manuel el Afortunado). El enlace tuvo lugar en Salamanca el 5 de febrero de 1525. Se trató de una doble unión hispanolusa. Carlos I también se casaría con una hija de María de Aragón y de Manuel el Afortunado, Isabel de Portugal, en los Reales Alcázares de Sevilla el 11 de marzo de 1526.

Reinó cuando Portugal fue el primer país europeo en establecer contactos con China y con Japón y llevaba la delantera en la exploración de África. Catalina tuvo nueve hijos, pero solo llegaron a edad adulta dos, María Manuela (fallecida en 1545 al dar a luz a don Carlos) y Juan Manuel (sucesor en el trono, aunque muerto en 1554).

Cuentan las crónicas que Catalina de Portugal fue una reina bondadosa, venerada como si fuese madre particular de cada portugués. Quiso dejar su huella creando orfanatos, escuelas, conventos y monasterios. Tuvo una de las mayores bibliotecas humanistas de su época. Coleccionó objetos de lujo, tapices, pinturas. En palacio creó un museo de curiosidades provenientes de las colonias portuguesas y hasta una casa de fieras, donde los lusitanos vieron por primera vez elefantes y jirafas.

A medida que avanzaba el siglo XVI hubo de nuevo dos matrimonios que volvieron a unir las cortes a un lado y al otro de la raya. En 1543 en Almeirim Felipe II desposó a María Manuela de Portugal; en 1552 en Toro (Zamora) Juan Manuel se casó con la hija de Carlos V, Juana de Austria. De inmediato, Catalina debió de acordarse de su madre al escuchar el nombre. Se llamaba así en honor de su abuela y por haber nacido el día del Bautista de 1535.

Juana de Castilla y Catalina de Austria sufrieron diferentes tipos de violencia en el Palacio de Tordesillas. Desde el desamparo al que fueron sometidas por su padre y abuelo respectivamente, Fernando el Católico, hasta la condena tácita de su hijo y hermano, el rey y emperador Carlos, pasando por el maltrato doméstico infligido por sus guardeses transformados en carceleros. Aparte del vínculo maternofilial, Juana y Catalina fueron compañeras, amigas, confidentes y maestra y discípula en tantas artes de la vida...

Antonio Moro, retrato de Catalina de Austria. Museo del Prado.

La primera imagen que se tiene de Catalina puede ser el díptico familiar que hemos reproducido en el capítulo 11 de este libro. Es un anónimo flamenco donde aparece con apenas un año de edad. Se puede contemplar en una parte a sus hermanos Carlos y Fernando y, en la otra, están ella y sus hermanas Leonor, Isabel y María.

Domingo Carvalho, *Santa Catalina de Alejandría*, c. 1530. Tal vez retrato de Catalina de Austria, reina de Portugal, Museo del Prado.

En el Museo del Prado se custodia una pintura de Antonio Moro que refleja a Catalina, de pie junto a una mesa con un pergamino doblado para presentarla como soberana. El flamenco la realizó durante su estancia en Portugal.

También fue captada de manera alegórica, como *Santa Catalina de Alejandría*. Quizás, al unísono que el portugués captó a la mártir del siglo IV, quiso plasmar con óleo sobre tabla a la infanta con la corona, la rueda dentada y la espada luciendo el nombre del artista. Claves de la iconografía que a la infanta castellana le pudo enseñar Juana, que en no pocas facetas fue mártir.

15.5. LA NIETA JESUITA

La infanta Juana de Austria, hija de Carlos V, desde niña supo el significado de la palabra austeridad. Castilla soportaba grandes cargas tributarias. Nunca deseó vestidos ni joyas, tampoco comprendió el ansia de porcelanas y productos exóticos de la dinastía portuguesa, pero su padre quiso convertirla en reina. La boda se celebró por poderes en el enclave zamorano el 11 de enero de 1552. El novio tenía dos años menos. El enlace la volvió huraña, pues el candidato padecía incontinencia sexual. El embajador español en Lisboa informaba al emperador de que «Juana se muestra casi siempre rostrituerta» y, para preservar la salud, los médicos redujeron los encuentros de los cónyuges.

Por ruego de sus suegros, los monarcas lusitanos, Juan III y Catalina de Austria (la hija de Juana la Loca), el padre Borja acudiría a verla a Lisboa en 1553. El hombre que había cuidado su espíritu en Castilla logró levantarle el ánimo. En la audiencia, le entregó un regalo especial: la baraja piadosa que había creado para ella.

Al poco, el 2 de enero de 1554, la infanta castellana se quedó viuda por culpa de la tuberculosis, aunque se le ocultó la pérdida para no perjudicar a su embarazo. El 20 de enero de 1554 dio a luz a su único hijo, Sebastián, al que tuvo que abandonar con unos meses de vida para regresar a Castilla cuando su hermano Felipe marchaba a Londres para casarse con su tía María Tudor, sobrina de Juana por ser hija de Catalina de Aragón. Igual que había aceptado un matrimonio de conveniencia, debía asumir el trayecto de vuelta. Cuentan las crónicas que, mientras se preparaba el retorno, enflaquecía y, en un oratorio, permanecía rezando y llorando, como si presagiara que no iba a ver más al retoño.

Fue el príncipe Felipe quien propuso que Juana se hiciera cargo de la regencia. Estimaba que se ganaría tanto el respeto de la nobleza castellana como de la aragonesa, pero a Carlos V, que pensaba retirarse en Yuste, le costó aceptarlo por dos razones: la extrema juventud de Juana y su carácter independiente. Siendo una mujer muy bella, la descripción que más se reitera es la de «varonil», exactamente por su firmeza, como le pasaba a su bisabuela, Isabel la Católica. Al término, Juana se convirtió en regente, pero Felipe II tuvo que dar la razón a su padre en numerosas ocasiones: Juana se resistió a la política fiscal agresiva aplicada a Castilla y, a nivel internacional, apoyó una campaña activa en el norte de África que se saldó con la derrota de Mostaganem (1558).

También el joven rey Sebastián creció bajo la guía de los jesuitas. Fue un místico que dedicaba largas jornadas a la caza. Se convenció a sí mismo de que era un gran capitán de Jesús inmerso en una gloriosa cruzada contra la expansión turca en el norte de África, no se interesó por mujeres ni aceptó que se concertara el matrimonio con su prima

Isabel Clara Eugenia y, al alcanzar la edad adulta, organizó una expedición contra Fez. «Tiene buena y santa intención, pero poca madurez», expuso Felipe II al embajador imperial Khevenhüller al enterarse de que se bajaba a Marruecos con la flor y nata de la nobleza portuguesa.

La razón de Estado se impuso sobre el corazón de madre; la correspondencia y los retratos del heredero a diferentes edades mantuvieron vivo el cordón umbilical a ambos lados de la raya. Sebastián quedó al cuidado de la abuela paterna y, lamentablemente, perecería en 1578, con 24 años, en la batalla de Alcazarquivir. En el plano político, esto supuso que España se anexionara Portugal hasta 1668.

En lo que respecta a su vocación religiosa, Juana había hecho propósito de ingresar como franciscana, mas empezó a abrigar la idea de hacerse jesuita en el verano de 1554. No faltaron los rumores que trataron de mancillar su honor hablando, equivocadamente, de un desliz con su director espiritual, Borja, con el fin de restar poder a uno y a otra.

El ingreso en la Compañía de Jesús, pese a que Ignacio de Loyola no quería una rama femenina, fue muy rápido. No se creó una sección de mujeres, sino que entró con nombre de varón. Tuvo que disolver sus antiguos votos y, ante la solicitud de Francisco de Borja, la cúpula de la congregación aceptó a la aristócrata.

La petición era altamente irregular, pero no se podía dejar caer en el olvido, por lo que le permitieron pronunciar los votos de pobreza, castidad y obediencia como escolar de la Compañía, de acuerdo con el contenido de la parte quinta de las Constituciones. Sin embargo, por cuestión de sexo, no se aludió a su auténtica identidad, ya que la aspirante se había presentado con el seudónimo de Mateo Sánchez (luego Montoya). Falleció en el Monasterio de El

Escorial en 1573, aunque fue enterrada en el Convento de las Descalzas Reales de Madrid, en un sepulcro realizado por Pompeo Leoni.

15.6. LAS ABUELAS

Emocionalmente las abuelas son decisivas en la crianza de los hijos pero, ¿hasta qué punto sus abuelas marcaron el legado de Juana? La primera a la que tenemos que remontarnos es a su tatarabuela paterna, la bisabuela de Fernando el Católico. Se llamaba también Juana, nació en Guadalajara hacia 1352 y fue conocida como la Ricahembra.

Era hija de Pedro González de Mendoza, noveno señor de Mendoza, y hermana de Diego Hurtado de Mendoza (almirante mayor de Castilla). Contrajo matrimonio en primeras nupcias con 20 años, con Diego Gómez Manrique de Lara, hijo de Garci II Fernández Manrique de Lara y de Teresa Vázquez de Toledo y Carrillo, tercer señor de Treviño. Diego y Juana fueron padres de Pedro Manrique de Lara y Mendoza (1381-1440). Enviudó de su primer marido y tuvo la mala fortuna de quedarse huérfana al mismo tiempo a causa de la batalla de Aljubarrota en agosto de 1385. Su padre y su marido cayeron luchando al lado de Juan I y ella se retiró a Guadalajara con su hijo.

El monarca quería que se casara de nuevo, sin embargo, ella rechazaba a todos los candidatos. Contrajo un segundo matrimonio con Alonso Enríquez de Castilla, con quien tuvo una descendencia numerosa, en concreto doce hijos. La primera vez que lo vio, cuando se presentó a interceder por sí mismo, iba disfrazado de paje. Era hijo del infante Fadrique (hermano gemelo de Enrique de Trastámara, que reinó como Enrique II de Castilla y fue el primero de la casa Trastámara en el trono) y de una conversa. A sus argumentos, Juana respondió que «jamás se casaría con el hijo de una marrana», y Alonso Enríquez, ofendido, le abofeteó la cara. Ello bastó para conquistar a la Ricahembra, que aceptó casarse para que «no se dijese que hombre alguno había puesto la mano en ella no siendo su marido». Resulta espeluznante la mentalidad...

En la noche del 22 de enero de 1431 realizó testamento en Palacios de Campos (Valladolid) y en el documento se refleja su enorme riqueza. Mandó que su cuerpo fuese sepultado en el hábito de san Francisco en el Monasterio de Santa Clara (Palencia), ante el altar de la capilla mayor que mandó erigir. Pidió que «ninguno sea osado de hacer llanto por mí». Falleció a los dos días, con 70 años. Los datos sobre su muerte figuran en la Crónica del Halconero, compuesta en dos fases en la primera mitad del siglo XV: «Esta era la más enparentada dueña que había en Castilla y más generosa y (que) mayor casa y estado trajese a la sazón en Castilla y muy buena».

Nuestra Juana, la tataranieta de la Ricahembra de Guadalajara, pasó la infancia con sus hermanos mayores, Isabel y Juan, pero sobre todo distrayéndose con sus hermanas menores, María y Catalina, como compañeras de juegos. A su abuela paterna, Juana Enríquez, no la conoció porque murió en 1468 en Tarragona. Era hija de Fadrique Enríquez, almirante de Castilla, y de su primera esposa, Marina Fernández de Córdoba, señora de Casarrubios del Monte (Toledo).

La abuela materna de Juana, Isabel de Portugal, padecía demencia. Con 19 años la habían casado con el rey de Castilla, Juan II, de 42, que se había quedado viudo de María, la hija de Fernando I de Antequera, el rey de Aragón. Juan II tenía un hijo, Enrique IV, de 22 años en 1447 cuando él se casó en segundas nupcias en Madrigal de las Altas Torres (Ávila). El marqués de Santillana le dedicó a la reina una Canción en la que cita al pintor Giotto. Los siete años de matrimonio estuvieron marcados por los disgustos del hijo mayor, Enrique, y también por las intrigas, pues Isabel contribuyó a la caída de Álvaro de Luna, condestable de Castilla, maestre de la orden de Santiago y valido de su marido.

Don Álvaro había sido primero su protector, la trajo a Castilla para convertirla en reina, pero luego ella pasó de la simpatía al odio con él, siendo decapitado por orden regia en 1452 a instigación de Isabel. Su papel en el proceso recuerda a la saña de Salomé, la hijastra de Herodes, en el martirio de san Juan Bautista.

Debió de haber amor entre Isabel y su esposo, pues cuando Juan II muere en Valladolid en 1454 deja estipulado en su testamento que ella sea la tutora y administradora:

> Mando que la dicha Reyna, mi mujer, sea Tutriz y administrador de los dichos Infantes don Alfonso y doña Isabel, mis hijos e suyos, e de sus bienes, fasta tanto aquel dicho Infante sea de edad cumplida de catorce años, e la dicha Infante, de doce años e que los rija e administre con acuerdo e consejo de los dichos Obispos de Cuenca e Prior fray Gonzalo mis confesores e del mi Consejo (...) E quiero y mando que los dichos Infantes mis hijos se críen en aquel logar o logares que ordenase la dicha Reyna mi muy cara e muy amada mujer.

La reina viuda tenía el señorío de la ciudad de Cuenca y las villas de Arévalo y Madrigal. Tras la muerte de Enrique

IV, Isabel sintió tanto la pérdida de su esposo que empezó a manifestar una enajenación mental, por lo que fue confinada junto a sus dos hijos y un pequeño número de criados en las Casas Reales de Arévalo.

La madre de la reina, Isabel de Barcelos, a la sazón abuela de la Católica, se fue a vivir con ellos a Arévalo para atender la casa, debido a la «creciente locura de su hija causada por la muerte de su esposo». Sin embargo, la propia Isabel de Portugal, luego abuela de Juana la Loca, parece rebatir al cronista cuando en su testamento declara: «Y en mi juicio y seso natural cual Dios me lo quiso dar...». El caso es que la madre de Isabel la Católica fue conocida como «la loca de Arévalo».

Aseguraba la rumorología que, con la lusitana, había cogido aires de «locura» la estirpe Trastámara. Juana de Castilla no pudo conocer a su abuela paterna, que había fallecido once años antes de que ella naciera, pero sí a su abuela materna, apodada «la reina maldita», que murió en agosto de 1496, dos meses antes de que ella se casara con Felipe el Hermoso. En esos momentos la nieta todavía no había dado muestra alguna de tener trastorno mental.

Según estudios genéticos realizados por el Instituto Nacional de Ciencias de la Salud Ambiental con sede en Carolina del Norte, Estados Unidos, y científicos de la Universidad de Cambridge, en Reino Unido, las mujeres heredan su información genética y su temperamento de parte de sus abuelas maternas. Las abuelas maternas transmiten el 25 % de sus cromosomas X a todos sus nietos, lo que les permitirá heredar sus genes. Las mujeres heredan la genética y el temperamento de sus abuelas maternas. Sin embargo, las abuelas paternas solo transmiten sus cromosomas X a sus nietas, pero no a sus nietos.

Juana tuvo 37 nietos, y de ellos dos se llamaron Juana, siendo ambas archiduquesas de Austria: la hija de Carlos V que nació en Madrid fue princesa de Portugal por matrimonio y regente de la monarquía hispánica (1554-1559), y la hija menor (1547-1578) de los 15 vástagos que tuvo Fernando, la cual nació en Praga y se casó con Francisco I de Médicis, gran duque de Toscana.

Por otro lado, una de las hijas de Juana (de Praga) y nieta, por tanto, de Fernando fue María, esposa del rey Enrique IV de Francia. A este monarca galo es al que se le obligó a abjurar, para salvar su vida, durante la matanza de San Bartolomé en 1572. Pronunció la famosa frase «París bien vale una misa». Su madre sería Juana de Albret, la soberana que impuso el calvinismo en la Baja Navarra y en sus Estados, y él sería el primer rey Borbón de Francia.

El legado vital de Juana llegaría hasta Polonia y más allá. Catalina de Habsburgo, hija también de Fernando I, fue reina de Polonia. Y entre sus herederas Juana La Cuerda tuvo una nieta reina de Polonia y de Suecia a la vez, Ana de Habsburgo, que sería la primera esposa de Segismundo III Vasa. No fue la única vez en que al trono de Polonia llegaba el parentesco con la Península Ibérica pues Riquilda, de la casa Piast de Silesia, nacida es Breslavia en 1140, se casó con Alfonso VII de León y más adelante, en el XVIII, Carlos III desposó a María Amalia de Sajonia, princesa de Polonia.

En la literatura del Siglo de Oro quedaría la impronta de Polonia a través del príncipe Segismundo en *La vida es sueño*, de Calderón de la Barca, la obra que los sefardíes representaban en las bodas durante su exilio en los Países Bajos.

La sangre de los Habsburgo en sus diferentes ramas gobernaría en Europa hasta 1918 con la disolución del imperio austro-húngaro tras la Primera Guerra Mundial. En 2004 Juan Pablo II beatificó al último emperador, Carlos I, y fijó su fiesta el 21 de octubre, el día de su matrimonio con Zita de Borbón-Parma, declarada sierva de Dios. De hecho, confesó en una ocasión que se llamaba Karol por la admiración de su padre, cuyo nombre era también este, por el emperador, del que había sido soldado.

Todo comenzó con una boda, la de Juana, con Felipe de Habsburgo.

Hablábamos al inicio del libro de cómo los personajes buscan a la escritora y le piden que narre su historia. La sorpresa me ha acompañado durante los años en que he estado investigando a Juana. Los retratos se me han ido presentando en momentos trascendentales para mostrar los recovecos de sus formas de ser. A las visitas a instituciones y centros de cultura para reconstruir su biografía a través de los legajos, se han sumado instantes en que me he quedado impactada al percatarme de que me encontraba en un lugar vinculado de algún modo con Juana. Eso me sucedió en la estancia que, como Profesoras Erasmus Plus, Laura Lara y yo desarrollamos en Nysa, en la University of Applied Sciences. Como Teachers, en el Carolinum trabajamos en las aulas dando clase de Historia en este Instituto de Secundaria creado en 1623, e impartimos docencia en inglés de Historia del Arte del Siglo de Oro en Zespół Szkół i Placówek Artystycznych (Complejo de Escuelas e Instituciones Artísticas en Nysa), así como de Español y de Etnografía en Diecezjalna Szkoła Podstawowa i Liceum Humanistyczne (Escuela Primaria Diocesana y Liceo Humanístico).

Y he aquí la paradoja, pues terminé de componer este libro en Polonia, en la monumental biblioteca del Carolinum, sentada en el escritorio enfrente de los cuadros de Carlos de Habsburgo y de Carlos Fernando Vasa, príncipes-obispos de Breslavia, que impulsaron la obra de los jesuitas. Los abuelos paternos de Carlos de Habsburgo y de la madre de Carlos Vasa, Constanza de Habsburgo, eran el emperador Fernando I (nacido en Alcalá de Henares) y Ana de Bohemia y Hungría. El corazón de Carlos de Habsburgo está en Nysa y su cuerpo reposa en el monasterio de El Escorial. Constanza, la que sería madre de Carlos Vasa, fue la segunda esposa del ya mentado Segismundo III, rey de Polonia y de Suecia, fallecido en 1632, tres años antes del estreno de *La vida es sueño*, cuyo argumento transcurre como hemos explicado en Polonia.

En resumen, Carlos de Habsburgo y Carlos Vasa, los fundadores del Carolinum donde acabé de escribir esta obra, eran bisnieto y tataranieto de Juana, la Reina Cuerda.

Biblioteca del Carolinum de Nysa, con los retratos de
Carlos Fernando Vasa y Carlos de Habsburgo.

16. ¿REINA DE INGLATERRA?

Las islas británicas llamaban a Juana desde hacía tiempo. En 1489 el rey de Escocia hizo un intento de casarse con ella.[59] Jacobo IV había llegado al trono en 1488, con quince años, después de derrocar a su padre, Jacobo III, en un levantamiento armado de la nobleza. La madre de Jacobo IV era Margarita de Dinamarca; en sus nupcias había entregado como prenda las islas Órcadas y las islas Shetland, que pertenecían a la corona de Noruega. Margarita había muerto en 1486 y Jacobo III cayó en combate el 11 de junio de 1488.

Pero habría que esperar a mediados de los años 90 del siglo xv para que se firmaran las capitulaciones matrimoniales de Juana, aunque el agraciado no sería Jacobo IV, sino Felipe el Hermoso, que todavía no se había ganado el título.

Y, después, Inglaterra seguiría en la mente de Juana como símbolo de tristeza, por tratar de evitar una nueva boda para sí misma y por las calamidades de su hermana

---

59   AGS, PR, 52-91.

Catalina, pero a la larga como alegría, pues los jardines y la música popular recuerdan a ambas chicas.

En la historia contemporánea de Gran Bretaña ha habido mujeres de la realeza con comportamientos extravagantes y obsesivos, sin embargo, afortunadamente no se ha puesto el sobrenombre de «loca» a ninguna de ellas. El entretenimiento de los dardos tiene como primera referencia histórica el año 1314 cuando, entre batalla y batalla, los soldados empezaron a practicar lanzamientos sobre troncos en los que se percibían los anillos concéntricos. Ninguna persona debería soportar ser diana de los dardos y, por desgracia, Juana lo lleva siendo durante más de 500 años.

16.1. EL ESTUCHE DEL ALMA

En el verano de 1496, cuando la armada que llevaba a Juana al encuentro de Felipe para casarse tuvo que recalar en Portsmouth, el rey de Inglaterra, Enrique VII, parece que sintió curiosidad por aquella princesa agraciada y tenaz que no parecía inquietarse por nada. Y, aunque el protocolo no permitía la visita porque no había una razón de Estado, se especula con que el fundador de la dinastía Tudor, con sigilo, se las ingenió para divisarla pues, en 1488, había concertado el matrimonio de su primogénito, Arturo, de dos años de edad, con Catalina de Aragón, la benjamina de los Reyes Católicos, de tres años.

Juana tenía 16 años y a Enrique VII le impresionó aquel cuerpo que era «estuche del alma» y también le causó impacto el «misterio interior» que albergaba aquella dama. Parecen expresiones que evocan el pensamiento del discípulo de Sócrates, pero es que a Enrique VII se le quedó Juana como amor platónico.

Pasado el tiempo, viudos los dos y habiéndose ya propagado el rumor de que ella estaba loca, Enrique VII quiso desposar a Juana, aunque se interpuso Fernando. Enrique VII tenía 22 años más que Juana. Era el suegro de su hermana Catalina, que en 1501 se había casado con el príncipe de Gales, Arturo Tudor. Pero el matrimonio de Catalina y Arturo solo había durado unos meses, desde que se dieron el «sí quiero» el 14 de noviembre de 1501 en la Catedral de San Pablo de Londres hasta la muerte de Arturo el 2 de abril de 1502. Se propagó la noticia de que era virgen porque el matrimonio no se había consumado.

Isabel de York, esposa de Enrique VII, fallecía el 11 de febrero de 1503, diez meses después de enterrar a su hijo Arturo y solo una semana después de dar a luz a su séptimo vástago, una niña llamada también Catalina que pereció al poco de nacer.

La partida de Isabel de York suponía que solo habían sobrevivido cuatro hijos del matrimonio, tres de ellos niñas, y que el futuro de la familia Tudor dependía de un niño, de doce años, Enrique. A Enrique VII le había causado buena sensación su nuera y se ofreció a casarse con ella para no devolver la dote, aunque solo había recibido la mitad.

16.2. CUÑADA DE ENRIQUE VIII

El deseo de Enrique VII no se vio cumplido. El 23 de junio de 1503 se acordó casar a Catalina con el segundo hijo de este, el futuro Enrique VIII, que entonces era duque de

York y tenía cinco años menos que Catalina. El acuerdo recogía que la princesa debía permanecer en Inglaterra y ser casta hasta sus próximas nupcias; además, viviría de una subvención otorgada por Enrique VII que le era insuficiente. Con respecto a las joyas y dote que había presentado Catalina, sus padres le prohibieron utilizarlas.

Vivía como prisionera en Durham House. Fernando no enviaba dinero a Catalina básicamente porque no tenía de sobra, así que la infanta de Aragón vestía con ropa raída y comía pescado mal sazonado, aunque los cubiertos eran de plata. Como le costaba reunir dinero para mantener a sus damas de compañía y a sí misma, en 1507 sirvió como embajadora española en Inglaterra, siendo la primera mujer diplomática de la historia europea.

La boda con el hermano de Arturo dependía de la concesión de una dispensa papal porque el derecho canónico prohibía que un hombre se casara con la viuda de su hermano; el levirato no estaba bien visto. Catalina testificó que su matrimonio con Arturo no se había consumado debido a la juventud y al carácter enfermizo del príncipe, hecho que fue certificado por el papa Julio II.

El trato de Catalina con su suegro no debió de ser fácil. En cartas con su padre, Catalina confiesa: «Yo elijo en lo que creo, y no digo nada. Pues no soy tan simple como parezco». Enrique VII pensó que Catalina era más fácil de manejar, pero ella mostró su carácter. Desde la muerte de su madre, «su mano» se había devaluado, pues el reino de Castilla, el más poderoso de la península, lo había heredado su hermana Juana.

El 11 de junio de 1509, Catalina de Aragón se casó con Enrique VIII en una ceremonia privada en la Iglesia de Greenwich. El 23 de junio, día previo a la coronación, la pareja pasó la noche en la Torre de Londres. Allí, más tarde, serían decapitadas la segunda y la quinta de las seis esposas de Enrique VIII: Ana Bolena y Catalina Howard. El divorcio de Catalina de Aragón supondría la ruptura de la Iglesia de Inglaterra con Roma y el surgimiento del anglicanismo mediante el Acta de Supremacía (1534), que elevaba a Enrique VIII a cabeza de los fieles.

A Juana no le faltó ningún requerimiento para librarse del purgatorio, pues incluso le tocó ser cuñada del terrible Enrique VIII.

16.3. CATALINA COMO CELESTINA

Volviendo atrás en el tiempo al enlace que Enrique VII quiso mantener con Juana, el monarca inglés tuvo la oportunidad de volver a saber de ella durante su visita en enero de 1506, cuando la armada flamenca que la llevaba, junto con Felipe el Hermoso, arribó en las playas inglesas.

Uno de los testigos del encuentro que tuvo lugar cerca del Castillo de Windsor, William Makefyrr, describió en una carta dirigida a mercaderes londinenses cómo iban ataviados tanto Enrique VII como Felipe el Hermoso. A pesar de ser Juana la reina, es la gran ausente de la crónica, posiblemente en este caso no porque la quisieran borrar, sino porque debido al enfado con su marido permaneció más tiempo en el barco.

Enrique llegó montado en un caballo bayo, ataviado con un manto y capucha de terciopelo de color púrpura, reluciendo una cadena de diamantes. Le acompañaba un séquito de nobles ingleses lujosamente vestidos. Por su parte, Felipe iba a lomos de un caballo alazán que le había regalado Enrique. Tanto el traje de Felipe como los aparejos eran negros, dando un aire de pobreza con respecto al cortejo inglés. Sin embargo, Makefyrr se quedó asombrado al ver las habitaciones del rey de Castilla, repletas de ricos tapices.

La belleza de la archiduquesa de Austria nuevamente no pasó desapercibida a los ojos del rey, que estaba a punto de cumplir 50 años. Al enterarse de que se había quedado viuda, el soberano sintió atracción por la idea de que había vivido entregada a su marido, y también por el hecho de que Juana engendraba con facilidad niños sanos. Él era un hombre calvo, sin dientes y con mal aliento, nada que ver con la carta de presentación de Felipe cuando Juana se desplazó desde Laredo para casarse. Recordemos que, supuestamente, la había visto entonces, una década antes, cuando recaló en Portsmouth.

Aunque las edades eran discordantes, Catalina, la princesa viuda de Gales, apoyó el matrimonio de su hermana con su suegro Enrique. Animaba a Juana con estas palabras: «No dudo (…) [que] será V[uestra] Alteza la mas alta y mas poderosa Reina del mundo». Pero, como Catalina vivía en una estrechez tan asfixiante desde que murió Arturo, su primer esposo, en 1502, puede que su opinión estuviera condicionada por el miedo a las represalias si Juana o Fernando daban una negativa al enlace.

En una epístola a su padre, el 4 de octubre de 1507, expresaba: «Agora con este cebo (…) están enmendadas sus muestras (…)», es decir, que la trataban algo mejor desde que Enrique tenía la aspiración a casarse con Juana. No obstante, cuando Enrique VII recibió la negativa, animó a Maximiliano a que actuara contra Fernando, a quien llamó desde entonces «el usurpador de Castilla». El embajador inglés John Stile confirmó que Juana, muy lejos de retirarse voluntariamente en Tordesillas, estaba encerrada por decisión de su padre. El monarca inglés no llegó a leer la carta.

El 21 de abril de 1509 falleció Enrique VII. En la primavera se casaron Enrique VIII y Catalina y, poco después, fueron coronados en una solemne ceremonia en la Abadía de Westminster por el arzobispo de Canterbury. La reina gozaba de un enorme prestigio por parte del pueblo inglés y actuaba como regente en momentos que Enrique VIII debía ausentarse del territorio.

16.4. UNA CANCIÓN DE CORRO

En Inglaterra siguieron acordándose de Juana. En 1555 su sobrina, la reina Mary I, hija de Catalina y mujer de Felipe II, organizó unas exequias concediéndole los máximos honores. Pero la memoria de Juana pervive hoy, no solo en su familia, sino en la cultura popular inglesa. Nos referimos a la letra de una célebre canción infantil:

> *I had a little nut tree,*
> *nothing would it bear*
> *but a silver nutmeg*
> *and a golden pear.*
> *The King of Spain's daughter*
> *came to visit me,*
> *and all for the sake*
> *of my little nut tree*
> *I skipped over water,*
> *I danced over sea,*
> *and all the birds in the air*
> *couldn't catch me.*

En el texto no se menciona a Juana, pero puede aludir a un espíritu nostálgico. ¿Es Catalina o su hermana? Porque con Catalina de Aragón se desarrolló el arte de los jardines en Inglaterra:

> Tenía un pequeño árbol de nueces,
> nada soportaría,
> solo una nuez moscada plateada
> y una pera dorada.
> La hija del rey de España
> vino a visitarme,
> y todo por el bien
> de mi arbolito de nueces
> salté al agua,
> bailé sobre el mar,
> y todos los pájaros en el aire
> no pudieron atraparme.

La primera referencia que poseemos de esta canción es de finales del siglo XVIII porque podría aludir a otras «princesas de España». No obstante, James Orchard Halliwell, especialista en las obras de Shakespeare, insiste en que es mucho más antigua y que se refiere a la visita de Juana I a Inglaterra en 1506.

Las dos hermanas, Juana y Catalina, vivirían experiencias conyugales bastante parecidas, bien por la indiferencia o por el repudio, siendo el encierro y la traición situaciones que les tocaría padecer a pesar de haber sido criadas en la virtud y en el respeto del otro, en la fe y en el humanismo.

Anónimo, *Catalina de Aragón*, siglo XVII.
Estampa impresa en Rotterdam. BDH.

16.5. LAS OBSESIONES DE VICTORIA

En Inglaterra hallamos dependencias emocionales y des-
encuentros entre madre e hijos en el siglo XIX. En primer
lugar hablaremos de la princesa Vicky y de su progenitora,
Victoria, la primera emperatriz de la India.

Cuando nació la niña el 21 de noviembre de 1840, sus
padres, Victoria y Alberto, esperaban un varón, quedán-
dose «decepcionados». En lo sucesivo la reina dio a su hija

una educación muy rígida. Con 18 meses empezó a aprender francés y, con cuatro años, hablaba alemán.

La mujer no mostraba tener apego a la pequeña, de hecho, cuando la criatura le mordía los brazaletes porque tenía molestias de la dentición, ella pensaba que era por falta de formación. Después llegó el momento de buscarle marido. Desde los once años se trató de elegir quién sería su novio y el afortunado fue el príncipe Federico Guillermo, heredero del reino de Prusia, pues era nieto del príncipe Guillermo, que actuaba como regente de su incapacitado hermano, Federico Guillermo IV de Prusia. Tenían 11 años Vicky, y 19, Federico Guillermo.

La familia de él no estaba por la labor de tener una soberana con sangre inglesa, cuya monarquía constitucional se estimaba débil frente a los planteamientos germánicos. Tras muchos forcejeos, pues los padres del futuro marido (Guillermo I, rey de Prusia, y Augusta) se mostraban reacios, se celebró el enlace, no en Berlín como los suegros querían, sino en Londres, en el Palacio de St. James.

Victoria se trasladó a Berlín con su esposo y empezó a llevar un horario inflexible, con una agenda apretada de actos. Se quedó embarazada y tuvo un parto muy difícil. El niño nació el 27 de enero de 1859, se le puso por nombre Guillermo. Fue el nieto mayor de la reina Victoria. Por las complicaciones del alumbramiento tenía daños en el brazo izquierdo. Y Victoria se sintió culpable de no haber dado a luz a un heredero fuerte. La pareja ocultó durante cuatro meses a los padres de ella la situación, pues estaban afrontando una especie de trauma. Posteriormente, la princesa tendría ocho hijos más en partos más fáciles, aunque Segismundo murió con 21 meses por meningitis.

Victoria se obsesionó con «sanar» a su hijo Guillermo y le obligaba a darse «baños de animales» en agua llena de intestinos. El primogénito de la princesa Victoria sería Guillermo II, el último emperador alemán y rey de Prusia. Llegó al trono en 1888, el año de los tres emperadores, pues murieron con pocos meses de diferencia su padre, Federico III, y su abuelo, Guillermo I. Federico III y Victoria solo reinaron 99 días.

Los tratamientos experimentados durante la infancia le dejaron secuelas y tuvo una autoestima frágil, alternando períodos hiperactivos con fases depresivas. La primera decisión de Guillermo II fue destituir a Bismarck. Con su madre no se portó muy bien pues, cuando se quedó viuda, mandó que la guardia rodeara el Neues Palais e impidiera a todas las personas salir y entrar; además, se registraron las habitaciones de Vicky, pues el nuevo káiser temía que mandara documentos a Inglaterra. Victoria viviría hasta 1901 y su hijo no pudo mantenerse en el poder: tuvo que abdicar en 1918, al acabar la Primera Guerra Mundial.

Pero volvemos a Londres y a la historia de la abuela Victoria, a quien nunca le gustaron demasiado los niños. Sin embargo, el 14 de abril de 1857 (17 años después del nacimiento de Vicky), cuando vino al mundo el noveno de sus hijos la historia fue diferente. La niña fue bautizada con el nombre de Beatriz, aunque fue apodada Baby, y se convirtió en su favorita, hasta el punto de convertirse en su sombra, especialmente desde 1861, cuando murió su marido. Si la mayor fue la menos querida de los hijos de Victoria, la benjamina, resultó casi asfixiada por el exceso de protección. Dijo que no se casaría para estar al lado de su progenitora y cuando se casó fue con el consentimiento de esta, que puso la cláusula de que se mudaran con ella.

La boda con el príncipe Enrique de Battenberg tuvo lugar en la isla de Wight el 23 de julio de 1885. Victoria pasó mal la luna de miel pensando que su hija perdería la inocencia, después Enrique quiso irse con el ejército para escapar del control y tuvo aventuras extramatrimoniales. La pareja tuvo cuatro hijos. Beatriz sufrió por los celos y la noticia de la muerte de Enrique por malaria en enero de 1896 le llegó estando en Madeira. La emperatriz le construyó un cuarto oscuro para que cultivara su afición por la fotografía, a la vez que mantenía el archivo en orden, pues era la historiadora de la familia. Hubo amistades de su madre que dieron que hablar bastante, como sus confidencias con el indio musulmán Abdul Karim y el posible romance con el sirviente escocés John Brown. Beatriz censuró los diarios y se mantuvo al lado de su progenitora hasta la muerte de esta el 22 de enero de 1901.

Fue hija de Beatriz la reina de España Victoria Eugenia de Battenberg, casada en 1906 con Alfonso XIII. Esta soberana padeció también a causa de las infidelidades de su marido, así como tuvo que afrontar la hemofilia en sus hijos, «la enfermedad real». Beatriz moriría en Brantridge Park el 26 de octubre de 1944, mientras dormía. Felipe VI, el rey de España, es tataranieto de la princesa Victoria, por vía materna, y cuadrinieto de la princesa Beatriz, por vía paterna.

Ni a Victoria ni a sus hijas las llamaremos «locas», lo cual muestra la madurez de la sociedad con el paso del tiempo y abre la puerta a pensar si la hispanofobia no fue un acicate, no para el surgimiento, pero sí para el mantenimiento de las acusación a Juana. También la gripe de 1918 fue denominada erróneamente «española» y, desde 2015, la

Organización Mundial de la Salud prohibió poner vinculación con país, grupo o persona a las enfermedades.

A lo largo de las décadas, podemos comprobar que la leyenda Negra, orquestada injustamente contra Felipe II, se ha proyectado sobre otros capítulos precedentes o ulteriores de la historia de nuestra nación. La causa de la rápida propagación de estas difamaciones puede ser que, a pesar de las reacciones de los intelectuales y de las innumerables páginas escritas para desmontar los bulos, el poder político en España no ha elaborado una respuesta unánime.

17. EL RASTRO EN LOS LEGAJOS

En la Edad Moderna, la oralidad tenía un peso mayor de lo que podamos imaginar. Cierto es que no había dispositivos para transmitir la voz, pero el 75 % de la población era analfabeta y de boca en boca corrían las noticias. En los ambientes cortesanos existía costumbre de llevar control preciso de todos los movimientos, dejando transcritas conversaciones y anotadas todas las cuentas. Sin embargo, las guerras y la desidia han sido causa de la pérdida de buena parte del patrimonio documental.

Como hemos indicado en las primeras líneas de este libro, un problema para reconstruir la vida de Juana procede de la escasa documentación directa, en la que pueda trascender el yo. ¿Genera escritos una persona «secuestrada»? Si sus carceleros no le dejaban hablar con nadie, en caso de redactar textos, ¿iban a conservar sus papeles? Respecto a las personas que la rodearon hay muchas ausencias, por ejemplo, no quedan las epístolas entre Fernando el Católico y Luis Ferrer, pero tuvo que haberlas.

Carlos V pudo ocuparse de destruir los datos una vez que aplastó el movimiento comunero. La fundación del Archivo de Simancas tuvo lugar en 1540 cuando Carlos V, mediante una cédula que se guarda en Bruselas, estableció la creación de un archivo oficial de la corona de Castilla en el castillo vallisoletano. Habría que esperar a su hijo, Felipe II, para contar con una instrucción para el gobierno del archivo, la cual data de 1588, justo el año del fracaso de la denominada por los ingleses como Armada Invencible.

Pero si incluso Felipe II, pese a su afán de reunir copia de todo y la comprensión que tuvo hacia su abuela, procedió a la quema de papeles, ¡qué no haría Carlos!, que «debía» ocultar la anulación de la voluntad de su madre.[60]

17.1. LA REINA Y LA MUJER EN LOS ARCHIVOS

Las fuentes primarias que se tienen acerca de la biografía de Juana son de dos tipos: sobre su actividad pública (aunque de su participación directa como reina no queda nada, pues la tenían confinada), y como persona. El primer grupo de fuentes se encuentra localizado en el Archivo General de Simancas, básicamente en las secciones de Patrimonio Real y Consejo de Estado.

A partir de los legajos de Patrimonio Real puede estudiarse un amplio abanico de aspectos de Juana, desde las capitulaciones matrimoniales de 1495 hasta la concordia de Villafáfila de 1506, pasando por los primeros rumores

---

60   RODRÍGUEZ DE DIEGO, José Luis: «La huella documental de una reina sin gobierno», en ZALAMA RODRÍGUEZ, Miguel Ángel (dir.): *Juana I en Tordesillas: su mundo, su entorno*, 2010, pp. 27-44.

de locura en la corte borgoñona, los informes de emisarios de los Reyes Católicos, como el confesor Matienzo llegados a Flandes para espiar, los encontronazos de Juana con sus padres en su regreso a la península ibérica y las reticencias de Felipe el Hermoso a la influencia de su suegro en Castilla una vez viudo.

La documentación posterior a la muerte de Felipe se encuentra en Simancas en los fondos del Consejo de Estado, por dos razones: entonces la figura de Juana ya no encajaba en la serie dedicada a relaciones entre dinastías, como hasta el momento de quedarse viuda, sino que lo que importaba era el gobierno de los reinos peninsulares, y en segundo lugar debido a la creación del Consejo de Estado al llegar a España Carlos en 1517. En este fondo están la carta de Luis Ferrer y de María de Ulloa, camarera mayor de la reina, al cardenal Cisneros tras morir Fernando el Católico, la correspondencia de los marqueses de Denia con Carlos V, los testimonios del médico de Santa Clara y de los religiosos que hablaron con ella, así como los trámites de las honras fúnebres y el desmantelamiento de su casa.

La serie «Comunidades de Castilla» del Patronato Real incluye los documentos referentes a aquel movimiento. Las cédulas, ejecutorias y provisiones son numerosas, pero los documentos originales fueron firmados por Fernando y de Juana quedan copias simples o traslados autorizados, englobándose en la serie «Diversos de Castilla» del Consejo de la Cámara.

En otro orden de cosas, la vida doméstica de Juana en Tordesillas puede rastrearse en el Archivo General de Simancas en las secciones de Casa Real y de Contaduría Mayor de Cuentas. La casa de la reina abonaba las nóminas y llevaba control hacendístico de los bienes. En el Archivo de la Corona de Aragón encontramos diversas referencias, como el libro del cobro del maridaje en el principado de Cataluña por el matrimonio de la infanta Juana con el archiduque Felipe; data del 5 de abril de 1496.[61] O también el comunicado del rey (Carlos) y de la reina (Juana) a los diputados dándoles su palabra de que la bula encargada sobre la Inquisición del principado estaba emitida, pero no había llegado, a la vez que se les pedía que siguieran pagando el salario de la gente de armas. El escrito fue emitido desde Madrid el 19 de agosto de 1516, cuando ni Juana ni Carlos estaban en dicha ciudad.[62]

Pueden descubrirse informaciones sobre Juana en los archivos nobiliarios españoles, concentrados en el Hospital Tavera en Toledo, en el Archivo de la Fundación Casa de Alba, en la Real Academia de la Historia, así como en el Archivo de la Universidad de Valladolid y en los Archivos Históricos Provinciales y Municipales.

En la Biblioteca Nacional de España hemos podido localizar un breve de Julio II dirigido a Juana y Felipe. Este papa guerrero, que encargó obras a Rafael y a Miguel Ángel, intentó reformar las órdenes monásticas y mendicantes, y aprobó en 1506 la regla definitiva de la Orden de los Mínimos. Creó diócesis en el Nuevo Mundo, así como en 1512 otorgó la bula para la celebración del año jubilar del Monasterio de Santo Toribio de Liébana en Cantabria, siendo desde entonces uno de los lugares santos junto con Roma, Jerusalén, Santiago de Compostela y Caravaca de la Cruz.

---

61   ACA, REAL PATRIMONIO, MAESTRE RACIONAL, Volúmenes, Serie General, 2576.
62   ACA, ACA, GENERALITAT, Serie V, 239, 30.

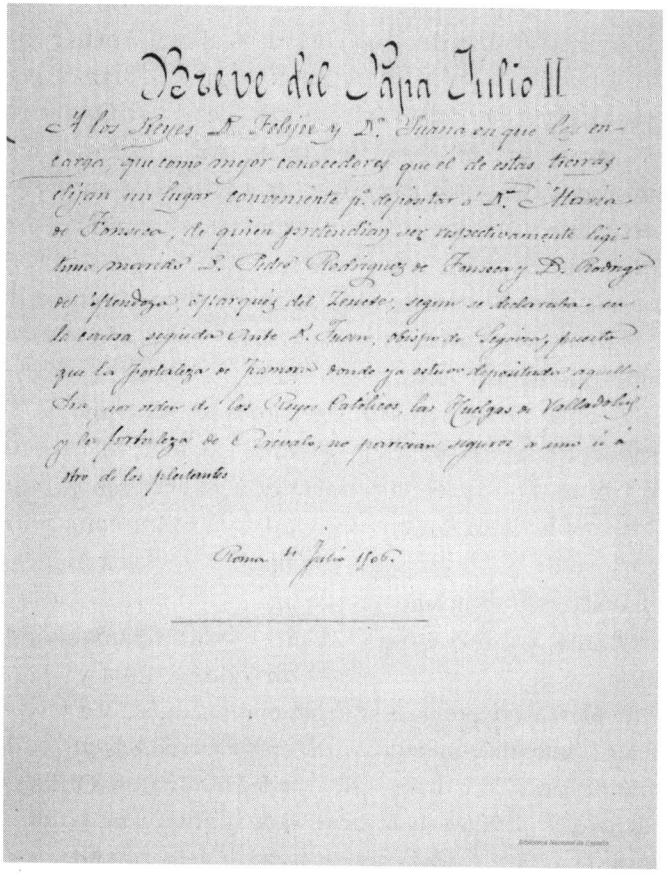

Breve de Julio II a Juana y a Felipe para depositar en lugar adecuado
a María de Fonseca. BDH. RES/226/157PIDbdh0000251549

El 4 de julio de 1506 Julio II otorgó un breve a Juana y
a Felipe para que se depositara en lugar adecuado a Dña.
María de Fonseca durante la causa con el marqués de Cenete
y Pedro R. de Fonseca, que pretendían ser sus maridos.

En el extranjero se pueden encontrar documentos que
hablan de Juana en los Archivos Reales de Bélgica, en el

371

Archivo de Lille y en el Archivo de Viena. Esto se debe tanto a sus años fuera de nuestras fronteras como a las consultas de su hijo, Fernando, futuro emperador, sobre Juana preguntando por su estado cuando se desplazó a Centroeuropa.

Como balance cualitativo, tenemos documentación administrativa, descripciones de sus viajes o impresiones sobre su salud. Es perceptible el contraste entre la vitalidad con la que es presentada en la edad núbil y cuando nacieron sus hijos, y la decrepitud con que empezó a ser descrita al regreso a la península ibérica desde Flandes, no teniendo aún ni siquiera 30 años.

A nivel historiográfico, como fuentes secundarias, se pueden tomar los reportajes fotográficos sobre el sepulcro de Granada o expedientes de censura de películas y libros conservados en el Archivo General de la Administración.

17.2. LEGISLANDO CON UNA VENDA

En los archivos públicos españoles hay más de 280 unidades documentales digitalizadas sobre Juana, según puede comprobarse en la búsqueda avanzada de Pares (Portal de Archivos Españoles del Ministerio de Cultura y Deporte).

Se conserva el autógrafo de la reina, pero también quedan evidencias de su papel como faro o vigía de numerosas decisiones para la gestión del imperio ultramarino, aunque le hubieran puesto una venda en los ojos, pues esos papeles, como la real cédula otorgada a Fernando de Magallanes y Ruy Faleiro para el descubrimiento de la Especiería,[63] no pasaban por su mano.

---

63   AGI, INDIFERENTE, 415, L.1, F.18V-20R.

Hay documentos que prueban cómo la reina estaba omnipresente en la diplomática, a pesar de que no pudiera leer los documentos. Invocar su nombre transmitía seguridad a los administrados y temor a algunos administradores. A modo de muestra, citaremos algunos momentos en que su nombre daba carta de naturaleza a los hechos.

El 9 de marzo de 1510 la soberana prohibía la caza de puercos monteses en Córdoba, Adamuz, Montoro y Almodóvar. La real cédula fue expedida en Madrid, pero Juana no podía salir de Tordesillas.[64] La referencia a los cerdos trae a la imagen la parábola del hijo pródigo, recogida en el Evangelio de san Lucas, donde un joven malgasta la herencia, añora los alimentos que las piaras de su padre podían estar comiendo y él no, y finalmente, al regresar al hogar, es perdonado.[65] Juana no despilfarró; las cortes, tanto de sus padres como de su esposo, estaban con serios apuros financieros y, sin embargo, ella fue precavida, pero sufrió arresto domiciliario de por vida o condena perpetua siendo inocente. La imagen del hijo pródigo entre los cerdos fue objeto de obras por parte de Durero y Murillo. También Jesús de Nazaret practicó exorcismos y los malos espíritus que sacaba los lanzó hacia los cerdos, como leemos en el Evangelio de san Marcos, en alusión al endemoniado de Gerasa.[66] El exorcismo sería propuesto por los guardeses de Tordesillas, pero a su aplicación a la reina se opondría su nieto Felipe II.

El 22 de abril de 1511, «desde Sevilla», Juana I comisiona al contador de la Casa de Contratación para que la infor-

---

64   ALBA, Carpio, 80.36, 792/47-52.
65   Lc 15: 11-32.
66   Mc 5: 1-20.

mara sobre lo que sucedía en las almadrabas de Cádiz.[67] La real provisión es dada en Sevilla. Las almadrabas de atún eran una fuente de riqueza en disputa por parte de las familias nobiliarias. A finales del siglo xv y principios del siglo xvi la mayoría eran controladas por los duques de Medina Sidonia y los duques de Arcos, aunque algunas habían pasado recientemente a la corona, como las de Hércules.

El 12 de agosto de 1512, desde Burgos se emite la real provisión por la que Juana nombra almirante de Granada a don Fadrique Enríquez, cuya madre era medio hermana de Juana Enríquez, la abuela paterna de nuestra reina.[68] Fadrique fue el segundo duque de Alba. Su contribución resultó decisiva para la incorporación de Navarra a Castilla, recibiendo las distinciones de capitán general de Andalucía y señor de Huéscar como recompensa. Un municipio del noroeste de Granada, la Puebla de Don Fadrique, se llama así en su honor. En 1520, cuando estalló la revuelta de las Comunidades y Carlos V fue coronado en Aquisgrán, recibió la consideración de grandeza.

El 3 de noviembre de 1518, en Zaragoza se expidió la provisión real de Juana I y Carlos I confirmando, a petición de Alfonso Pimentel, II conde-duque de Benavente, una cédula anterior de promesa sobre la celebración de la feria en Villalón de Campos (Valladolid), en tiempo de Cuaresma, en la forma que se acostumbraba. Se reiteraba que las autoridades de Valladolid y Medina del Campo no deberían realizar ninguna novedad en sus ferias que pudiera perjudicar al desarrollo de la Villalón.[69]

---

67   ALBA, Almirante 78.13, 790/167-171.
68   ALBA, Almirante 78.14, 790/172-180.
69   AHNOB, OSUNA, C.525, D.5-59.

En el legajo donde se reparten las competencias entre el Tribunal de la Inquisición de México y el virrey de Nueva España, Diego Carrillo de Mendoza Pimentel, conde de Priego y marqués de Gelves, se dirime acerca del apresamiento de unos criados del alguacil del citado tribunal, por cuestiones de etiqueta. Van incluidas dos copias de reales cédulas: una de doña Juana, datada el 14 de agosto de 1509, y otra, de Felipe II, de 14 de septiembre de 1592, sobre el envío de cartas, pliegos y despachos.[70]

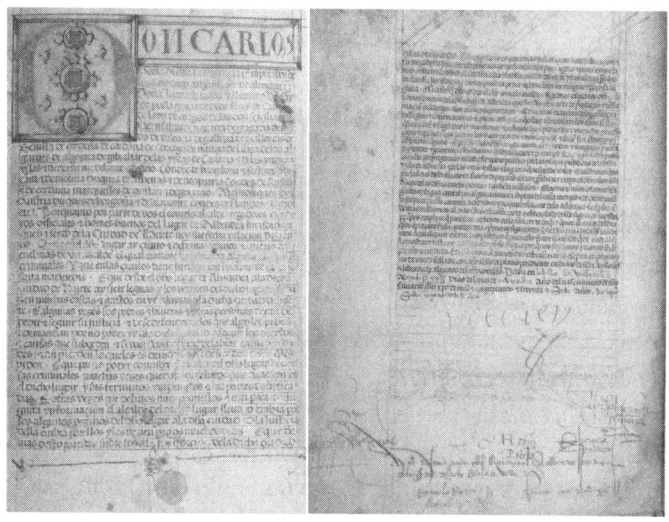

Primera y última página de las seis que componen el privilegio de villazgo concedido a Albendea por Carlos y Juana en 1537. Archivo Municipal de Albendea (Cuenca).

Aparte de esos resultados en el catálogo informatizado, los documentos signados en nombre de Juana serían innumerables. Por ejemplo, en Albendea (Cuenca) se conserva el

---

70   AHN, INQUISICIÓN, 1734, Exp.20

privilegio de villazgo emanado por Juana y su hijo. Albendea se convirtió en villa el 26 de noviembre de 1537. El privilegio de villazgo, que marcaba su emancipación de Huete, fue firmado en Valladolid por Carlos V, y contaba con el refrendo de la reina Juana a partir de la invocación de su nombre. La carta está escrita en pergamino de cuero con sello de plomo pendiente en hilos de seda.

17.3. LO QUE REVELAN LAS CARTAS

Juana no escribió ningún libro, o al menos no se ha conservado, mas sí pudo componerlo por sus amplios conocimientos y, además, por sus numerosos avatares personales, historias tenía para contar en abundancia.

En la Biblioteca Nacional de España se conservan varias cartas suyas. Impacta ver su caligrafía y descifrar sus pensamientos como si pusiéramos una madeja de hilo en una rueca. Son escritos breves de una hoja donde, sin embargo, lejos de mostrarse escueta, en unas pocas palabras transmite emociones.

La ciudad de emisión de las cartas es Bruselas. El 2 de septiembre de 1498 pidió que se mandara un pliego a su madre para recomendarle a la hermana del príncipe de Saboya; se refiere a ella como «muy alta y muy poderosa, reina mi señora», aunque no hay expresiones cercanas más allá del «vuestras manos beso». El documento lleva como añadido del siglo xix el autógrafo del historiador y bibliófilo sevillano Pascual de Gayangos.[71]

---

71   BDH, RES/226/115.

Con fecha de 19 de septiembre de 1498, también estando en Bruselas, redactó una epístola al doctor Rodrigo González de Puebla, embajador hispánico en Inglaterra, donde le agradecía el que le hubiera dado noticias de su hermana Catalina y de su próxima visita. El tono de esta carta es diferente, pues entre sus líneas sí se deja ver. Manifestaba dar importancia a las emociones individuales, pues utiliza los términos «consolada y alegre». Firma como «yo, la archiduquesa»[72] y la caligrafía muestra una actitud tranquila. Puede influir en el trazo la coyuntura de la redacción, la empatía con el destinatario o el tema de la misiva.

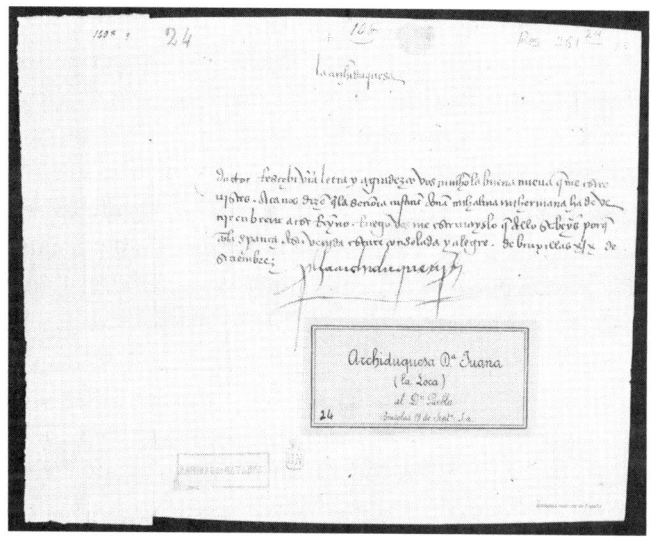

Carta de Juana al embajador de España en Inglaterra hablando de su hermana Catalina. BDH, RES/261/24.

72   BDH, RES/261/24.

Como hemos analizádo, Catalina tenía trece años y, desde que tenía tres, había sido prometida con el príncipe Arturo, heredero al trono inglés. En el castillo rojo de la Alhambra pasaría su niñez y su adolescencia bordando, aprendiendo cocina, buenos modales y griego, entre muchas otras disciplinas, antes de zarpar desde La Coruña a Inglaterra en 1501. Por poderes se casaron el 19 de mayo de 1499 y se escribían en latín hasta que Arturo cumplió los quince años, cuando se decidió que eran lo suficientemente mayores para consumar el matrimonio. Al viajar Catalina de Aragón, incluyó en su séquito probablemente a John Blanke, «el trompetista negro», uno de los primeros músicos africanos con llegada documentada a Londres.

En la carta de Juana escrita el 4 de noviembre de 1500 a Miguel Pérez de Almazán ya firmaba como «yo, la princesa».[73] Este aragonés de ascendencia judía fue caballero de la Orden de Santiago e hizo carrera en la corte. El motivo por el que Juana se dirigía a él es porque era secretario de sus padres. Como hombre de confianza de Fernando había sido la persona designada para negociar el matrimonio de sus hijas Juana y Catalina. Se casaría el 8 de octubre de 1505 en Segovia con Gracia de Albión, una sobrina de Violante de Albión, dama al servicio de Isabel la Católica. Y, transcurrido el tiempo, medió entre suegro y yerno en la Concordia de Villafáfila. Estuvo presente tanto en lo público como en lo privado pues, además, le compró la villa de Maella a Juan de Foix, suegro de Fernando en sus segundas nupcias con Germana de Foix. Por ello, Fernando lo intituló primer señor de la villa de Maella (Zaragoza).

---

73   BDH, MSS/20212/48.

Detalle del *Westminster Tournament Roll* (1511) con el músico identificado como John Blanke, el único con turbante.

A partir del confinamiento en Tordesillas las cartas de Juana desaparecen; mandaría si la dejaban, pero de su puño y letra no se conservan. Lo que sí hay es concesiones de títulos de notarios públicos y otras dignidades mandadas escribir por Fernando, aunque la reina titular era Juana. Así, de 1508, data el título de notario público de Pedro Copero, vecino de Valladolid, emitido por «Yo El Rey» en alusión al regente, aunque la caligrafía es de «Lope de Conchillos, secretario de la Reina Nuestra Señora».[74]

En 1549 en Bruselas (si bien se publicaron en Valladolid) con el escudo imperial en la portada se legisló mediante la

---

74   BDH, MSS/18665/26.

«Pragmática de los paños» sobre la pena de reventa en las ferias.[75] Y, sin saberlo, porque no se le transmitía información alguna de los pliegos que emitía la Administración, en ese mismo año Juana estaba contribuyendo a la labor de mujeres emprendedoras en un tiempo tan complicado para ellas.

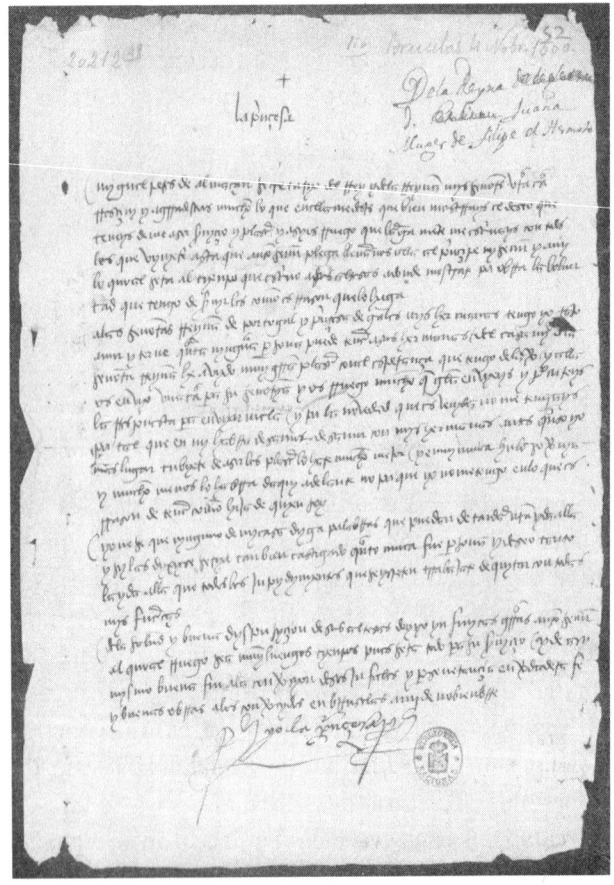

Carta de Juana a Miguel Pérez de Almazán. BDH, bdh0000186584.

---

75   BDH, R/14090 (12).

En el Archivo Histórico Provincial de Segovia se guarda una real provisión de 1549 en virtud de la cual a doña Isabel de Quintanilla, viuda del licenciado Coalla (miembro del Consejo de Castilla), los reyes Carlos y Juana le permitían vender la jurisdicción del cobro de alcazabas de Segovia, que tenía el matrimonio en mayorazgo, y comprar el equivalente en Madrid. La cesión del cobro de alcazabas convirtió a Isabel en recaudadora del impuesto más importante que la corona recibía de Segovia, porque el rey le había concedido el privilegio de recogerlo para su propia hacienda. A su vez se le autorizaba a cambiar el cobro de Segovia a Madrid para que pudiera negociar directamente.[76]

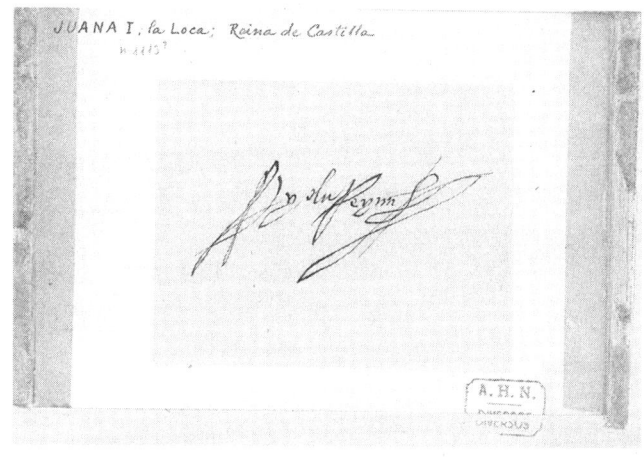

Autógrafo de Juana. España. Ministerio de Cultura y Deporte. Archivo Histórico Nacional, DIVERSOS-COLECCIONES, 14, N. 1113.

La real provisión lleva sello de placa, hecho a partir de cera, un distintivo que tiene su origen en la época de los Trastámara, cuando se empezó a difundir el papel y en vez

---

76   AHPSE, Protocolos, 73.

de colgarse se adhería, cubriéndolo con un recorte de papel que generalmente era un rombo. Esta costumbre se mantuvo hasta el reinado de Alfonso XIII.

Durante siglos, todos los documentos con el sello real eran asentados en el llamado «Registro General del Sello de Corte», en el que se sintetizaba cada uno de ellos para que quedara constancia de lo que el monarca había reconocido, por si los interesados extraviaban sus documentos. Próxima al Archivo Histórico Provincial está en Segovia la plaza Reina Doña Juana, título que afortunadamente luce así, sin sugerir la descalificación que aparece en los rótulos de otras ciudades.

18. ANÁLISIS PSICOBIOGRÁFICO

En la antigua Grecia, la mayéutica era el arte de obtener la verdad mediante las preguntas a través del diálogo. Fenáreta, la madre de Sócrates, tenía como profesión la de partera y el filósofo anhelaba que la verdad se abriera paso.

En el tránsito del siglo xix al xx, el neurólogo austríaco Sigmund Freud, de origen judío, formuló el psicoanálisis. Esta práctica terapéutica y técnica de investigación intenta ofrecer un tratamiento a los problemas emocionales, teniendo en cuenta la infancia, la interpretación de los sueños, los pensamientos recurrentes, etc.

Mencionábamos al inicio del libro a Yocasta y Antígona; con estas protagonistas de tragedias griegas Juana compartió algunos rasgos. Como Yocasta, Juana ha de estar siempre asociada a su hijo en los documentos, en las monedas, en la memoria, etc., aunque sin el horror del incesto de por medio, como sucedió en la progenitora y mujer de Edipo. Pero a la castellana no se le dejó reinar sola cuando le tocaba a ella: era su turno.

Después de que Edipo derrotara a la esfinge que aso-
laba Tebas, Yocasta se casó con él, sin percatarse ninguno
de ellos del vínculo filial que los unía. Tuvieron hijos:
Polinices, Eteocles, Ismene y Antígona. Cuando Yocasta
supo que su marido era en realidad su hijo, se suicidó.
Carlos tuvo una hija con su abuelastra, Germana de Foix,
y aunque no podamos hablar de incesto es una situación
sumamente extraña, frecuente por otra parte en las cortes
del Renacimiento y del Barroco, plagadas de endogamia.

La hija de Yocasta también tuvo un final desdichado.
Con Antígona compartió Juana el permanecer al lado de un
cadáver insepulto. Dos de los dos hermanos de Antígona,
Eteocles y Polinices, murieron en el asedio de Tebas. Al primero lo enterraron con honores y al segundo lo mantuvieron sin inhumar por orden de su tío Creonte (hermano de
Yocasta), como venganza por la traición a la ciudad. Pero
Antígona desobedece a Creonte, entierra a su hermano
Polinices y, ante esta valentía, su tío la fustiga encerrándola viva en una tumba. Condena que ella esquiva ahor-
cándose. A Juana la pusieron contra las cuerdas una y mil
veces, pero resistió y no se quitó la vida.

18.1. LA TEORÍA DE LA CONSPIRACIÓN

A finales del siglo XIX el avance en la detección de falsificaciones de cuadros, el progreso del psicoanálisis y el auge de
la novela policíaca llevaron a crear una atmósfera propicia
para replantear la historia, mirar a los personajes con otros
ojos, desbancar tópicos y esclarecer fenómenos.

Sigmund Freud conoció *El coloquio de los perros*, una
de las *Novelas Ejemplares* (1613) de Cervantes. La obra está

protagonizada por los canes Cipión y Berganza. Desde 1871, Freud escribió a su amigo Eduard Silberstein con el seudónimo de Cipión, el escuchante universal. Todo el diálogo filosófico nos remite al Hospital de la Resurrección de Valladolid y, mediante la conversación, afloran los traumas en el subconsciente de Berganza. En gran medida Cipión es el psicoanalista clásico que, al tiempo que se ratifica en la visión racional y optimista de la vida, trata de sacar a la luz de la consciencia sus temores y deseos. El diálogo es una experiencia que, a través de Cervantes, nos permite captar el impagable legado que dejó al pensamiento occidental la mayéutica socrática.

En el hallazgo de falsificaciones fue decisiva la técnica del crítico de arte Giovanni Morelli, que proponía fijarse no en aspectos asociados con el estilo de cada artista, sino en aspectos insignificantes como la forma de las orejas, los dedos de las manos y de los pies o las uñas.

El psicoanálisis de Sigmund Freud parte de la interpretación de los sueños y rastrea en el subconsciente los impulsos instintivos reprimidos por la conciencia. El género de la novela policíaca fue puesto en marcha por el escritor norteamericano Edgar Allan Poe y desarrollado por el británico sir Arthur Conan Doyle con su saga en torno al detective Sherlock Holmes y el doctor Watson. Tanto Freud como Conan Doyle hicieron referencias a Morelli.

Surgía así lo que Carlo Ginzburg (historiador nacido en Turín en 1939) llamaría «el paradigma indiciario», un método epistemológico aplicado a las ciencias humanas que se basa en el análisis de detalles mínimos, los cuales, aunque sean involuntarios, resultan reveladores.

En lo referente a la biografía de Juana, el erudito alemán Bergenroth fue el primero que apuntó a la teoría de la conspiración. Lo hizo en 1868, el año en el que Isabel II partía hacia el destierro. El detonante fue localizar documentación inédita en Simancas.

Bergenroth afirmó que Juana no estaba loca, aunque era un poco rara de carácter. A partir de 1497 habría manifestado repulsión hacia las prácticas católicas y aquella actitud daría motivos para las persecuciones tanto de su padre como de su hijo. Por tanto, Juana habría sido víctima del fanatismo religioso y de la ambición política de sus familiares. La tesis de Bergenroth fue duramente criticada por el belga Gachard, quien demostró los numerosos errores de interpretación en la traducción de ciertos documentos y la falsedad de la teoría en torno a la heterodoxia de Juana.

Además de ahondar en la conciencia de Juana, la pesquisa sobre la reina ha llevado a cruzar identidades en cuadros. Nos encontrábamos Laura Lara y yo en Cagliari como profesoras Erasmus Plus y en el programa de unos premios jurídicos vimos un retrato. Se adjudica a Leonor de Arborea, pero la sorpresa fue mayúscula cuando unas semanas después, realizando trabajo de campo acerca de Juana, pude comprobar que la soberana se escondía en aquella obra.

Juana fue reina de Cerdeña pues, desde el siglo XIV, la corona de Aragón tenía poder sobre la isla, al haber desbancado a los pisanos en el control de esta. Después, con la guerra de Sucesión, cuando la monarquía hispánica pasó de Austrias a Borbones, el ducado de Saboya fue elevado a reino al ser anexionado a Cerdeña. De este modo, Cerdeña fue dejando de pertenecer a España y se fue incorporando a Italia, nación que tuvo su unificación en el último tercio del siglo XIX.

Precisamente fue en ese momento cuando surgió la confusión en torno al cuadro, engaño que pudo ser a propósito. En la centuria decimonónica, al fraguarse el nacionalismo sardo, se temió que Cerdeña perdiera peso. Uno de los personajes que se revitalizó fue Eleonora de Arborea, dama catalana, ya que había nacido en Molins de Rei (Barcelona) hacia 1340, y fallecido en 1404 en Oristán, ciudad que la recuerda con una estatua.

Cerdeña estaba en el siglo xiv organizada en cuatro juzgados independientes (Cagliari, Torres, Gallura y Arborea) y podemos decir que Leonor fue reina, aunque su cargo era el de jueza de Arborea. Su padre, Mariano IV, había desempeñado este puesto previamente. Si la isla de Malta fue gobernada por caballeros, la de Cerdeña lo fue por jueces de paz.

Eleonora fue una jueza que impulsó los derechos humanos, pidió la liberación de los siervos, «los lieros». La Carta de Logu, promulgada bajo su mandato, es considerada una de las primeras constituciones del mundo. Introdujo un Estado de derecho en el que se daban unas reglas iguales para todos, debiendo ser respetadas tanto por los nacidos allí como por los extranjeros. A la muerte de su hijo, Mariano V, desapareció el Giudicato de Arborea, que se transformaría en el marquesado de Oristano. Y también se interesó Eleonora por la protección de la naturaleza, legislando en torno a las aves rapaces. De hecho, un halcón lleva su nombre.

Avanzando hasta el siglo xix, cabe señalar que el historiador Pedro Martini creó las «falsas cartas de Arborea», una serie de documentos que demostraban que Cerdeña, desde la época romana hasta el medievo, había tenido una rica cultura.

Según el historiador Francesco Cesare Casula, exprofesor de Historia Medieval de la Universidad de Cagliari, el cuadro de Juana la Loca encontrado en Cerdeña es una copia realizada 50 años después de la muerte de esta soberana por el artista Bartolomeo Castagnolo. Por aquellas fechas, Leonor llevaba un siglo enterrada. Desde mediados del siglo XIX, en que fue redescubierto el cuadro por un amante de la historia de Cerdeña, en la isla ha sido aceptado como si fuera de Leonor. En los libros de texto sardos, en las páginas de internet y en marcas de productos alimentarios puede verse así, como imagen de Leonor. Pero es Juana.

¿Juana o Leonor de Arborea?

18.2. ENTRE LA ESQUIZOFRENIA
Y EL CAPOTE HISTÓRICO

¿Quiénes pueden estudiar la salud mental que tuvieron los personajes? Los psiquiatras, los psicólogos, los antropólogos, los historiadores, los filólogos..., cada uno desde su ámbito. La distancia cronológica y geográfica entre los seres del pasado y del presente, la alteridad marcada por las mentalidades de las épocas, la diferencia en los usos alimenticios y la variedad del léxico hacen que sea complejo dar una respuesta unánime cuando el paciente se sienta en el diván del tiempo.

A fines del siglo XIX, el historiador y archivero madrileño Antonio Rodríguez Villa (1843-1912) trató de aclarar qué ocurría en la personalidad de la reina. Él también opinaba que Juana no estaba del todo loca, sino que padecía abulia, falta de voluntad y cierta debilidad. Así se explicarían los celos mostrados ante la conducta de su marido y el empeño en no querer firmar los documentos. En estas condiciones, según Rodríguez Villa, la razón de Estado exigía que se la apartara del poder, ya que representaba un peligro para la dirección política de España.

El hispanista alemán Ludwig Pfandl (1881-1942) fue más lejos en el análisis del estado mental de Juana. Según él, mostraba de forma inequívoca todos los caracteres de la esquizofrenia. Investigaría a continuación las biografías de Felipe II, de Carlos II y de otra Juana, Sor Juana Inés de la Cruz, jerónima y escritora mexicana, pionera en la defensa de los derechos de las mujeres que compuso una amplia obra lírica sobre temática amorosa, donde las damas dejaban de ser objeto pasivo del romance para expresar su opinión.

El psiquiatra ovetense Juan Antonio Vallejo-Nágera (1926-1990), miembro de la Real Academia Nacional de Medicina, docente y escritor se fijó en personajes históricos para diagnosticar sus patologías. En *Locos egregios* (1977) explicó que debió de tener «esquizofrenia paranoide». Lo hizo valorando sus presuntos delirios, cambiantes a lo largo de su existencia. Y argumentando que la esquizofrenia es una enfermedad hereditaria que le pudo venir de su abuela Isabel de Portugal.

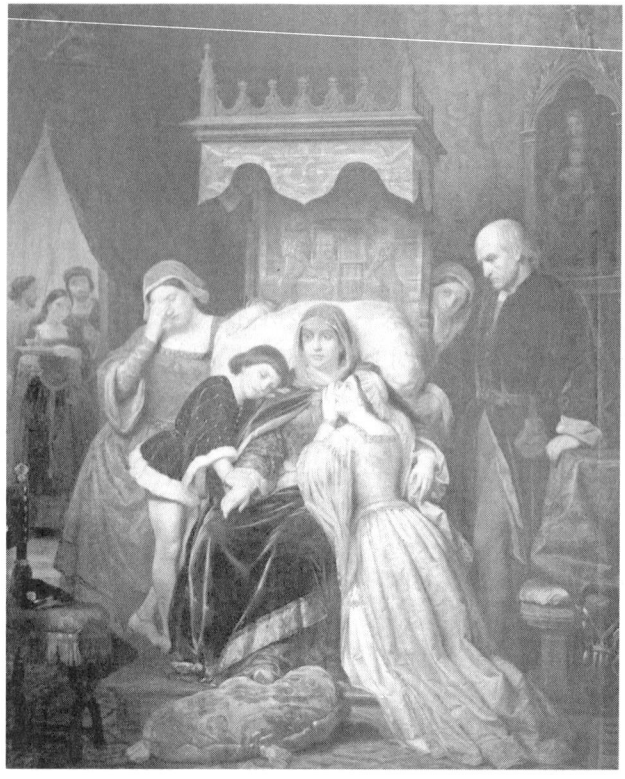

Pelegrín Clavé, *La demencia de Isabel de Portugal*, c. 1855. Museo Nacional de Historia de México.

La demencia de Isabel de Portugal es un cuadro del pintor barcelonés Pelegrín Clavé, en el que se muestra a la reina viuda de Castilla, Isabel de Portugal y Braganza, siendo víctima de uno de sus ataques. A su lado se encuentran su hijo menor, Alfonso de Castilla (izquierda) y su hija mayor, la futura reina Isabel (derecha). Lo que más impacta es la mirada desorbitada de la soberana. Se especula con que para plasmarla el artista tomó como modelo a su esposa, María del Carmen Arnou Vargas.

El libro *Juana la Loca* del crítico literario Michael Prawdin (1953) presenta a la reina como una «desdichada» y la dibuja muy cerca del personaje trágico de Antígona. Para este autor nacido en Ucrania y afincado en Alemania después de la Revolución rusa, Juana es el ejemplo de una vida marcada por su amor inicial y posteriormente por el odio hacia su marido.

También la historiografía neerlandesa y la belga se han fijado en Juana, pero básicamente solo se ha publicado una biografía sobre ella en cada uno de estos dos países. En 1940 se editó en Holanda *Johanna de Waanzinige (Juana la Loca)*, compuesta por Johan Brouwer. Este autor fue testigo de la Guerra Civil, pues asumió las consignas de los nacionales y luego se cambió a las filas de la República, fue traductor de Ortega y Gasset y destacó intelectualmente como experto en misticismo. Aunque Brouwer escapó de ser fusilado en España, murió abatido en su país por los alemanes en 1943. Es difícil para todo escritor no proyectarse de algún modo en el tema de su obra. El subtítulo de su libro en torno a Juana es *Una vida trágica en una época agitada*.

En 1962 en Bélgica vio la luz *De Gevangene van Tordesillas* (*La prisionera de Tordesillas*), del periodista, abogado y político independentista flamenco Jan Brans. Al igual que

Brouwer, había viajado a España, aunque lo haría más tarde, ya en la posguerra, en 1943-1944. Durante su estancia en España, Brans tuvo contactos con agentes belgas y fue condenado a muerte durante esta ausencia en 1945, por lo que no pudo volver al norte hasta 1968. En ese intervalo investigó la historia de Juana mientras él estaba escondido de la justicia como prisionero de sí mismo.

En 1998 defendió su tesina de licenciatura en la Universidad de Gante Lieve Reynebeau. El estudio (inédito) no es una biografía, entre otros factores por la dificultad de hallar fuentes personales, sino un análisis prosopográfico sobre la corte de Juana en los Países Bajos. En este trabajo, realizado en buena medida a partir de los fondos del archivo de la Cámara de Cuentas de Lille, se constata el regreso de muchos sirvientes españoles al poco de llegar, ocupando sus puestos funcionarios flamencos. No obstante, se deja llevar por la tendencia que achacaba celos desmedidos a Juana.

Como manifiesta Raymond Fagel, historiador de la Universidad de Leiden y de la Universidad Libre de Bruselas, existió más interés en los Países Bajos y en Bélgica por Juana que por Felipe. Allí primaron los estudios sobre los anteriores duques de Borgoña y sobre sus sucesores, Carlos V y Felipe II, también por el enfrentamiento surgido en tiempos de este último contra la monarquía hispánica. En 2003 cambió el panorama al publicarse *Philippe le Beau, le dernier duc de Bourgougne* del historiador belga Jean-Marie Cauchies pero, a diferencia de Brans y de Brouwer, que veían en Juana a una víctima de la política y del Romanticismo, Cauchies abogaba por Felipe, presentándolo como el doliente sufridor de la inestabilidad de su esposa.[77]

---

77   FAGEL, Raymond: «Juana de Castilla y los Países Bajos: la historiografía neerlandesa sobre la reina», en ZALAMA

Por su parte, Thérèse de Hemptinne, profesora de Historia de Gante, en una aportación a un congreso sobre Carlos V celebrado en 1999, bajo el título de «Jeanne de Castille, une reine entre folie et pouvoir, 1479-1555», justificaba el confinamiento de la reina con el argumento de que ella no había querido asumir el gobierno, de manera que se había desmarcado de la tradición de los Habsburgo, con mujeres que asumían el poder.

El historiador madrileño Manuel Fernández Álvarez, en su libro *Juana la Loca. La Cautiva de Tordesillas* (2000), presentó a la soberana como la «desventurada». Rastrea el peso de la brujería y de la religión en su vida, y aporta datos sobre sus últimos momentos, en que pese a muchas dificultades pudo morir en el seno de la Iglesia.

Hacia el año 2000, en su *Historia personal de los Austrias españoles*, Francisco Alonso Fernández (1924-2020), catedrático emérito de Psiquiatría en la Universidad Complutense, especialista en el tratamiento de la depresión y en la lucha contra la drogodependencia, resumió la locura de Juana como una psicosis esquizoafectiva, condensada inicialmente en un delirio de celos, con un curso progresivo hasta abocar a un delirio fantasiofrénico en el que inculpaba a un gato de haber devorado a familiares suyos.

Por su parte, el libro de Bethany Aram *La reina Juana: gobierno, piedad y dinastía* (2001) aporta investigación internacional para huir del adjetivo de «loca» y mostrar, en cambio, el peso de las estrategias políticas en su reinado. Según Bethany Aram, si Juana enfermó fue de miedo. Esta

---

RODRÍGUEZ, Miguel Ángel (dir.) (coord.): *Juana I de Castilla, 1504-1555: de su reclusión de Tordesillas al olvido de la historia: I Simposio Internacional sobre la Reina Juana I de Castilla*, Tordesillas (Valladolid), 23 y 24 de noviembre de 2005, Valladolid, Grupo Página, 2006, pp. 87-91.

investigadora estadounidense, profesora en la Universidad de Sevilla, después de estudiar manuscritos de 55 colecciones de siete países distintos a lo largo de una década, habla de la exageración que los coetáneos de Juana hicieron de sus golpes de coraje. Es más, Aram apunta a la posibilidad de que Juana fuera, en parte, artífice de su propia leyenda, no oponiéndose en rotundo a la calumnia para proteger los derechos dinásticos de sus hijos y evitar un segundo matrimonio para sí misma, pues enviudó a los 27 años. Esto llevaría a pensar en la utilidad de hacerse la loca como instrumento de poder.

También hay estudios que afirman que lo que padecía Juana era algún trastorno de tipo esquizoide, o neurosis obsesiva, lo que podría explicar que alternara momentos de lucidez con otros de pérdida de control. El principal aval para este diagnóstico son los antecedentes familiares, por la esquizofrenia padecida por su abuela, a quien la enfermedad le habría debutado en el nacimiento de su madre. Los expertos clínicos, como Alejandra Vallejo-Nágera, que hipotéticamente considera que Juana «estaba rematadamente loca»[78], sin embargo, reconocen que, incluso en el caso de que hubiera sufrido este cuadro, entre unos brotes y otros podría haberse hallado muy capacitada para gobernar.

Si tuvo un trastorno límite de personalidad, un trastorno bipolar o a una depresión delirante (con presencia de alucinaciones), sin embargo, no se dispone de una serie de síntomas suficientes como para deducir con certeza si eran procesos internos o reacciones provocadas por el contexto.

---

78   https://lacronicadebadajoz.elperiodicoextremadura.com/
      la-cronica-de-badajoz/2006/05/18/vallejo-najera-juana-loca-
      rematadamente-45456741.html

En el delirio de grandeza, la persona está convencida de tener un talento extraordinario o de haber realizado algún descubrimiento importante. En la situación de Juana, ella podía presumir de ser la soberana, porque lo era, de manera que, si en algún momento hizo gala de prepotencia, hay que tener en cuenta la altivez que se presuponía en los monarcas.

Se ha llegado a recetar una serie de tratamientos *a posteriori*, como por ejemplo el litio, elemento que, aunque es conocido desde la antigüedad (las aguas litiadas), no fue hasta el siglo XX cuando se estableció como tratamiento de las oscilaciones del trastorno bipolar.

A grandes rasgos los historiadores han sido más clementes con Juana, en el sentido de que, a la vista de las intrigas que había a su alrededor, han elucubrado que los desvaríos que se le achacan fueron producto del contexto, no solo del aislamiento en Tordesillas, sino también de la tergiversación de la verdad por los cronistas y sirvientes pagados desde el poder. La mayor parte de los diagnósticos psiquiátricos o psicológicos que se han realizado sobre Juana no han evaluado las conductas de los miembros de su familia ni para con ella ni para con el resto, como tampoco han tendido a ponderar el impacto que en cualquier mente sana tendría el estar en confinamiento casi 50 años.

En el delirio de ruina el individuo cree haber perdido sus propiedades, su posición social o piensa estar a punto de quedar privado de ese estatus. No obstante, en el caso de Juana no es que tuviera miedo de quedarse sin nada, es que salvo el título de reina, que solo le servía para vivir peor que cualquiera de sus súbditos, todo lo demás lo había perdido. En esta coyuntura, cabe preguntarse: ¿estaba loca o demasiado cuerda si examinamos el aprovechamiento al que fue sometida y los extremos a los que fue conducida la mujer más privilegiada del planeta?

18.3. LA LOCURA EN EL RENACIMIENTO

A Juana el destino le brindó todo para quitárselo a continuación, viniendo el hurto de las personas a las que ella más quería. En vida los partidarios de su padre, de su esposo y de su hijo le echaron tanto oprobio como pudieron para favorecer que ellos gobernaran. No obstante, hubo personas que creyeron que la locura era una patraña de grupos cercanos a aquellos que querían usurpar el trono.

En numerosas ocasiones dejó probada su claridad de pensamiento. De la pérdida del control no hay tantos momentos, más allá de ataques de celos, protestas, rabietas y huelgas pues, si se estudian los fenómenos no solo a través de los cronistas oficiales, sino analizando minuciosamente las circunstancias y atendiendo a otras voces, la interpretación dista bastante de la que se nos ha vendido. Su marido, su padre, su hijo, todos pusieron su grano de arena para que doña Juana sacara su peor cara y avalara la acusación de que estaba perturbada. Pero ¿cómo actuaría alguien en su sano juicio si lo privan de libertad, no le dejan expresarse y lo calumnian sin posibilidad de réplica?

En el Renacimiento el concepto que se tenía de «locura» era muy diferente al actual. La locura implicaba la ruptura de normas y definía a sujetos que no controlaban sus pasiones en función de los códigos éticos de la época. En 1511 Erasmo de Rotterdam escribió *Elogio de la locura*, un tratado satírico que dedicó a Tomás Moro, al que conoció en Inglaterra en 1499. El intelectual holandés mantuvo una gran amistad con el londinense hasta la ejecución de este en 1535. Al año siguiente fallecería Erasmo.

Los dos llegaron a una conclusión similar: Erasmo defendía una Europa unida, en paz y con príncipes cristianos que aseguraran el bien común. Moro describía en su libro *Utopía* (publicado en 1516) una sociedad ideal con leyes sencillas, con una religión vinculada al civismo y con personas formadas al frente del Gobierno. La diferencia de sus modelos políticos estriba en que, mientras que Moro admitía la posibilidad de una guerra justa, Erasmo prefería una paz injusta antes que la más justa de las guerras.

El propósito del *Elogio de la locura* era convencer al mundo de que la insensatez, la estulticia y la locura eran el origen de todas las diversiones. A través del juego que plantea de ensalzar la locura, Desiderio Erasmo arremete contra lo humano y lo divino para denunciar las ambigüedades de su época.

Desde 1509 no hubo intelectual, erudito o humanista que no estuviese vinculado a la corte inglesa, en especial, a Catalina de Aragón y a su labor de mecenazgo. En 1509 Erasmo había visitado en Inglaterra a Catalina, reina que guardaría muy buena relación con los humanistas. Moro se opuso a la decisión del rey de repudiarla y al acta de supremacía que marcaba la ruptura con Roma; sería canonizado en 1935.

Aunque Erasmo no era de atarse a un país o a un monarca en concreto, mostró cierta debilidad por la reina Catalina, a la que tenía en alta estima, dedicándole sus reflexiones *Sobre el matrimonio cristiano*.

El valenciano Juan Luis Vives se cartearía con Catalina desde Brujas y llegaría a ser el preceptor de su hija, María Tudor. Para ella escribió *Introducción a la sabiduría*, con un centenar de ediciones en el siglo XVI. En 1511, cuando Erasmo compone el tratado, la hermana de Catalina, Juana, llevaba ya casi dos años en Tordesillas. Y claro que a los oídos del neerlandés habría llegado la fama de loca de la reina castellana. Pero no se arredró al afirmar: «La locura es el origen de las hazañas de todos los héroes».

Respecto al tema de la dignidad del ser humano, reflexionó Juan Luis Vives, quien por otra parte hay que recordar que rechazó el ofrecimiento de la cátedra que había quedado vacante en 1522, a la muerte de Nebrija, siguiendo el «non placet Hispania», que comentó Erasmo de Rotterdam a su amigo Tomás Moro en 1517 sobre su negativa a la oferta docente en la universidad del cardenal Cisneros.

18.4. HISTORIA CLÍNICA

Juana poseía una «zona de confort» en Castilla durante la adolescencia, un espacio psicológico en el que se sentía segura. Después trató de habituarse a Flandes, y lo hizo, pero su marido y los asesores de este no ayudaban.

A Juana el ambiente de Flandes le gustó. Allí se convertiría en dueña y señora de sus actos, viraje que había venido motivado por el hecho de que se había convertido en una mujer casada, lo cual imprimía carácter en los cánones de la época. Lamentablemente la mujer soltera era tratada como una eterna menor de edad, bajo la tutela del familiar varón más cercano, o era conducida a un convento, tuviera vocación o no.

Ella se adaptó bien a ser archiduquesa de Austria, duquesa de Borgoña, de Brabante y condesa de Flandes.

Dialogaba en latín en la corte y aprendía los nuevos idiomas, todas las personas que la trataban se quedaban admiradas de su inteligencia. Aunque también tenía discusiones con su marido, lo cual en principio no puede ser considerado como extraño, sino como un rasgo de la convivencia.

¿Cuándo tuvo los primeros síntomas de depresión Juana? En Flandes hacia 1498, mostrando apatía con respecto a sus deberes y tomando decisiones insólitas como no pagar el sueldo a los sirvientes. Pero nuevamente esto hay que ponerlo en cuestión porque nos ha llegado la versión de quienes eran tomados como voz autorizada por estar al servicio de Felipe. Lo de no esmerarse en sus responsabilidades chirría con el entusiasmo con el que se tomó todos los compromisos a su llegada al noroeste de Europa. No se desesperó en ningún momento a pesar de que Felipe no aparecía para casarse. Por otra parte, el tema de los salarios se explica por el mal estado de las arcas flamencas e hispánicas: no es que Juana no quisiera, es que no tenía fondos para abonar las nóminas y además sus cuentas se hallaban intervenidas por su esposo.

El cuadro se acentúa durante el primer embarazo en el año citado, 1498. Era una situación nueva para ella, los períodos de gestación suponen una revolución en el cuerpo de la mujer por los cambios hormonales, incluso madres de varios hijos en repetidos embarazos experimentan sentimientos diversos y contrapuestos: cansancio, fortaleza, soledad, tristeza, felicidad, miedo, ilusión, etc. Hoy se habla como lo más natural de la depresión posparto.

En España la padecen una de cada diez mujeres. Los síntomas son agitación, irritabilidad, pérdida de energía y de concentración, falta de interés en la mayoría de las actividades, etc., y en los casos más graves las madres pueden tener sentimientos negativos e incluso pensamientos de muerte y de suicidio. Los consejos que se dan a las mujeres que padecen depresión posparto son que pidan ayuda, yendo a la consulta médica y en el domicilio hablando con su pareja o con su familia, compartiendo experiencias con otras madres, saliendo más, no realizando modificaciones mayores en su rutina, intentando no ser perfecta, etc. A Juana, sin embargo, no se le concede licencia de que quizás lo que tuvo fue eso, una depresión posparto, en la que no pudo contar sus emociones a nadie.

En el mercado editorial hay actualmente libros de autoayuda para identificar las relaciones tóxicas y superar las dependencias emocionales. Entonces no. El drama de la infidelidad de Felipe, deslealtad cada vez más descarada, afectó a la personalidad de Juana, pero no como obsesión, sino en tanto que constatación de una evidencia.

Los celos se convierten en el aspecto más famoso de la supuesta locura de Juana. Sabiendo que su marido flirteaba con otras damas, no se lo pensaba dos veces para actuar de manera drástica, cortando por ejemplo las trenzas de la melena a la amante de turno. A la vez aprendía prácticas de harén de unas moriscas de su séquito, que la bañaban y perfumaban a diario (entonces aquello era raro), causándole problemas con su marido, que no valoraba ninguno de los esfuerzos de Juana. En otros momentos se centraba en la costura y cambiaba la apariencia de todos sus trajes. Felipe llegó a encerrarla en una habitación contigua a su dormitorio y ella pasó la noche golpeando la puerta. ¿Empezaban a cerrarle la puerta en la cárcel psicológica aparte de confinarla físicamente?

Si en aquel tiempo se hubiera podido materializar el divorcio, posiblemente a la reina se le habría quitado un peso de encima, pues entonces los celos habrían cesado al ser una persona libre de Felipe. El divorcio no fue legalizado en España hasta 1981, no obstante, con los monarcas se hacía la vista gorda incluso en la Edad Media. Ahí tenemos el caso de Alfonso I el Batallador, soberano de Aragón, casado de manera obligada en septiembre de 1109 con la hija de Alfonso VI, Urraca, tras quedarse viuda. Se separaron porque ambos estaban descontentos. En 1112 el papa Pascual II hizo oficial la amenaza de nulidad, excomulgándolos si permanecían juntos.

El cambio más acusado en el temperamento de la reina Juana se produce cuando llega la noticia de que heredará en un futuro cercano Castilla y Aragón. Sucedió en 1500, a la muerte de su sobrino Miguel, pues previamente habían fallecido sus dos hermanos mayores, Juan e Isabel. Juana sintió el dolor de la pérdida de sus familiares y, a la vez, era consciente de que, aunque no había sido educada para suceder a sus padres en sus respectivos reinos, tenía que cumplir con excelencia el encargo. Pronto percibió la ambición de Felipe, que vio multiplicada su codicia al saber que iba a ser nombrado príncipe de Asturias. No obstante, el flamenco no tenía prisa en llegar a la península ibérica. Le tiraba su tierra, aunque también urdía cómo no ser un mero consorte, sino el titular de los territorios de sus suegros. Posiblemente a Felipe le gustaban más los cargos que las cargas.

La conciliación de la vida familiar y laboral es uno de los retos de la sociedad globalizada. Juana, como mujer que tenía una enorme misión que cumplir, experimentó de manera precoz esa sensación de querer atender las 24 horas a sus vástagos y desarrollar con eficacia su profesión, sin ser tildada de «mala madre» ni de «reina incapaz». La organización doméstica la tenía mucho más controlada en Flandes. Aunque como princesa podía contar con un ejército de nodrizas que atendieran a sus criaturas, tanto en el norte como en el sur, ella no quería perderse el afecto de sus bebés.

En Bruselas ya parecía intuir que, al llegar a Castilla, alguien le iba a decir que no sabía hacer bien las cosas. Así le ocurrió. Cuando volvió a Castilla cinco años y medio después de embarcar en Laredo, notó que no eran los mismos ni ella ni su entorno. Y se sintió prisionera de sus padres cuando no le permitían embarcar de nuevo a Flandes para reunirse con su esposo, que había marchado con anterioridad. Gritos y broncas, separaciones de la familia en los diversos castillos, noches en vela de Juana en una garita de guardia, huelgas de hambre como única forma de protesta en la que autoafirmar el yo...

Todas las noticias de España eran vistas por Felipe para sus propios intereses. Ante la alienación social en la que vivía, Juana pudo desarrollar mecanismos de defensa. Pero, en sus retornos a Castilla, parece que tenía discusiones severas con su madre, hasta el punto de que los médicos decidieron separarlas.

Desde la reclusión en 1503-1504 en el Castillo de La Mota se aceleraba la propagación del rumor de su demencia. Después de ser proclamados príncipes de Asturias, cuando Juana con dificultad pudo regresar a Flandes, pues Isabel le retrasaba el retorno, las cartas del embajador de los Reyes Católicos en Flandes, Gómez de Fuensalida, se hicieron eco de la tensión conyugal. Isabel y Fernando vivían con preocupación aquellos testimonios, pero Felipe el Hermoso envió a España una información detallada, firmada por un médico, Martín de Múgica, en la que le echaba toda la culpa a Juana. Por primera vez se hacía mención de la salud mental de Juana, aparte de los cuadros de celos. Como si los enfermos, además de padecer la dolencia, fueran causantes de su propia enfermedad...

En respuesta, el 11 de noviembre de 1504, Fernando exponía sus deseos de que aquello fuera una crisis pasajera: «Aunque ella, según lo que el príncipe y vosotros escribisteis, no esté ahora tan sana como deseamos, no perdemos la esperanza que Nuestro Señor le dará salud». Unos días después, insistía ante Fernando: «Recibimos mucho dolor de ver lo que la indisposición de la princesa le hace hacer a ella». Y añadía: «La princesa no sabe lo que hace».

A Isabel y Fernando entonces no les interesaba reconocer que su hija estaba demente, para que su yerno no se hiciera con el control absoluto de las posesiones peninsulares. Sin embargo, las cosas cambiaron cuando, fallecida la madre, el padre pudo mover los hilos de Castilla. Entonces el Católico se apoyaba en la cláusula de que «el mal de la cabeza» que padecía su hija le impedía gobernar, de acuerdo a lo previsto por Isabel.

Al morir su madre en 1504, Juana sintió pena, como es lógico. En ese sentido, Juana experimentaba las sensaciones de dolor y de risa en sus momentos justos. Luego, en la primavera de 1506, recibió con cordialidad la noticia de que tenía una madrastra, Germana de Foix, pero después rehusó comer con cubiertos, tomaba los platos en el suelo, no se cambiaba de ropa y no se lavaba en meses, como protesta porque su progenitor, Fernando, la había alejado de su hijo, también llamado Fernando.

En carta a Felipe el Hermoso, Fernando el Católico aseguraba que la única solución era encerrar a Juana. Pero Felipe y sus partidarios se opusieron a esta propuesta y rechazaron la tesis de la locura: «Ya niegan que lo que hace no es con falta de entendimiento, que es de malicia». Escribía Felipe: «De su retraimiento y algún siniestro que ha tomado después que vino de España, a mí me pesa más que a nadie, y esto es celos, como parece y es verdad». En ese ciclo no le interesaba a Felipe decir que estaba loca, sino que la raíz eran los celos. Si admitía la enajenación de su esposa, debería acatar el testamento de la reina Isabel y confiar la regencia a Fernando el Católico. Sin embargo, si aceptaba que Juana estaba en condiciones de gobernar, su suegro quedaba descartado y él podía tomar parte en la gobernación del reino.

En la lucha por el poder entre Fernando el Católico y Felipe el Hermoso, Juana a veces estaba loca para uno de los dos, pero para el otro no. También Castilla estaba dividida entre los que afirmaban que estaba trastornada y los que creían que estaba sana. Las Cortes de Toro de 1505 así lo evidencian. Fernando el Católico no tuvo más remedio que abandonar la partida y retirarse a sus estados de Aragón. Felipe el Hermoso se dirigió a Castilla para hacerse cargo del gobierno, en nombre de la reina Juana, que lo acompañaba. No obstante, su reinado duró muy poco tiempo y, a partir de su viudedad, Fernando propagó a los cuatro vientos la locura de Juana para así apartarla del poder.

Sin embargo, al inicio del otoño de 1506 le quedaba el trago más duro, quedarse viuda del único hombre al que había amado, y ahí se fue ganando el apodo de «loca» incluso de parte de sus profesores, como Mártir de Anglería, y de sus mayores defensores, rehusando incluso la conversación con el cardenal Cisneros, de quien pensó que la había traicionado por informar de su rebeldía a Fernando.

Juana no quería casarse por segunda vez, aunque ella no tenía claro que no la obligaran. Pasea el cadáver de Felipe y eso le crea una imagen más extravagante todavía. Se podría haber evitado el siniestro cortejo de haber sabido que a su padre no le interesaba que ella tuviera un nuevo marido. Fernando quería gobernar en Castilla y si el rey inglés, o cualquier otro, contraía nupcias con Juana, el ciclo de lucha por el poder se reiniciaría. Pero nunca pudo hablar a su padre con confianza. La tesis de la locura de Juana disipaba candidatos, y en esto el cardenal Cisneros pensaba como Fernando.

Eduardo Rosales, *Juana la Loca sobre el cadáver de Felipe el Hermoso. Un lecho*, 1860. Museo del Prado.

Otra prueba en la vida de Juana fue su embarazo póstumo. Catalina nació tres meses y medio después de que muriera Felipe. A continuación vendría casi medio siglo de reclusión en Tordesillas, confinamiento en el que las atenciones por parte de sus «cuidadores» fueron muy deficientes, rayando en el maltrato. La angustia era cada vez mayor en su día a día, solo contaba con el consuelo de Catalina, si bien también acabaría perdiendo su compañía cuando sus hijos mayores decidieron apalabrar el matrimonio de la joven con Juan III, el rey de Portugal. Tras ese matrimonio, en 1525, Juana acabó de tocar fondo. Pero ese período de tinieblas se prolongó durante 30 años, y vivió casi 76 años.

18.5. LOS TRES HILOS

En 1516 la muerte de Fernando el Católico no cambió nada la situación jurídica: Juana seguía siendo reina de Castilla, y a su hijo, Carlos, le correspondía solo gobernar como regente en nombre de su madre. La reina no quiso ser un estorbo para los proyectos políticos de Carlos, aunque ciertos detalles indicaban que en realidad no había perdido el juicio. Parece que un día uno de los soldados de su guardia le dijo: «Señora, el rey don Carlos, vuestro hijo y nuestro señor, es venido». Ella se enojó mucho, diciendo: «Yo solo soy la reyna, que mi hijo Carlos no es más que príncipe». Evitaba llamarlo «rey», lo denominaba «príncipe».

Esta posición se mantuvo en las Cortes de Valladolid, en 1518. En su primera sesión invitan a Carlos a tratar a su madre como a reina y señora de estos reinos; todos los documentos oficiales (provisiones, cédulas, etc.) estarán encabezados por el nombre de la reina. Cuando en 1520 los comuneros se rebelan contra Carlos, lo primero que hacen es apoderarse de Tordesillas y pedir a Juana que actúe como reina efectiva de Castilla. La Santa Junta considera que Carlos no tiene ningún derecho a reinar en vida de su madre, que ha sido víctima de un complot para apartarla del poder. Pero Juana no puede o no quiere usar la libertad y se niega rotundamente a firmar cualquier documento.

Los comuneros intentan convencerla con médicos, curanderos y sacerdotes. Todo en vano. Fracasan las Comunidades y Carlos acentúa la represión a su madre mediante la vigilancia del marqués de Denia. En aquel palacio convertido en cárcel, Juana murió el 12 de abril de 1555. ¿Se puede sonreír en un confinamiento de casi 50 años? ¿No sería estar loco lo contrario?

El suicidio es en el siglo XXI la principal causa de muerte en España. Según las cifras de 2020 (y con la pandemia de coronavirus han crecido), al año se quitan la vida unas 4000 personas en nuestro país, una media de doce personas al día; una persona se marcha por decisión propia cada dos horas y cuarto. Pero ¿en qué piensan las personas que se suicidan antes de morir? Tal vez solo en el afán de borrar de su organismo el sufrimiento. Es muy duro el dolor mental, en ocasiones incomprensible para los demás, pero presente en la cabeza como un martillo que golpea constantemente las ideas.

¿Imaginan las personas que se suicidan cómo será el momento en el que a sus familiares les llegue la fatídica noticia? ¿Se plantean el más allá? Posiblemente fuera esto último lo que frenó a Juana del suicidio, que en su época el premio o el castigo *post mortem* estaba muy presente. Aunque también hay personas religiosas y devotas que no pueden más, en un momento dado, y se suicidan. Y Juana en ningún instante dejó constancia de su deseo de quitarse de en medio o fue sorprendida con utensilios para provocarse la muerte.

La muerte de Juana llevó consigo la aclaración de asuntos institucionales, pues nunca se le había dejado a la soberana desarrollar su autoridad. Al poco de morir Juana hablaba sobre ella el príncipe de Éboli, Ruy Gómez de Silva. En aquella época era *sommelier de corps* y ya había firmado en 1553 las capitulaciones matrimoniales con Ana de Mendoza de la Cerda, una de las mujeres más bellas de su tiempo, conocida por el parche en el ojo. No obstante, el matrimonio no se consumaría hasta 1557. Y, en época de Felipe II, sería conocido como el rey Gómez por el predicamento que tuvo ante el monarca y, a su defunción, vendrían las intrigas de la princesa de Éboli, que acabaría siendo una víctima de Antonio Pérez.

Como decíamos, en mayo de 1555, Ruy escribió al secretario Francisco de Eraso: «Aunque nos dará pena por lo que toca a la carne, para lo demás muchas cosas ha asegurado en lo que toca a la sucesión de Nápoles y otras cosas de que sospechábamos que el Rey de Romanos quería aver».[79]

La verdadera transición desde los Trastámara hasta los Habsburgo no se produjo hasta la muerte de Juana. A los seis meses de morir ella, Carlos V acabaría abdicando en su hijo, Felipe II, cumpliéndose la profecía o el consejo de los comuneros, pues dejó el Imperio centroeuropeo a su hermano Fernando I. Y es que Padilla, Bravo y Maldonado ya lo habían alertado de que quien mucho abarca poco aprieta, siendo preferible renunciar al Sacro Imperio y centrarse en reinar sobre el Imperio español que, aparte de la península ibérica, las islas y el norte de África, englobaba las Indias, y en el futuro Asia.

Pasaron las centurias y del Siglo de Oro se llegó a la Edad de Plata de la cultura española. En 1898 España tocó fondo con el famoso Desastre, y la pérdida de Cuba,

---

79   AGRB, Gachard 614, fol. 357. ARAM, Bethany: *op. cit.*, p. 277.

Puerto Rico y Filipinas. Se fue para siempre aquel imperio que había nacido en época de Juana. Pero se registró una efervescencia de ideas con las que regenerar la nación y no hubo pocos estadistas, como Joaquín Costa, que tomaron como modelo al cardenal Cisneros.

En ese marco de las generaciones literarias y de replantear el papel de España en Europa y en el planeta, en su libro *Cómo se hace una novela* (1924-1927), Miguel de Unamuno hablaba sobre la demencia y la cordura:

> Estar loco se dice que es haber perdido la razón. La razón, pero no la verdad, porque hay locos que dicen las verdades que los demás callan por no ser racional ni razonable decirlas, y por eso se dice que están locos. ¿Y qué es la razón? La razón es aquello en que estamos todos de acuerdo. La verdad es otra cosa. La razón es social; la verdad es individual, personal e incomunicable. La razón nos une y las verdades nos separan.

¿Qué es la razón? ¿Cuál es la verdad? Si aplicamos a la biografía de Juana las palabras que el catedrático de Griego expresaba en abstracto, podemos sacar la conclusión de que el loco puede haber perdido la razón a los ojos de los demás. Todos pueden coincidir en el veredicto de que está equivocado o pretenden simular que se ha extraviado porque les interesa hacer creer eso, aunque el loco esté diciendo verdades como puños.

En esta misma línea, el dramaturgo y diseñador francés Jean Cocteau (1889-1963) aseguraba que «no se debe confundir la verdad con la opinión de la mayoría». La razón es un consenso gregario, la verdad es solitaria. Pero el no querer escuchar la verdad supondrá en todo caso caminar con una venda en los ojos, aunque no tiene que significar estar loco, pues cuántas veces las personas no queremos ver la realidad para no perder la ilusión.

Nunca pudo imaginar esta dama que una persona pudiera verse tan vilipendiada. Tampoco que una patraña durara tanto. En sus casi 51 años de reinado limitaron su papel a que su nombre apareciera en la intitulación de las reales provisiones y en las monedas junto a su hijo Carlos. Fue considerada solo por su útero. Ella era la transmisora de los derechos dinásticos, sin embargo, casi nadie le reconoció su dignidad.

Mencionar a Juana hace que el público piense de inmediato en los celos. ¿Qué habría sucedido de llegar Felipe a anciano? ¿Se habría contentado con el poder, aunque hubiera arrinconado del trono a su esposa cuanto hubiera podido? No podemos saber el resultado de esta distopía. Lo que sí podemos asegurar es que, en la historia de su vida, la ausencia del Hermoso pesó más en su contra que su presencia porque, sin posibilidad de defensa, se calumnió a la reina, a la que nunca se le permitió gobernar.

También cabría preguntarnos qué retrato psicológico ofrecían los tres hombres que la dominaron: su padre, en el que se ha visto el inspirador de *El príncipe* de Maquiavelo; su hijo, que aplastó el intento de forjar una democracia castellana como proponían los comuneros y borró de la historia a las *puellae doctae*; y su esposo, que a ojos de todos cuadra con el perfil de «un aprovechado» en lenguaje coloquial y lo que la psiquiatría en otro orden presenta como «psicópata», por querer reinar extendiendo el caos.

La Biblia, el libro del Eclesiastés en concreto, presenta los tres hilos desde la vertiente positiva en alusión a la fe, a la sabiduría, a la fortaleza, también como alegoría de la

Trinidad, concepción metafísica que copaba los debates en el Renacimiento. Sin embargo, en el plano mundano, los tres hilos pueden ser interpretados en la biografía de la reina como la resistencia que sacó para sobrevivir a los manejos de su marido, de su padre y de su hijo. ¿De dónde sacó la fuerza? De su hija Catalina, de la devoción a su manera, de la cultura y del criterio propio. Esos fueron sus asideros para sobrevivir ante los ataques.

18.6. LOS COMPLEJOS

La psicología de los complejos surgió oficialmente en 1913, cuando el psiquiatra suizo Carl Gustav Jung (1875-1961) la utilizó para designar una ampliación del psicoanálisis de Freud.

Conceptualmente, un complejo es la imagen de cierta situación psíquica que tiene una fuerte carga emocional y que es incompatible con la actitud normal de la conciencia. Los complejos interfieren las intenciones y la voluntad consciente y su origen se halla, frecuentemente, en los traumas emocionales, provocando un conflicto moral entre el yo y el inconsciente personal.

Para Freud, el complejo era una cantidad de energía vinculada a un deseo inconsciente (por ejemplo, el complejo de Electra o el de Edipo). Jung aceptó lo expuesto por Freud, pero fue aún más lejos, ya que les otorgó vida autónoma dentro del inconsciente personal.

Aparte de los que hemos enumerado en el primer capítulo, hay un sinfín de complejos que llevan nombre de personajes mitológicos o históricos. Uno de los complejos definidos con la identidad de un ser que fue real es el de

Alejandro. Hace referencia al resentimiento del hijo contra el padre. Hay que tener presente la fama adquirida por Filipo II, padre de Alejandro, que pudo, lógicamente, desencadenar en el héroe macedonio un cierto temor ante las escasas posibilidades de superación de su antecesor. Se cuenta la anécdota de que Alejandro Magno, al enterarse de los triunfos de su padre en las campañas militares, exclamó con ira: «Mi padre no me deja ya nada por conquistar». Al verse como heredera, Juana pudo tener esa sensación. Lo que no intuyó, como tampoco lo hizo Alejandro, es que para el gran público internacional Filipo sería más recordado como el padre de Alejandro, e Isabel como la madre de Juana la Loca, en el primer caso para bien, en el segundo para afrenta.

Nadie ha formulado el complejo de Juana. Sería demasiado calamitoso que a alguien lo asemejaran con la desdicha de esta reina, pero podría describirse así: dícese de la persona que ejerce de interlocutora de su familia, se convierte en su secretaria, la incapacitan mentalmente, la encierran y tiene que conformarse porque antes mandaba en ella su marido y luego lo harían su padre y su hijo.

En *El pabellón número 6* el médico y dramaturgo ruso Antón Chéjov (1860-1904) narra la amistad que surge entre el director de un psiquiátrico y un paciente que sufre manía persecutoria. Una de las frases célebres de Chéjov es relativa a la división que esparcen los individuos amargados e insatisfechos: «Los infelices son egoístas, injustos, crueles e incapaces de comprender al otro. Los infelices no unen a las personas, las separan». Esta reflexión puede aplicarse a los guardeses de Juana.

«Quien mira hacia afuera, sueña; quien mira hacia dentro, despierta», aseveró Jung. La introspección es una vuelta de la conciencia sobre sí misma, el acto de observarse hacia adentro, como proponía en el siglo IV san Agustín: «Ya me tienes dicho, Señor, con voz fuerte en el oído interior, que tú eres eterno» (*Confesiones*, libro duodécimo, capítulo undécimo).

La reina fue obligada a vivir de espaldas a la comunidad, pero aprendió a mirar hacia dentro. Durante casi medio siglo esa fue su actividad. La condenaron a la introversión quisiera o no, y aún encima cualquier pensamiento suyo sería deformado o malinterpretado porque hacía falta un chivo expiatorio, una persona que hiciera de cabeza de turco, como método de desviar la atención y de expiar pecados de la Corona. Echando todas las culpas a Juana, los demás quedaban exentos. La historia de esta soberana ha estado plagada de mentiras pero, siguiendo el silogismo lógico, ¿quién decía la verdad? Juana.

19. EL PODER DE LAS IMÁGENES

Desde que era niña, Juana aparece inmortalizada en la galería de acontecimientos protagonizados por sus padres. En la configuración de los retratos oficiales entraban muchos factores, como la idealización y la propaganda, los mensajes políticos ocultos y los deseos de los autores. Lienzos, tablas, libros y vidrieras, por todos los soportes transitó la silueta de Juana.

Posteriormente, el Romanticismo esculpió una efigie de la reina que apenas tenía que ver con el referente original. El estudio de estas obras implica una minuciosa pesquisa en aras de reconstruir su estética a través de las artes plásticas, la literatura, el cancionero, el urbanismo, el teatro, la ópera, el cine... Una apasionante labor de espionaje para devolver la luz a una mujer que quedó condenada a vivir en la sombra del destierro, en la irrealidad del monólogo hablando tantas lenguas...

19.1. POEMARIOS Y BREVIARIOS

En el *Rimado de la conquista de Granada*, compuesto por un testigo de la toma de la ciudad, Pedro Marcuello, Juana aparece en varias miniaturas. En una lámina está siendo infanta con sus padres; fuera de la orla aparece el autor, con el birrete en el suelo. Isabel y su hija guardan gran parecido físico en el retrato y llevan sobrevestes de vivos colores, pudiéndose ver a través de esas túnicas sin mangas ricos vestidos.

Juana y Felipe con el autor del
Rimado de la conquista de Granada.

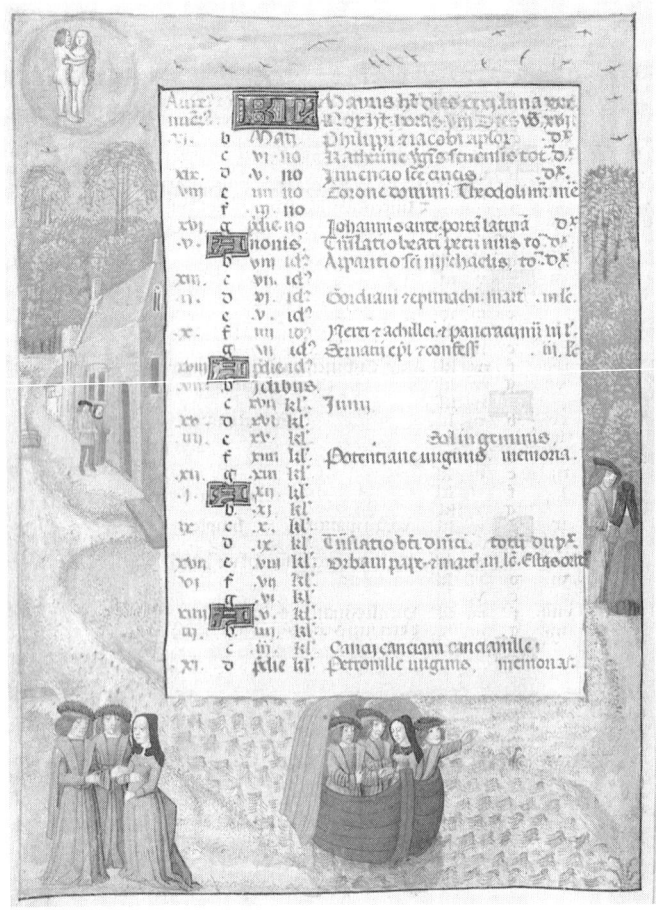

Breviario de Isabel la Católica. British Library.

En otra de las ilustraciones está sentada con Felipe el Hermoso, pues el poeta aragonés trataba de ganarse su favor. Dos perros juegan en el primer plano, mientras que el escritor posa de rodillas. Tres damas y tres caballeros completan la escena, sin embargo, lo que más llama la atención es la plasmación del carácter: se percibe a través del minio la lozanía de Juana y el gesto circunspecto de Felipe. El manuscrito se conserva en la Biblioteca Museo Condé del Castillo de Chantilly.

Libro de horas de Juana. British Library.

Los breviarios eran libros litúrgicos personalizados para los reyes. El de Isabel la Católica se conserva en la British Library, en Londres. La soberana recibió el códice de manos del embajador Francisco de Rojas poco antes de 1497, para conmemorar el doble matrimonio de sus hijos Juan y Juana, así como los éxitos de su reinado, el descubrimiento de América y la conquista de Granada.[80]

El libro de horas de Juana de Castilla fue decorado en Flandes hacia 1500. Entre las 482 páginas, todas ellas iluminadas, podemos ver a una amazona a caballo en el encuentro entre los tres vivos y los tres muertos, un tema típico de las danzas de la muerte, en el que se representaban las tres edades o los tres estamentos.[81] No obstante, se piensa que la mujer que va cabalgando no es Juana, sino su suegra, a la que no conoció, María de Borgoña.[82]

19.2. TABLAS ALEGÓRICAS Y FIDEDIGNAS

Existe una pintura sobre tabla que fue realizada hacia 1485 y ha sido atribuida a Diego de la Cruz. Se titula *La Virgen de la Misericordia* y en la composición aparecen los Reyes Católicos y sus tres hijos mayores, Isabel, Juan y Juana. También están presentes el cardenal Mendoza y un grupo de seis monjas cistercienses con la abadesa, que podría ser Leonor de Mendoza, hermana del prelado. No parece que hubiera ninguna intención retratística, pues Juana y sus hermanos comparten los mismos rasgos y solo se diferencian en el tamaño. María protege a la dinastía con su

---

80   BL, Add Ms 18851.
81   F. 158v.
82   BL, Add Ms 35313.

manto, verde en el anverso y azul en el reverso, sosteniendo las flechas de la heráldica de los reyes. Flechas que la Virgen para con sus manos, pues dos demonios que se encuentran sobre las cabezas amenazan a la estirpe. La obra está en la sala capitular del Monasterio de las Huelgas. El pintor falleció en Burgos en 1500.

Diego de la Cruz, *La Virgen de la Misericordia*.
Monasterio de las Huelgas (Burgos).

En el Museo Nacional de Escultura, ubicado en Valladolid, se custodia el retrato de Juana adjudicado al Maestro de la Vida de San José. El autor fue un pintor de la escuela del sur de Holanda, cuyo nombre se desconoce. El seudónimo se lo puso el historiador del arte alemán Walter Friedländer. Lo hizo en 1923 al identificar una serie de tondos que ilustraban la leyenda de san José, dispersos por varios museos. Juana va vestida con tonos rojizos y una toca negra. En esta pintura al óleo sobre tabla, datada en 1501-1510, Juana aparece con la cabeza en posición de tres cuartos, inclinada hacia la derecha. Aparece con la mirada baja, gesto triste y las manos entrecruzadas.

Juan de Flandes, *Juana la Loca*, c. 1496.
Kunsthistorisches Museum (Viena).

Curiosamente, de 1490, existe un retrato de su cuñada, Margarita de Austria, con vestido y toca similares. Parecen gemelas, solo diferenciadas por el colgante que lucen en el cuello: un rubí Juana y una perla, como el significado de su nombre, Margarita. El retrato de la hermana de Felipe es de Jean Hey, maestro de Moulins. En la subasta en Nueva York se pensó que la representada era Juana, y que el pintor era Hans Holbein (el Viejo), pero estaban equivocados en ambos conceptos. Pudo formar parte de un díptico, aunque la otra ala, que debió de contener una escena de la pasión de Cristo, se ha perdido. La tabla está hoy en la galería 953 de The Met Fifth Avenue, en Nueva York, más conocido como The Metropolitan Museum of Art.

Posteriormente, Friedländer atribuyó al mismo taller que hizo el retrato de Juana (el que actualmente está en el Museo Nacional de Escultura en Valladolid) ocho paneles más con escenas de otras dos secuencias de la vida de Cristo y la vida de la Virgen (c. 1493-1508; Bruselas, Musée d'Art Ancien). Estos procedían de la Abadía de Affligem en Brabante, proporcionando el nombre alternativo del artista, como maestro de la Abadía de Affligem.

Probablemente los dos retratos de Juana la Loca y Felipe el Hermoso que se exhiben en el Kunsthistorisches Museum de Viena formasen parte de un díptico, y quizás fueron los primeros retratos salidos de la mano de Juan de Flandes tras instalarse en Castilla a mediados de 1496. No obstante, parece contradecir esta hipótesis del díptico el hecho de que, si fueron diseñados para ir juntos, el cuadro de Felipe iba a la derecha según lo contempla el espectador, cuando lo normal es que apareciera a la izquierda. También se duda de que el retrato de Felipe fuera obra de Juan de Flandes.

Juan de Flandes (atribución), *Felipe el Hermoso*, c. 1496. Kunsthistorisches Museum (Viena).

Aunque hay otro cuadro de Juan de Flandes en el que Juana puede ser incluso más joven. Desde que se conoció esta tabla y se adscribió a este artista se consideró que era el retrato de una de las hijas de los Reyes Católicos. Primero se pensó en Juana; así lo creyó Friedländer en 1930. Dada la aparente edad de la infanta (entre doce y quince años), podría ser, en efecto, Juana. Lo más probable es que hiciera al menos un retrato como recuerdo para su madre, antes de embarcar hacia Flandes para desposarse con Felipe el Hermoso. El pintor flamenco estaba en Castilla entonces, ya que la primera vez que se registra a Juan de Flandes vinculado a la corte de la Reina Católica es el 12 de julio de 1496, cuando se le pagaron en Burgos 6000 maravedíes «de que su Alteza le hizo merced para ayuda de su costa».

Juan de Flandes, *Retrato de una infanta*. Museo Nacional Thyssen-Bornemisza (Madrid).

Maestro de la Vida de San José, *Felipe el Hermoso y Juana la Loca*, 1504-1506. Museo de Bellas Artes (Bruselas).

La pintura de Juan de Flandes que se conserva en el Museo de Historia del Arte de Viena sigue la costumbre flamenca del retrato de tres cuartos, para mostrarnos a una joven de cabellos claros, como su madre, la reina Isabel, partido por una raya al medio y recogido con algunos adornos de colores tras la cabeza. De su rostro, de piel muy clara, destacan unos ojos grandes, una nariz alargada y unos labios pequeños y carnosos. De su cuello pende un collar, del que solo podemos ver el cordón, ya que la joya que presumiblemente sostenía se oculta bajo el vestido, de generoso escote. Viste un traje de color claro con bordados en color dorado. El gesto es el de estar meditando, pero consciente de la realidad.

El género retratístico permitía el conocimiento de los contrayentes, motivo por el cual era bastante frecuente el intercambio de este tipo de pinturas en el Renacimiento. Así que pudieron ser pintados cuando se estaban preparando los dobles esponsales entre los príncipes castellanos Juan y Juana y los borgoñones Margarita y Felipe. En ese caso la fecha de los cuadros debemos situarla entre el momento de la llegada a Castilla de Juan de Flandes, a mediados de 1496, y la partida de Juana hacia Flandes, que tuvo lugar en agosto de aquel año.

Del «Retrato de una infanta», que está en Madrid, en el Museo Thyssen-Bornemisza, guardándose una réplica en el University Art Museum de Santa Bárbara, en California, se piensa que la chica podría ser Catalina, futura reina de Inglaterra.

En 1495-1506 fue realizado un tríptico sobre el Juicio Final. El Apocalipsis aparecía en la tabla central y, en las alas, ¿quiénes estaban? Felipe y Juana. Nuevamente el autor es el Maestro de Affligem. Felipe el Hermoso y Juana la Loca aparecen en los jardines del Castillo de Bruselas. La obra luce en los Museos Reales de Bellas Artes de Bélgica, aunque fue planificada para la Iglesia de San Livinio de Zierikzee, en Zelanda. La pieza central se ha perdido.

Felipe se hizo muchos retratos en vida. En este caso va con armadura y en la mano derecha porta el estoque que le había regalado Alejandro VI en 1497. En la parte trasera de los dos cuadros aparecen otras dos escenas: detrás de Juana está san Martín de Tours, compartiendo la capa con un mendigo, y detrás de Felipe, san Livinio, venerable irlandés que viajó a Gante como misionero; lo martirizaron cortándole la lengua con unas tenazas y echándosela a los perros, pero cuenta la leyenda que Dios se la restituyó para que siguiera predicando a Cristo. Iba acompañado de un niño al que le devolvió la vista y de la madre de este, cosa insólita, pues los religiosos iban rodeados en todo caso de otros compañeros. Después, fue martirizado junto a la madre y al niño, que eran sus discípulos. Lo decapitaron, cundió su fama de milagroso y pasó a ser patrón de la ciudad.

19.3. LA PERVIVENCIA DEL VIDRIO

Como hemos anticipado, a Juana se la representó en vidrieras. Con ocasión de su entrada en Bruselas el 9 de diciembre de 1496, se realizó un conjunto de 70 dibujos a pluma coloreados sobre papel y que se conserva en Berlín.

En compañía de Felipe, fue incluida en el repertorio de decoración de los vanos y, así, a Juana se la inmortalizó mediante la luz coloreada. En varias vidrieras de iglesias de los Países Bajos, puede observarse al matrimonio. Una de las más famosas es la vidriera realizada para la Capilla de la Santa Sangre de Brujas (actualmente en el Victoria & Albert Museum de Londres). Fue una donación de los burgueses de la ciudad en 1496. Al año siguiente Jan van Immerzeel, margrave de Amberes, mandó instalar en la

Capilla Borgoñona, levantada junto a su casa, tres vidrieras que recordaban el doble matrimonio entre los hijos de los Reyes Católicos y los de Maximiliano I, de manera que también hacían su incursión Juan y Margarita.

Como gobernadora de los Países Bajos, Margarita de Austria quiso mantener viva la memoria de su hermano y decidió encargar vidrieras para colocarlas en diferentes iglesias, como las de Santa Waltrudis de Mons (1510-1511), las de Notre-Dame du Sablon (1512-1514) y de San Miguel y Santa Gúdula (1517-1520), ambas en Bruselas, o las que realizó Nicolas Rombouts para San Gumaro de Lier (1517-1519), la iglesia donde contrajeron matrimonio Felipe y Juana. En estas representaciones, Juana solo puede ser identificada por la heráldica, igual que en imágenes que encargó su suegro, Maximiliano I de Austria, mandó colocar a Juana al lado de su esposa, María de Borgoña, a quien la castellana no pudo conocer.

En otra escena, en este caso a partir de un dibujo de Durero, conocida como *La boda española*, aparecen Maximiliano, Felipe y Juana, reconocibles por sus armas, pues el artista más célebre del Renacimiento alemán idealizó el rostro del emperador y no tuvo reparos en inventarse los de Felipe el Hermoso y doña Juana. Pasados los años, el pintor barroco Rubens también hizo algunos dibujos de la pareja, si bien nació 22 años después de la muerte de Juana.

19.4. DEL OLVIDO A LA NECROFILIA

Cuando Juana entró en Tordesillas llevaba numerosos retratos de su familia, pero solo una tabla de sí misma.

Durante los años de cautiverio no hay constancia de que Juana quisiera perpetuar su imagen. Es más, su máscara funeraria se hizo casi a escondidas, no porque a ella le causara temor la muerte, sino porque sinceramente su vida no le importaba a nadie, a lo mejor solo a ella. Aunque fuera en la corte española, se propagó rápido el prejuicio de que estaba trastornada, pero no como preocupación por su salud, sino como rumor con el que pasar un rato «entretenido» charlando a costa de una desgracia.

La efigie idealizada que el burgalés Bartolomé Ordóñez hizo de la cara de Juana en 1520 para su sepulcro estuvo en Italia hasta 1533, después del óbito del escultor, y después en Granada, donde se guardaron las 25 placas de mármol, pues aún vivía Juana.

En lo sucesivo, como se quería mantener oculta la memoria de Juana, tampoco sus descendientes se prodigaron en encargos sobre su figura. Tras el incendio de El Pardo, en 1604 Felipe III encargó rehacer la colección de retratos a Juan Pantoja de la Cruz. Este artista volvió a pintar a los monarcas hispanos e introdujo en la serie a su bisabuela, Juana I, pues ella no estaba en la galería conformada por Felipe II.

Había transcurrido medio siglo desde el fallecimiento de la reina. El cuadro de Pantoja de la Cruz, hoy perdido, debió de convertirse en un modelo que se siguió en otras representaciones, como la conservada en el Instituto Valencia de Don Juan en Madrid, o la perteneciente al Museo Nacional del Prado, en depósito en la embajada española en Londres.

Juana se había convertido en un personaje reconocible en todos los países, aunque no se tuviera formación en historia. ¿Quién en Reino Unido, en Francia, en Alemania, en Estados Unidos, etc. no había oído hablar de Juana la Loca?

Eso por no hablar de Hispanoamérica, de cuyos territorios también había sido soberana. Se creó una especie de mitología juanista: los celos, la falta de higiene, los gritos, etc. eran sus atributos, como cuando se representa a un dios o un héroe de la Antigüedad, pero en este caso cargado de atributos nocivos.

Charles de Steuben, *Juana la Loca*. Museo de Bellas Artes de Lille.

A lo largo del siglo XIX, el Romanticismo se fijó en las épocas pasadas como fuente de inspiración, enfatizando dos aspectos: la lejanía temporal y el exotismo. Y, de este modo, si quedaba algo por tergiversar, a lo largo de la centuria la silueta de Juana como figura política quedó anulada al completo, para convertirse en un personaje de leyenda, engullido por los celos. De manera pareja a las obras literarias y artísticas que difundían su demencia, fue cobrando fuerza su asociación con la tanatofilia. Pero, como veremos, se dibujó a una reina que casi no tenía nada que ver con aquella mujer abocada a sobrevivir pese al avasallamiento de su padre, de su esposo y de su hijo.

En 1836 el pintor francés Charles de Steuben realizó una pintura de Juana, a la que llamó «la Loca» en el título del cuadro, reflejo de que el despectivo había traspasado fronteras y pervivía en la mentalidad popular lejos de nuestro país tres siglos después. Pintó al zar Pedro I, pero también a Napoleón. A Juana la captó con los ojos muy abiertos mirando al infinito, al pie del cuerpo de su marido muerto. Solo un religioso y una dama completan la escena. La obra está en el Museo de Bellas Artes de Lille.

19.5. LA LITERATURA DECIMONÓNICA: ENTRE EL DRAMA Y EL FEMINISMO

De manera paralela a la exaltación de la locura de Juana en el arte, se produjo una ebullición de obras escritas sobre su figura. En la *Historia de la célebre reina de España, doña Juana, llamada vulgarmente La Loca* (1848), se explicitaba que su enfermedad era que estaba «poseída» por una pasión «lícita» que resultó «exagerada». De acuerdo con este relato, la soberana se dejó llevar por la idolatría hacia el archiduque y, de haber vivido este, según el equipo anónimo que redactó la obra, habría expiado «su crimen», por lo que no se le echaba toda la culpa a Juana, sino que se responsabilizaba a Felipe del daño que le había ocasionado. Esta segunda parte de la historia, la de implicar a su marido en el presunto trastorno, no es perceptible en los lienzos, donde está yacente. El colofón de dicho tratado lo ponía la imagen de Cupido, escribiendo en la arena la pala-bra «Fin» con gesto compungido.

En la segunda mitad del siglo xix, el Gobierno de Inglaterra encargó al historiador Gustav Adolf Bergenroth compilar documentación proveniente de las negociaciones entre Inglaterra y España entre 1485 y 1558. Reunió trece volúmenes y un suplemento publicado en 1868. Entre otros aspectos, se hablaba de la reina Catalina y del intento de matrimonio de Enrique VII con Juana de Castilla.

Como hemos analizado en el capítulo anterior, Bergenroth proponía al lector que descubriera si la reina fue o no víctima de la tiranía de su madre, de la avaricia de su padre, de su esposo y de su hijo, y fue especialmente controvertido su análisis del catolicismo de la reina. Fue este estudioso prusiano quien apuntó a la posibilidad de que Juana hubiera sido objeto de confabulación por parte de los tres hombres de su familia. También apuntó al pro-bable luteranismo de Juana (indicio que hay que descartar porque la Reforma protestante comienza en 1517 y la sobe-rana fue encerrada en 1509, sin posibilidad de recibir libros o conversaciones eruditas más que los encuentros con sus familiares y confesores entre las muchas disputas con sus guardeses).

En plena industrialización, cuando el tren desafiaba las distancias, los trabajos sobre Juana se multiplicaron. El canonista e historiador de Calatayud Vicente de la Fuente destacó por su defensa de la tradición española. En 1870, en *Doña Juana la Loca vindicada de la nota de herejía*, apun-taba hacia la idea de que la locura fue una invención de sus padres para alejarla del trono. En la compilación de artículos de Vicente de la Fuente se buscaba, principal-mente, desmentir la interpretación de herejía a partir de los documentos presentados por Bergenroth. Al iniciarse la Restauración con Alfonso XII sería nombrado rector de la Universidad Central, cargo que desempeñaría durante dos años.

Historia de la célebre reina de España, doña Juana, llamada vulgarmente La Loca, Madrid, Marés y Compañía, 1848.

De la Fuente comprendió a Juana, alegó que su trastorno había surgido después de estar la primera vez en Flandes y argumentó que ni Bergenroth ni ningún otro autor extranjero podían lanzar acusaciones a Juana sobre su catolicismo, precisamente porque no conocían el ambiente en el que fue criada.

Posteriormente, en 1874, el archivero y genealogista madrileño Antonio Rodríguez Villa publicó *Bosquejo biográfico de la reina doña Juana*, basándose en documentos históricos. En su trabajo destacaban dos cartas autógrafas encontradas en el archivo del duque de Alburquerque. La tesis central de la biografía escrita por Rodríguez Villa se sustenta en gran medida en una de estas cartas en la que, aparentemente, la reina Juana declaraba en 1505 que la causa de su extraño comportamiento era el tema de los celos. Sin embargo, el rey Fernando de Aragón posteriormente señalaría que su hija había sido obligada por Felipe a firmar el documento. En 1892 Rodríguez Villa editaría *La reina doña Juana la Loca*. En este último volumen, se defendía que Juana murió dentro del catolicismo y se esgrimían las causas de su enajenación mental.

En ese mismo año, en 1892, veía la luz el trabajo *Un drama psicológico en la historia: Juana la Loca, según los últimos documentos*, de Emilia Pardo Bazán. La aristócrata y escritora subrayó que el drama psicológico de la reina se originó por la fuerza del amor que sentía hacia Felipe, aun después de la muerte de este. No obstante, la autora feminista, separada de su marido en una época en que no estaba reconocido el divorcio, y enamorada de Benito Pérez Galdós, dio un giro al enfoque al asegurar que la enajenación pasional de la reina fue a causa de la educación recibida.

Pero Galdós no se quedó atrás. También escribió sobre la reina a la que tildaron de demente. El 8 de mayo de 1918, unos días antes de que por San Isidro la gripe mal llamada «española» se convirtiera en plaga en Madrid, el literato grancanario estrenaba en el Teatro de la Princesa el drama *Santa Juana de Castilla*. Fue una de sus últimas contribuciones, pues fallecería el 4 de enero de 1920.

La actriz española Margarita Xirgu, interpretando la obra *Santa Juana de Castilla* de Benito Pérez Galdós.

El escritor era testigo del ocaso del imperio que se había levantado en época de aquella reina. La actriz barcelonesa Margarita Xirgu (1888-1969) interpretaba el papel principal. Se da la coincidencia de que esta artista era de Molins de Rei, el municipio del que procedía Leonor, la heroína de Cerdeña del siglo XIV, aquella del retrato vacilante entre la jurista y la reina.

Sobre el escenario, en el encierro en Tordesillas recibe la visita de Francisco de Borja mientras sufre los tejemanejes del marqués de Denia. En el lecho mortuorio, Juana acaba vaticinando la abdicación de su hijo Carlos.

En la escena VIII del primer acto, el personaje Valdenebros expone la causa del drama personal de Juana:

Toda la vida de esta reina ha sido un continuado suplicio. Primero, el amor desatinado que tuvo a su esposo, la ingratitud de éste, su muerte; luego, la resolución despiadada del Rey Católico y Cisneros, privándola del gobierno de Castilla para confinarla en este tétrico palacio de Tordesillas, donde lleva ya medio siglo de cautiverio, como si estuviera expiando un delito.

Galdós da un giro a las interpretaciones imperantes sobre la reina, tanto en la sociedad patriarcal como en la disculpa de sus acciones, que empezaba a abrirse paso con feministas como Pardo Bazán. En la obra teatral, doña Juana no está loca, se encuentra en su sano juicio. Sin embargo, permanece confinada porque se la considera sospechosa de herejía, en concreto, de erasmismo.

Es cierto que en el tránsito de los años 20 a la década de los 30 en el siglo XVI se registró el período álgido del erasmismo en España y se focalizó en la corte del emperador Carlos V. Las causas de erasmismo frecuentemente aparecían mezcladas con los alumbrados y los luteranos, y la huida de España era la principal vía para librarse de los autos de fe. Para evitar la tortura a la que fue sometido Diego de Uceda, chambelán de un alto cargo de la Orden de Calatrava, y de tantos otros, como Juan de Vergara, catedrático de la Universidad de Alcalá, encerrados después de pagar altas multas, Juan de Valdés huyó a Italia en 1530 por el peligro que entrañaba haber publicado el *Diálogo de la doctrina cristiana*, donde se recogían algunos pensamientos de Lutero sin mencionarlo.

La alusión al erasmismo la incorporó el escritor influenciado por la lectura del artículo de la que fue su amiga y amante, Emilia Pardo Bazán, sobre la educación recibida de manos de Luis Vives. Decía doña Emilia: «Sábese que la Princesa era versada en letras humanas y que hablaba corrientemente el Latín con Luis Vives, aquel filósofo que, en su Institución de la mujer cristiana, sustituye el culto de Dios con la idolatría del marido. ¡Devoción bien funesta a doña Juana de Castilla!».[83]

Otro de los personajes, el criado Mogica, aporta un dato irreal pero que don Benito emplea para sustentar su teoría. Según Mogica, Erasmo de Rotterdam regaló a la reina estando en Gante el *Elogio de la locura*, hecho que no pudo producirse por hallarse Juana ya confinada.[84] Y nos puede parecer un ser imaginario de Galdós este Mogica pero, descifrando cartas de sirvientas y amigas de Juana conservadas en el Archivo General de Simancas, Teresa de Tavora y María Manrique hablan de un ayudante llamado Mojica que decía muchos chistes.[85]

---

83 PARDO BAZÁN, Emilia: «Un drama psicológico en la historia: Juana la Loca, según los últimos documentos», *Nuevo teatro crítico*, año 11, parte 1 (1892), p. 69.

84 PÉREZ GALDÓS, Benito: «Santa Juana de Castilla», *Obras completas*, vol. VI, Madrid, Aguilar, pp. 1320-1335.

85 AGS, Casa y Sitios Reales, leg. 402 bis.

19.6. EL CADÁVER EN EL ARTE

Pocos difuntos han aparecido tanto en los lienzos como Felipe el Hermoso. La pintura contribuyó a afianzar el tópico de los celos de Juana. Los rumores del amor desmedido y hasta patológico de la joven datan de los momentos en que le correspondía heredar. ¡Qué casualidad que nadie se hubiera dado cuenta de que estuviera loca antes de ser la heredera al trono! Era la futura titular de la Corona, pero su marido no se contentaba con ser consorte. Los partidarios de Felipe temían que ella se movilizara en sentido contrario a sus intereses. En 1501 Felipe intentó ser investido sin Juana como príncipe de Asturias, sin embargo, se le respondió que era tan elevada la pasión de Juana por su marido que no lo dejaría nunca viajar solo a Castilla. ¿Exageraron los celos cuando Juana lo que quería evitar es que Felipe la ninguneara?

No obstante, los artistas del siglo XIX apenas tuvieron piedad de Juana, no se desviaron de la «senda oficial»; convenía atraer al público al exotismo que despertaba una reina loca. Y, si en otro tiempo, el de Ribera, los pinceles se enjugaban en la sangre de los mártires, ahora, lejos del Barroco, la paleta de colores quedaba impregnada de tonos de luto y del blanco humeante de los hachones por los caminos.

El pintor barcelonés Gabriel Maureta y Aracil (1832-1912) fue alumno en Madrid de Antonio María Esquivel y de Federico de Madrazo. Se formó desde 1853 en París y, a su regreso a España, cinco años después, presentó su composición en la Exposición Nacional de Bellas Artes. Así, en 1858, logró una tercera medalla con el cuadro *Doña Juana la Loca*. En el catálogo del certamen se describía de manera errónea la personalidad de Juana: «(...) en un momento de exaltación teme se apoderen del cadáver de su marido el rey D. Felipe (el Hermoso), que continuamente custodiaba, y abrazada al féretro, procura ocultarlo a las miradas de los dos personajes que la acompañan».

La reina doña Juana la Loca, de Gabriel Maureta y Aracil, Museo del Prado, c. 1858.

La mirada clavada en el infinito no alberga posibilidad de réplica en la mentalidad decimonónica. A Juana se la estaba condenando directamente, pues el religioso y la dama que la acompañan son expresión de la opinión creada en el espectador contemporáneo. Unas rosas sobre el catafalco y un rosario de madera ponen color al cuerpo enlutado de la soberana, aferrada al ataúd cubierto con manto rojo de armiño. El Museo del Prado adquirió esta obra al autor en 1880.

Otro cuadro de la pinacoteca madrileña que encierra otra mentira sobre Juana es *El testamento de Isabel la*

Católica, de Eduardo Rosales (1836-1873). El error es que, junto al lecho de la madre, figura la princesa. Rosales fue amigo de Maureta y, al igual que aquel, se dejó llevar por el halo de misterio que rodeaba a Juana, vendiendo la lúgubre historia romántica de la obsesión conyugal. En el acontecimiento recreado por Rosales sobre las últimas voluntades de Isabel, Juana no pudo estar presente por hallarse ausente de nuestro país en esos momentos. Sin embargo, a mediados del siglo XIX nadie se había planteado que aquel rumor de demencia fuera falso, y la obra fue premiada con una primera medalla en la Exposición Nacional de 1864.

Con las manos enlazadas y la mirada baja, Juana, que lleva camisa blanca, vestido y toca negra, aparece de pie junto a su padre, que está sentado, con gesto abatido y mirada perdida. Todos se aproximan a la cabecera del lecho en el que Isabel dicta sus últimas voluntades al escribano Gaspar de Gricio en presencia de los eclesiásticos, encabezados por el cardenal Cisneros.

En 1866 el madrileño Lorenzo Vallés pintó *Demencia de doña Juana de Castilla*, lienzo custodiado en el Museo del Prado. Antes de realizar este cuadro, Lorenzo había viajado a Roma pensionado por el duque de Sesto, remitiendo desde allí diferentes obras a las Exposiciones Nacionales de Bellas Artes. En la obra la soberana ejerce de centinela y manda callar a dos nobles y a un eclesiástico para que no «despierten» a Felipe, como si en vez de muerto estuviera dormido al otro lado de la cortina. La estampa recuerda al cuento de *La bella durmiente*, invirtiendo los roles con respecto al cuento de los hermanos Grimm.

Todos recordamos el ajusticiamiento de Padilla, Bravo y Maldonado a través del cuadro *La ejecución de los comuneros de Castilla* de Antonio Gisbert Pérez. Con esta obra, conservada en el Palacio de las Cortes en Madrid, el pintor alicantino consiguió la primera medalla de la Exposición Nacional de Bellas Artes de España de 1860.

Y, en 1887-1888, Gisbert realizó el lienzo *El fusilamiento de Torrijos y sus compañeros en las playas de Málaga*. Lo hizo por encargo del Gobierno presidido por Sagasta durante la regencia de María Cristina de Habsburgo-Lorena para mostrar a las generaciones venideras, mediante el sufrimiento del general, lo costoso que, en ocasiones, resulta defender la libertad. Los personajes de la obra del Prado, liberales con levita y chistera acompañados de franciscanos que van poniéndoles la venda en los ojos, llevan a nuestra mente al cuadro anterior, al de las Comunidades, donde son dominicos quienes dialogan con los que van a morir. Entre la revuelta contra Carlos V y los pronunciamientos hay tres siglos de distancia, pero comuneros y liberales, todos ellos, proponían un modelo de Estado diferente al que imperaba: estaban pensando en un sistema en el que los súbditos ya eran ciudadanos.

En la Exposición de 1881, el artista valenciano Vicente Borrás Mompó consiguió la medalla de plata de segunda clase con la pintura en la que la joven María Pacheco, de 25 años de edad, se desmaya al recibir las malas noticias de Villalar. Con la mano derecha sostiene el pliego y con la izquierda se sujeta la frente, como repitiendo en su mente las palabras con las que cerraba la última carta que le dirigió su marido Juan de Padilla: «Esperando el cuchillo de vuestro dolor y de mi descanso». En 1968 la Fábrica de Moneda y Timbre acuñaría un sello de 3,5 pesetas, con María Pacheco posando en el magnífico escenario arquitectónico de Toledo.

El poder de la historia del arte es prodigioso: nos sitúa como testigos de excepción de los acontecimientos, si bien también puede perpetuar imágenes erróneas, agregando personajes que no estuvieron en el lugar o adjudicando a los personajes emociones que no tuvieron en el momento. Aunque el cuadro fue realizado más de tres siglos después de su muerte, todos recordamos a doña Juana a través del pincel de Francisco Pradilla, absorta ante el féretro de Felipe, con el vientre abultado por el embarazo de Catalina y desconectada de la realidad. En su mano el doble anillo con las alianzas señala su estado de viuda y, cuando el viento apague el cirio, solo quedará la luz de la mirada de Juana.

Un religioso de hábito blanco, probablemente cartujo, pronuncia oraciones mientras sujeta una vela alargada, cuyo pábilo vacilante, como el humo del cirio apostado al lado del féretro, dan prueba de que hace viento. Una dueña joven parece estar leyendo un breviario sentada en una banqueta, y otra, vestida de azul, con capa negra, sentada en el suelo y con el puño bajo el mentón, parece estar distraía en sus propios pensamientos. El resto del séquito muestra estupefacción, aburrimiento, cansancio, etc.

El lienzo fue pintado por Pradilla en Roma. Lo realizó con 29 años, los mismos que tenía Juana cuando inició su confinamiento en Tordesillas. En 1878 obtuvo el premio en la Exposición Nacional de Bellas Artes, celebrada en Madrid. Se consagró como pintor gracias a esta estampa, reconocible por niños y mayores. Desde el colegio, el cuadro forma parte de nuestro universo por estar presente en los libros de texto. Puede verse la pintura en el capítulo 9 de este libro. Los velos movidos por el viento, la expresión perdida, la mirada tenebrosa, la soledad de la estepa castellana al otro lado de las velas...

Aunque estemos acostumbrados a los tonos oscuros, Juana estrenó el negro como color de duelo, pues fueron sus padres quienes cambiaron el blanco por el negro mediante la Pragmática de Luto y Cera. En la misma disposición prohibieron las plañideras y los gritos, por ello a Juana la acompañaba un séquito bastante silente.

De 1906 es el cuadro de Pradilla *La reina Juana con su hija, la infanta Catalina, en Tordesillas*, conservado también en el Museo del Prado, como la obra sobre el cadáver errante de Felipe. En el lienzo sobre la reclusión en Tordesillas, el pintor se deja llevar por los prejuicios sobre la demencia, pues plasma a Juana ajena a la realidad, con los ojos muy abiertos, igual que en el cuadro anterior, solo que sentada, por lo que parece algo más calmada, mientras que su hija, de espaldas, le reclama atención lanzándose en el regazo.

La reina Juana con su hija, la infanta Catalina, en Tordesillas, de Francisco Pradilla, Museo del Prado, 1906.

Pradilla sitúa el féretro de Felipe al otro lado de la puerta del fondo de la estancia, y las ayas parecen mostrar resignación mientras se calientan en el fuego; una de ellas hila en la rueca, la otra permanece quieta. Son las mismas mujeres que en la obra pretérita del traslado del féretro eran caracterizadas una con túnica azul y capucha con capa negra, y otra ataviada con tonos amarillos y pieles, consultando un libro. En el cuadro hay varias alusiones al carácter efímero de la vida terrena: la vela y las tijeras. El rosario y las vestiduras con tocas de viuda enfatizan el carácter de Juana como heroína trágica.

Cerca de los blasones de yeserías sobre la chimenea, una imagen del Pantocrátor, una pila de agua bendita y una cruz de Caravaca introducen un significado trascendente ante la desesperación. La ventana abierta al otro lado de los colores de las vidrieras deja ver la estepa castellana. La actividad intelectual queda condensada en los tomos que reposan sobre el alféizar. Y un pájaro en una jaula torna en metáfora del encierro en el que Juana y Catalina habitaban.

Aunque, en el suelo de la estancia, con baldosas de barro alternadas con azulejos, aparece el elenco de juguetes de Catalina: cántaros, vasijas, tazas y platos, mesas y bancos de madera en miniatura, una muñeca con manto que bien pudiera ser la reina y un caballero sobre corcel blanco enjaezado que trata de recuperar con su lanza la corona. Esa vertiente lúdica evoca el mundo exterior de sueños, intentando mostrar que, incluso en los momentos más graves, la imaginación lleva consigo la llave para transformar la cruda realidad.

A pesar de la depresión natural, por estar confinada en contra de su voluntad, y de las arrugas que evidenciaban el paso del tiempo, Juana seguía mostrando en su rostro el millar de cavilaciones que tenía dentro de su cabeza pues, en tiempos prematuros, supo que la educación era la vía para conocerse mejor a sí mismo. Juana sabía cuáles eran sus fortalezas y cuáles sus debilidades pero, con el tiempo, la alienación a la que fue sometida hizo que en medio de la soledad no pudiera encontrar algo bueno en su día a día.

El pintor Rosales, ya mencionado, se prodigó recreando a Juana en otros instantes de su vida: como el dibujo a tinta de la esposa llorando sobre el cadáver del Hermoso y el lienzo en el que la imaginó situada en los adarves del Castillo de La Mota. El dibujo es de 1860, reinando Isabel II, «la de los tristes destinos», como fue apodada en su ocaso. A pesar de la rapidez de la técnica compositiva, se aprecian los rasgos de preocupación de los monjes, así como la compasión del caballero que inclina su cuerpo en reverencia, con las manos en la espalda. Puede verse el cuadro en el capítulo 18.

Eduardo Rosales, *La reina doña Juana la Loca en los adarves del Castillo de La Mota*, 1873. Museo del Prado.

El cuadro data de 1873; fue realizado durante el Sexenio Revolucionario. Mientras se desarrollaban los cuatro gobiernos de la Primera República, que rescataban también las enseñas de los comuneros, el artista madrileño inmortalizó a Juana sentada ante el horizonte. La voluntad pactista parecía estar omnipresente, pues tres grupos, con eclesiásticos, cortesanos e incluso arqueros, tratan de convencer a la esposa aburrida.

Del mismo modo, Pradilla realizó un óleo en 1876, cuando Alfonso XII iniciaba su reinado, sobre el descontento de Juana que, al no tener permiso de su madre para regresar a Flandes, se aferraba, hasta casi desvanecerse, al muro del adarve del Castillo de La Mota. Tampoco la relación entre Isabel II, exiliada en París, andaba demasiado bien, especialmente cuando Alfonso comunicara dos años después su deseo de casarse con su prima hermana, María de las Mercedes, hija del intrigante Antonio de Orleans, duque de Montpensier.

Francisco Pradilla, *La reina doña Juana la Loca en los adarves del Castillo de La Mota*, 1876. Museo del Prado.

19.7. LA MÚSICA DE LA CONCERTISTA

Habida cuenta de la profesionalidad con que Juana pudo haberse dedicado a interpretar melodías, el género musical no permaneció ajeno a su historia. El compositor Emilio Serrano (1850-1939) creó la ópera *Doña Juana la Loca*. El estreno tuvo lugar el 3 de marzo de 1890 en el Teatro Real de Madrid. La intérprete que hizo de Juana fue la soprano Teresa Arkel. Discípulo de Emilio Arrieta, que había dedicado a Isabel II la ópera *La rendición de Granada*, comparándola con Isabel I, Serrano, este músico de Vitoria, fue catedrático en el Conservatorio de Madrid en 1894 y maestro de cámara de la infanta Isabel de Borbón. En su ópera presenta a una Juana enamorada y querida por el pueblo:

> ¿Loca la Reina?
> ¿Quién lo asegura?
> ¡A los celos, oh, Dios, llamar locura!

El maestro Emilio Serrano armoniza el argumento con música religiosa, como la del avemaría, y sones populares de Castilla, el País Vasco y Cataluña. E incluye en la trama a personajes imaginarios: don Álvaro, hombre de confianza de la reina Isabel, y la princesa mora Aldara, de quien está prendado aquel. La aproximación de Aldara a Felipe suscita la ira de Juana.

Para pillarlos, Juana se dirige en secreto hasta un mesón en Tudela. De hecho, Aldara seduce a Felipe como venganza ante un ataque de celos que le provoca Álvaro. La distinción entre las dos mujeres radica básicamente en la predilección que los vecinos muestran por Juana:

Es nuestra Reina,
toda España te saluda
por mandatos del amor.
Viva la Señora
de Castilla y de Aragón.
Los acentos que te imploran
son las voces de este pueblo
que te adora con pasión.

En numerosas ocasiones el coro se lamenta de que la reina haya nacido para sufrir y ser desgraciada y que no se le permita tomar decisiones siendo adulta. Al final de la ópera, Felipe muere asustado, buscando la compañía de Juana:

No temáis, ya pasó,
fue un instante,
un átomo del mal que me consume.
Todo pasó, todos conmigo,
conmigo, no me abandones,
te lo ruego.
Para ti mi amor,
todo mi amor para ti,
ahora te amo con todo el corazón.
No tengo otra esperanza:
vivir sólo por ti.

En ese momento, doña Elvira, que ha estado al lado de Juana en toda la obra, le aconseja que debe permanecer serena para gobernar. Pero a Juana ya no le importa nada. La obra termina con una mujer destrozada que repite: «Mañana con la aurora el Rey despertará».

La canción española incluyó en su repertorio partituras sobre numerosas mujeres de la realeza. Ahí están las coplas sobre doña Inés de Castro (de del Valle, Rivas y Gardey), la emperatriz Eugenia de Montijo (de Quintero, León y Quiroga), la reina María de las Mercedes (*Romance de la reina Mercedes*, de los mismos autores), la infanta Isabel de Borbón (*Que la infanta no ha muerto*, de Flores y García Tejero), la reina María Cristina (*Reina y señora*, de Quintero, León y Quiroga), y amantes de reyes como la bailarina irlandesa Lola Montes, por su idilio con Luis I de Baviera (pasodoble de Rafael de León).

Emilio Serrano, *Giovanna la Pazza*. Ópera.

Locura de amor, película protagonizada por Aurora Bautista.

No obstante, solo hay una copla sobre nuestro personaje. Se trata de *La reina Juana*, de Guerrero y Algarra, popularizada por el cantante y bailarín granadino Antonio Amaya (1924-2012):

> Blasón sobre el escudo soberano
> su madre le legó desde La Mota.
> Recuerdos de su infancia, allá en Castilla,

mi mente bebe en épocas remotas.
Fue reina, de Castilla propietaria,
amó a un hombre con loco frenesí,
la sombra de Felipe fue en su vida;
la locura de amor fue su existir.

Joaquín Sabina en 1984 sacó la canción *Juana, la loca*. El Nuevo Mester de Juglaría aborda mediante la melodía folk el encuentro de Juana con los Comuneros. Ha dado incluso nombre la soberana a una banda argentina de rock alternativo surgida a finales de los 80: «Juana La Loca» se llama.

19.8. EL AMOR Y LAS PELÍCULAS

El cine ha mostrado interés por Juana. En 1948 Juan de Orduña dirigió la película *Locura de amor*, un drama romántico donde Felipe el Hermoso era Fernando Rey y Juana, Aurora Bautista. La película está basada en *La locura de amor*, pieza escrita en 1885 por el dramaturgo madrileño Manuel Tamayo y Baus, que llegó a ser miembro de la Real Academia Española y director de la Biblioteca Nacional.

En esta obra, Tamayo humaniza la figura de la reina, privándola de la simple demencia que hasta entonces se le suponía, para pasar a convertirla en una especie de «arrebato celoso» o «locura de amor» (tal y como reza el título del drama) por no ser correspondida por su mujeriego y distante esposo.

El reparto de actores y actrices de 1948 es inmenso; se cree que trabajaron casi todos los artistas dramáticos dedicados al cine por esos años haciendo hasta de figurantes. Al final de la cinta, Aurora Bautista repite «Silencio, no le despertéis, el rey se ha dormido», por lo que la estructura guarda semejanza con la ópera de Serrano.

No obstante, la primera adaptación cinematográfica de la obra de Tamayo y Baus de la que tenemos noticia, de título *Locura de amor*, fue realizada en 1909 por Albert Marro y Ricard de Baños para la productora barcelonesa Hispano Film.

En la película de Juan de Orduña se exaltan tanto la resignación de Juana como la redención final de Felipe, mostrando valores del nacionalcatolicismo. Juana se convierte en la imagen de Castilla, maltratada por los asesores flamencos, vistos como extranjeros, situación que es narrada audiovisualmente en una época en que España vivía en el aislamiento dictado por la ONU. En 1951 Juan de Orduña dirigió también la película *La Leona de Castilla*, basada en María Pacheco, la comunera. Este papel lo representó Amparo Rivelles.

En contraste con el guion oficial de estas películas de la primera mitad del siglo xx, en los años 80 se realizaron producciones cómicas sobre la historia de España. Al inicio de la Transición existió un interés por contar la historia lejos de la epopeya, tanto en el punto fuerte de los libros del franquismo, que era el Imperio español, como en el ámbito de la Guerra Civil. *La vaquilla*, dirigida en 1985 por Luis García Berlanga, presenta a un grupo de republicanos infiltrados en la zona sublevada en medio de las fiestas del pueblo.

En el marco de la Edad Moderna, *Cristóbal Colón, de oficio... descubridor* (1982) es una película dirigida por Mariano Ozores, producida por José Frade y protagonizada por Andrés Pajares y Fiorella Faltoyano, donde aparecen personajes históricos pero influenciados por ideas de la Transición y con toques de humor. En el film *El Cid Cabreador*, dirigido por Angelino Fons, don Rodrigo Díaz de Vivar era Ángel Cristo y doña Jimena, Carmen Maura.

El 19 de septiembre de 1983 se estrenó *Juana la Loca... de vez en cuando*, dirigida por José Ramón Larraz. Se trata de una parodia de la vida de Juana, personaje que desarrolla Beatriz Elorrieta. La actriz que interpreta a Isabel la Católica es nada más y nada menos que Lola Flores, y José Luis López Vázquez es Fernando el Católico. Los problemas surrealistas que afronta el matrimonio regio son que Isabel se ha vuelto republicana y que Juana tiene que encontrar marido. Finalmente localizan un candidato, un *playboy* dedicado a la música, Felipe el Hermoso (a través del actor Jaime Morey). En esa corte hilarante, Juana se muestra contestataria, como si fuera sacada de la movida; realmente vivió los años 80 pero del siglo xv. En la obra de teatro *Los Comuneros*, de Ana Diosdado, uno de los personajes principales es la reina Juana, que fue interpretada inicialmente por Irene Gutiérrez Caba. Se estrenó en el Teatro María Guerrero en 1974. El argumento parte de los recuerdos de un anciano Carlos V. En 1978, en Televisión Española, se realizó un Estudio 1, donde Lola Herrera daba voz a Juana.

Con un toque serio, en 2001 Vicente Aranda dirigió la película *Juana la Loca*, protagonizada por Pilar López de Ayala. La película se presenta en forma de un *racconto* que parte con la reina ya anciana, poco antes de su muerte. A partir de aquí nos traslada hasta la juventud de Juana, antes de casarse con Felipe, para abordar después su matrimonio y la infelicidad que le produce, al no sentirse deseada por su marido, que prefiere a otras mujeres. La desesperación de Juana se refleja en muchas de las escenas de la película, en algunos momentos con imágenes poderosas, como la que se produce con la protagonista gritando bajo una lluvia intensa. La película es una defensa de la mujer, al presentar a Juana como una persona vapuleada por su entorno, precisamente por los prejuicios de la época que le impedían afirmar su identidad por sí misma sin una referencia masculina. Pero no la libera de la tormenta de los celos.

En 2016 se estrenó la película *La corona partida*, dirigida por Jordi Frades y con Irene Escolar en el papel de Juana. Se trata de la secuela de la serie *Isabel* y de la precuela de *Carlos, rey emperador*, emitidas en TVE. En *La corona partida* tanto Felipe el Hermoso como Fernando el Católico compiten por hacerse con el trono como titulares, queriendo incapacitar por todos los medios a la legítima heredera.

Actualmente, en numerosos pueblos y ciudades hay calles que se llaman «Juana la Loca», amargo tributo, pues con el rótulo se perpetúa la difamación sin posibilidad de arreglo. En un tono frívolo también «Juana la Loca» es denominación de espacios gastronómicos y con carácter reivindicativo tienda de moda. Y hasta hay portales en los que el internauta puede enmarcarse «a su gusto» una lámina con Juana y sus dos hijos mayores, Leonor y Carlos, obra atribuida al artista Nicolaus Alexander Mair von Landshut, de la que se desconoce en qué colección privada o pinacoteca pública se halla, pero puede comprarse a todo color en la red o con enfoques tridimensionales. El niño lleva en el pecho la cruz de Santiago y la niña sujeta las cadenas de la estola con la cabeza del armiño.

No obstante, aparte de en la literatura, en el arte y en el cine hay programaciones culturales que toman como emblema a la reina cautiva en tono de apología de la libertad. La escultura «Confinamiento de la reina Juana» en Tordesillas fue realizada en 2006 por el artista burgalés Humberto Abad González (de Quintanar de la Sierra) sobre un pino silvestre cuatro veces centenario, muerto al secarse su fuente en las cumbres del Urbión, cerca del monte de Covaleda, en Soria, como consecuencia del cambio climático.

Simboliza la cárcel donde la reina Juana I estuvo encerrada casi medio siglo, el Palacio de Tordesillas, a la vez que alerta del efecto pernicioso de la contaminación sobre el planeta. La estatua, cuya propiedad pertenece a la Cabaña Real de Carreteros, con sus casi cinco metros de altura y más de 2000 kilos, ejerce de embajadora de los bosques.

Entre otras muchas producciones escénicas que se siguen realizando sobre la soberana, en 1999-2000 en Castilla-La Mancha se adaptó en RNE la obra *La reina loca, drama de amor y celos, en dos partes y cinco actos* (1952), escrita por el poeta y farmacéutico Federico Muelas con el periodista Jesús Vasallo. En 2000 Sara Baras bailó metiéndose en el papel de Juana como una figura sometida al destino desde el principio de su vida hasta el fin. Fue su primer montaje con argumento histórico y sacó el lado más «flamenco» del personaje.

En 2016 Concha Velasco encarnó en el teatro a Juana. En el monólogo de Ernesto Caballero, con la dirección de Gerardo Vera, Juana comparece ante el espectador durante sus últimas horas de vida, en la madrugada del 12 de abril de 1555.

La actriz vallisoletana, icono de la música y del cine español, de *La chica ye ye* a *Hécuba*, confesó cuando representaba la obra que se trataba de uno de los papeles más difíciles que había hecho. En la trama, Juana la Loca se encuentra con su director espiritual, Francisco de Borja, en el Castillo de Tordesillas y se confiesa a los 76 años. Una liberación en la que repasa toda su vida y también rinde cuentas a los hombres que estuvieron contra ella: su marido, Felipe el Hermoso, que la traicionó; su padre, Fernando el Católico, que la encerró; y su hijo Carlos V, que la ignoraba por completo. La rebelde de la familia que pudo ser feliz en el extranjero y desdichada en su tierra expresa el dolor que le supuso ser «invisible como esposa, invisible como reina, invisible como mujer».

Nicolaus Alexander Mair von Landshut,
Juana y dos de sus hijos, Leonor y Carlos.

20. ¿UNA MUJER ADELANTADA?

La sociedad en la que vivió Juana era patriarcal: el padre tenía el poder y la primera sometida era la mujer. Sirva como muestra lo que expresa fray Luis de León sobre la «perfecta casada»: «Que por más áspero y de más fieras condiciones el marido sea, es necesario que la mujer le soporte y que no consienta por ninguna ocasión que se divida la paz».

En la Edad Moderna, la mujer estaba llamada a ser religiosa o esposa, en este último caso bajo la tutela del varón y sin capacidad de notoriedad intelectual. Pero el estereotipo de la «dama boba» (de Lope de Vega) tuvo que hacer frente a la defensa de la feminidad ejercida por la pastora Marcela (de Cervantes), la «dama duende» o la «viuda valenciana» (nuevamente de Lope). También desafiaron las constricciones tradicionales las viajeras que se enrolaron en la carrera de Indias con motivaciones múltiples: encontrar allí marido; casar «bien» a sus hijas; pasarse a las ambiguas filas de la bigamia; cultivar la brujería a espaldas de la

Inquisición entre ruinas chamánicas o empuñar el florete para participar en las gestas.

De hecho, hubo una mujer coetánea de Juana, la extremeña Mencía Calderón (1514-1593), a la que se la llamó la Adelantada, porque su marido, Juan de Sanabria, era el dignatario que desarrollaba este cargo. Una responsabilidad que, desde las Partidas de Alfonso X el Sabio, entrañaba que una persona realizara el mandato por designio del monarca. Mencía se quedó viuda y capitaneó la empresa que llevó al Nuevo Mundo a las primeras 50 mujeres hidalgas para iniciar una aristocracia colonial. Con ella viajaban sus hijas María, Mencía y Francisca. Es más, Juana era junto con su hijo la responsable máxima de la misión, pues las capitulaciones se firmaron en Valladolid en 1549.

Pero volvamos atrás en el tiempo y recordemos otro barco. Cuando la joven Juana llegó al norte en el mes de septiembre de 1496 se llevó la primera desilusión, pues no está esperándola su futuro marido. Un mes después tendría lugar el encuentro y, sorprendentemente, surgiría entre ambos una pasión tan inusual que mandaron llamar a un sacerdote para que les diera la bendición y pudieran consumar el matrimonio en aquel instante.

Además hemos de tener en cuenta otro factor, y es que Juana llegó al matrimonio siendo adolescente, una edad en la que los cambios de opinión pueden ser constantes. La adolescencia es un momento de preparación para determinados temas vitales como son la identidad personal, los valores, las aspiraciones, el grupo de amistades, la sexualidad, la experimentación de otros roles, etc. A Juana todos estos cambios se le presentaron de repente y con mayúsculas.

Se puede objetar que en la práctica casi todas las damas se casaban demasiado jóvenes: Isabel la Católica con 18 años, Margarita y Juana con 17, etc. Hay que tener en cuenta el valor adaptativo y funcional de esta etapa y que ni todas las personas responden igual, ni todas tienen que enfrentarse a los mismos escollos. Por ejemplo, Margarita no tuvo que preocuparse por los flirteos de su marido, porque solo la miraba a ella; Isabel, que, más adelante, sufrió por los celos de Fernando, en la primera juventud era quien se mostraba segura de sí misma, siendo el aragonés el que esperaba con ansiedad sus cartas , como hemos explicado.

Aunque Felipe y Juana fueron educados en ambientes diferentes, estoicismo en Castilla y liberalidad en Flandes, congeniaron bien y en los primeros tiempos fueron felices. Pero la archiduquesa había sido trasplantada a un mundo extraño para ella: pasó de una corte que controlaba mucho la educación a otra donde había un ambiente distendido; pudo sentir la ruptura abrupta del apego de su madre, aunque le desagradaba que le enviara emisarios que la controlaban. Realmente apego como tal no pudo tener en la acepción pedagógica actual del término, ya que el afecto entre padres e hijos no era el actual, y además, por razones de Estado, no pudo compartir tantas vivencias con Isabel, pues estaba viajando para gobernar el reino.

Tampoco fue la hija preferida para Isabel, pues en ocasiones llegó a manifestar que no la podía dirigir. Y, ahí, se halla uno de los factores clave: ¿tener criterio propio en el siglo XVI era sinónimo de estar loca?, ¿hubo otra centuria tan proclive a la locura, en su dimensión real o con sarcasmo, como la de Erasmo?, ¿se habría librado Juana de la deformación de su figura si hubiera sido obediente?, ¿no fue lo suficientemente dócil estando confinada 47 años? El pensar diferente era considerado evidencia, o bien de no estar bien de la cabeza, por desajustes de los humores corporales, como estudiara el médico-filósofo Juan Huarte de San Juan y pudiera aplicarse a don Quijote, el principal personaje de la literatura española; o de ser brujo o hereje, como le sucedió al mago Eugenio Torralba al presagiar el saco de Roma por Carlos V; o de no ver bien, así se interpretaría la obra de El Greco. Todos estos seres reales habían nacido cuando Juana todavía vivía.

En el Siglo de Oro la voz de la inteligencia sin complejos ni vasallaje se llamaba «locura». Teresa de Jesús llamó a la imaginación «la loca de la casa». Cuando Tomás Rodaja cree que se ha convertido en cristal pasando a ser el licenciado Vidriera en una de las *Novelas ejemplares* de Cervantes es debido a un membrillo hechizado que le ha dado una morisca. La extracción de la piedra de la locura era una operación habitual en la Edad Media para sacar una presunta protuberancia que causaba la necedad, aunque se sabía ya entonces que esa cirugía era una estafa. Y, así, El Bosco perpetúa en los Países Bajos aquel macabro quirófano al aire libre, rodeado de vicios y codicia, en el óleo sobre tabla que trazó entre 1475-1480, cuando estaba naciendo Juana.

A medida que tratamos de articular el discurso sobre la personalidad de la reina encerrada brotan más preguntas, interrogantes que recibirían como solución única e incontestable en el xix el fenómeno de los celos.

Precisamente en una coyuntura, la primera mitad de la centuria decimonónica, en la que a la par la industrialización modificaba el paisaje y los modos de producción establecían un nuevo lenguaje del ser humano con la sociedad y la economía, culturalmente se estaba operando un cambio rotundo en la construcción de las parejas, de la conveniencia al amor, del aguantar al suicidio si no había correspondencia emocional del anhelado cónyuge.

Juana veía en Castilla aspectos positivos y contemplaba en Flandes cuestiones que le gustaban, aunque en ambos espacios había obstáculos. Pero esa percepción no solo es de Juana: todos a lo largo de nuestra vida valoramos pros y contras de los espacios, de las organizaciones, de las personas...

De haberse educado en la virginidad, como era la norma, sin conocer varón, la fogosidad se le despertó en el trato con su marido, aunque le llegó el descalabro de la decepción al enterarse de sus infidelidades. Se aferró como refugio de su angustia y soledad a ese deseo irrefrenable por Felipe, pero esto jugó en su contra, pues cuanto más lo buscaba él más la difamaba, transformando el debido respeto que ella merecía por demencia, y seguía haciendo su vida como antes de casado, con numerosas amantes.

Mientras tanto, el envío de confesores y de diplomáticos a Flandes revestidos de las tácticas del espía impidió que Juana pudiera disfrutar de su papel como archiduquesa. No era una ilusa: a pesar de sufrir un encierro emocional por el amor a Felipe, era consciente de que la heredera y titular de la Corona era ella y de que no solo servía de traductora de idiomas en la comunicación entre sus padres y su marido, sino que pudo darse cuenta de que existía un extraño afán de dibujarla como la díscola de la historia. Cuando había ejercido el derecho a la protesta porque su madre no la dejaba viajar a Flandes y no comía o no se aseaba, ya se la tildó de loca, mas el abandono de sus necesidades básicas no se correspondía con enajenación, sino con querer afirmar su voluntad.

Juana y Felipe en el *Rimado de la conquista de Granada*.

¿Qué sucedió en la mente de Juana al fallecer Felipe? Desde el punto de vista psicopatológico, tras la muerte de Felipe, Juana experimentó lógicamente la fase de duelo. Ella lo amaba verdaderamente, nunca le fue infiel. Lo asistió siempre que estuvo enfermo. Al enviudar, Juana quedó sumida en un profundo estado de tristeza y solo encontraba consuelo en la oración y en la música, aunque su apego por las melodías no la hiciera entrar en éxtasis en el rol de espectadora de tiorba, como la pintura decimonónica plasmó en la obra del madrileño Vicente Palmaroli, sino que destacara como lectora de partituras. La *devotio moderna* alentaba una espiritualidad más intimista, difícil de comprender por el conjunto de fieles en un tiempo en que la fe se medía por el boato.

En el siglo XXI, cuando las personas afrontan una pérdida o se produce una catástrofe, se les da apoyo psicológico, hay profesionales formados específicamente en el tratamiento ante emergencias. En el Renacimiento el hombre era puesto como el centro del universo, pero el hombre, raramente la mujer. Los roles entre el Creador y las criaturas empezaban a invertirse para pasar del teocentrismo medieval al antropocentrismo varonil, en el que las autoras eran escondidas detrás de un nombre masculino, generalmente un miembro de su familia, como le sucedió con su padre a la sevillana Luisa Roldán, la Roldana, la última escultora de cámara de los Habsburgo y primera de los Borbones, o antes a la cremonesa Sofonisba Anguissola, pintora de Felipe II. Hasta hace unos años en el Museo del Prado los retratos de Felipe II o de Isabel de Valois de Anguissola figuraban inventariados a nombre de Juan Pantoja de la Cruz. Condensó muy bien su valía el marido de Sofonisba. Cuando se cumplía el centenario de la artista, el viudo colocó una inscripción en su tumba en la que se leía: «A Sofonisba, mi mujer (…) quien es recordada entre las mujeres ilustres del mundo, destacando en retratar las imágenes del hombre (…) Orazio Lomellino, apenado por la pérdida de su gran amor, en 1632, dedicó este pequeño tributo a tan gran mujer».

¿Dejó de amar alguna vez Juana? Según Sigmund Freud, la melancolía se caracteriza psíquicamente por un estado de ánimo profundamente doloroso, un cese del interés por el mundo exterior, la inhibición de todas las funciones y la disminución del amor propio.

Privándose del descanso, Juana estaba flagelando su cuerpo, su «yo», siendo esta actitud el principal rasgo que Freud apunta como característica del estado melancólico, la disminución del amor propio. Pero no se desvelaba por estar pensando en el difunto: sacó el cadáver de la fosa para no casarse de nuevo y para cumplir la voluntad de este de ser inhumado en Granada. Nuevamente no se la comprendió y Juana dejó de dar explicaciones. Interiorizó la comunicación y supo que estaba alimentando una farsa. Pero ¿qué iba a hacer? Se encontraba encerrada. Si de algo se creía incapaz, después de que naciera su última hija (y le quedaban 43 años de vida), era de quitarse la leyenda de loca que le habían puesto. No obstante, no perdió la capacidad para entusiasmarse. Aunque no amó a más varones en el sentido conyugal, sí derrochó afecto con su hija Catalina y con sus nietos cuando la visitaban y le encantaba pasar horas y horas recordando momentos felices.

Inexplicables, desde el punto de vista de la ley natural, resultan los intentos de manejar a la reina en el trono por parte de su padre, Fernando, y, a la muerte de este, por su hijo, Carlos. Fernando y Carlos nunca hablaron en persona, nunca escucharon uno el timbre de la voz del otro, sin embargo, los dos actuaron igual: no se arredraron ante la jerarquía, ni ante la normativa sucesoria, ni ante las Cortes, ni ante el pueblo, ni ante el juicio de Dios por el posible castigo ante el trato que le estaban dando a Juana.

¿Por qué a Isabel se le permitió reinar y en la generación siguiente a su hija no? Quizás la razón esté en que Isabel luchaba contra su sobrina, contra otra mujer, mientras que los contrincantes que le salieron a Juana para llevar las riendas del reino eran hombres. Hay paces que resultan más duras que las guerras. Eso le pasó a Juana, que no tuvo que afrontar un conflicto civil armado como su madre pero que, sin embargo, se vio abocada a claudicar ante las regencias y ante un reinado en el que no pudo tomar decisión alguna, solo figurar en el encabezamiento de los documentos y ver su cara labrada en las monedas.

Como hemos explicado en relación con las *puellae doctae*, a las mujeres de la época de Juana se les pedía ser «masculinas» para reinar, raramente podían ser humanas y femeninas. O estaban en un pedestal o se comportaban como varones. Lo peor que podían hacer si querían salvaguardar su reputación era revelar iniciativa personal ante un hombre. Pero en todo proceso hay excepciones. Como ella misma refería, su madre había sentido celos y nadie había cuestionado su capacidad para reinar.

El poder manipuló a Juana. La ambición de quienes la rodeaban hizo que no se le permitiera pensar por sí misma, aunque tal vez ese fue su triunfo, el tesoro de su mente, cuyo contenido fue solo comunicado a su hija menor, Catalina, que había nacido póstumamente tras la muerte de Felipe. La futura reina de Portugal fue educada en todas las materias por Juana. ¿Puede una demente soportar el dolor en solitario y disimular al máximo el daño de las calumnias para que su hija crezca en un ambiente saludable pese al hostigamiento de los cancerberos?

Todos quisieron pensar por Juana sin pensar en absoluto en ella. Los nobles y los cronistas se fueron cambiando de bando, actuaron movidos por el dinero o por el deseo de ascender. Casi todas las personas que la escucharon actuaron en su contra y acentuaron el eco de su personalidad dañada.

Juana fue desde el punto de vista jurídico la primera reina de España, la primera emperatriz de las Indias y la abuela de buena parte de Europa, pues todos sus seis hijos fueron coronados. Sin embargo, fue una oveja en las fauces de los lobos. Pudo haber enfermado de amor, como le adjudica la rumorología, pero fue más astuta.

En un tiempo en el que la depresión se sufría sin tomar fluoxetina y en el que las enfermedades mentales, de no tratarlas, se hacían crónicas, por lo que acababan por parecerse unas a otras, Juana escribió varios guiones: el primero fue el del traslado del cadáver. La sociedad creyó que el cortejo había sido orquestado por apego y celos; su sentido del honor debía de ser más alto, incomprensible para sus propios familiares, que habían ido construyendo la leyenda de la enajenación. Escenografías completas en las que ella mostró su auténtica personalidad, la de una mujer valiente.

En el siglo XVI el enclaustramiento piadoso llamado «recogimiento» llegó a ser cada vez más popular entre las señoras. Por tanto, podemos ver el aislamiento interior de Juana como manifestación de una tendencia más que como un gesto extraño. De hecho, seguirían sus pasos de recogerse su hijo Carlos en Yuste y los hijos de este: Juana de Austria fundó en Madrid las Descalzas Reales para clarisas y profesó como jesuita, aunque con nombre de varón; María de Austria murió estando en las Descalzas, y Felipe II pasó la recta final en El Escorial.

Además, Juana logró crear varios micromundos en su celda: un espacio acogedor para jugar e instruir a su hija Catalina, un lugar respetable para la devoción intimista que ella practicaba y un reducto en su mente para seguir cultivando la libertad, sensación que desconocían las «loqueras» que la reprimían, aquellas sirvientas encumbradas a princesas por el marqués de Denia que la tildaban de endemoniada mientras vivían a su costa.

No era fácil de entender que una mujer adulta siguiera acercándose a la religión con una visión maniquea de los seguidores del culto: los buenos y los malos, y estaban invertidos los valores y los vicios, los que más postín daban a sus creencias a su juicio eran los más incrédulos. Buscaba la virtud en las antípodas de lo que murmuraban las criadas que la maltrataban, y ellas, junto con los dignatarios que las amparaban, fueron responsables de que Juana se apartara un tiempo de la religión en su práctica externa, aunque nunca la abandonaría. Represión que también tuvieron que padecer, por parte de la Inquisición o de sus mismos compañeros, fundadores y místicos del Siglo de Oro, como Ignacio de Loyola, Juan de la Cruz o Teresa de Jesús. Pero esto ya es otra historia.

Aclarada queda la vida de Juana y su larga noche oscura.

FUENTES

INSTITUCIONES

- Archivo de la Corona de Aragón (ACA).
- Archivo de la Fundación Casa de Alba (ALBA).
- Archivo General de la Administración (AGA).
- Archivo General de Indias (AGI).
- Archivo General de Simancas (AGS).
- Archivo Histórico Nacional (AHN).
- Archivo Histórico de la Nobleza (AHNOB).
- Archivo Histórico Provincial de Segovia (AHPSE).
- Archivo Municipal de Albendea.
- Biblioteca Digital Hispánica (BDH) de la Biblioteca Nacional de España.
- Biblioteca Histórica de Santa Cruz, Universidad de Valladolid.
- Biblioteca Nacional de España (BNE).
- Biblioteca Nacional de Francia (BnF).
- British Library (BL).
- Biblioteca de la Real Academia de la Historia (RAH).
- Convento de Santa María de Gracia de Madres Agustinas, en Madrigal de las Altas Torres.
- Museo Nacional de Escultura, en Valladolid.
- Museo de Santa Cruz, en Toledo.

- Universidad de Cagliari.
- Universidad de Gotemburgo.
- Biblioteca del Carolinum de Nysa.
- Universidad de Ciencias Aplicadas de Nysa.
- Widener Library, en Harvard University.

BIBLIOGRAFÍA

- ALCALÁ GALVE, Ángel y SANZ HERMIDA, Jacobo: *Vida y muerte del príncipe don Juan: historia y literatura*, Valladolid, Junta de Castilla y León, 1999.

- AMEZCUA MARTÍNEZ, Manuel: "Barberos y sangradores flebotomianos en Granada: norma y sociedad en los siglos XVII y XVIII", *Cultura de los cuidados: Revista de Enfermería y Humanidades*, n°. 1 (1997), pp. 31-36.

- ALLEN, Prudence: *The concept of woman. The Aristotelian Revolution, 750 B.C.-A.D. 1250*, Michigan-Cambridge, William B. Eeerdmans Publishing Company, 2002.

- ALONSO FERNÁNDEZ, Francisco: *Historia personal de los Austrias españoles*, Madrid, Fondo de Cultura Económica de España, 2000.

- Anónimo: «Segundo viaje de Felipe el Hermoso a España en 1506», en GARCÍA MERCADAL, José (ed.): *Viajes de extranjeros por España y Portugal*, 2 tomos, Madrid, Aguilar, 1952.

- ARAM, Bethany: *La reina Juana. Gobierno, piedad y dinastía*, Madrid, Ed. Marcial Pons, 2001.

- ASENJO GONZÁLEZ, María: «Las ciudades castellanas al inicio del reinado de Carlos V», *Studia Histórica. Historia moderna*, n.° 21 (1999), pp. 49-115.

- BERGENROTH, Gustav Adolf : *Calendar of letters, despatches, and state papers, relating to the negotiations between England and Spain, preserved in the archives at Simancas and elsewhere*, Londres: Longman, Green, Longman, & Roberts, 1862-1868, 3 volúmenes.

- BERNÁLDEZ, Andrés: *Historia de los Reyes Católicos D. Fernando* y *Dᵃ Isabel*, Sevilla, Imprenta que fue de D. José María Geofrin, edición de 1870.

- BERNÁLDEZ, Andrés: *Memorias del reinado de los Reyes Católicos, que escribía el bachiller Andrés Bernáldez, cura de los Palacios*, Madrid, Real Academia de la Historia, 1962. Edición y estudio por Manuel Gómez Moreno y Juan de M. Carriazo.

- BOOM, Ghislaine de: *Marguerite d'Autriche*, Bruselas: La Renaissance du Livre, 1946.

- BRANS, Jan: *De Gevangene van Tordesillas*, Leuven, Davidsfonds, 1962.

- BROUWER, Johan: *Johanna de Waanzinnige: een tragisch leven in een bewogen tijd*, Ámsterdam, Meulenhoff, 1989.

- CARDONA, Rodolfo: «Fuentes históricas de Santa Juana de Castilla», *Actas del I Congreso Internacional de Estudios Galdosianos*, Cabildo Insular de Gran Canaria, Las Palmas de Gran Canaria, 1973, pp. 462-469.

- CARTAGENA, Alonso de: *Doctrinal de los caballeros*, Santiago de Compostela, Universidad de Santiago de Compostela, 1995. Edición de José María Viña Liste.

- CARTAGENA, Teresa de: *Arboleda de los enfermos. Admiraçión operum Dei*, Madrid, Real Academia Española, 1967. Edición de Lewis Joseph Hutton.

- CASTILLA DEL PINO. *Celos, locura y muerte*, Madrid, Temas de Hoy, 1995.

- CAUCHIES, Jean-Marie: *Philippe le Beau, le dernier duc de Bourgougne*, Turnhout, Bripols, 2003.

- CASULA, Francesco Cesare: *Eleonora regina del regno d'Arborea*, Sassari, Carlo Delfino Editore, 2004.

- CORTÉS TIMONER, M.ª del Mar: *Teresa de Cartagena, primera escritora mística en lengua castellana*, Málaga, Universidad de Málaga, 2004.

- DÁVILA VARGAS-MACHUCA, Miguel: "Las pasiones de Juana la Loca en el cine español: desde la historia y el teatro a las adaptaciones, readaptaciones y remakes compuestos", *Trasvases entre La literatura y el cine*, n.º 1 (diciembre de 2019), pp. 97-128.

- DIAGO HERNANDO, Máximo: "El conflicto de las Comunidades en Cuenca (1520-1522)", *Chronica nova: Revista de historia moderna de la Universidad de Granada*, n.º 29 (2002), pp. 27-62.

- DOMÍNGUEZ BERRUETA, Juan: *El cardenal Cisneros*, Madrid, Aguilar, 1929.

- DOUSSINAGUE, José María: *La política internacional de Fernando el Católico*, Madrid, 1984.

- ESTÉBANEZ CALDERÓN, Demetrio: «Santa Juana de Castilla en su contexto. Culminación del teatro de Galdós», en ARENCIBIA SANTANA, Carmen Yolanda y ESCOBAR BONILLA, M.ª del Prado (eds.): *VI Congreso Internacional Galdosiano 1997*, Las Palmas de Gran Canaria, Cabildo de Gran Canaria, 2000, pp. 757-771.

- FAGEL, Raymond: «Juana y Cornelia: flamencos en la corte de Juana la Loca en Tordesillas», en RIBOT GARCÍA, Luis Antonio *et alii* (coords.): *El Tratado de Tordesillas y su época*, Madrid, Sociedad V Centenario del Tratado de Tordesillas, vol. 3, 1995, pp. 1855-1866.

- FAGEL, Raymond: «El mundo de Felipe el Hermoso: la política europea alrededor de 1500», en VANDENBROECK, Paul y ZALAMA RODRÍGUEZ, Miguel Ángel (coords): *Felipe I el Hermoso: la belleza y la locura*, Madrid, Centro de Estudios Europa, 2006, pp. 51-70.

- FAGEL, Raymond: «Juana de Castilla y los Países Bajos: la historiografía neerlandesa sobre la reina», en ZALAMA RODRÍGUEZ, Miguel Ángel (dir.) (coord.): *Juana I de Castilla, 1504-1555: de su reclusión de Tordesillas al olvido de la historia: I Simposio Internacional sobre la Reina Juana I de Castilla*, Tordesillas (Valladolid), 23 y 24 de noviembre de 2005, Valladolid, Grupo Página, 2006, pp. 87-106.

- FAGEL, Raymond: «Juana y Cornelia: flamencos en la corte de Juana la Loca en Tordesillas», en RIBOT GARCÍA, Luis Antonio et alii (coords.): *El Tratado de Tordesillas y su época,* Madrid, Sociedad V Centenario del Tratado de Tordesillas, vol. 3, 1995, pp. 1855-1866.

- FALLARÁS, Cristina: *La Loca*, Barcelona, Ediciones B, 2022.

- FERNÁNDEZ ÁLVAREZ, Manuel: *Juana la Loca: la cautiva de Tordesillas*, Madrid, Espasa-Calpe, 2000.

- FERNÁNDEZ ÁLVAREZ, Manuel: *Isabel la Católica*, Madrid, Espasa-Forum, 2004.

- FERNÁNDEZ DE NAVARRETE, Manuel: *Colección de los viajes y descubrimientos que hicieron por mar los españoles desde fines del siglo xv*, III, Madrid, 1829.

- FLEMING, Gilliam Beatrice: «La visita a Inglaterra de Juana I (enero-abril de 1506)», en ZALAMA RODRÍGUEZ, Miguel Ángel: *Juana I en Tordesillas: su mundo, su entorno*, 2010, pp. 407-420.

- FRANCISCO OLMOS, José María de: «Estudio documental de la moneda castellana de Juana la Loca fabricada en los Países Bajos (1505-1506)», *Revista General de Información y Documentación*, vol. 12, n.º 2 (2002), pp. 291-321.

- FREUD, Sigmund: *Duelo y melancolía, Obras Completas*, tomo VI, Madrid, Biblioteca Nueva, 1972.

- FUENTE, Vicente de la: *Doña Juana la Loca, vindicada de la nota de herejía*, Madrid, 1869.

- GARCÍA ORO, José: *El cardenal Cisneros. Vida y empresas*, Madrid, BAC, 1992-1993, 2 vols.

- GÓMEZ DE FUENSALIDA, Gutierre: *Correspondencia de Gutierre Gómez de Fuensalida: embajador de Alemania, Flandes e Inglaterra (1496-1509)*, edición de Jacobo Fitz-James Stuart y Falcó, duque de Berwick y de Alba, conde de Siruela, Madrid, Imp. Alemana, 1907.

- GÓMEZ DE LA SERNA, Ramón: *Doña Juana La Loca*, Madrid, Revista de Occidente, 1949.

- GÓMEZ VOZMEDIANO, Miguel Fernando: "La revuelta de las Comunidades en La Mancha (1519-1531)", Chronica nova: Revista de historia moderna de la Universidad de Granada, n.º 23, (1996), pp. 135-169.

- HEMPTINNE, Thérèse: «Jeanne de Castille, une reine entre folie et pouvoir, 1479-1555», en BOONE, M. y DEMOOR, M. (eds.): *Charles V in context: the making of a European identity*, Bruselas, 2003, pp. 235-248.

- JORDAN GSCHEWEND, Annemarie: «Juana I de Castilla, 1504-1555: de su reclusión de Tordesillas al olvido de la historia», en ZALAMA RODRÍGUEZ, Miguel Ángel (coord.): *I Simposio Internacional sobre la Reina Juana I de Castilla*, Tordesillas (Valladolid), 23 y 24 de noviembre de 2005, 2006, pp. 143-171.

- KAMEN, Henry: *Fernando el Católico: vida y mito de uno de los fundados de la España moderna*, Madrid, La Esfera de los Libros, 2015.

- LARA MARTÍNEZ, Laura y LARA MARTÍNEZ, María: «Santa Elena y el hallazgo de La Cruz de Cristo», *Comunicación y Hombre: Revista Interdisciplinar de Ciencias de la Comunicación y Humanidades*, n.º 3 (2007), pp. 39-50.

- LARA MARTÍNEZ, María y LARA MARTÍNEZ, Laura: *Breviario de Historia de España. Desde Atapuerca hasta la era de la globalización*, Madrid, EDAF, 2021, 5.ª edición.

- LARA MARTÍNEZ, Laura y LARA MARTÍNEZ, María: *Los caballos amarillos. Enfermedades que nadie vio venir*, Madrid, Ciudadela, 2020.

- LARA MARTÍNEZ, María y LARA MARTÍNEZ, Laura: *Mentiras de la Historia de España. A veces las cosas no son como nos las han contado*, Madrid, Espasa, 2023, 2.ª edición.

- MARIANA, Juan de: Historia general de España, Madrid, D. Joachín de Ibarra, edición de 1780.

- MARIANA, Juan de: Historia general de España, Madrid, D. Joachín de Ibarra,

edición de 1780, libro XXVIII, cap. XXII.

- MÁRTIR DE ANGLERÍA, Pedro: *Epistolario*, Madrid, 1953-1957. Estudio y traducción de José López del Toro.

- MÁRTIR DE ANGLERÍA, Pedro: *Cartas sobre el Nuevo Mundo*, Madrid, Ediciones Polifemo, 1990. Traducción de Julio Bauzano.

- MOLINET, Jean: *Chroniques de Jean Molinet, publiées pour la première fois, d'après les manuscrits de la bibliotheque du roi*, tomo V, París, Verdiére Libraire, 1828. Edición de J. A. Buchon.

- OLAIZOLA, José Luis: *Juana la Loca*, Barcelona, Planeta, 2003.

- PARDO BAZÁN, Emilia: «Un drama psicológico en la historia: Juana la Loca, según los últimos documentos», *Nuevo teatro crítico*, año II, parte I (1892), pp. 67-105.

- PARKER, Geoffrey: *Carlos V. Una nueva vida del emperador*, Barcelona, Planeta, 2019. Traducción de Victoria Eugenia Gordo del Rey.

- PÉREZ, Joseph: *Cisneros, el cardenal de España*, Madrid, Taurus, 2014.

- PÉREZ BUSTAMANTE, y CALDERÓN ORTEGA, José Manuel: *Colección diplomática del príncipe don Juan. Don Juan, príncipe de las Españas 1478-1479*, Madrid, Dykinson, 2002.

- PÉREZ GALDÓS, Benito: «Santa Juana de Castilla», *Obras completas*, vol. VI, Madrid, Aguilar, pp. 1320-1335.

- PFANDL, Ludwig: *Juana la loca: madre del emperador Carlos V: su vida, su tiempo, su culpa*, Madrid, Espasa-Calpe, 1932.

- PÉREZ, Joseph: *La revolución de las Comunidades de Castilla (1520-1521)*, Madrid, Siglo XXI, 1979.

- PRAWDIN, Michael: *Juana la Loca*, Barcelona, Juventud, 1970.

- PULGAR, Hernando del: *Crónica de los Señores Reyes Católicos don Fernando y doña Isabel de Castilla y de Aragón escrita por su cronista Hernando del Pulgar, cotexada con antiguos manuscritos y aumentada de varias ilustraciones y enmiendas*, Valencia, Imp. Benito Monfort, 1780.

- REYNEBEAU, Lieve: *Het hof van een vorstin. Johanna van Castilië in de Nederlanden 1496-1506*, Universidad de Gante, 2 vols., 1998.

- RÍOS DE LA LLAVE, Rita: «No hay que tolerar a aquellos que con boca de perro intentan hablar mal de las mujeres: Alonso de Cartagena, la cuarta cuestión del Duodenarium y la querella de las mujeres», *Medievalismo*, 28 (2018), pp. 203-233.

- RISTINE, Jennifer: *María Magdalena: revelaciones de la antigua Magdala*, Madrid, Editorial Universidad Francisco de Vitoria, 2022.

- RODRÍGUEZ DE DIEGO, José Luis: «La huella documental de una reina sin gobierno», en ZALAMA RODRÍGUEZ, Miguel Ángel (dir.): *Juana I en Tordesillas: su mundo, su entorno*, Valladolid, Ayuntamiento de Tordesillas, 2010, pp. 27-44.

- RODRÍGUEZ VILLA, Antonio: *La reina doña Juana la Loca. Estudio histórico*, Madrid, Librería de M. Murillo, 1892.

- SÁNCHEZ GRANJEL, Luis: "La medicina española en la época de los Reyes Católicos", *Medicina & historia: Revista de estudios históricos de las ciencias médicas,* n°. 1 (1971), pp. 7-26.

- SEGURA GRAÍÑO, Cristina: «Juana I, de Princesa a Reina de Castilla, 1502-1509», *Acta historica et archaeologica mediaevalia*, n.º 26 (2005), pp. 1107-1122.

- SUÁREZ, Luis: *Isabel I, reina: (1451-1504)*, Barcelona, Ariel, 2002.

- VALLEJO-NÁGERA, Alejandra: *Locos de la Historia: Rasputín, Luisa Isabel de Orleans, Mesalina y otros personajes egregios*, Madrid, La Esfera de los Libros, 2006.

- VALLEJO-NÁGERA, Juan Antonio: *Locos egregios*, Madrid, Dossat, 1977.

- VIVES, Juan Luis: *Instrucción de la mujer cristiana*, Buenos Aires, Espasa-Calpe, 1944.

- ZALAMA, Miguel Ángel: «Colón y Juana I, los viajes por mar de la reina entre España y los Países Bajos», *Revista de estudios colombinos*, n.º 5 (2009), pp. 41-52.

- ZALAMA, Miguel Ángel: *Juana I. Arte, poder y cultura entorno a una reina que no gobernó*, Madrid, Centro de Estudios Europa Hispánica, 2010.

- ZALAMA RODRÍGUEZ, Miguel Ángel (dir.): *Juana I en Tordesillas: su mundo, su entorno*, Valladolid, Ayuntamiento de Tordesillas, 2010.

- ZALAMA, Miguel Ángel y PASCUAL MOLINA, Jesús Félix: «Exequias por la reina Juana I en Londres: religión, política y arte», *Potestas: Religión, poder y monarquía. Revista del Grupo Europeo de Investigación Histórica*, n.º 8 (2015), pp. 149-174.

- ZURITA, Jerónimo: *Historia del rey Don Fernando el Católico. De las empresas, y ligas de Italia*, Zaragoza, Domingo de Portonariis y Ursino, 1580.

WEBGRAFÍA

- Museo del Ejército

https://ejercito.defensa.gob.es/museo/HECHOS_HISTORICOS/
HECHOS_HISTORICOS/01.25_ENERO_JUANA_I_DE_
CASTILLA_SE_CONVIERTE_EN_REINA_DE_LAS_3_
CORONAS.html

[Consultado el 6 de mayo de 2023].

- Turismo de Castilla-La Mancha (Junta de Comunidades)

http://www.turismocastillalamancha.es/personajes-ilustres/
juana-la-loca-55235/?fbclid=IwAR1ZCwNztM3_J1T7KpyjOj-
8d4pYvm0TGZ4dD-hwpZQiIV9qtWBaT2pcZB4

[Consultado el 6 de mayo de 2023].

CRONOLOGÍA

- 1479: Nace Juana.
- 1492: Fin de la guerra de Granada. Edicto de expulsión de los judíos. Llegada de Colón a las Indias. Antonio de Nebrija publica la primera *Gramática castellana.*
- 1494: Tratado hispano-portugués de Tordesillas para establecer los límites en el reparto de las tierras descubiertas y de los mares.
- 1496: Boda de Juana con Felipe.
- 1497: Muere Juan, el hijo de los Reyes Católicos.
- 1498: Muere Isabel, hermana de Juana y reina consorte de Portugal.

Nace Leonor, la primera hija de Felipe y Juana. Fue reina de Portugal y de Francia.
- 1500: Nace Carlos, el segundo hijo. Sería Carlos I de España y V de Alemania.
- 1501: Muere Miguel, el príncipe heredero de Portugal, Castilla y Aragón.

Nace Isabel, la tercera hija de Juana. Sería reina de Dinamarca, Suecia y Noruega.
- 1502: Primer viaje de Felipe y Juana a Castilla para ser jurados príncipes de Asturias.
- 1503: Nace Fernando, futuro emperador.
- 1504: Fallece en Medina del Campo Isabel la Católica.
- 1505: Nace María, futura reina de Hungría.

Fernando el Católico se casa con Germana de Foix.
- 1506: Muere en Burgos Felipe el Hermoso.

Muere en Valladolid Cristóbal Colón.

- 1507: Fernando el Católico se convierte en regente de Castilla.

Nace Catalina, la sexta hija de Juana y su compañera de confinamiento. Sería reina de Portugal.

Aparece el nombre de «América» en el mapamundi de Waldseemüller.

- 1508: Toma de Orán.

- 1509: Comienza el cautiverio de Juana en Tordesillas.

- 1511: Se imprime por primera vez *Elogio de la locura* de Erasmo de Rotterdam.

- 1512: Leyes de Burgos.

Anexión de Navarra.

- 1513: Vasco Núñez de Balboa descubre el océano Pacífico.

- 1516: Muere en Madrigalejo Fernando el Católico.

- 1517: Llegada de Carlos I a España.

Muerte del cardenal Cisneros en Roa.

- 1519-1526: Hernán Cortés conquista México.

- 1520: Comienza la revuelta de las Comunidades de Castilla.

- 1521: Derrota de los comuneros en Villalar.

- 1522: Juan Sebastián Elcano culmina la circunnavegación de la Tierra.

- 1524: Francisco Pizarro inicia la primera expedición a Perú.

- 1525: Catalina se marcha a Portugal para casarse con Juan III de Avis. Juana se queda sola en Tordesillas.

- 1526: Boda de Carlos I con Isabel de Portugal.

- 1527: Saco de Roma.

Nacimiento de Felipe II.

- 1529: Tratado de Zaragoza, fijando los límites entre España y Portugal en el Pacífico.

- 1539: Muerte de la emperatriz Isabel, esposa de Carlos V.

- 1545: Comienza el Concilio de Trento.

- 1547: Victoria de Carlos V en Mühlberg.

- 1555: Muere Juana I en Tordesillas.

- 1556: Abdicación de Carlos V.

ÉRASE UNA VEZ

… una infanta a la quisieron volver loca y, pese a muchas privaciones y difamaciones, no lo consiguieron…

> *Doña Juana, la hija segunda de España, fue llevada en barco con gran pompa hasta Zelanda por el almirante de España. Y doña Juana fue llevada a Amberes y entonces llegó el duque y conde Felipe de Alemania hasta Lier, y allí se casó con doña Juana, que alrededor de un año después daba a luz en Bruselas a una hija que llamaron Leonor.[86]*

Parece el inicio de un cuento, pero esta podría ser la síntesis en dos tiempos de la historia real de Juana I.

> *Cuando en la aldea de nombre Cócejes, en campo abierto, se detuvo la reina Juana, montando a caballo, entró en sospechas de que la dejaran encerrada en el castillo de aquella pequeña villa, que era muy seguro; porque estaba plenamente convencida, bien por su estado mental, bien por las indicacio-*

---

86   *Die alder excellenste cronyke*, 1512, cap. 66.

nes de algún delator y los consejeros, a los que profundamente odiaba, la iban a encerrar en un castillo.[87]

Y, más tarde, o más temprano, en 1509, la encerraron durante más de 16 800 días con sus respectivas noches. Le quitaron la libertad de por vida...

87   MÁRTIR DE ANGLERÍA, Pedro: *Epistolario*, p. 147.